효과 빠른 **약점 처방전**

과탐 **물리학 I** S

구성과 특징 Structure

» 전체 교과 내용을 **14강**으로 분류하여 효율적 학습이 가능하도록 구성하였습니다.

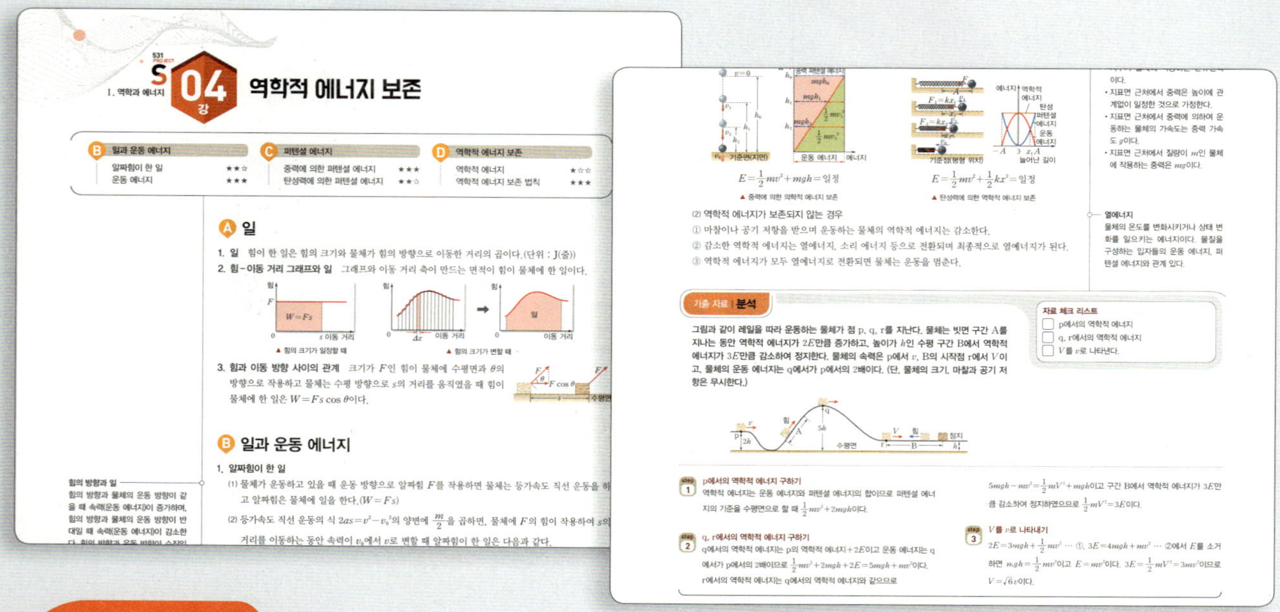

내용 정리

► 이 단원에서 반드시 알아야 할 개념을 체계적으로 정리하였습니다.

► 해당 개념에 대한 출제 빈도를 한눈에 파악할 수 있도록 제시하였습니다.

► **기출 자료 분석** : 수능이나 평가원 기출 문제에 제시된 자료를 단계별로 상세하게 분석하였습니다.

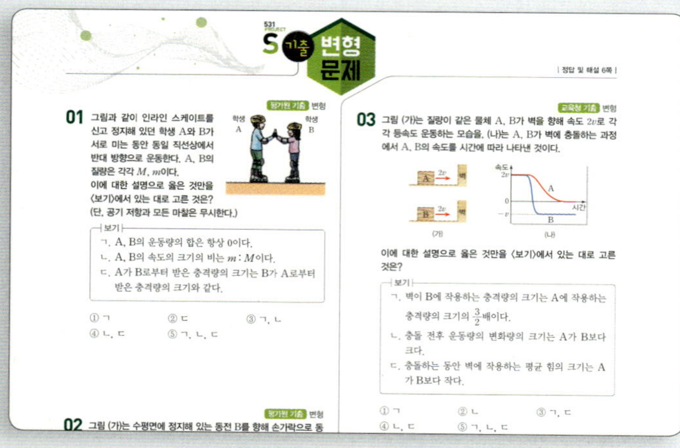

기출 변형 문제

► 수능, 평가원, 교육청 기출 문제를 변형하여 구성하였습니다.

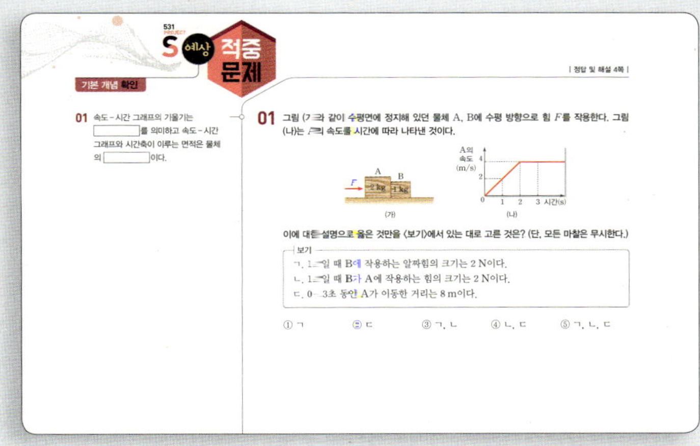

예상 적중 문제

▶ 수능에 출제될 가능성이 높은 문제로 구성하였습니다.

▶ **기본 개념 확인 :** 문제를 풀기 위해 알아야 할 개념을 확인할 수 있습니다.

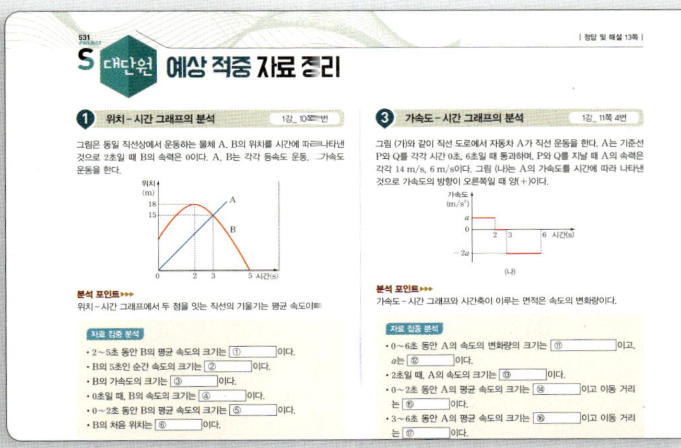

대단원 예상 적중 자료 정리

▶ 대단원에서 나올 수 있는 대표적인 자료를 분석하면서 시험에 나올 수 있는 다양한 내용을 한 번 더 확인할 수 있습니다.

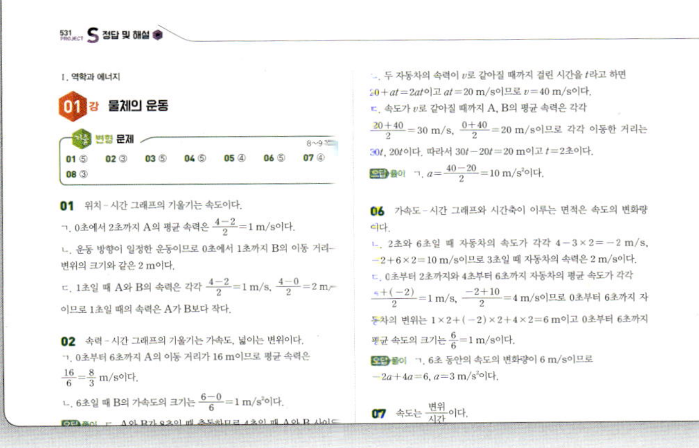

정답 및 해설

▶ 정확하고 상세한 해설로 문제를 완벽하게 이해할 수 있도록 도와줍니다.

▶ 오답 풀이를 통해 무엇이 잘못된 내용인지 확인할 수 있습니다.

차례 Contents

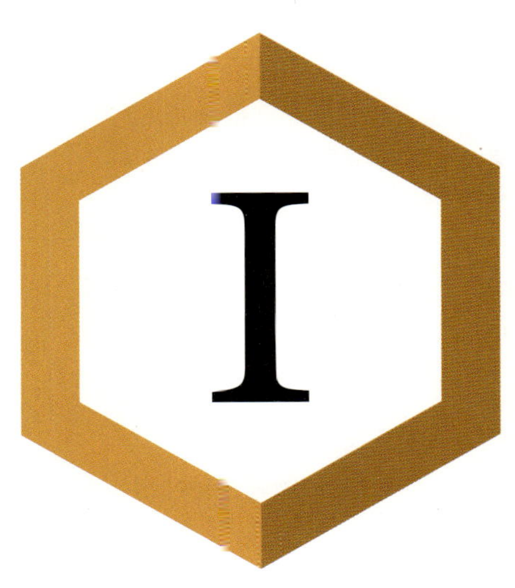

I 역학과 에너지

물체의 운동

A 속력과 속도		B 가속도	
이동 거리와 변위	★★☆	등가속도 직선 운동	★★★
등속 직선 운동	★☆☆	운동의 분류	★★☆

A 속력과 속도

1. 이동 거리와 변위

(1) 이동 거리 : 물체가 이동한 경로를 따라 측정한 물체가 움직인 길이

(2) 변위 : 처음 위치로부터 나중 위치까지의 변화량으로 크기와 방향이 있는 물리량

2. 속력   단위 시간(1 s) 동안 이동한 거리(단위 : m/s)

(1) 평균 속력 : 어느 시간 동안의 평균적인 속력 ➡ 평균 속력 $=\dfrac{\text{이동 거리}}{\text{걸린 시간}}$

(2) 순간 속력 : 매우 짧은 시간 동안의 평균 속력

3. 속도   운동하는 물체의 속력과 운동 방향을 함께 표시한 물리량(단위 : m/s)

(1) 평균 속도 : 어느 시간 동안의 평균적인 속도 ➡ 평균 속도 $=\dfrac{\text{변위}}{\text{걸린 시간}}$

(2) 순간 속도 : 매우 짧은 시간 동안의 평균 속도

4. 등속 직선 운동

(1) 물체의 속력과 운동 방향이 변하지 않는 운동으로 등속도 운동이라고 한다.

(2) $(+)$와 $(-)$를 이용하여 운동 방향을 표시할 수 있다.

(3) 위치−시간 그래프에서 기울기 : $\dfrac{\text{변위}}{\text{걸린 시간}}=$ 속도

(4) 속도−시간 그래프 아랫부분의 넓이 : 속도 × 시간 = 변위

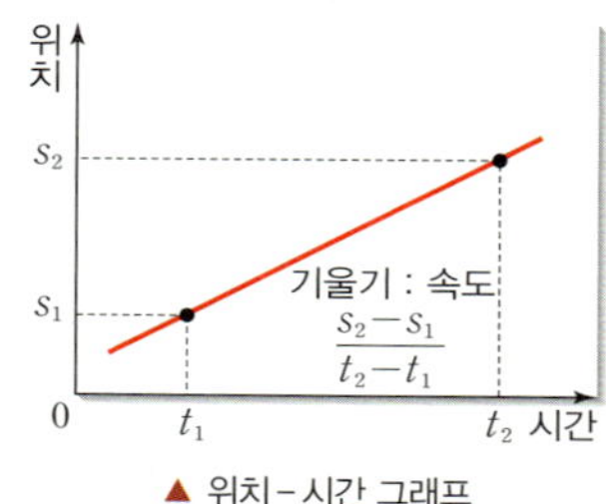

▲ 위치−시간 그래프

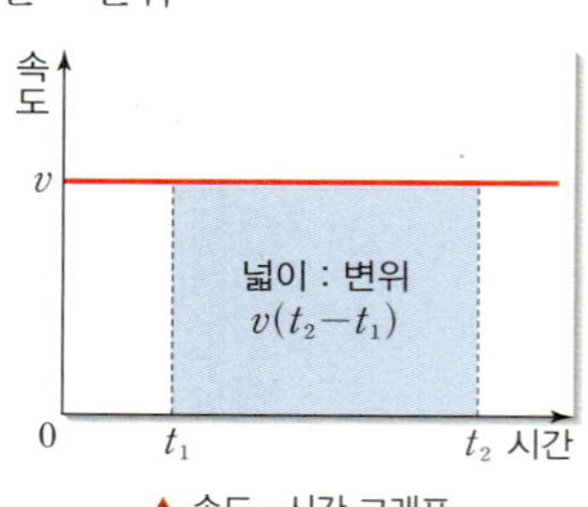

▲ 속도−시간 그래프

B 가속도

평균과 순간의 구별 ─
평균은 전체 시간에 대한 것으로 그래프에서 두 점을 잇는 직선의 기울기를 의미하며, 순간은 아주 짧은 시간에 대한 것으로 그래프에서 접선의 기울기를 의미한다.

1. 평균 가속도와 순간 가속도(단위 : m/s^2)

(1) 평균 가속도 : 정해진 시간 동안의 평균적인 가속도

$$\text{평균 가속도}=\frac{\text{속도 변화량}}{\text{걸린 시간}}=\frac{\text{나중 속도}-\text{처음 속도}}{\text{걸린 시간}}$$

(2) 순간 가속도 : 매우 짧은 시간 동안의 평균 가속도

2. 등가속도 직선 운동

(1) 가속도의 크기와 방향이 모두 일정한 운동

(2) 등가속도 직선 운동의 식

$$v=v_0+at,\ s=v_0t+\frac{1}{2}at^2,\ v^2-v_0^2=2as\ (v_0 : \text{처음 속도},\ v : \text{나중 속도})$$

(3) 등가속도 직선 운동의 그래프

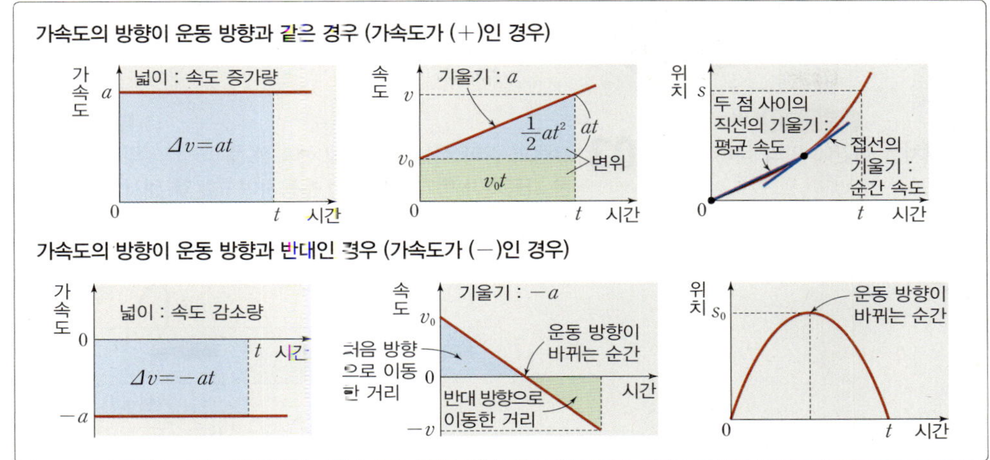

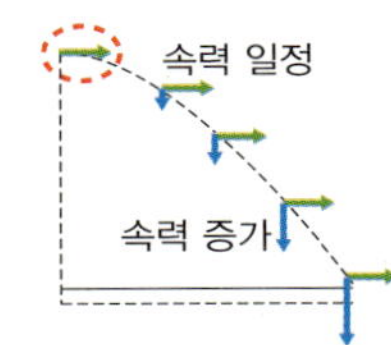

3. **운동 방향만 변하는 운동(등속 원운동)** 원 궤도를 따라 일정한 속력으로 움직이는 물체의 운동

(1) 운동 방향(속도의 방향)은 원의 접선 방향이다.

(2) 가속도의 크기는 일정하고 가속도의 방향은 원의 중심을 향한다.

(3) 원의 중심 방향으로 일정한 알짜힘이 작용하며 이 힘을 구심력이라고 한다.

4. **속력과 운동 방향이 모두 변하는 운동**

(1) 포물선 운동 : 물체에 작용하는 알짜힘이 일정하고 포물선 경로를 따라가는 운동

① 지표면 근처에서 중력에 의한 운동은 포물선 운동으로 취급한다.

② 가속도 방향으로는 등가속도 직선 운동, 가속도에 수직인 방향으로는 등속도 운동을 한다.

(2) 단진동 : 용수철에 매달려 진동하는 물체와 같이 변위의 크기에 비례하는 복원력에 의한 운동으로 진동 중심에서 가속도 방향이 변한다.

(3) 단진자 운동 : 시계추와 같이 길이가 일정한 줄에 매달려 진동하는 물체의 운동으로 가속도의 크기와 방향이 매 순간 변한다.

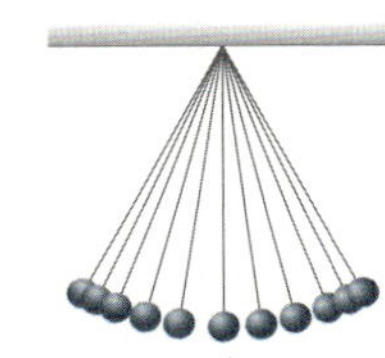

그림과 같이 기준선에 정지해 있던 자동차가 출발하여 직선 경로를 따라 운동한다. 자동차는 구간 A에서 등가속도, 구간 B에서 등속도, 구간 C에서 등가속도 운동한다. A, B, C의 길이는 모두 같고 자동차가 구간을 지나는 데 걸린 시간은 A에서가 C에서의 4배이다.

자료 체크 리스트
- [ ] 구간 A와 B에서의 평균 속력
- [ ] 구간 B와 C를 지나는 데 걸린 시간
- [ ] 구간 A와 C에서의 가속도의 크기 비

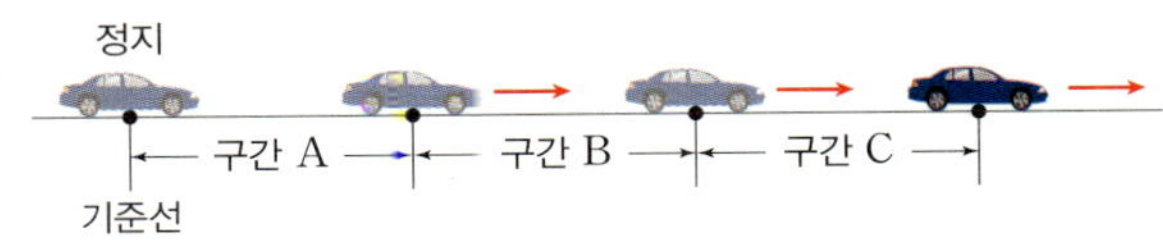

step 1 **구간 A와 B에서의 평균 속력 비교하기**

자동차가 구간 A를 빠져나가는 순간의 속력을 v_1이라고 하면 A에서 자동차의 평균 속력은 $\frac{0+v_1}{2} = \frac{v_1}{2}$이다. 구간 B에서 자동차는 속도의 크기가 v_1인 등속도 운동을 하고 있으므로 평균 속력도 v_1이다.

step 2 **구간 B와 C를 지나는 데 걸린 시간 비교하기**

자동차가 구간을 지나는 데 걸린 시간이 A에서가 C에서의 4배이므로 구간 C에서 자동차의 평균 속력은 $\frac{0+v_1}{2} \times 4 = 2v_1$이다. 구간 C에서의 평균 속력이 B에서의 2배이므로 구간을 지나는 데 걸린 시간은 B에서가 C에서의 2배이다.

step 3 **구간 A와 구간 C에서 자동차의 가속도 크기 비교하기**

자동차가 구간 A를 지나는 데 걸린 시간을 t라고 하면 A에서 자동차의 가속도의 크기는 $\frac{v_1-0}{t} = \frac{v_1}{t}$이다. 구간 C에서 자동차의 평균 속력이 $2v_1$이므로 자동차가 C를 빠져나가는 순간 속도의 크기 v_2는 $\frac{v_1+v_2}{2} = 2v_1$, $v_2 = 3v_1$이다. 구간 C를 지나는 데 걸린 시간은 $\frac{t}{4}$이므로 C에서 자동차의 가속도의 크기는 $\frac{v_1+v_2}{\frac{t}{4}} = \frac{16v_1}{t}$이다.

531 PROJECT
S 기출 변형 문제

01

그림은 직선 운동하는 물체 A와 B의 위치를 시간에 따라 나타낸 것이다.

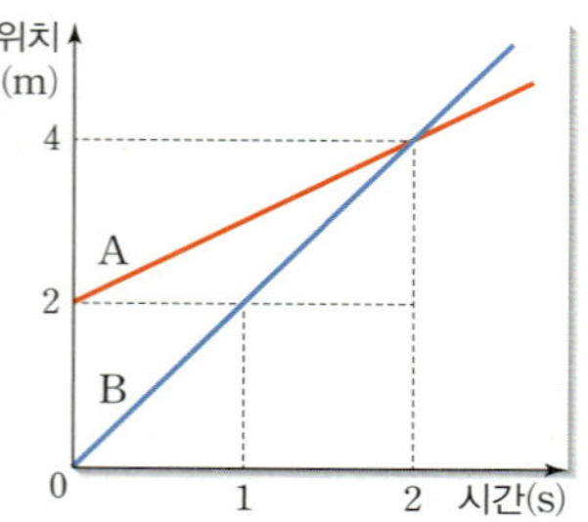

이에 대한 설명으로 옳은 것만을 〈보기〉에서 있는 대로 고른 것은?

보기
ㄱ. 0초에서 2초까지 A의 평균 속력은 1 m/s이다.
ㄴ. 0초에서 1초까지 B의 이동 거리는 2 m이다.
ㄷ. 1초일 때의 속력은 A가 B보다 작다.

① ㄱ ② ㄴ ③ ㄱ, ㄷ
④ ㄴ, ㄷ ⑤ ㄱ, ㄴ, ㄷ

02

그림은 동일 직선상에서 운동하는 물체 A, B의 속력을 시간에 따라 나타낸 것이다. A가 B를 향해 출발하여 2초가 지난 후 B가 A를 향해 운동을 시작하였다. A와 B는 8초일 때 충돌하였다.

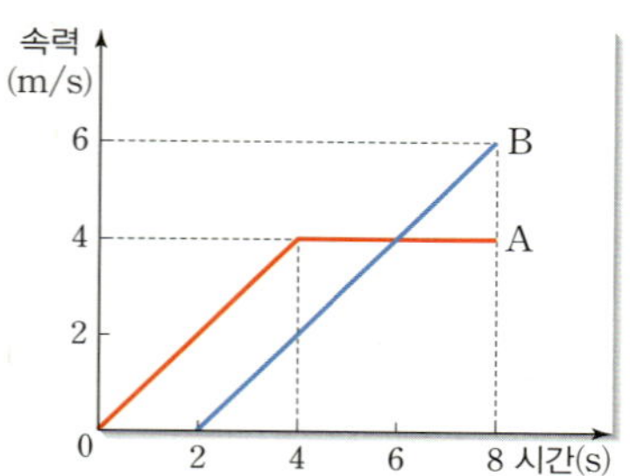

A, B의 운동에 대한 설명으로 옳은 것만을 〈보기〉에서 있는 대로 고른 것은? (단, 물체의 크기는 무시한다.)

보기
ㄱ. 0초부터 6초까지 A의 평균 속력은 $\frac{8}{3}$ m/s이다.
ㄴ. 6초일 때 B의 가속도의 크기는 1 m/s²이다.
ㄷ. 4초일 때 A와 B 사이의 거리는 30 m이다.

① ㄱ ② ㄷ ③ ㄱ, ㄴ
④ ㄴ, ㄷ ⑤ ㄱ, ㄴ, ㄷ

03

그림과 같이 직선 도로에서 센서 A를 40 m/s의 속력으로 통과한 자동차가 등가속도 직선 운동하여 5초 후 센서 B를 통과한다. A에서 B까지 자동차의 평균 속력은 30 m/s이다.

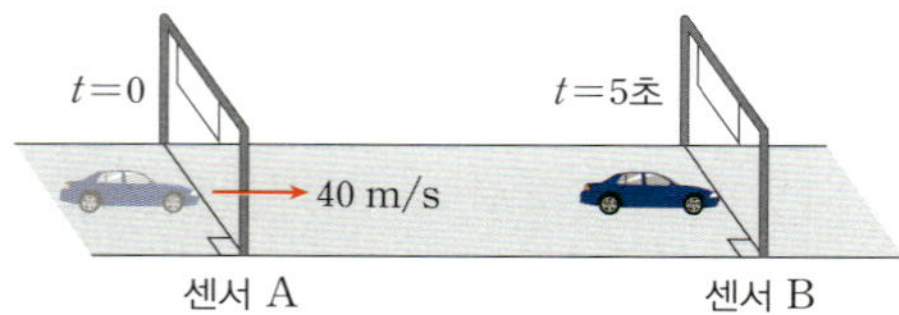

A에서 B까지 자동차의 운동에 대한 설명으로 옳은 것만을 〈보기〉에서 있는 대로 고른 것은? (단, 자동차의 크기는 무시한다.)

보기
ㄱ. 이동 거리는 150 m이다.
ㄴ. B를 통과할 때 속력은 20 m/s이다.
ㄷ. 가속도의 방향과 운동 방향은 반대이다.

① ㄱ ② ㄷ ③ ㄱ, ㄴ
④ ㄴ, ㄷ ⑤ ㄱ, ㄴ, ㄷ

04

그림은 활주로에 내린 비행기의 위치를 착륙하는 순간부터 2초 간격으로 나타낸 것이다. 비행기는 착륙하는 순간부터 정지할 때까지 등가속도 직선 운동을 한다.

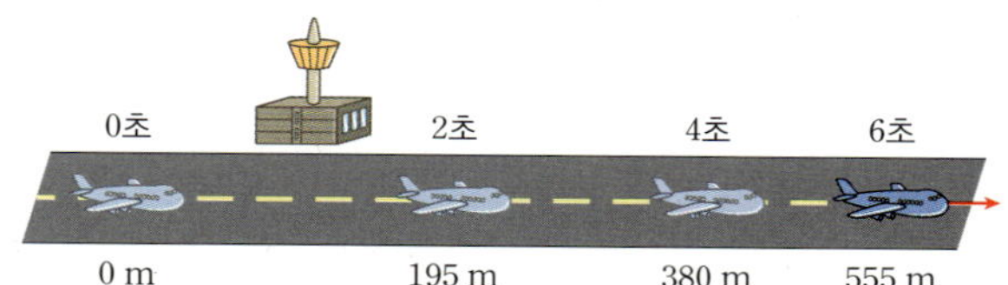

착륙하는 순간부터 정지할 때까지, 비행기의 운동에 대한 설명으로 옳은 것만을 〈보기〉에서 있는 대로 고른 것은?

보기
ㄱ. 가속도의 크기는 2.5 m/s²이다.
ㄴ. 착륙하는 순간의 속력은 100 m/s이다.
ㄷ. 이동한 거리는 2 km이다.

① ㄱ ② ㄷ ③ ㄱ, ㄴ
④ ㄴ, ㄷ ⑤ ㄱ, ㄴ, ㄷ

05 그림과 같이 직선 도로에서 자동차 A가 기준선을 속력 20 m/s로 통과하는 순간, 기준선에 정지해 있던 자동차 B가 출발하여 두 자동차가 도로와 나란하게 운동한다. A와 B의 속력이 v로 같은 순간, A는 B보다 20 m 앞서 있다. A와 B는 속력이 증가하는 등가속도 운동을 하고, A와 B의 가속도의 크기는 각각 a, $2a$이다.

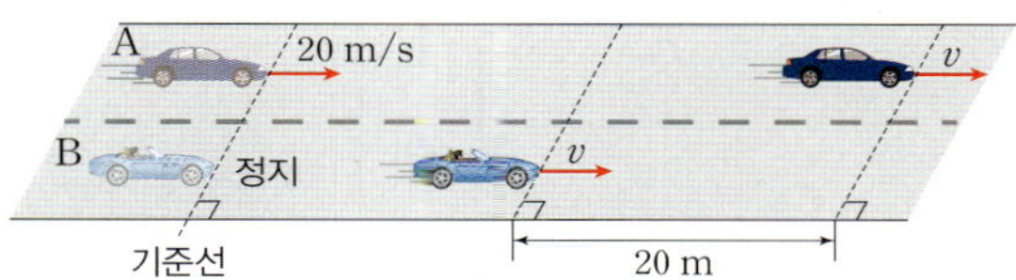

이에 대한 설명으로 옳은 것만을 〈보기〉에서 있는 대로 고른 것은?

| 보기 |
ㄱ. $a=5 \text{ m/s}^2$이다.
ㄴ. $v=40 \text{ m/s}$이다.
ㄷ. 두 자동차가 기준선을 통과한 순간부터 속력이 v로 같아질 때까지 걸린 시간은 2초이다.

① ㄱ   ② ㄴ   ③ ㄱ, ㄷ
④ ㄴ, ㄷ   ⑤ ㄱ, ㄴ, ㄷ

06 그림 (가)는 직선 운동을 하는 자동차의 모습을 나타낸 것으로, 0초일 때 점 P에서 자동차의 속력은 4 m/s이고, 6초일 때 점 Q에서 자동차의 속력은 10 m/s이다. 그림 (나)는 자동차의 가속도를 시간에 따라 나타낸 것이다.

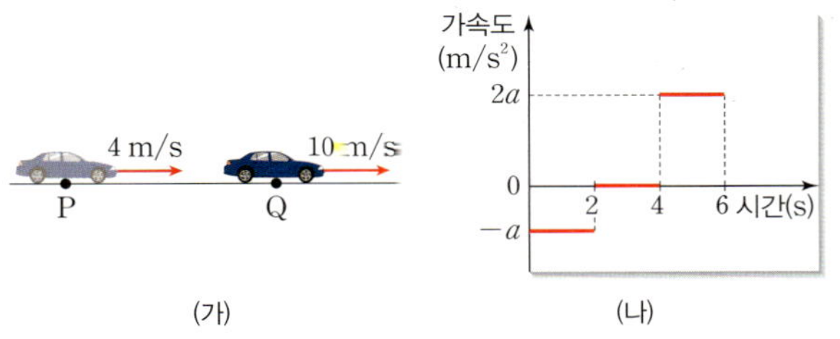

자동차의 운동에 대한 설명으로 옳은 것만을 〈보기〉에서 있는 대로 고른 것은?

| 보기 |
ㄱ. 1초일 때 가속도의 크기는 2 m/s^2이다.
ㄴ. 3초일 때 속력은 2 m/s이다.
ㄷ. 0~6초 동안 평균 속도의 크기는 1 m/s이다.

① ㄴ   ② ㄷ   ③ ㄱ, ㄴ
④ ㄱ, ㄷ   ⑤ ㄴ, ㄷ

07 그림 (가)는 정지한 학생 A가 오른쪽으로 등가속도 직선 운동하는 학생 B를 가로 길이 25 cm인 창문 너머로 보는 모습을 나타낸 것이고, (나)는 A가 본 B의 모습을 1초 간격으로 나타낸 것이다.

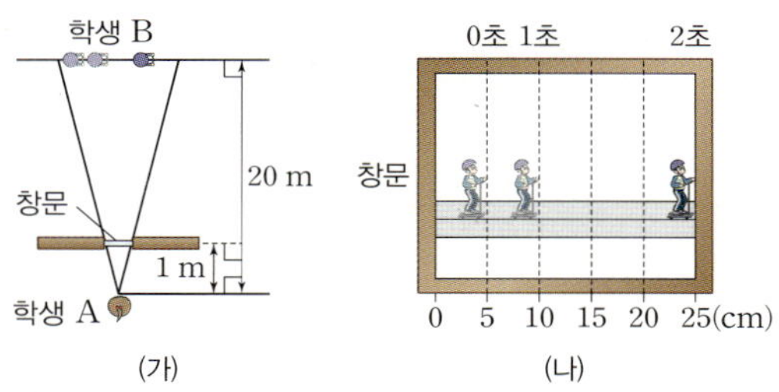

B의 운동에 대한 설명으로 옳은 것만을 〈보기〉에서 있는 대로 고른 것은?

| 보기 |
ㄱ. 0~1초 동안 평균 속력은 1 m/s이다.
ㄴ. 1~2초 동안 이동한 거리는 3 m이다.
ㄷ. 0~2초 동안 가속도의 크기는 1 m/s^2이다.

① ㄱ   ② ㄴ   ③ ㄷ
④ ㄱ, ㄴ   ⑤ ㄴ, ㄷ

08 다음은 물체의 운동을 분석하기 위한 실험이다.

[실험 과정]
(가) 그림과 같이 빗면에서 직선 운동하는 수레를 동영상 촬영한다.

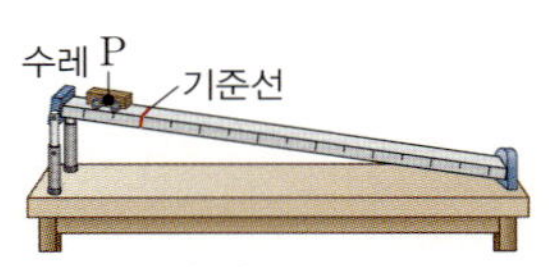

(나) 동영상 분석 프로그램을 이용하여 수레의 한 지점 P가 기준선을 통과하는 순간부터 0.1초 간격으로 P의 위치를 기록한다.

[실험 결과]

시간(초)	0	0.1	0.2	0.3	0.4	0.5
위치(cm)	0	10	25	45	㉠	100

• 수레는 가속도의 크기가 ㉡ 인 등가속도 직선 운동을 하였다.

이에 대한 설명으로 옳은 것만을 〈보기〉에서 있는 대로 고른 것은?

| 보기 |
ㄱ. ㉠은 70이다.
ㄴ. ㉡은 5 m/s^2이다.
ㄷ. P가 기준선을 통과하는 순간의 속력은 0.5 m/s이다.

① ㄱ   ② ㄷ   ③ ㄱ, ㄴ
④ ㄴ, ㄷ   ⑤ ㄱ, ㄴ, ㄷ

기본 개념 확인

01 운동 방향이 변하는 운동의 경우 항상 이동 거리가 변위의 크기보다 [   ] 평균 속력은 평균 속도의 크기보다 [   ].

02 등가속도 직선 운동하는 물체의 처음 속도가 v_0, t초 후의 속도가 v일 때 $0 \sim t$초 동안의 평균 속력은 [   ]이고, 가속도의 크기는 [   ]이다.

01 그림은 P점에서 Q점까지 포물선 운동하는 공을 나타낸 것이다.

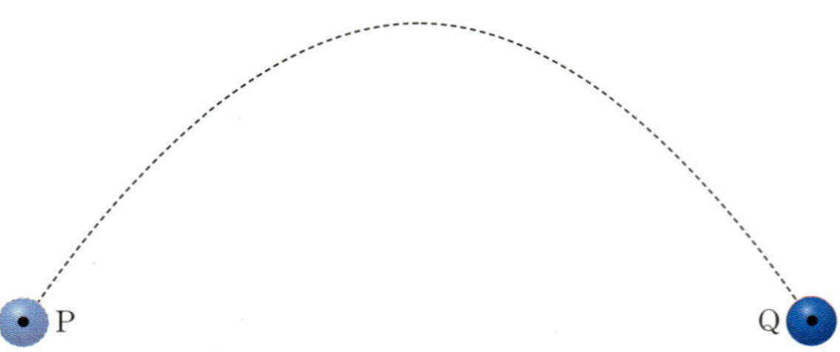

공의 운동에 대한 설명으로 옳은 것만을 〈보기〉에서 있는 대로 고른 것은?

| 보기 |
ㄱ. 공의 이동 거리는 변위의 크기보다 크다.
ㄴ. 공의 평균 속력은 평균 속도의 크기보다 크다.
ㄷ. 공에 일정한 크기의 알짜힘이 작용한다.

① ㄱ　　② ㄷ　　③ ㄱ, ㄴ　　④ ㄴ, ㄷ　　⑤ ㄱ, ㄴ, ㄷ

02 그림은 동일 직선상에서 운동하는 물체 A, B의 위치를 시간에 따라 나타낸 것으로 2초일 때 B의 속력은 0이다. A, B는 각각 등속도 운동, 등가속도 운동을 한다.

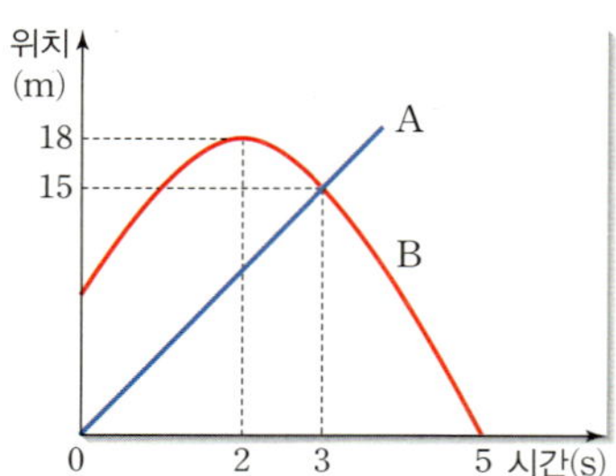

이에 대한 설명으로 옳은 것만을 〈보기〉에서 있는 대로 고른 것은?

| 보기 |
ㄱ. B의 가속도의 크기는 $4 \ m/s^2$이다.
ㄴ. 1초일 때 속력은 A가 B의 2배이다.
ㄷ. 0초일 때 A와 B 사이의 거리는 5 m이다.

① ㄱ　　② ㄴ　　③ ㄱ, ㄴ　　④ ㄱ, ㄷ　　⑤ ㄴ, ㄷ

03 그림은 직선 도로에서 등속도 운동을 하는 자동차 A가 기준선 P를 속력 v로 통과하는 순간 기준선 Q에 정지해 있던 자동차 B가 A의 운동 방향과 같은 방향으로 등가속도 운동을 하여 기준선 R를 A, B가 동시에 통과하는 모습을 나타낸 것이다. P와 Q 사이의 거리는 L, Q와 R 사이의 거리는 $3L$이다.

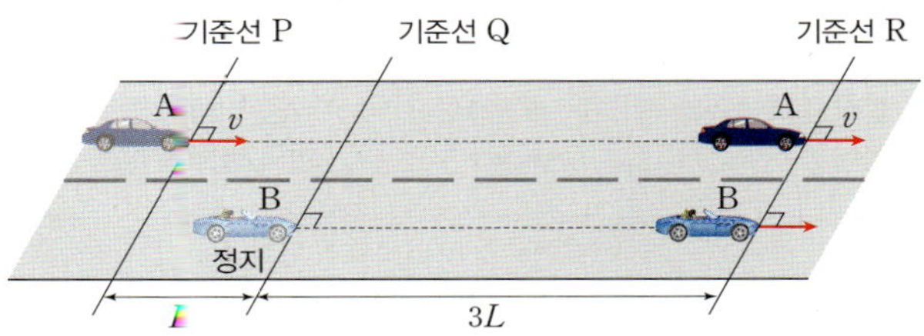

B에 대한 설명으로 옳은 것만을 〈보기〉에서 있는 대로 고른 것은?

┌─ 보기 ┐

ㄱ. R를 지나는 순간 속력은 $\dfrac{3}{2}v$이다.

ㄴ. 가속도의 크기는 $\dfrac{3v^2}{8L}$이다.

ㄷ. A와 속력이 같아질 때까지 B가 이동한 거리는 $\dfrac{3}{2}L$이다.

① ㄱ   ② ㄴ   ③ ㄱ, ㄴ   ④ ㄱ, ㄷ   ⑤ ㄴ, ㄷ

03 가속도의 크기 a로 등가속도 운동하는 물체가 s만큼 이동하였을 때 처음 속력이 v_0, 나중 속력이 v라면 ☐☐☐☐의 관계가 성립한다.

04 그림 (가)와 같이 직선 도로에서 자동차 A가 직선 운동을 한다. A는 기준선 P와 Q를 각각 시간 0초, 6초일 때 통과하며, P와 Q를 지날 때 A의 속력은 각각 14 m/s, 6 m/s이다. 그림 (나)는 A의 가속도를 시간에 따라 나타낸 것으로 가속도의 방향이 오른쪽일 때를 양(+)으로 한다.

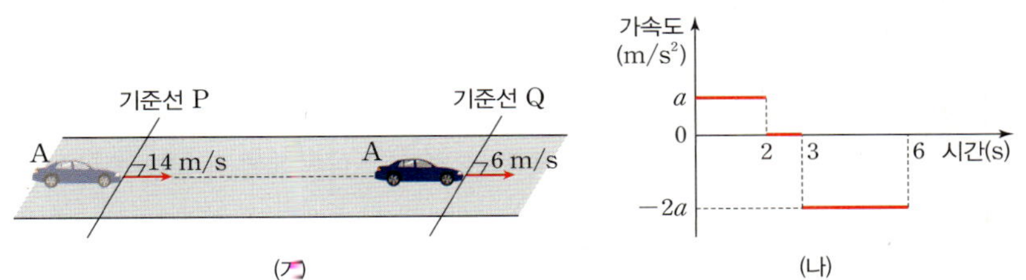

이에 대한 설명으로 옳은 것만을 〈보기〉에서 있는 대로 고른 것은?

┌─ 보기 ┐

ㄱ. $a = 2$ m/s²이다.

ㄴ. P와 Q 사이의 거리는 86 m이다.

ㄷ. 0~6초 동안 A의 평균 속력은 10 m/s이다.

① ㄱ   ② ㄷ   ③ ㄱ, ㄴ   ④ ㄴ, ㄷ   ⑤ ㄱ, ㄴ, ㄷ

04 가속도–시간 그래프에서 그래프가 시간 축과 이루는 면적은 ☐☐☐☐이다.

뉴턴의 운동 법칙

B 운동 제1법칙		**C** 운동 제2법칙		**D** 운동 제3법칙	
관성 법칙	★★☆	가속도 법칙	★★★	작용 반작용 법칙	★★☆
관성의 크기	★☆☆	운동 방정식	★★★	힘의 평형과 작용 반작용	★☆☆

A 힘의 합성

1. **합력**   둘 이상의 힘이 작용할 때 그와 똑같은 효과를 나타내는 하나의 힘
2. **알짜힘**   한 물체에 여러 힘이 동시에 작용할 때, 물체에 작용하는 모든 힘의 합력
3. **힘의 합성**   힘의 합력을 구하는 과정으로 합성된 합력의 크기는 같은 방향일 때는 두 힘의 크기의 합과 같고, 반대 방향일 때는 두 힘의 크기의 차와 같다.
4. **힘의 평형**   힘의 합력이 0일 때 힘이 평형을 이룬다고 한다.

B 운동 제1법칙(관성 법칙)

관성의 크기
질량이 클수록 관성이 크다. 따라서 질량이 클수록 운동 상태를 변화시키기가 어렵다.

1. **운동 제1법칙**   물체에 작용하는 알짜힘이 0일 때 정지하여 있는 물체는 계속 정지해 있고, 운동하던 물체는 운동하던 방향으로 등속 직선 운동을 한다.
   (1) 물체에 힘이 작용하고 있지 않거나 작용하는 모든 힘들이 평형 상태에 있을 때, 즉 알짜힘이 0일 때 성립한다.
   (2) 관성 : 물체가 원래의 운동 상태를 유지하려는 성질
   (3) 관성에 의한 현상의 예 : 정지해 있던 버스가 갑자기 출발할 때 사람들은 뒤로 넘어지려고 하고, 달리던 버스가 갑자기 정지할 때 사람들은 앞으로 넘어지려고 한다.
2. **갈릴레이의 사고 실험**   마찰이나 공기 저항이 없으면 빗면을 내려온 물체는 같은 높이가 될 때까지 맞은편 빗면을 올라간다. 만약 맞은편에 물체가 올라갈 빗면이 없다면 물체는 운동 상태를 유지하며 계속 운동하고 멈추지 않을 것이다.

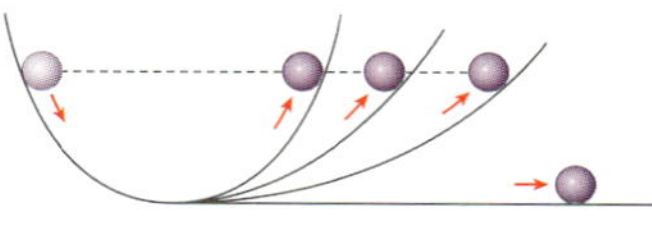

C 운동 제2법칙(가속도 법칙)

질량
물체의 고유한 양으로 장소에 따라 변하지 않으며 양팔 저울로 측정한다.
• 관성 질량 : 가속도 법칙을 이용하여 물체에 일정한 힘을 작용할 때 가속도를 비교하여 측정한 질량
• 중력 질량 : 지구가 물체에 작용하는 만유인력을 비교하여 측정한 질량

1. **가속도와 알짜힘, 질량의 관계**
   (1) 가속도와 알짜힘 : 물체의 질량이 일정할 때 가속도는 물체에 작용하는 알짜힘에 비례한다.
   (2) 가속도와 질량 : 물체에 작용하는 알짜힘이 일정할 때 가속도는 물체의 질량에 반비례한다.
2. **운동 제2법칙**   물체의 가속도는 물체에 작용하는 알짜힘에 비례하고 물체의 질량에 반비례한다. 이를 뉴턴 운동 제2법칙 또는 가속도 법칙이라고 한다.

$$\text{가속도} = \frac{\text{알짜힘}}{\text{질량}}, \ a = \frac{F}{m} \rightarrow F = ma \ (\text{단위} : \text{N(뉴턴)})$$

무게
물체의 무게는 지구가 물체를 잡아당기는 중력의 크기이고 용수철저울을 이용하여 측정한다. 무게는 측정하는 장소에 따라 달라질 수 있다.

   (1) $F = ma$와 같이 물체에 작용하는 알짜힘 F를 물체의 질량 m과 가속도 a의 관계식으로 표현한 것을 운동 방정식이라고 한다.
   (2) 가속도의 방향은 알짜힘의 방향과 같다.
   (3) 질량이 $1\,kg$인 물체의 가속도가 $1\,m/s^2$이 되게 하는 힘의 크기를 $1\,N$이라고 한다.

1. 힘의 성질 힘은 두 물체 사이에 상호 작용이 있을 때에 나타난다.

(1) 용수철저울 A, B를 서로 연결하고 A로 B를 잡아당기면 B의 용수철만 늘어나는 것이 아니라 A의 용수철도 동시에 늘어나는 것을 관찰할 수 있다.

(2) 축구 선수가 헤딩할 때, 사람이 공에 힘을 작용하여 공이 튕겨 나가는 동시에 사람도 공으로부터 힘을 받는 것을 느낀다.

(3) 질량이 같은 두 자석이 떨어져 있어도 N극과 N극을 가까이 하면 서로 미는 힘이 작용하고 N극과 S극을 가까이 하면 서로 끌어당기는 힘이 작용한다. 줄이 기울어지는 각이 동일하므로 두 자석에는 크기가 같은 자기력이 서로 작용한다.

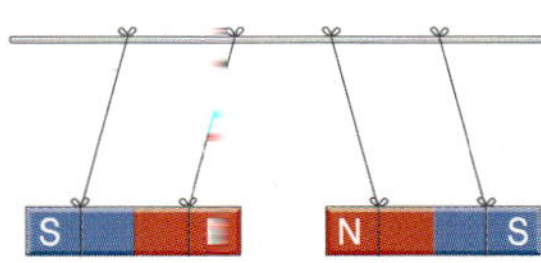
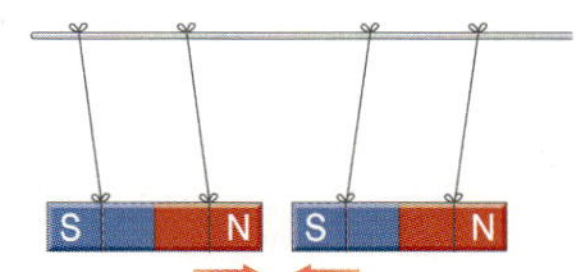

2. 운동 제3법칙 한 물체가 다른 물체에 힘을 작용하면 다른 물체도 힘을 작용한 물체에 크기는 같고 방향이 반대인 힘을 작용한다.

(1) 작용 반작용 관계에 있는 두 힘의 경우 힘이 각각의 물체에 작용하므로 추가적인 다른 힘이 작용하지 않는다면 물체는 가속도 운동을 한다.

(2) 작용 반작용의 예

① 발이 바닥을 미는 힘의 반작용인 바닥이 발을 미는 힘에 의해 사람이 앞으로 걸어갈 수 있다.

② 배의 노가 물을 미는 힘의 반작용인 물이 노를 미는 힘에 의해 배가 앞으로 이동한다.

③ 로켓이 가스를 미는 힘의 반작용인 가스가 로켓을 미는 힘에 의해 로켓이 앞으로 나아간다.

④ 지구가 공에 작용하는 중력의 반작용에 의해 공이 지구를 끌어당긴다.

작용 반작용

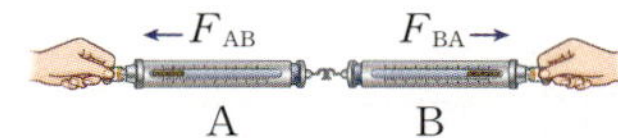

작용 반작용 관계에 있는 두 힘의 크기는 같다.

$$F_{AB} = F_{BA}$$

힘의 평형과 작용 반작용

힘을 평형을 이루는 두 힘은 동일한 물체에 작용하는 힘이고, 작용 반작용을 이루는 두 힘은 상대 물체에 작용하는 힘이다.

기출 자료 | 분석

그림 (가)와 같이 질량이 각각 $3m$, $2m$, $4m$인 물체 A, B, C가 실로 연결되어 정지해 있다. 실 p, q는 빗면과 나란하다. 그림 (나)는 (가)에서 p가 끊어진 후 A, B, C가 등가속도 운동하는 모습을 나타낸 것이다. (단, 중력 가속도는 g이고, 실의 질량, 모든 마찰과 공기 저항은 무시한다.)

자료 체크 리스트

☐ (나)에서 A, B의 가속도의 크기
☐ (나)에서 A, C에 작용하는 알짜힘의 크기
☐ (나)에서 q가 B를 당기는 힘의 크기

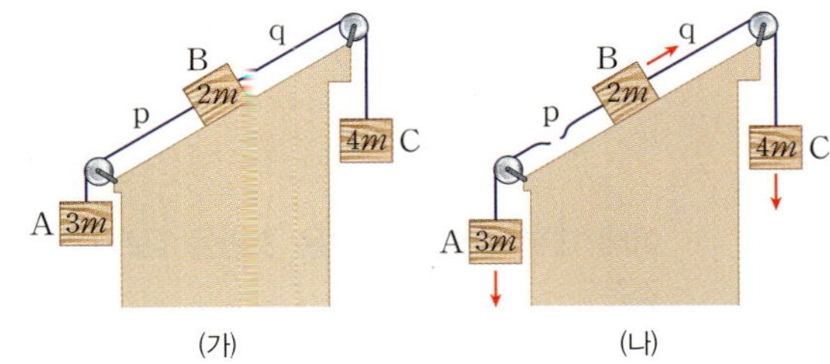

(가)　　　　(나)

---

step 1 **(나)에서 A, B의 가속도 크기 비교하기**

(가)에서 p, q가 물체에 작용하는 힘의 크기를 각각 T_1, T_2라고 하면 A, C가 모두 정지해 있으므로 $T_1 = 3mg$, $T_2 = 4mg$이다. 또한 B도 정지해 있으므로 B에서 중력에 의해 빗면 아래 방향으로 작용하는 힘의 크기를 F라고 하면 $F + 3mg = 4mg$, $F = mg$이다. (나)에서 A의 가속도의 크기는 g이고 q가 물체에 작용하는 힘의 크기를 T, B, C의 가속도의 크기를 a라고 하면 $T - mg = 2ma$, $4mg - T = 4ma$이므로 $a = \dfrac{g}{2}$이다.

step 2 **(나)에서 A, C에 작용하는 알짜힘의 크기 비교하기**

알짜힘은 질량×가속도이므로 A, C에 작용하는 알짜힘의 크기는 각각 $3m \times g = 3mg$, $4m \times \dfrac{g}{2} = 2mg$이다.

step 3 **(나)에서 q가 B를 당기는 힘의 크기 구하기**

(나)에서 q가 B를 당기는 힘의 크기는 T이므로 $T - mg = 2m \times \dfrac{g}{2}$, $T = 2mg$이다.

01 변형

그림 (가)는 마찰이 없는 수평면에서 질량 m인 물체에 크기가 8 N인 힘이 수평 방향으로 작용하는 모습을, (나)는 (가)에서 물체의 속도를 시간에 따라 나타낸 것이다.

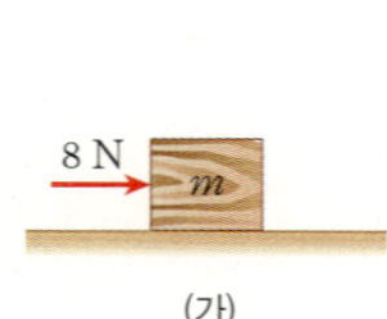
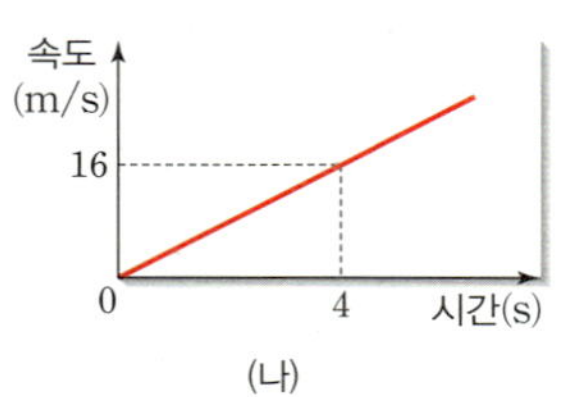

0초에서 4초까지 물체의 운동에 대한 설명으로 옳은 것만을 〈보기〉에서 있는 대로 고른 것은?

┌ 보기 ┐
ㄱ. 이동 거리는 32 m이다.
ㄴ. 가속도의 크기는 4 m/s²이다.
ㄷ. $m=2$ kg이다.

① ㄱ　　　　② ㄴ　　　　③ ㄱ, ㄷ
④ ㄴ, ㄷ　　　⑤ ㄱ, ㄴ, ㄷ

03 변형

그림 (가)는 수평면에 정지해 있는 질량이 1 kg인 물체에 연직 위 방향으로 힘 F가 작용하는 모습을, (나)는 F의 크기를 시간에 따라 나타낸 것이다.

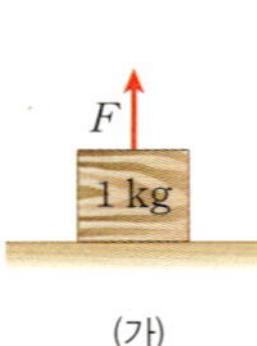
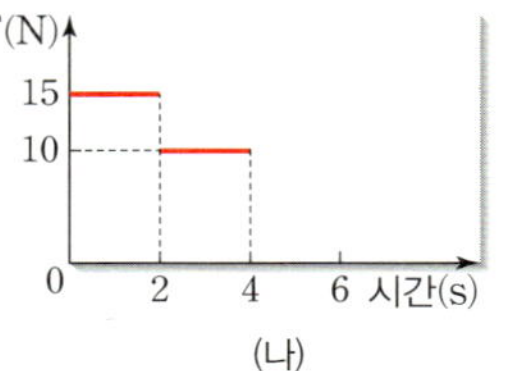

6초 동안 물체가 이동한 거리는? (단, 중력 가속도는 10 m/s²이고, 공기 저항은 무시한다.)

① 30 m　　　② 35 m　　　③ 40 m
④ 45 m　　　⑤ 50 m

02 변형

그림 (가)는 물체 A와 B를, (나)는 물체 A와 C를 각각 실로 연결하고 수평 방향의 일정한 힘 F로 당기는 모습을 나타낸 것이다. 질량은 C가 A의 2배이고, 실은 수평면과 나란하다. 등가속도 직선 운동을 하는 A의 가속도의 크기는 (나)에서가 (가)에서의 2배이다.

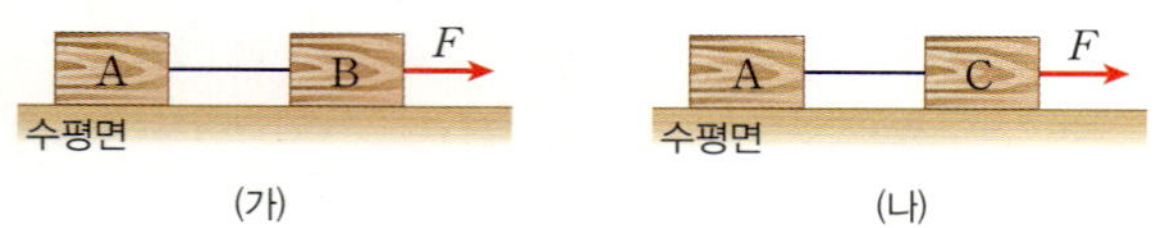

이에 대한 설명으로 옳은 것만을 〈보기〉에서 있는 대로 고른 것은? (단, 실의 질량, 마찰과 공기 저항은 무시한다.)

┌ 보기 ┐
ㄱ. B의 질량은 A의 질량의 5배이다.
ㄴ. C에 작용하는 알짜힘의 크기는 B에 작용하는 알짜힘의 크기의 $\frac{4}{5}$배이다.
ㄷ. (가)에서 실이 A를 당기는 힘의 크기는 (나)에서 실이 C를 당기는 힘의 크기와 같다.

① ㄱ　　　　② ㄷ　　　　③ ㄱ, ㄴ
④ ㄴ, ㄷ　　　⑤ ㄱ, ㄴ, ㄷ

04 변형

그림 (가)는 물체 B와 실 p로 연결한 물체 A를 일정한 힘 F로 당기는 동안, A가 위 방향으로 등속도 운동하는 모습을 나타낸 것이다. 그림 (나)는 (가)에서 B를 물체 C로 바꾸어 F로 당길 때, A가 등가속도 운동하는 모습을 나타낸 것으로 이때, A의 가속도는 위 방향으로 $\frac{1}{2}g$이다.

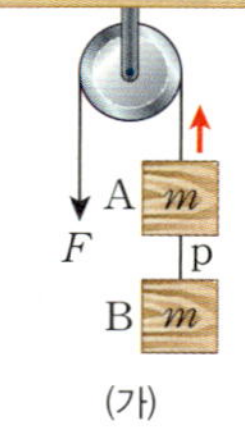
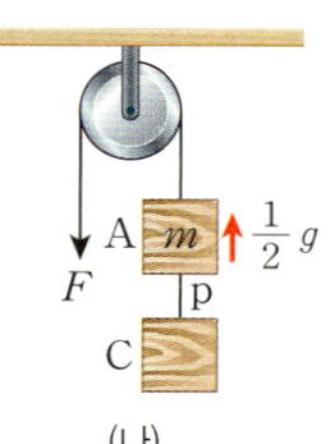

이에 대한 설명으로 옳은 것만을 〈보기〉에서 있는 대로 고른 것은?

┌ 보기 ┐
ㄱ. (가)에서 F의 크기는 A에 작용하는 중력의 크기보다 크다.
ㄴ. C의 질량은 $\frac{1}{3}m$이다.
ㄷ. p가 A를 당기는 힘의 크기는 (가)에서가 (나)에서보다 작다.

① ㄱ　　　　② ㄷ　　　　③ ㄱ, ㄴ
④ ㄴ, ㄷ　　　⑤ ㄱ, ㄴ, ㄷ

05 그림은 자석 A와 B가 수평면에 놓인 플라스틱 컵의 바닥면을 사이에 두고 정지해 있는 모습을 나타낸 것이다.

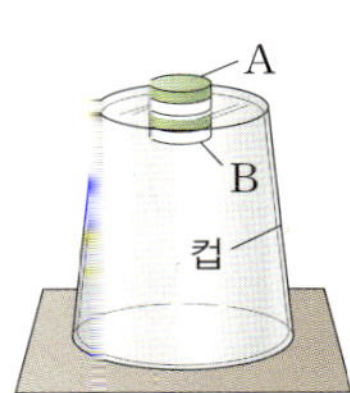

이에 대한 설명으로 옳은 것만을 〈보기〉에서 있는 대로 고른 것은? (단, 공기의 저항은 무시한다.)

> **보기**
>
> ㄱ. A가 컵을 누르는 힘과 컵이 A에 작용하는 힘은 작용과 반작용의 관계이다.
> ㄴ. B가 A에 작용하는 자기력의 크기는 B에 작용하는 중력의 크기보다 작다.
> ㄷ. 컵이 A에 작용하는 힘과 B가 A에 작용하는 자기력, A에 작용하는 중력은 힘의 평형을 이룬다.

① ㄱ　　　　② ㄴ　　　　③ ㄷ
④ ㄱ, ㄴ　　　⑤ ㄱ, ㄷ

---

06 그림과 같이 질량 m인 놀이 기구가 올라갔다가 내려온다. 지면에 정지해 있던 놀이 기구에 $t=0$부터 $t=T$까지는 중력과 크기 $4mg$의 일정한 힘이 작용하고, $t=T$부터 $t=5T$까지는 중력만 작용하다가 $t=5T$부터 지면에 도달할 때까지는 중력과 크기 F의 일정한 힘이 작용한다.

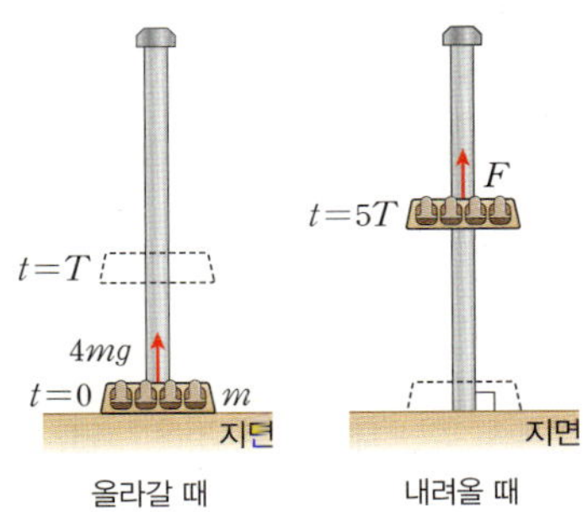

지면에 도달할 때 놀이 기구의 속력이 0이 되게 하는 F는? (단, 모든 힘은 연직 방향으로 작용하며, 중력 가속도는 g이고, 모든 마찰과 공기 저항은 무시한다.)

① $\dfrac{12}{11}mg$　　　② $\dfrac{10}{9}mg$　　　③ $\dfrac{8}{7}mg$
④ $\dfrac{6}{5}mg$　　　⑤ $\dfrac{4}{3}mg$

---

07 그림 (가)는 물체 A, B, C를 실 p, q로 연결한 후, 손이 A에 연직 방향으로 일정한 힘 F를 가해 A, B, C가 정지한 모습을 나타낸 것이다. 그림 (나)는 (가)에서 A를 놓은 순간부터 물체가 운동하여 C가 지면에 닿고 이후 B와 C가 충돌하기 전까지 A의 속력을 시간에 따라 나타낸 것이다. C의 질량은 2 kg이다.

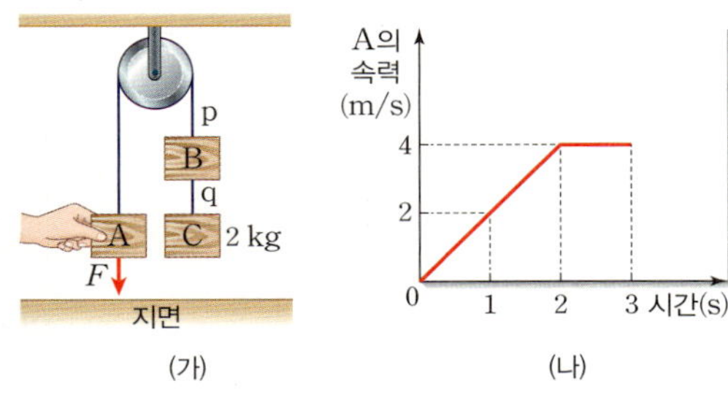

이에 대한 설명으로 옳은 것만을 〈보기〉에서 있는 대로 고른 것은? (단, 중력 가속도는 10 m/s^2이고, 모든 마찰과 공기 저항은 무시한다.)

> **보기**
>
> ㄱ. $F=20 \text{ N}$이다.
> ㄴ. A의 질량은 4 kg이다.
> ㄷ. 1초일 때 p가 B를 당기는 힘의 크기는 q가 B를 당기는 힘의 크기보다 작다.

① ㄱ　　　　② ㄷ　　　　③ ㄱ, ㄴ
④ ㄴ, ㄷ　　　⑤ ㄱ, ㄴ, ㄷ

---

08 그림 (가)는 수평면 위에 있는 물체 A가 물체 B, C에 실 p, q로 연결되어 정지해 있는 모습을 나타낸 것이다. 그림 (나)는 (가)에서 p, q중 하나가 끊어진 경우, 시간에 따른 A의 속력을 나타낸 것이다. B의 질량은 A의 질량의 2배이고, C의 질량은 2 kg이다.

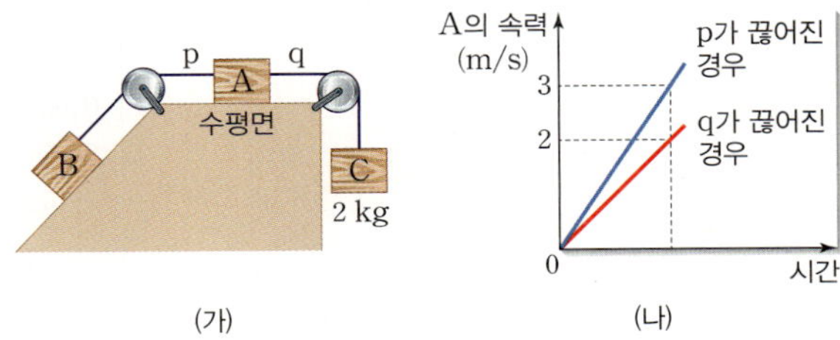

A의 질량은? (단, 실의 질량, 마찰과 공기 저항은 무시한다.)

① 2 kg　　　② 3 kg　　　③ 4 kg
④ 5 kg　　　⑤ 6 kg

기본 개념 확인

01 속도–시간 그래프의 기울기는 □□□□□를 의미하고 속도–시간 그래프와 시간축이 이루는 면적은 물체의 □□□□□이다.

01 그림 (가)와 같이 수평면에 정지해 있던 물체 A, B에 수평 방향으로 힘 F를 작용한다. 그림 (나)는 A의 속도를 시간에 따라 나타낸 것이다.

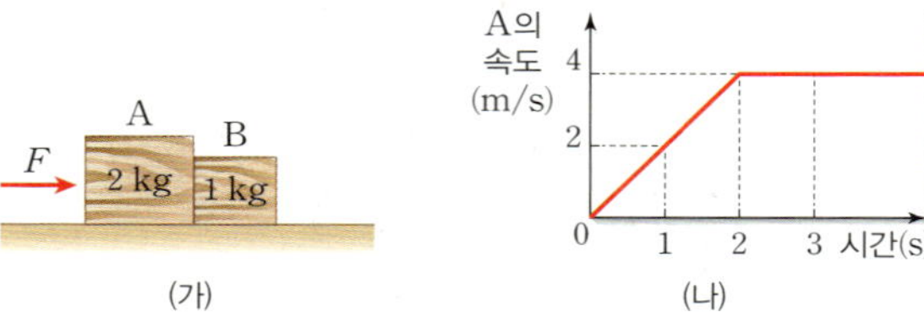

이에 대한 설명으로 옳은 것만을 〈보기〉에서 있는 대로 고른 것은? (단, 모든 마찰은 무시한다.)

> **보기**
>
> ㄱ. 1초일 때 B에 작용하는 알짜힘의 크기는 2 N이다.
> ㄴ. 1초일 때 B가 A에 작용하는 힘의 크기는 2 N이다.
> ㄷ. 0~3초 동안 A가 이동한 거리는 8 m이다.

① ㄱ　　② ㄷ　　③ ㄱ, ㄴ　　④ ㄴ, ㄷ　　⑤ ㄱ, ㄴ, ㄷ

02 운동 방정식은 □□□□□=질량×가속도의 형태로 나타낸다.

02 그림 (가), (나)와 같이 질량이 각각 m, $3m$인 물체 A, C가 실로 B와 연결되어 각각 등가속도 운동을 하고 있다. (가)에서 A, B는 수평면에서 운동한다. B의 가속도의 크기는 (가)에서가 (나)에서의 $\frac{3}{2}$배이다.

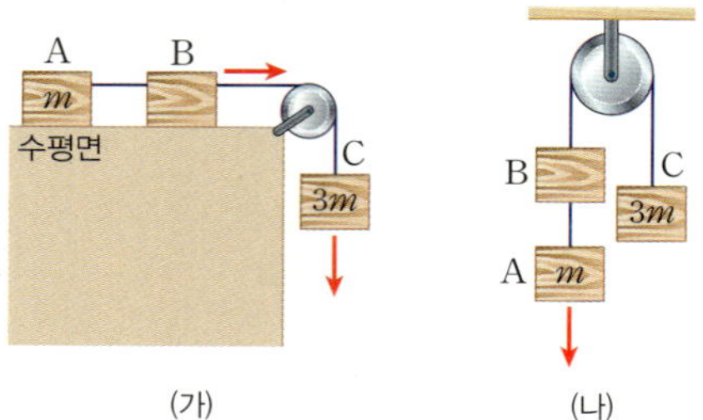

이에 대한 설명으로 옳은 것만을 〈보기〉에서 있는 대로 고른 것은? (단, 실의 질량과 모든 마찰은 무시한다.)

> **보기**
>
> ㄱ. A에 작용하는 알짜힘의 크기는 (가)에서가 (나)에서의 $\frac{3}{2}$배이다.
> ㄴ. B의 질량은 $4m$이다.
> ㄷ. (나)에서 실이 A에 작용하는 힘의 크기는 C에 작용하는 힘의 크기보다 크다.

① ㄱ　　② ㄷ　　③ ㄱ, ㄴ　　④ ㄴ, ㄷ　　⑤ ㄱ, ㄴ, ㄷ

03 그림 (가)와 같이 수평면 우의 물체 A와 빗면 위의 물체 B가 실로 연결되어 운동한다. A에는 수평 방향으로 크기가 F인 일정한 힘이 작용한다. 그림 (나)는 A, B의 속력을 시간에 따라 나타낸 것이다. 시간 t_0일 때 A, B를 연결한 실이 끊어졌다.

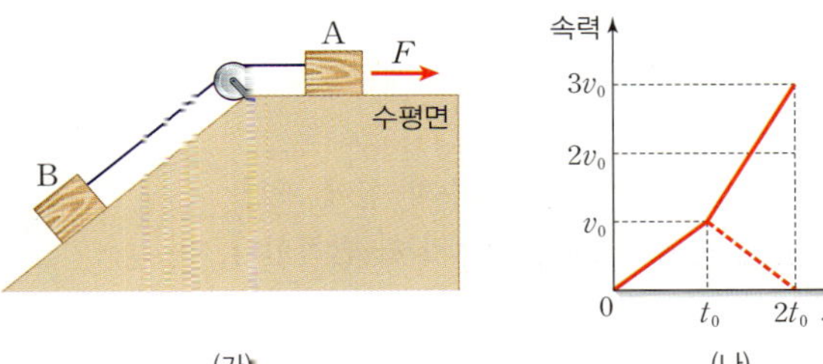

이에 대한 설명으로 옳은 것만을 〈보기〉에서 있는 대로 고른 것은? (단, 실의 질량과 모든 마찰은 무시한다.)

| 보기 |
ㄱ. $t_0 \sim 2t_0$ 동안 가속도의 크기는 A가 B의 2배이다.
ㄴ. 질량은 A가 B의 3배이다.
ㄷ. $0 \sim t_0$ 동안 B가 실에 작용하는 힘의 크기는 $\frac{1}{3}F$이다.

① ㄱ　　　② ㄴ　　　③ ㄱ, ㄴ　　　④ ㄱ, ㄷ　　　⑤ ㄴ, ㄷ

03 A가 B에 작용하는 힘과 □□□□□□□은 항상 크기가 같다.

04 그림 (가)는 수평면에 정지해 있는 질량 $3\,\mathrm{kg}$인 물체에 $t=0$초부터 일정한 크기의 힘 F를 작용하는 것을 나타낸 것이다. 그림 (나)는 물체의 이동 거리를 시간에 따라 나타낸 것이다.

이에 대한 설명으로 옳은 것만을 〈보기〉에서 있는 대로 고른 것은? (단, 물체의 크기와 모든 마찰은 무시한다.)

| 보기 |
ㄱ. $0 \sim 2$초 동안 물체의 평균 속력은 $2\,\mathrm{m/s}$이다.
ㄴ. 2초일 때 물체의 속력은 $4\,\mathrm{m/s}$이다.
ㄷ. $F=6\,\mathrm{N}$이다.

① ㄱ　　　② ㄷ　　　③ ㄱ, ㄴ　　　④ ㄴ, ㄷ　　　⑤ ㄱ, ㄴ, ㄷ

04 정지해 있던 물체가 t초 동안 평균 속력 v인 등가속도 직선 운동을 한다면 t초일 때 물체의 속력은 □□□□□□이다.

05 추에 작용하는 중력의 크기를 F, 추 전체와 수레 전체의 질량을 각각 m, M이라고 하면 추와 수레의 가속도 a는 [ ]이다.

05 다음은 힘, 질량, 가속도의 관계를 알아보는 실험이다.

[실험 과정]

(가) 그림과 같이 수레와 추를 도르래를 통해 실로 연결하고, 수레를 가만히 놓아 수레의 가속도를 구한다.

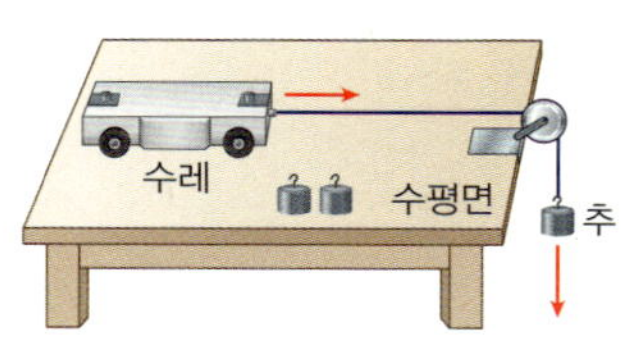

(나) 수레 위에 올려놓은 추의 개수와 실에 매단 추의 개수를 변화시키며 과정 (가)를 반복한다.

[실험 결과]

실험	수레 위에 올려놓은 추의 개수	실에 매단 추의 개수	수레의 가속도
I	1	1	a
II	1	2	$\dfrac{3}{2}a$
III	2	2	㉠

이에 대한 설명으로 옳은 것만을 〈보기〉에서 있는 대로 고른 것은? (단, 모든 마찰은 무시한다.)

보기

ㄱ. 수레의 질량은 추의 질량의 2배이다.

ㄴ. ㉠은 $\dfrac{6}{5}a$이다.

ㄷ. 실이 수레에 작용하는 힘의 크기는 III에서가 II에서의 2배이다.

① ㄱ　　② ㄴ　　③ ㄱ, ㄴ　　④ ㄱ, ㄷ　　⑤ ㄴ, ㄷ

06 실에 매달려 운동하는 물체의 알짜힘은 중력과 실이 물체에 작용하는 힘의 [ ]이다.

06 그림 (가)는 질량이 각각 M, m인 물체 A, B를 실로 연결하고, A를 빗면에 가만히 놓았을 때 A, B가 정지해 있는 모습을 나타낸 것이다. 그림 (나)는 (가)에서 A, B의 위치를 바꾸고 B를 빗면에 가만히 놓았을 때 A, B가 가속도의 크기가 $\dfrac{1}{2}g$인 등가속도 운동하는 것을 나타낸 것이다. 실이 B에 작용하는 힘의 크기는 (나)에서가 (가)에서의 2배이다.

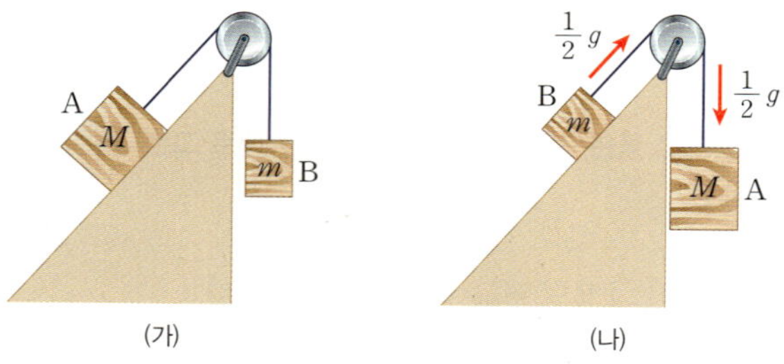

$\dfrac{M}{m}$은? (단, 중력 가속도는 g이고, 실의 질량과 모든 마찰과 공기 저항은 무시한다.)

① 2　　② 3　　③ 4　　④ 5　　⑤ 6

07 그림 (가)와 같이 물체 A, B, C가 실로 연결되어 등가속도 운동하고 있다. 그림 (나)는 A의 속력을 시간에 따라 나타낸 것으로, 3초일 때 B와 C를 연결한 실이 끊어졌다. A, B의 질량은 각각 1 kg, 2 kg이다.

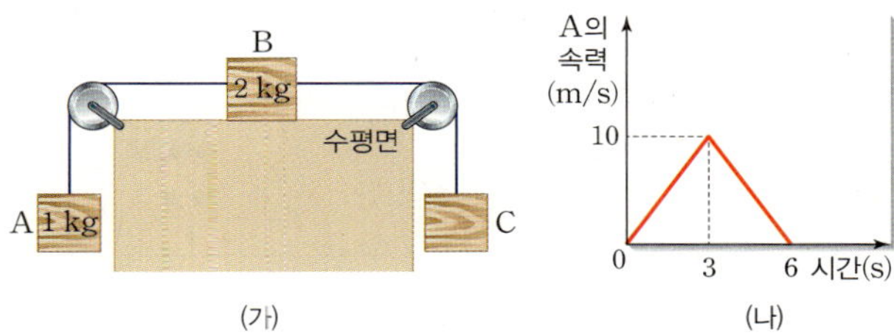

이에 대한 설명으로 옳은 것만을 〈보기〉에서 있는 대로 고른 것은? (단, 중력 가속도는 $10 \, \text{m/s}^2$이고, 실의 질량, 물체의 크기 모든 마찰은 무시한다.)

| 보기 |
ㄱ. C의 질량은 3 kg이다.
ㄴ. 2초일 때 실이 C에 작용하는 힘의 크기는 10 N이다.
ㄷ. 4초일 때 B에 작용하는 알짜힘의 크기는 $\dfrac{20}{3}$ N이다.

① ㄱ　　　② ㄴ　　　③ ㄱ, ㄴ　　　④ ㄱ, ㄷ　　　⑤ ㄴ, ㄷ

---

07 실로 연결되어 운동하는 물체들의 속도와 가속도는 □□□□□.

---

08 그림 (가)와 같이 물체 A에 물체 B, C를 실로 연결하여 가만히 잡고 있다. 그림 (나)는 A를 가만히 놓았더니 A, B, C가 등가속도 운동을 하여 C가 t_0초 후에 수평면에 닿는 모습을 나타낸 것이다. A, B, C의 질량은 각각 $3m$, m, $2m$이다.

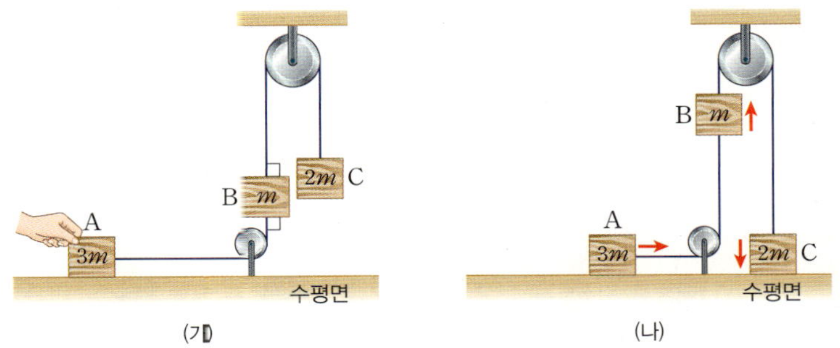

이에 대한 설명으로 옳은 것만을 〈보기〉에서 있는 대로 고른 것은? (단, 중력 가속도는 g이고, 물체의 크기, 실의 질량, 모든 마찰과 공기 저항은 무시한다.)

| 보기 |
ㄱ. t_0초까지 C가 이동한 거리는 $\dfrac{1}{12}gt_0^2$이다.
ㄴ. t_0초일 때 A의 속력은 $\dfrac{1}{6}gt_0$이다.
ㄷ. $\dfrac{t_0}{2}$초일 때 C에 연결된 실이 B에 작용하는 힘의 크기는 $\dfrac{5}{3}mg$이다.

① ㄱ　　　② ㄷ　　　③ ㄱ, ㄴ　　　④ ㄴ, ㄷ　　　⑤ ㄱ, ㄴ, ㄷ

---

08 처음 속도 0, 가속도의 크기 a인 물체가 t_0초 동안 등가속도 직선 운동하였을 때 이동 거리는 □□□□□, t_0초일 때 속력은 □□□□□이다.

03강 운동량과 충격량

I. 역학과 에너지

A 운동량		B 충격량	
운동량의 방향	★☆☆	충격량과 운동량	★★☆
운동량 보존	★★☆	충격량과 평균 힘	★★☆

A 운동량

운동량과 알짜힘
운동량–시간 그래프의 기울기는 물체에 작용하는 알짜힘을 나타낸다.

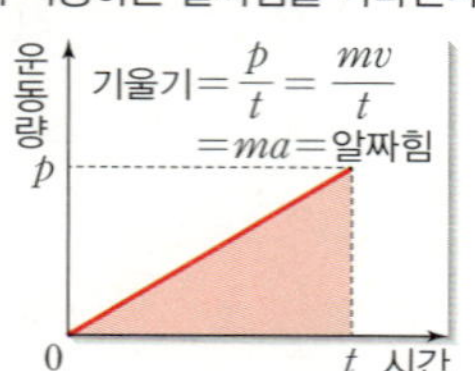

1. 운동량　질량이 m인 물체가 v의 속도로 움직이고 있을 때 물체의 운동량 p는 다음과 같다.

$$운동량 = 질량 \times 속도 \qquad \vec{p} = m\vec{v} \;(단위 : kg \cdot m/s)$$

(1) 운동량은 속도와 같이 방향에 따라 달라지는 물리량으로 운동량의 방향은 속도의 방향과 같다.

(2) 운동량의 크기가 같아도 방향이 다르면 운동량이 달라지며, 직선 운동할 때 어느 한 방향을 $(+)$로 하면 그 반대 방향은 $(-)$가 된다.

2. 운동량의 변화량

(1) 물체의 운동량의 변화량은 속도와 같이 방향을 고려하여 계산하여야 한다.

(2) 질량이 m인 물체의 속도가 v_0에서 v로 변하는 경우 운동량의 변화량의 크기는 나중 운동량과 처음 운동량의 차이이며, (가)와 같이 운동량이 증가할 때 운동량의 변화량은 처음 운동량의 방향과 같고, (나), (다)와 같이 운동량이 감소하거나 방향이 반대가 되면 운동량의 변화량은 처음 운동량의 방향과 반대이다.

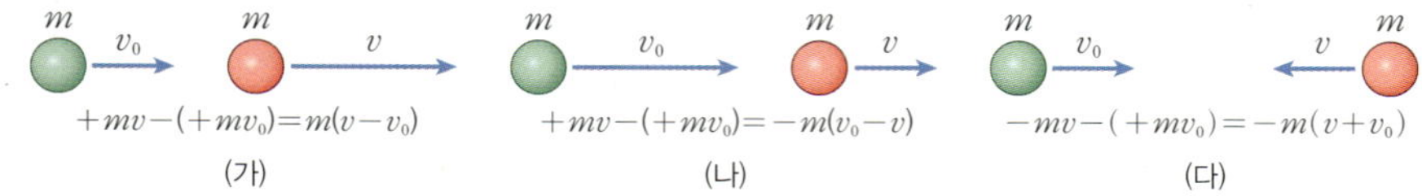

3. 운동량 보존

(1) 운동량 보존 법칙 : 물체들이 서로 충돌할 때 물체들 사이의 상호 작용 외의 외력이 작용하지 않는 경우 충돌 전 두 물체의 운동량의 총합은 충돌 후 두 물체의 운동량의 총합과 같다는 것을 운동량 보존 법칙이라고 한다.

(2) 두 물체의 충돌 : 그림과 같이 질량이 각각 m_1, m_2인 두 물체 A, B가 v_1, v_2의 속도로 운동하다 서로 충돌한 후 속도가 v_1', v_2'로 변하며 충돌 전후 동일 직선상에서 운동하는 경우 운동량 보존 법칙은 다음과 같이 적용된다.

$$m_1v_1 + m_2v_2 = m_1v_1' + m_2v_2'$$

B 충격량

1. 충격량　물체에 힘이 작용할 때 물체에 작용한 힘 F와 힘을 작용한 시간 $\varDelta t$의 곱 I를 힘이 물체에 작용한 충격량이라고 한다.

$$충격량 = 힘 \times 시간 \qquad \vec{I} = \vec{F}\varDelta t \;(단위 : N \cdot s)$$

(1) 충격량은 방향이 있는 물리량이며, 충격량의 방향은 작용한 힘의 방향과 같다.

(2) 충격량과 힘-시간 그래프 : 힘-시간 그래프와 시간 축이 이루는 넓이가 충격량과 같다.

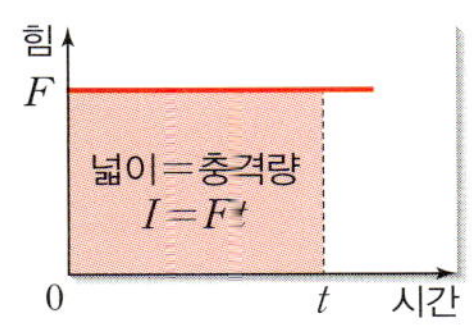

(가) 힘의 크기가 일정한 경우

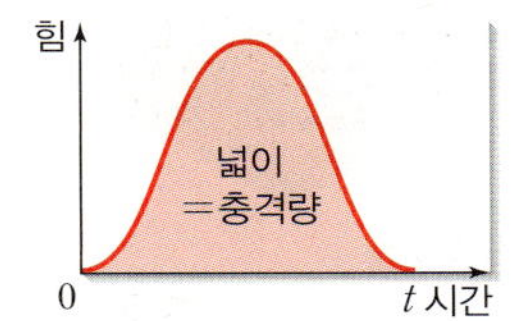

(나) 힘의 크기가 일정하지 않은 경우

일반적으로 충돌이 일어날 때 물체에 작용하는 힘이 일정하지 않으므로 충격량(힘-시간 그래프와 시간 축이 이루는 넓이)을 충돌 시간으로 나누어 평균 힘을 구하고 충격력이라고 한다.

2. 충격량과 운동량의 관계 그림과 같이 일정한 속도 v_0으로 운동하고 있는 질량이 m인 물체에 시간 Δt 동안 일정한 힘 F가 작용하여 속도가 v로 변하는 경우 힘이 물체에 작용한 충격량은 다음과 같다.

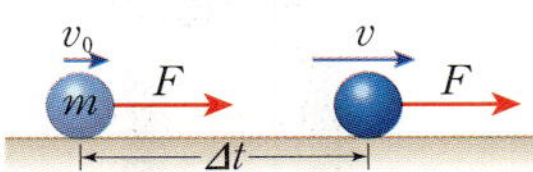

$$\vec{I} = \vec{F}\Delta t = ma\Delta t = m\frac{(\vec{v}-\vec{v_0})}{\Delta t}\Delta t = m(\vec{v}-\vec{v_0}) = \Delta\vec{p}$$

- 힘이 물체에 작용한 충격량은 물체의 운동량의 변화량과 같다.

3. 충격량과 시간의 관계 물체에 작용한 충격량은 운동량의 변화량과 같으므로 물체에 작용하는 평균 힘은 운동량의 변화량 또는 충격량을 걸린 시간으로 나눈 값이 된다. 따라서 충격량이 같을 때 힘을 작용한 시간이 짧을수록 평균 힘의 크기가 증가한다.

$$I = \overline{F}\Delta t = \Delta p \rightarrow \overline{F} = \frac{\Delta p}{\Delta t} = \frac{I}{\Delta t}$$

4. 충격력을 감소시키는 경우 충격량이 일정할 때 힘이 작용하는 시간을 길게 하면 충격력(힘)을 감소시킬 수 있다.

예 달리던 자동차가 사고가 났을 때 자동차의 에어백이 작동하면 탑승자는 에어백에 부딪혀 멈추는 시간이 길어지고 탑승자에 작용하는 힘의 최댓값 F가 작아진다. 자동차의 범퍼나 안전벨트, 번지 점프의 줄, 배에 딛린 타이어 등도 힘이 작용하는 시간을 길게 하는 안전 장비들이다.

▲ 자동차의 에어백

▲ 자동차의 범퍼

▲ 번지 점프

▲ 배에 달린 타이어

충격량을 증가시키는 경우
테니스나 야구 경기를 할 때 공을 끝까지 밀어 주어 공에 힘을 작용하는 시간을 길게 해야 공의 속력을 더 크게 증가시킬 수 있고, 대포의 포신이 길수록 포탄을 멀리 보낼 수 있다.

기출 자료 | 분석

그림 (가)와 같이 수평 방향의 일정한 힘 F가 작용하여 물체 A, B가 함께 운동하던 중에 A와 B 사이의 실이 끊어진다. 실이 끊어진 후에도 A에는 계속 F가 작용하고, A, B는 각각 등가속도 직선 운동을 한다. B의 질량은 2 kg이고, B의 가속도의 크기는 실이 끊어지기 전과 후가 같다. 그림 (나)는 실이 끊어지기 전과 후 A의 속력을 시간에 따라 나타낸 것이다. (단, 실의 질량, 모든 마찰과 공기 저항은 무시한다.)

자료 체크 리스트
- [ ] A의 질량
- [ ] 1초일 때 B에 작용하는 알짜힘
- [ ] 3초일 때 B의 운동량의 크기

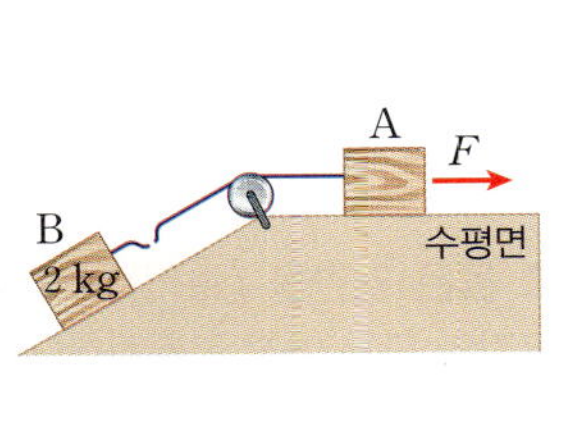

(가)

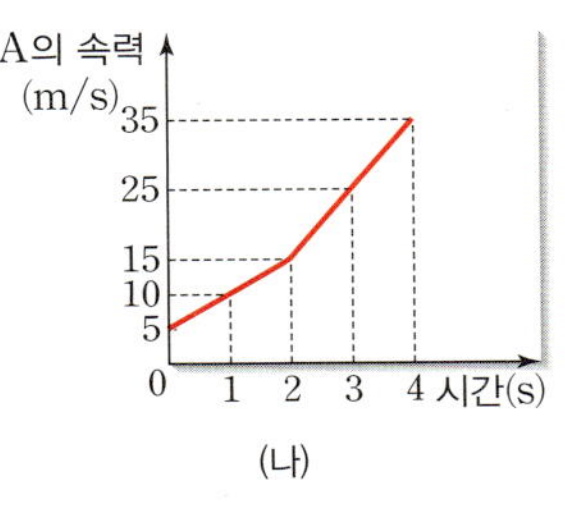

(나)

---

step 1 A의 질량 구하기
1~2초 동안 A, B의 가속도의 크기는 5 m/s²이므로 B에 작용하는 중력에 의해 빗면 아래 방향으로 작용하는 힘의 크기를 F', 실이 물체를 당기는 힘의 크기를 T, A의 질량을 m이라고 하면 $F-T=5m$, $T-F'=10$ N의 식이 성립한다. 2~4초 동안 A의 가속도의 크기는 10 m/s², B의 가속도의 크기는 5 m/s²이므로 $F=10m$, $F'=10$ N이며 식들을 정리하면 $m=4$ kg이다.

step 2 1초일 때 B에 작용하는 알짜힘 구하기
B에 작용하는 알짜힘은 B의 질량과 가속도를 곱한 값이므로 10 N이다.

step 3 3초일 때 B의 운동량의 크기를 구한다.
2~4초 동안 B의 가속도의 크기가 5 m/s²이므로 3초일 때 B의 속력은 $15-5\times1=10$ m/s이다. 따라서 B의 운동량의 크기는 $2\times10=20$ kg·m/s이다.

01 그림과 같이 인라인 스케이트를 신고 정지해 있던 학생 A와 B가 서로 미는 동안 동일 직선상에서 반대 방향으로 운동한다. A, B의 질량은 각각 M, m이다.
이에 대한 설명으로 옳은 것만을 〈보기〉에서 있는 대로 고른 것은?
(단, 공기 저항과 모든 마찰은 무시한다.)

〈평가원 기출〉 변형

| 보기 |
ㄱ. A, B의 운동량의 합은 항상 0이다.
ㄴ. A, B의 속도의 크기의 비는 $m : M$이다.
ㄷ. A가 B로부터 받은 충격량의 크기는 B가 A로부터 받은 충격량의 크기와 같다.

① ㄱ ② ㄷ ③ ㄱ, ㄴ
④ ㄴ, ㄷ ⑤ ㄱ, ㄴ, ㄷ

02 그림 (가)는 수평면에 정지해 있는 동전 B를 향해 손가락으로 동전 A를 튕기는 모습을 나타낸 것이다. B는 A와 충돌한 후 정지해 있던 동전 C와 충돌한다. 그림 (나)는 이 과정에서 A, B, C의 운동량을 시간에 따라 나타낸 것이다. A와 B의 충돌 시간은 $2T$이고, B와 C의 충돌 시간은 T이다. C의 질량은 B의 질량의 $\frac{3}{2}$배이다.

〈평가원 기출〉 변형

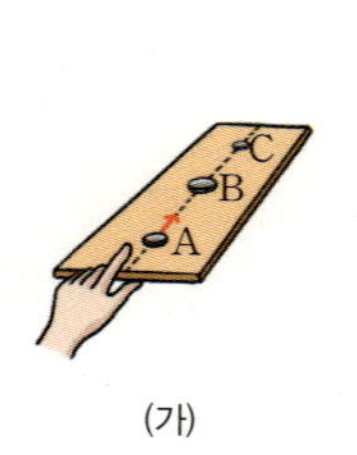
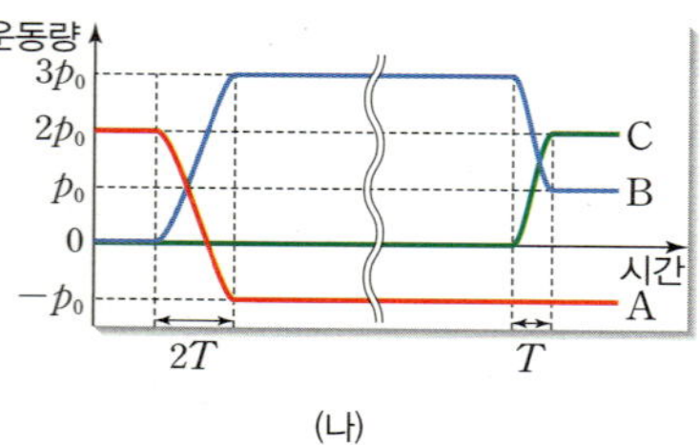

이에 대한 설명으로 옳은 것만을 〈보기〉에서 있는 대로 고른 것은? (단, A~C는 동일 직선상에서 운동한다.)

| 보기 |
ㄱ. B는 C와 충돌한 후 충돌 전과 반대 방향으로 움직인다.
ㄴ. B가 C와 충돌한 후 C의 속력은 B의 속력의 $\frac{3}{2}$배이다.
ㄷ. B가 받은 평균 힘의 크기는 A와 충돌하는 동안이 C와 충돌하는 동안보다 작다.

① ㄴ ② ㄷ ③ ㄱ, ㄷ
④ ㄱ, ㄷ ⑤ ㄴ, ㄷ

03 그림 (가)는 질량이 같은 물체 A, B가 벽을 향해 속도 $2v$로 각각 등속도 운동하는 모습을, (나)는 A, B가 벽에 충돌하는 과정에서 A, B의 속도를 시간에 따라 나타낸 것이다.

〈교육청 기출〉 변형

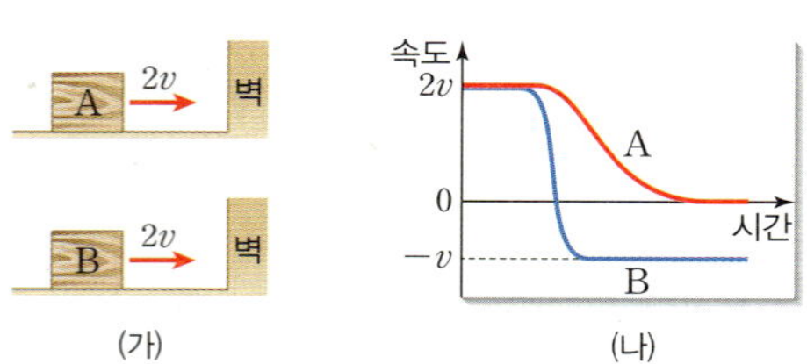

이에 대한 설명으로 옳은 것만을 〈보기〉에서 있는 대로 고른 것은?

| 보기 |
ㄱ. 벽이 B에 작용하는 충격량의 크기는 A에 작용하는 충격량의 크기의 $\frac{3}{2}$배이다.
ㄴ. 충돌 전후 운동량의 변화량의 크기는 A가 B보다 크다.
ㄷ. 충돌하는 동안 벽에 작용하는 평균 힘의 크기는 A가 B보다 작다.

① ㄱ ② ㄴ ③ ㄱ, ㄷ
④ ㄴ, ㄷ ⑤ ㄱ, ㄴ, ㄷ

04 그림 (가)는 수평면에서 질량이 m인 물체가 $2v$의 속력으로 P 지점을 통과하는 순간의 모습을 나타낸 것이다. 물체는 Q 지점에서 벽과 충돌한 후 다시 P를 향해 운동한다. 그림 (나)는 물체가 P를 처음 통과한 순간부터의 속도를 시간에 따라 나타낸 것이다.

〈교육청 기출〉 변형

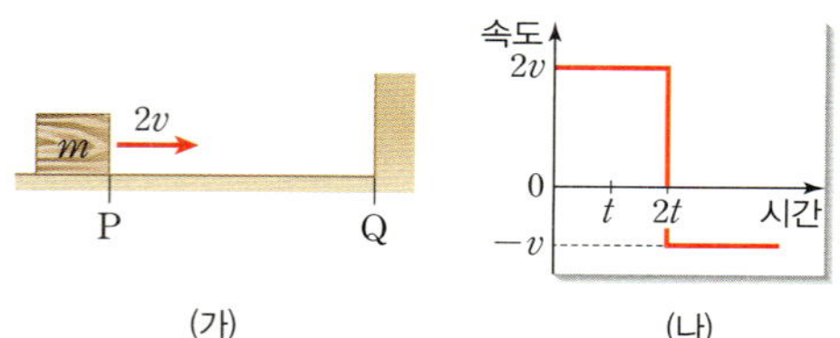

이에 대한 설명으로 옳은 것만을 〈보기〉에서 있는 대로 고른 것은? (단, 물체의 크기와 모든 마찰은 무시한다.)

| 보기 |
ㄱ. P에서 Q까지의 거리는 $4vt$이다.
ㄴ. 충돌하는 동안 벽이 물체로부터 받은 충격량의 크기는 mv이다.
ㄷ. 벽으로부터 물체가 받은 힘의 방향은 충돌 전 물체의 운동 방향과 반대 방향이다.

① ㄱ ② ㄴ ③ ㄱ, ㄷ
④ ㄴ, ㄷ ⑤ ㄱ, ㄴ, ㄷ

05 그림 (가), (나)는 각각 일직선상에서 운동하는 물체의 속도와 운동량을 시간에 따라 나타낸 것이다. (가)와 (나)에서 그래프의 기울기는 각각 a와 b이다.

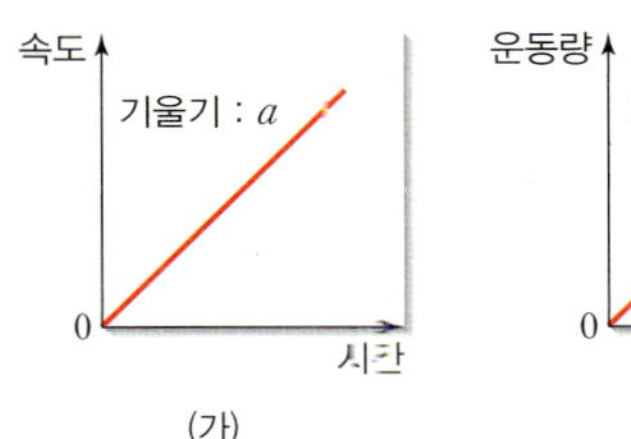
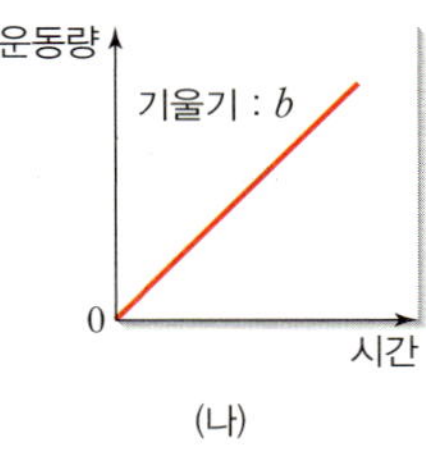

이에 대한 설명으로 옳은 것만을 〈보기〉에서 있는 대로 고른 것은?

| 보기 |
ㄱ. 물체의 가속도의 크기는 시간에 비례해서 증가한다.
ㄴ. 물체의 질량은 $\dfrac{b}{a}$이다.
ㄷ. 물체에 작용하는 알짜힘의 크기는 일정하다.

① ㄱ ② ㄴ ③ ㄱ, ㄷ
④ ㄴ, ㄷ ⑤ ㄱ, ㄴ, ㄷ

---

06 그림 (가)는 마찰이 없는 수평면에서 물체 A와 B가 서로를 향해 등속 직선 운동하는 모습을 나타낸 것이다. A, B의 질량은 $3\,\mathrm{kg}$으로 같고 충돌 전 A의 속력은 $4\,\mathrm{m/s}$이다. 그림 (나)는 A와 B 사이의 거리 s를 시간에 따라 나타낸 것으로, A, B는 충돌 후 서로 반대 방향으로 운동한다.

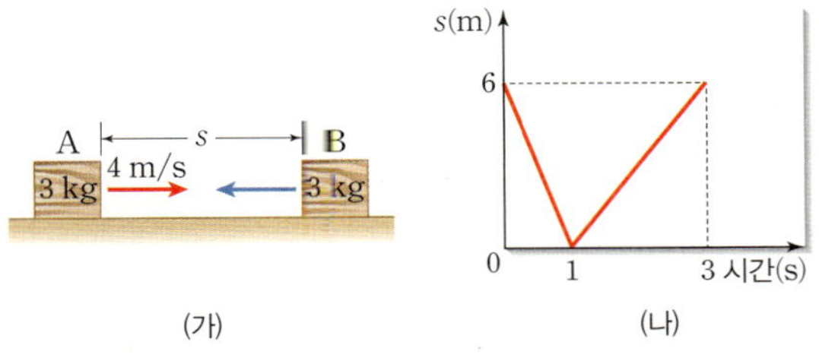

이에 대한 설명으로 옳은 것만을 〈보기〉에서 있는 대로 고른 것은? (단, 물체의 크기와 공기 저항은 무시한다.)

| 보기 |
ㄱ. 충돌 전 B의 운동량의 크기는 $6\,\mathrm{kg \cdot m/s}$이다.
ㄴ. 충돌 후 운동량의 크기는 B가 A의 5배이다.
ㄷ. 충돌하는 동안 B가 A로부터 받은 충격량의 크기는 $6\,\mathrm{N \cdot s}$이다.

① ㄱ ② ㄷ ③ ㄱ, ㄴ
④ ㄴ, ㄷ ⑤ ㄱ, ㄴ, ㄷ

---

07 그림 (가)는 수평면 위에서 질량이 각각 $3\,\mathrm{kg}$, $6\,\mathrm{kg}$인 물체 A, B가 오른쪽으로 각각 $4\,\mathrm{m/s}$, $2\,\mathrm{m/s}$의 속력으로 등속 직선 운동하는 것을 나타낸 것이고, (나)는 (가)에서 충돌하는 동안 A가 B로부터 받는 힘의 크기를 시간에 따라 나타낸 것으로 시간 축과 곡선이 만드는 넓이는 S이다. 충돌 후 A는 오른쪽으로 $2\,\mathrm{m/s}$의 속력으로 운동한다.

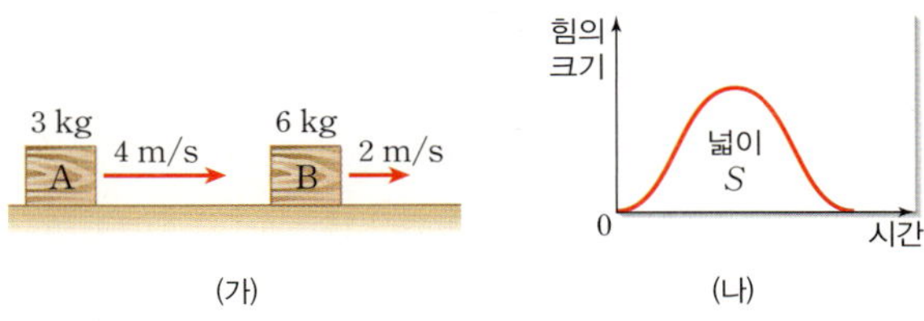

이에 대한 설명으로 옳은 것만을 〈보기〉에서 있는 대로 고른 것은? (단, 모든 마찰과 공기 저항은 무시한다.)

| 보기 |
ㄱ. $S=6\,\mathrm{N \cdot s}$이다.
ㄴ. 충돌 후 B의 속력은 $3\,\mathrm{m/s}$이다.
ㄷ. 충돌 과정에서 A가 B에 작용하는 힘의 크기는 B가 A에 작용하는 힘의 크기보다 크다.

① ㄱ ② ㄴ ③ ㄷ
④ ㄱ, ㄴ ⑤ ㄴ, ㄷ

---

08 그림 (가)는 무중력 상태인 우주선 안에서 공 A와 B를 충돌시키는 모습을 나타낸 것이다. A, B의 질량은 각각 $4m$, $3m$이고, 충돌 직전 속력은 모두 v이다. 그림 (나)는 B가 A에 작용하는 힘의 크기를 시간에 따라 나타낸 것으로, 시간 축과 곡선이 만드는 면적은 $5mv$이다.

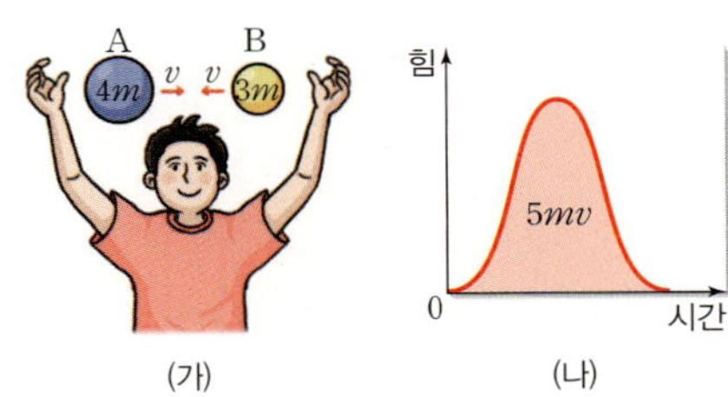

이에 대한 설명으로 옳은 것만을 〈보기〉에서 있는 대로 고른 것은? (단, A, B는 동일 직선상에서 운동한다.)

| 보기 |
ㄱ. 충돌 직후 A의 속력은 $\dfrac{5}{4}v$이다.
ㄴ. A가 B로부터 받은 충격량의 크기는 $5mv$이다.
ㄷ. 충돌하는 동안 A가 B에 작용한 평균 힘의 크기는 B가 A에 작용한 평균 힘의 크기와 같다.

① ㄱ ② ㄴ ③ ㄱ, ㄷ
④ ㄴ, ㄷ ⑤ ㄱ, ㄴ, ㄷ

S 예상 적중 문제

기본 개념 확인

01 공이 손에 작용하는 힘의 크기와 손이 공에 작용하는 힘은 [　　　　] 관계이므로 크기가 항상 [　　　　].

02 위치 – 시간 그래프의 기울기는 [　　　　]이고, 기울기의 부호는 [　　　　]을 의미한다.

---

01 그림은 농구 선수가 날아오는 농구공을 손으로 받는 모습을 나타낸 것이다. 공을 잡는 순간의 속력은 항상 같고, 공의 운동 방향은 변하지 않는다.

공이 손에 닿는 순간부터 정지할 때까지, 이에 대한 설명으로 옳은 것만을 〈보기〉에서 있는 대로 고른 것은?

┤ 보기 ├
ㄱ. 공이 손에 작용하는 힘의 크기와 손이 공에 작용하는 힘의 크기는 같다.
ㄴ. 공이 손으로부터 받은 충격량의 크기는 손이 공으로부터 받은 충격량의 크기와 같다.
ㄷ. 공이 손에 닿는 순간부터 정지할 때까지 걸린 시간을 길게 하면 공이 손에 작용하는 평균 힘의 크기가 작아진다.

① ㄱ　　　② ㄷ　　　③ ㄱ, ㄴ　　　④ ㄴ, ㄷ　　　⑤ ㄱ, ㄴ, ㄷ

02 그림 (가)는 수평면에서 운동하던 물체 A가 정지해 있는 물체 B를 향해 운동하는 모습을 나타낸 것이고, (나)는 A의 위치를 시간에 따라 나타낸 것이다. A, B의 질량은 각각 1 kg, 5 kg이다.

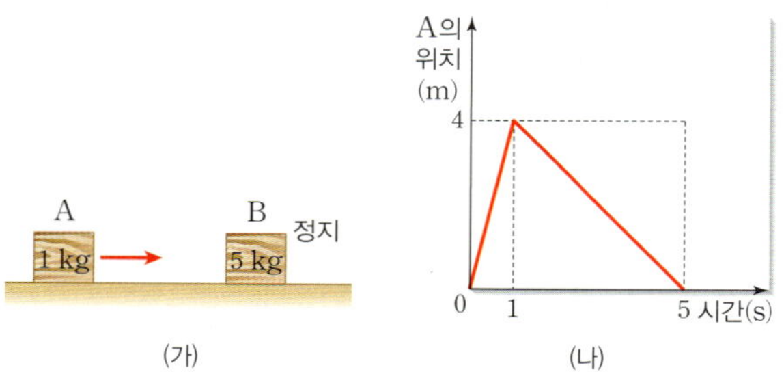

이에 대한 설명으로 옳은 것만을 〈보기〉에서 있는 대로 고른 것은? (단, A, B는 충돌 전후 동일 직선상에 있으며, 물체의 크기와 모든 마찰과 공기 저항은 무시한다.)

┤ 보기 ├
ㄱ. 충돌 후 A와 B의 운동량의 합의 크기는 6 kg·m/s이다.
ㄴ. 충돌 후 B의 속력은 1 m/s이다.
ㄷ. 충돌하는 동안 A가 받은 충격량의 크기는 3 kg·m/s이다.

① ㄱ　　　② ㄴ　　　③ ㄱ, ㄴ　　　④ ㄱ, ㄷ　　　⑤ ㄴ, ㄷ

03 그림 (가)는 수평면에서 물체 A, B가 같은 방향으로 각각 $2v$, v의 일정한 속력으로 운동하고, 물체 C는 정지해 있는 모습을 나타낸 것이다. 그림 (나)는 B의 속도를 시간에 따라 나타낸 것이다. A와 B의 충돌에서 충돌 시간은 Δt_0이고, B와 C의 충돌에서 충돌 시간은 $2\Delta t_0$이며, A, B, C의 질량은 각각 m, $3m$, $2m$이다.

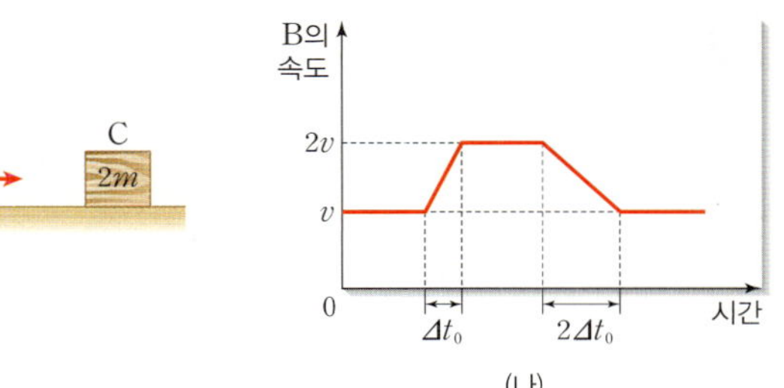

(가)

(나)

이에 대한 설명으로 옳은 것만을 〈보기〉에서 있는 대로 고른 것은? (단, 충돌 전후 A, B, C는 동일 직선상에 있으며 모든 마찰과 공기 저항은 무시한다.)

보기

ㄱ. A와 B가 충돌한 후 A의 속력은 v이다.

ㄴ. B와 C가 충돌한 후 C의 속력은 $\dfrac{3}{2}v$이다.

ㄷ. B가 A로부터 받은 평균 힘의 크기는 C로부터 받은 평균 힘의 크기의 2배이다.

① ㄱ   ② ㄷ   ③ ㄱ, ㄴ   ④ ㄴ, ㄷ   ⑤ ㄱ, ㄴ, ㄷ

04 다음은 운동량 보존 법칙에 대한 실험이다.

[실험 과정]

(가) 그림과 같이 수평한 실험대의 양 끝에 수레 멈춤대를 고정하고, 용수철을 압축시킨 질량이 m인 수레 A에 질량이 M인 수레 B를 접촉시켜 놓는다.

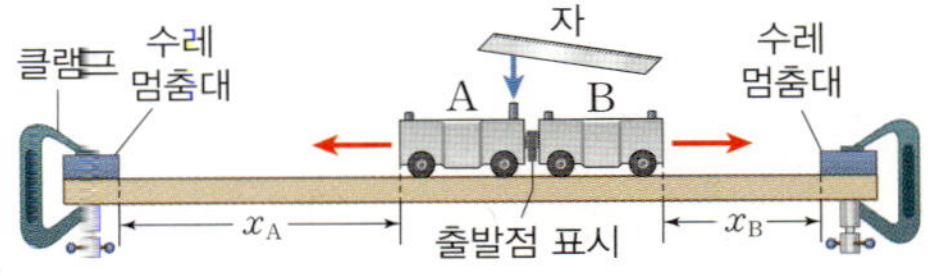

(나) 자로 잠금 막대를 쳐서 A, B를 분리시켜 A, B가 수레 멈춤대에 동시에 도달하는 출발점을 찾아 A, B가 각각 이동한 거리 x_A, x_B를 측정한다.

이에 대한 설명으로 옳은 것만을 〈보기〉에서 있는 대로 고른 것은? (단, 모든 마찰과 공기 저항은 무시한다.)

보기

ㄱ. 수레가 분리되는 동안 용수철이 A, B에 작용하는 힘의 크기는 동일하다.

ㄴ. 수레가 분리되는 순간 운동량의 크기는 A와 B가 같다.

ㄷ. $mx_B = Mx_A$이다.

① ㄱ   ② ㄷ   ③ ㄱ, ㄴ   ④ ㄴ, ㄷ   ⑤ ㄱ, ㄴ, ㄷ

04강 역학적 에너지 보존

B 일과 운동 에너지		C 퍼텐셜 에너지		D 역학적 에너지 보존	
알짜힘이 한 일	★★☆	중력에 의한 퍼텐셜 에너지	★★★	역학적 에너지	★☆☆
운동 에너지	★★★	탄성력에 의한 퍼텐셜 에너지	★★☆	역학적 에너지 보존 법칙	★★★

A 일

1. **일** 힘이 한 일은 힘의 크기와 물체가 힘의 방향으로 이동한 거리의 곱이다.(단위 : J(줄))

2. **힘 – 이동 거리 그래프와 일** 그래프와 이동 거리 축이 만드는 면적이 힘이 물체에 한 일이다.

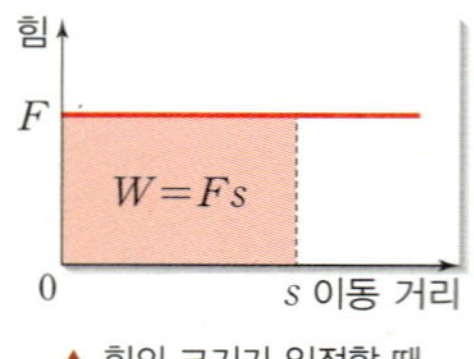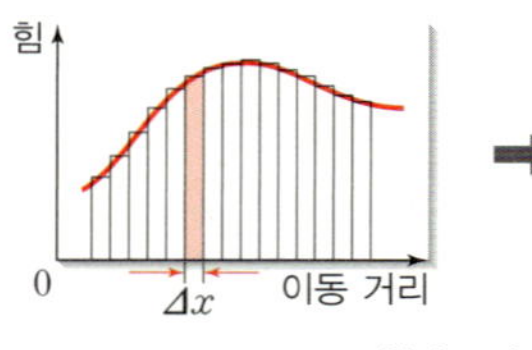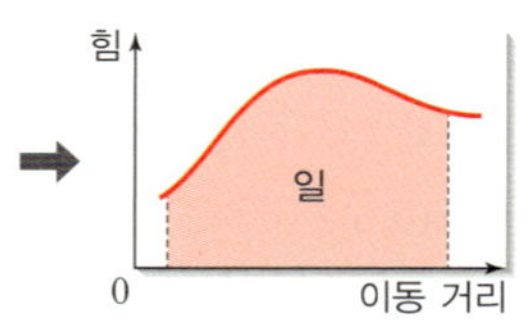

▲ 힘의 크기가 일정할 때 　　　▲ 힘의 크기가 변할 때

3. **힘과 이동 방향 사이의 관계** 크기가 F인 힘이 물체에 수평면과 θ의 방향으로 작용하고 물체는 수평 방향으로 s의 거리를 움직였을 때 힘이 물체에 한 일은 $W = Fs \cos \theta$이다.

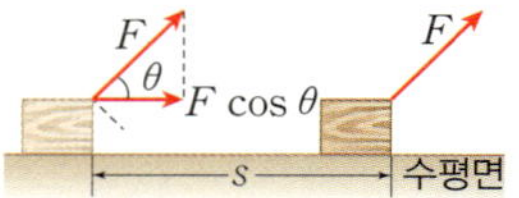

B 일과 운동 에너지

1. **알짜힘이 한 일**

   (1) 물체가 운동하고 있을 때 운동 방향으로 알짜힘 F를 작용하면 물체는 등가속도 직선 운동을 하고 알짜힘은 물체에 일을 한다. $(W = Fs)$

   (2) 등가속도 직선 운동의 식 $2as = v^2 - v_0^2$의 양변에 $\dfrac{m}{2}$을 곱하면, 물체에 F의 힘이 작용하여 s의 거리를 이동하는 동안 속력이 v_0에서 v로 변할 때 알짜힘이 한 일은 다음과 같다.

   $$W = Fs = mas = \frac{1}{2}mv^2 - \frac{1}{2}mv_0^2$$

2. **운동 에너지** 운동하는 물체가 가지는 에너지로, 크기만 있고 방향은 없는 물리량(단위 : J(줄))으로 질량이 m, 속력이 v인 물체의 운동 에너지는 $E_k = \dfrac{1}{2}mv^2$이다.

3. **일 – 운동 에너지 정리** 물체에 작용하는 알짜힘이 물체에 한 일은 물체의 운동 에너지 변화량과 같다.

   $$W = \Delta E_k = \frac{1}{2}mv^2 - \frac{1}{2}mv_0^2$$

C 퍼텐셜 에너지

1. **퍼텐셜 에너지** 중력, 전기력, 탄성력 등이 작용할 때 위치에 따라 갖게 되는 에너지로 크기만 있고 방향은 없는 물리량(단위 : J(줄))이다.

2. **중력에 의한 퍼텐셜 에너지**

   (1) 중력이 하는 일 : 질량이 m인 물체가 중력 가속도 g로 높이 h만큼 떨어지는 동안 중력이 물체에 하는 일은 $W = mgh$이다.

   (2) 중력 퍼텐셜 에너지의 크기 : 기준점으로부터 높이 h인 곳에 있는 질량이 m인 물체의 퍼텐셜 에너지는 $E_p = mgh$이다

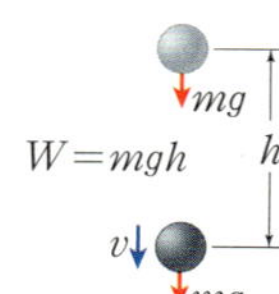

힘의 방향과 일
힘의 방향과 물체의 운동 방향이 같을 때 속력(운동 에너지)이 증가하며, 힘의 방향과 물체의 운동 방향이 반대일 때 속력(운동 에너지)이 감소한다. 힘의 방향과 운동 방향이 수직일 때에는 속력이 변하지 않고 방향만 변하며 이때 힘이 물체에 한 일은 0이다.

3. **탄성력에 의한 퍼텐셜 에너지**

(1) 탄성력이 하는 일 : 용수철 상수가 k인 용수철의 변형된 길이가 x일 때 용수철이 원래의 길이로 돌아가는 동안 탄성력이 물체에 하는 일은 $W=\frac{1}{2}kx^2$이다.

(2) 탄성 퍼텐셜 에너지의 크기 : 용수철의 길이가 x만큼 늘어나거나 줄어들었을 때 탄성 퍼텐셜 에너지는 $E_\mathrm{p}=\frac{1}{2}kx^2$이다.

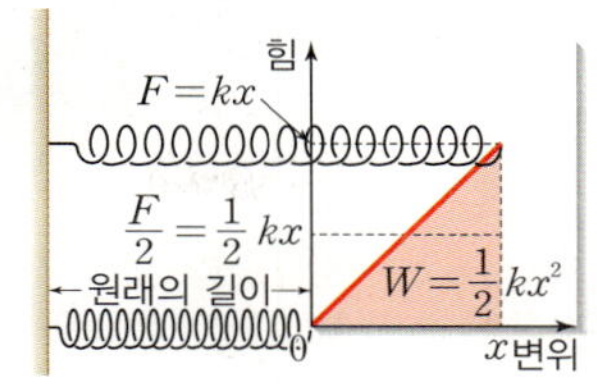

D 역학적 에너지 보존

1. **역학적 에너지** 운동 에너지 + 퍼텐셜 에너지, $E=E_\mathrm{k}+E_\mathrm{p}$(단위 : J(줄))

2. **역학적 에너지 보존 법칙** 마찰이나 공기 저항이 없으면(물체에 중력 또는 탄성력만 작용하면) 물체의 역학적 에너지는 변하지 않고 일정하게 보존된다.

(1) 역학적 에너지 보존

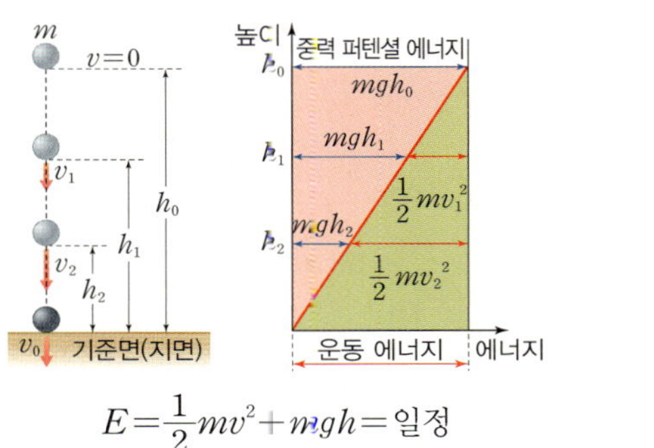

$$E=\frac{1}{2}mv^2+mgh=\text{일정}$$

▲ 중력에 의한 역학적 에너지 보존

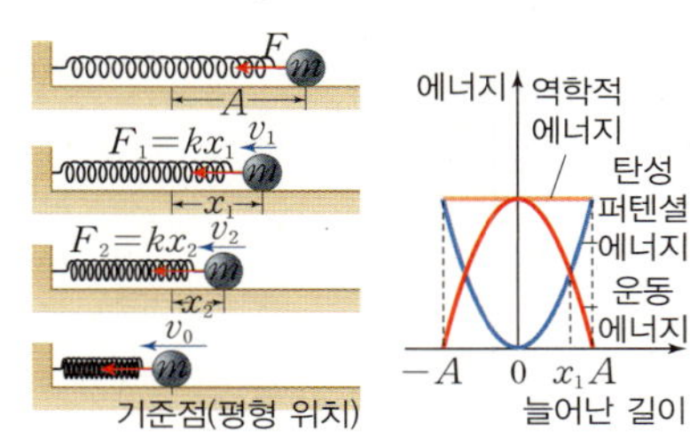

$$E=\frac{1}{2}mv^2+\frac{1}{2}kx^2=\text{일정}$$

▲ 탄성력에 의한 역학적 에너지 보존

(2) 역학적 에너지가 보존되지 않는 경우

① 마찰이나 공기 저항을 받으며 운동하는 물체의 역학적 에너지는 감소한다.

② 감소한 역학적 에너지는 열에너지, 소리 에너지 등으로 전환되며 최종적으로 열에너지가 된다.

③ 역학적 에너지가 모두 열에너지로 전환되면 물체는 운동을 멈춘다.

그림과 같이 레일을 따라 운동하는 물체가 점 p, q, r를 지난다. 물체는 빗면 구간 A를 지나는 동안 역학적 에너지가 $2E$만큼 증가하고, 높이가 h인 수평 구간 B에서 역학적 에너지가 $3E$만큼 감소하여 정지한다. 물체의 속력은 p에서 v, B의 시작점 r에서 V이고, 물체의 운동 에너지는 q에서가 p에서의 2배이다. (단, 물체의 크기, 마찰과 공기 저항은 무시한다.)

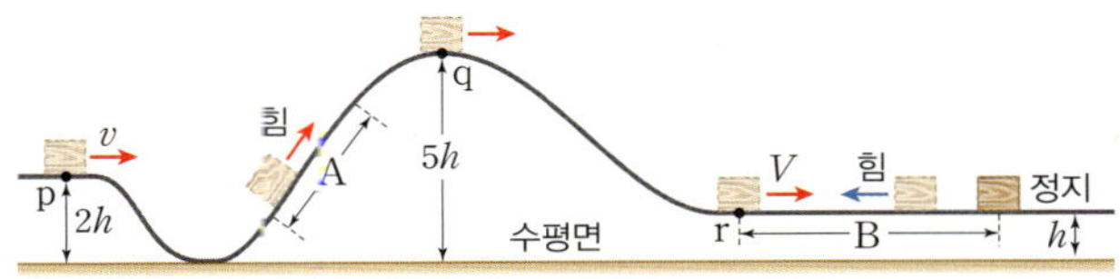

step 1 p에서의 역학적 에너지 구하기

역학적 에너지는 운동 에너지와 퍼텐셜 에너지의 합이므로 퍼텐셜 에너지의 기준을 수평면으로 할 때 $\frac{1}{2}mv^2+2mgh$이다.

step 2 q, r에서의 역학적 에너지 구하기

q에서의 역학적 에너지는 p의 역학적 에너지$+2E$이고 운동 에너지는 q에서가 p에서의 2배이므로 $\frac{1}{2}mv^2+2mgh+2E=5mgh+mv^2$이다.

r에서의 역학적 에너지는 q에서의 역학적 에너지와 같으므로

$5mgh+mv^2=\frac{1}{2}mV^2+mgh$이고 구간 B에서 역학적 에너지가 $3E$만큼 감소하여 정지하였으므로 $\frac{1}{2}mV^2=3E$이다.

step 3 V를 v로 나타내기

$2E=3mgh+\frac{1}{2}mv^2$ ··· ①, $3E=4mgh+mv^2$ ··· ②에서 E를 소거하면 $mgh=\frac{1}{2}mv^2$이고 $E=mv^2$이다. $3E=\frac{1}{2}mV^2=3mv^2$이므로 $V=\sqrt{6}\,v$이다.

01
그림은 높이 h인 곳에 정지해 있던 물체 A가 미끄러져 내려와 수평면에 정지해 있던 물체 B와 충돌하여 한 덩어리로 움직이다가, 용수철을 최대로 x만큼 압축시킨 모습을 나타낸 것이다. A, B의 질량은 각각 m, $2m$이고 용수철 상수는 k이다.

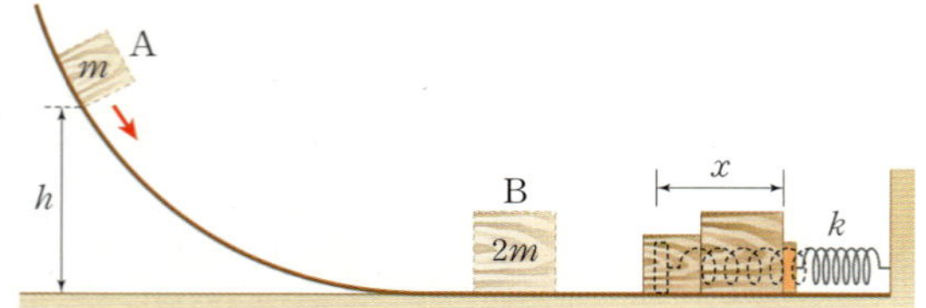

h는? (단, 중력 가속도는 g이고, 물체의 크기, 용수철의 질량, 공기의 저항과 모든 마찰은 무시한다.)

① $\dfrac{kx^2}{mg}$ ② $\dfrac{3kx^2}{2mg}$ ③ $\dfrac{2kx^2}{mg}$

④ $\dfrac{5kx^2}{2mg}$ ⑤ $\dfrac{3kx^2}{mg}$

02
그림은 질량이 각각 $4m$, $3m$, m인 물체 A, B, C가 실로 연결된 채 운동을 하다가 A와 B를 연결하고 있던 실이 끊어진 후 A, B, C가 등가속도 운동을 하고 있는 것을 나타낸 것이다.

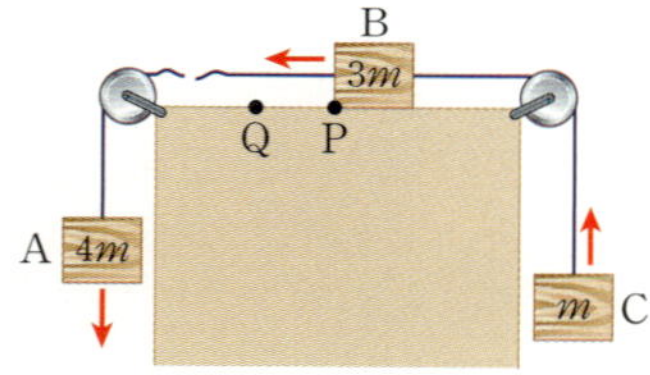

B가 점 P에서 Q까지 이동하는 동안, 이에 대한 설명으로 옳은 것만을 〈보기〉에서 있는 대로 고른 것은? (단, 모든 마찰과 공기 저항은 무시한다.)

┤ 보기 ├
ㄱ. 가속도의 크기는 A가 B의 4배이다.
ㄴ. C의 역학적 에너지는 증가한다.
ㄷ. C의 중력에 의한 퍼텐셜 에너지 증가량은 B의 운동 에너지 감소량보다 크다.

① ㄱ ② ㄴ ③ ㄱ, ㄷ
④ ㄴ, ㄷ ⑤ ㄱ, ㄴ, ㄷ

03
그림과 같이 수평면에 정지해 있던 질량 m인 수레가 수평 방향으로 일정한 크기의 힘 F를 수평면에서 시간 t 동안 받은 후, 궤도를 따라 운동하여 높이가 각각 $3h$, $2h$인 점 p, q를 지난다. 수레의 속력은 p, q에서 각각 $3v$, $5v$이다.

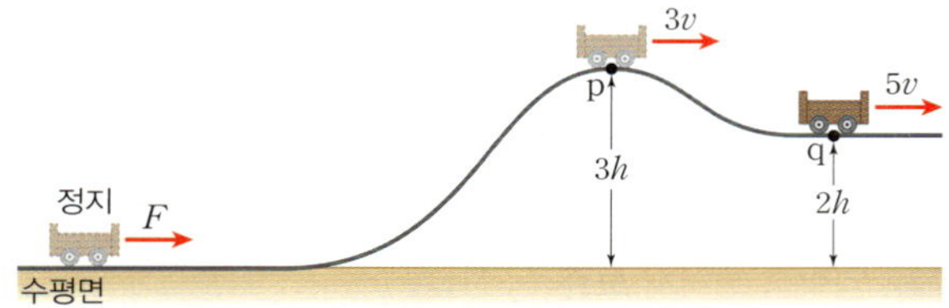

F는? (단, 수레는 동일 연직면에서 운동하며 수레의 크기, 모든 마찰과 공기 저항은 무시한다.)

① $\dfrac{3\sqrt{6}\,mv}{t}$ ② $\dfrac{\sqrt{55}\,mv}{t}$ ③ $\dfrac{2\sqrt{14}\,mv}{t}$

④ $\dfrac{\sqrt{57}\,mv}{t}$ ⑤ $\dfrac{\sqrt{58}\,mv}{t}$

04
그림과 같이 질량이 같은 두 물체 A와 B를 실로 연결하고 빗면의 점 p에 A를 가만히 놓았더니 A와 B는 등가속도 운동을 하여 A가 점 q를 통과하였다.

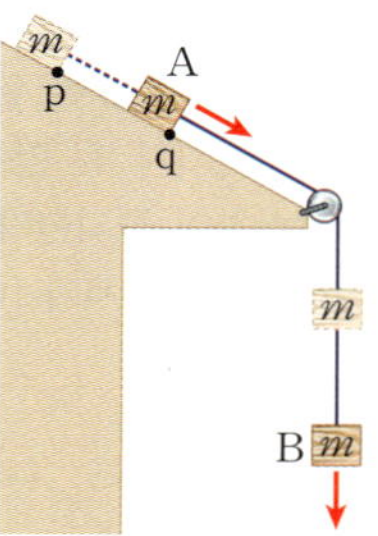

A가 p에서 q까지 이동하는 동안, 이에 대한 설명으로 옳은 것만을 〈보기〉에서 있는 대로 고른 것은? (단, 실의 질량, 마찰과 공기 저항은 무시한다.)

┤ 보기 ├
ㄱ. A에 작용하는 알짜힘이 A에 해 준 일은 B에 작용하는 알짜힘이 B에 해준 일보다 작다.
ㄴ. B의 역학적 에너지는 감소한다.
ㄷ. A와 B의 운동 에너지 증가량의 합은 B의 중력 퍼텐셜 에너지 감소량보다 크다.

① ㄱ ② ㄴ ③ ㄱ, ㄷ
④ ㄴ, ㄷ ⑤ ㄱ, ㄴ, ㄷ

평가원 기출 변형

05 그림과 같이 물체가 높이 h인 곳에서 가만히 출발하여 높이 $2h$인 곳에 도달한다. 물체는 수평인 구간 A와 B를 지나는 도중에 각각 운동 방향, 운동 반대 방향으로 크기가 같은 힘 F를 시간 $2t$, t 동안 받는다. 높이 $2h$인 곳에 도달하였을 때 물체의 속력은 0이다.

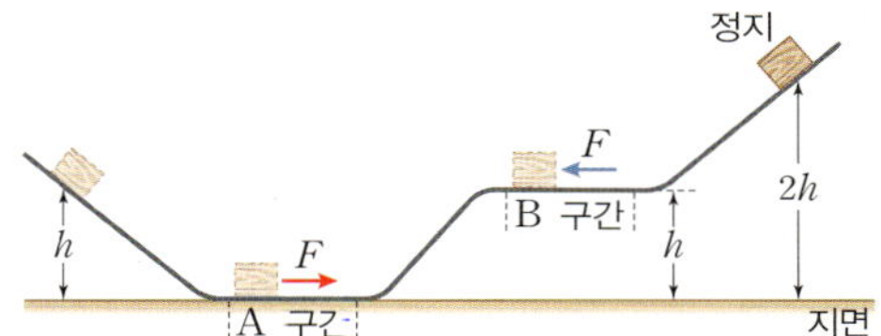

A에서 F가 물체에 한 일을 W_A, B에서 F가 물체에 한 일을 W_B라 할 때, $\dfrac{W_A}{W_B}$는? (단, 물체의 크기와 모든 마찰과 공기 저항은 무시한다.)

① 2　　　　② $\dfrac{15}{7}$　　　　③ $\dfrac{16}{7}$

④ $\dfrac{17}{7}$　　　　⑤ $\dfrac{18}{7}$

평가원 기출 변형

06 그림과 같이 물체 A, B를 실로 연결하고 빗면의 점 P에 a를 가만히 놓았더니 A, B가 함께 등가속도 운동을 하다가 A가 점 Q를 지나는 순간 실이 끊어졌다. 이후 A는 등가속도 운동을 하여 점 R를 지난다. A가 P에서 Q까지 운동하는 동안, A의 운동 에너지 증가량은 B의 중력 퍼텐셜 에너지 증가량의 $\dfrac{12}{7}$배이고, A의 운동 에너지는 R에서가 Q에서의 $\dfrac{15}{8}$배이다.

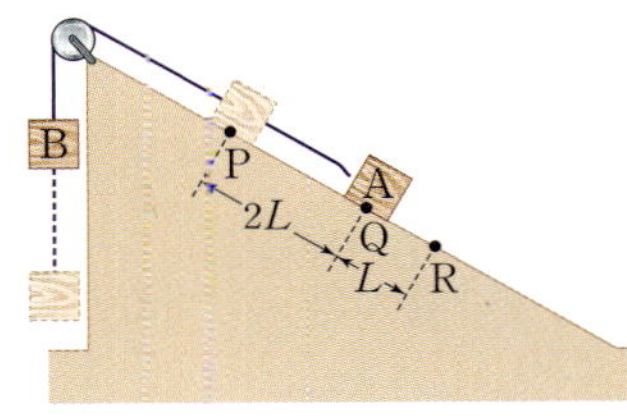

A, B의 질량을 각각 m_A, m_B라 할 때, $\dfrac{m_A}{m_B}$는? (단, 물체의 크기, 마찰과 공기 저항은 무시한다.)

① 3　　　　② 4　　　　③ 5

④ 6　　　　⑤ 7

수능 기출 변형

07 그림은 수평면에 놓인 물체 A와 빗면 위의 물체 B를 실로 연결한 후 가만히 놓았더니 A와 B가 등가속도 운동을 하여 속력이 v가 된 순간을 나타낸 것이다. 이때 B의 높이가 h만큼 줄어드는 동안 B의 중력에 의한 퍼텐셜 에너지 감소량은 B의 운동 에너지 증가량의 3배이다. A, B의 질량은 각각 M, m이다.

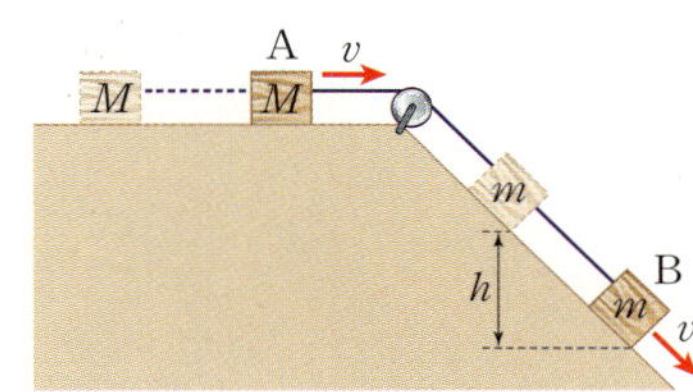

이에 대한 설명으로 옳은 것만을 〈보기〉에서 있는 대로 고른 것은? (단, 중력 가속도는 g이고, 실의 질량, 마찰과 공기 저항은 무시한다.)

보기

ㄱ. B의 높이가 h만큼 줄어드는 동안, A의 운동 에너지 증가량은 B의 중력 퍼텐셜 에너지 감소량보다 크다.
ㄴ. $h = \dfrac{3v^2}{2g}$이다.
ㄷ. $M = 2m$이다.

① ㄱ　　　　② ㄴ　　　　③ ㄷ

④ ㄱ, ㄴ　　　　⑤ ㄴ, ㄷ

교육청 기출 변형

08 그림과 같이 빗면 위의 수평면으로부터 높이가 h인 지점에 물체를 가만히 놓았더니, 물체는 빗면을 따라 내려와 운동 방향과 반대 방향으로 일정한 힘이 작용하는 수평한 구간 A를 지난 후 수평면에 있는 용수철을 x만큼 압축시켰다. 용수철 상수는 $200\ \text{N/m}$이다. 표는 h에 따른 x의 크기를 나타낸 것이다.

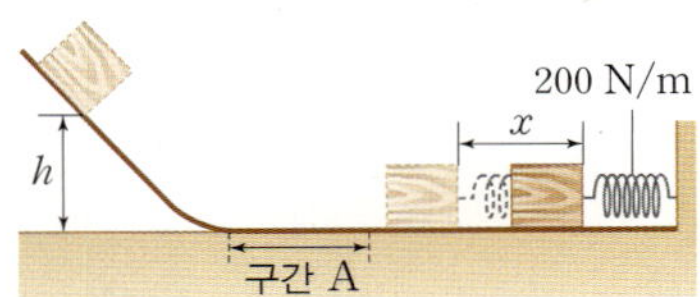

$h(\text{m})$	$x(\text{m})$
0.1	0.2
0.2	0.4

물체가 A를 지나는 동안 감소한 역학적 에너지는? (단, 중력 가속도는 $10\ \text{m/s}^2$이고, 물체의 크기, 공기 저항, 모든 마찰은 무시한다.)

① 6 J　　　　② 8 J　　　　③ 10 J

④ 12 J　　　　⑤ 14 J

기본 개념 확인

01 물체에 중력만 작용하는 경우 물체의 역학적 에너지는 [   ].

01 그림과 같이 지면으로부터 높이가 $4h$인 점 A를 속력 v로 통과한 물체가 수평면의 점 B를 속력 v_B로 지나 높이가 $3h$인 점 C를 속력 $3v$로 통과한다.

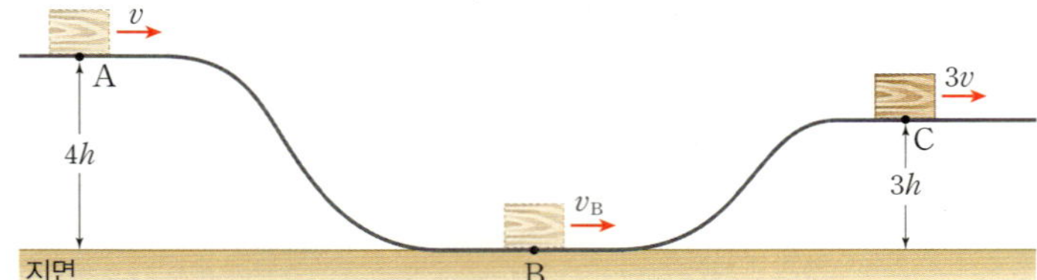

v_B는? (단, 물체는 동일 연직면상에서 마찰이 없는 면을 따라 운동하고, 물체의 크기, 공기 저항은 무시한다.)

① $\sqrt{30}\,v$　　② $\sqrt{33}\,v$　　③ $6v$　　④ $\sqrt{39}\,v$　　⑤ $\sqrt{42}\,v$

02 용수철이 원래 길이보다 x_0만큼 늘어나 물체의 속력이 0이 된 순간 물체에는 [   ] 방향의 알짜힘이 작용한다.

02 그림은 용수철에 질량이 m인 물체를 매달아 가만히 놓았더니, 물체가 아래로 운동하여 용수철의 길이가 원래 길이보다 x_0만큼 늘어난 순간 물체의 속력이 0이 된 모습을 나타낸 것이다. 용수철의 용수철 상수는 k이다.
이에 대한 설명으로 옳은 것만을 〈보기〉에서 있는 대로 고른 것은? (단, 중력 가속도는 g이고, 물체의 크기, 용수철의 질량, 공기 저항은 무시한다.)

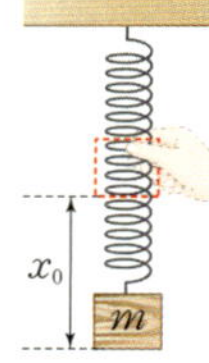

| 보기 |

ㄱ. $k = \dfrac{2mg}{x_0}$이다.

ㄴ. 용수철이 원래 길이보다 x_0만큼 늘어나 물체의 속력이 0이 된 순간 물체에 작용하는 알짜힘의 크기는 0이다.

ㄷ. 물체를 가만히 놓은 순간부터 용수철이 원래 길이부터 $\dfrac{x_0}{2}$만큼 늘어나는 순간까지 알짜힘이 물체에 한 일은 $\dfrac{1}{4}mgx_0$이다.

① ㄱ　　② ㄴ　　③ ㄱ, ㄴ　　④ ㄱ, ㄷ　　⑤ ㄴ, ㄷ

03 그림은 수평면에 놓인 물체 A의 양쪽에 물체 B, C를 실로 연결한 후, A를 손으로 잡아 점 P에 정지시킨 모습을 나타낸 것이다. 손을 가만히 놓았더니 A는 등가속도 운동을 하여 점 Q를 지난다. A가 P에서 Q까지 운동하는 동안, A의 운동 에너지 증가량은 C의 중력 퍼텐셜 에너지 감소량의 $\frac{1}{8}$배이다. B, C의 질량은 각각 m, $2m$이고 P와 Q 사이의 거리는 s이다.

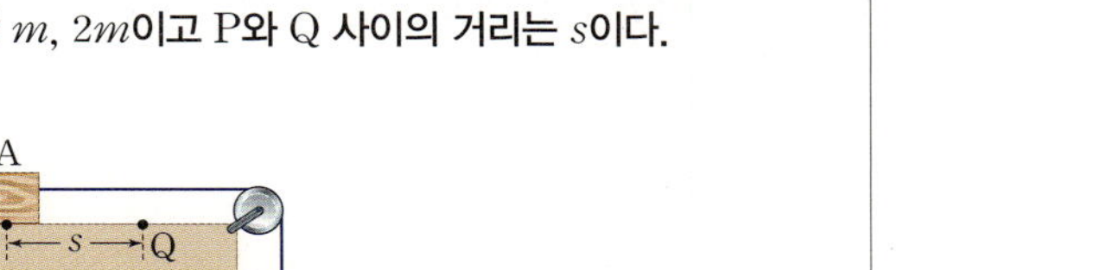

이에 대한 설명으로 옳은 것만을 〈보기〉에서 있는 대로 고른 것은? (단, 중력 가속도는 g이고, 물체의 크기, 실의 질량, 모든 마찰과 공기 저항은 무시한다.)

| 보기 |
ㄱ. A의 질량은 m이다.

ㄴ. A가 P에서 Q까지 운동하는 동안 B의 역학적 에너지 증가량은 $\frac{3}{2}mgs$이다.

ㄷ. A가 P에서 Q까지 운동하는 동안 C에 작용하는 알짜힘의 크기는 $\frac{1}{2}mg$이다.

① ㄱ   ② ㄴ   ③ ㄱ, ㄴ   ④ ㄱ, ㄷ   ⑤ ㄴ, ㄷ

03 물체에 작용하는 알짜힘이 한 일은 물체의 [   ]과 같다.

---

04 그림은 질량이 각각 m, $2m$인 물체 A와 B를 실로 연결하고 점 p에 가만히 놓았을 때, A가 점 q를 통과하는 것을 나타낸 것이다. A가 q를 통과하는 순간 A의 운동 에너지는 E이고, p와 q 사이의 높이차는 h, 거리는 s이다.

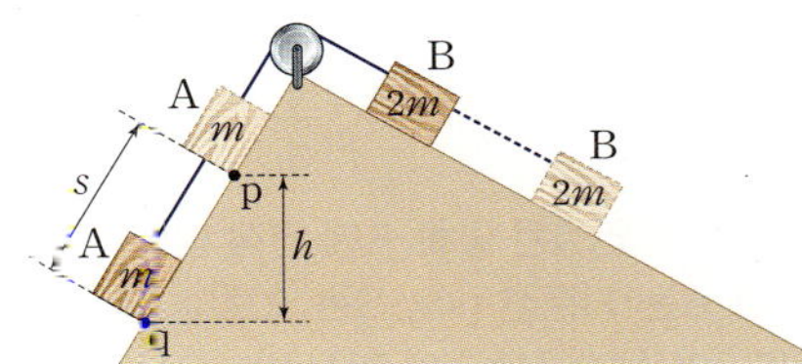

A가 p에서 q까지 운동하는 동안, 이에 대한 설명으로 옳은 것만을 〈보기〉에서 있는 대로 고른 것은? (단, 모든 마찰과 공기 저항 및 실의 질량은 무시한다.)

| 보기 |
ㄱ. 실이 B를 당기는 힘이 한 일은 $mgh - E$이다.

ㄴ. A의 가속도의 크기는 $\frac{E}{ms}$이다.

ㄷ. 실이 A를 당기는 힘이 한 일과 실이 B를 당기는 힘이 한 일의 합은 0이다.

① ㄱ   ② ㄷ   ③ ㄱ, ㄴ   ④ ㄴ, ㄷ   ⑤ ㄱ, ㄴ, ㄷ

04 질량이 각각 m, $2m$인 물체 A, B가 실로 연결되어 운동할 때, A의 운동 에너지가 E라면 B의 운동 에너지는 [   ]이다.

기본 개념 확인

05 물체에 크기가 각각 F_1, F_2인 힘을 같은 시간 동안 작용했을 때 물체의 운동량의 변화량의 크기를 각각 Δp_1, Δp_2라면 $\dfrac{\Delta p_1}{\Delta p_2}$ 는 [   ] 와 같다.

06 A에 $3F$의 힘을 작용하여 $\dfrac{1}{2}h$만큼 이동시켰을 때 A, B의 역학적 에너지 증가량은 [   ] 이다.

---

05 그림과 같이 물체가 마찰이 없는 수평면 위에서 일정한 방향으로 직선 운동하여 점 p, q를 차례로 지난다. 물체는 구간 A, B에서 크기가 각각 F_1, F_2인 힘을 같은 시간 동안 운동 반대 방향으로 받으며, 운동 에너지는 p에서가 q에서의 36배이다. A와 B에서 각각 감소한 운동 에너지 E_A, E_B의 비는 $9:7$이다.

이에 대한 설명으로 옳은 것만을 〈보기〉에서 있는 대로 고른 것은? (단, 물체의 크기와 공기 저항은 무시한다.)

> **보기**
>
> ㄱ. 구간의 길이는 A가 B의 2배이다.
> ㄴ. $\dfrac{F_1}{F_2} = \dfrac{3}{5}$이다.
> ㄷ. A, B에서 각각 알짜힘이 물체에 한 일의 크기의 비는 $9:7$이다.

① ㄱ   ② ㄴ   ③ ㄱ, ㄴ   ④ ㄱ, ㄷ   ⑤ ㄴ, ㄷ

06 그림과 같이 물체 B와 실로 연결된 물체 A에 연직 방향으로 크기가 F인 힘이 작용하여 A는 기준선 p에, B는 A보다 h만큼 높은 곳에 각각 정지해 있다. 이 상태에서 A에 연직 방향으로 $3F$의 힘을 기준선 q까지 작용한 후 놓았더니 A는 기준선 r에서 운동 방향이 바뀌었다. p와 q 사이의 거리는 $\dfrac{1}{2}h$이고, q와 r 사이의 거리는 h이다. A가 p에서 q까지 운동하는 동안 B의 중력 퍼텐셜 에너지 증가량과 B의 운동 에너지 증가량은 각각 E_0, $\dfrac{2}{3}E_0$이다.

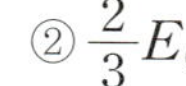

A와 B가 같은 높이를 지나는 순간, A의 운동 에너지는? (단, A, B의 크기, 실의 질량, 공기 저항, 모든 마찰은 무시한다.)

① $\dfrac{1}{3}E_0$ ② $\dfrac{2}{3}E_0$ ③ E_0 ④ $\dfrac{4}{3}E_0$ ⑤ $\dfrac{5}{3}E_0$

07 그림과 같이 물체 A, B, C를 실로 연결하고 수평면에 B를 가만히 놓았더니 A, B, C가 등가속도 운동을 하여 B가 수평면 위의 점 P, Q를 차례로 통과한다. A, B, C의 질량은 각각 m, m, m_C이고, P에서 Q까지의 거리는 d이다. B의 속력은 Q에서가 P에서의 2배이고, B가 P에서 Q까지 이동하는 동안, C의 중력 퍼텐셜 에너지 감소량은 C의 운동 에너지 증가량의 $\frac{5}{2}$배이다.

07 실로 연결되어 운동하는 물체 A, B, C의 속도는 ☐.

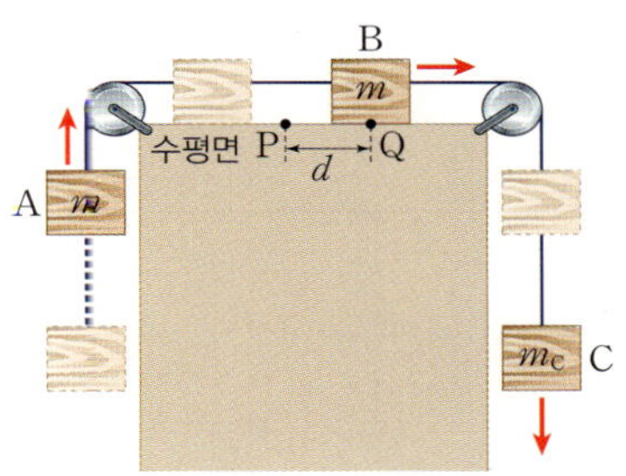

B가 P에서 Q까지 이동하는 동안, 이에 대한 설명으로 옳은 것만을 〈보기〉에서 있는 대로 고른 것은? (단, 중력 가속도는 g이고, A, B, C의 크기, 실의 질량, 모든 마찰과 공기 저항은 무시한다.)

보기

ㄱ. $m_C = 3m$이다.

ㄴ. B의 가속도의 크기는 $\frac{2}{5}g$이다.

ㄷ. 실이 C에 작용하는 힘의 크기는 A에 작용하는 힘의 크기의 2배이다.

---

① ㄱ 　　② ㄷ 　　③ ㄱ, ㄴ 　　④ ㄴ, ㄷ 　　⑤ ㄱ, ㄴ, ㄷ

08 그림 (가)는 경사각이 일정한 경사면에서 질량이 m인 물체를 용수철 A에 접촉시켜 용수철의 원래 길이로부터 d만큼 압축시킨 모습을 나타낸 것이다. 그림 (나)는 손을 치웠을 때 물체가 경사면을 따라 $8d$만큼 운동하여 용수철 B를 원래 길이로부터 d만큼 압축한 순간의 속력이 0인 모습을 나타낸 것이다. 용수철 상수는 A가 B의 2배이고, 물체가 올라간 높이는 $4d$이다.

08 물체에 중력과 탄성력만 작용하는 경우 탄성 퍼텐셜 에너지를 포함한 역학적 에너지는 ☐.

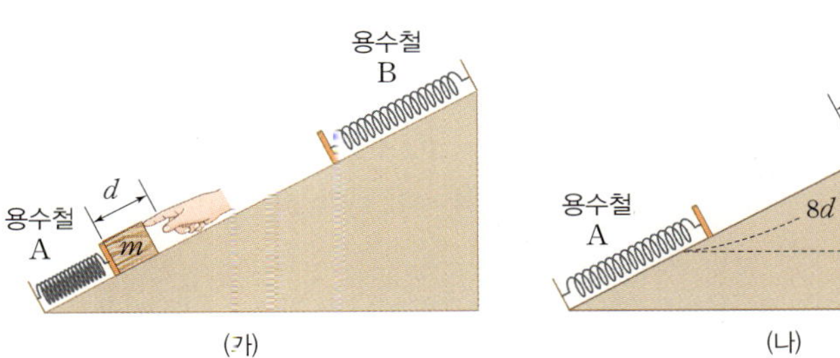

B가 원래 길이로부터 $\frac{1}{2}d$만큼 압축된 순간 물체의 속력은? (단, 중력 가속도는 g이고, 물체의 크기 모든 마찰과 공기 저항은 무시한다.)

① $\sqrt{6gd}$ 　　　　② $\sqrt{\dfrac{13}{2}gd}$ 　　　　③ $\sqrt{7gd}$

④ $\sqrt{\dfrac{15}{2}gd}$ 　　　　⑤ $2\sqrt{2gd}$

05강 열역학 법칙

I. 역학과 에너지

B 열역학 제1법칙		C 열역학 제2법칙		D 열기관	
열역학 제1법칙	★★☆	가역 현상과 비가역 현상	★☆☆	열기관이 하는 일	★★☆
열역학 과정	★★★	열역학 제2법칙	★★☆	열기관의 열효율	★☆☆

A 기체가 하는 일

1. 열의 성질

(1) 온도가 다른 두 물체가 접촉해 있을 때 열은 자연적으로 온도가 높은 물체에서 온도가 낮은 물체로 이동한다.

(2) 물체가 열을 받으면 온도가 올라가고 열을 방출하면 온도가 내려간다.

2. 기체가 하는 일 피스톤의 단면적을 A, 기체의 압력을 P라고 할 때 $P=\dfrac{F}{A}$이므로 기체가 피스톤에 작용하는 힘은 $F=PA$이다. 기체는 이 힘 F를 피스톤에 작용하여 피스톤을 $\varDelta s$만큼 이동시키므로 기체가 피스톤에 하는 일 W는 다음과 같다.

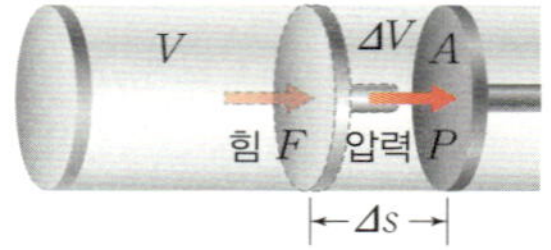

$$W=F\varDelta s=PA\varDelta s=P\varDelta V\ (\varDelta V=A\varDelta s)$$

B 열역학 제1법칙과 열역학 과정

1. 이상 기체의 내부 에너지 이상 기체의 내부 에너지는 퍼텐셜 에너지가 0이므로 구성 분자들의 운동 에너지만의 총합이다.

2. 온도와 이상 기체의 내부 에너지 이상 기체의 온도가 높을수록 기체 분자의 열운동이 활발해지므로 평균 운동 에너지가 증가한다. 즉, 이상 기체의 내부 에너지는 기체 분자 수와 절대 온도에 비례한다.

3. 열역학 제1법칙

(1) 실린더에 들어 있는 기체에 열에너지를 공급하면 기체의 온도가 높아지면서 부피가 팽창한다.

(2) 기체는 팽창하므로 외부에 일을 하고 기체의 온도가 높아졌으므로 기체의 내부 에너지가 증가하며, 이 때 외부에서 가해 준 열량(Q)은 기체의 내부 에너지 증가량($\varDelta U$)과 기체가 외부에 한 일의 양(W)의 합이며 이를 열역학 제1법칙이라고 한다.

4. 이상 기체의 열역학 과정

(1) 등압 과정 : 압력 일정, 부피∝온도

① 기체가 팽창할 때 : $\varDelta T>0,\ \varDelta U>0,\ W=P\varDelta V>0 \rightarrow Q=\varDelta U+W>0$

② 기체가 압축될 때 : $\varDelta T<0,\ \varDelta U<0,\ W=P\varDelta V<0 \rightarrow Q=\varDelta U+W<0$

(2) 등온 과정 : 온도 일정, $\varDelta T=0,\ \varDelta U=0 \rightarrow Q=\varDelta U+W=W$

(3) 등적 과정(정적 과정) : 부피 일정, 압력∝온도, $W=0,\ Q=\varDelta U+W=\varDelta U$

(4) 단열 과정 : $Q=\varDelta U+W=0,\ \varDelta U=-W$

① 단열 팽창 : $\varDelta V>0$이므로 $W>0,\ \varDelta U<0 \rightarrow$ 내부 에너지 감소, 온도 하강

② 단열 압축 : $\varDelta V<0$이므로 $W<0,\ \varDelta U>0 \rightarrow$ 내부 에너지 증가, 온도 상승

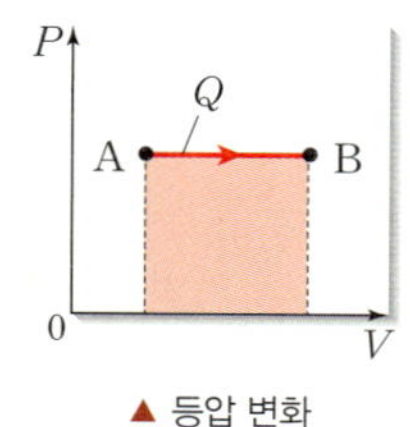

▲ 등압 변화

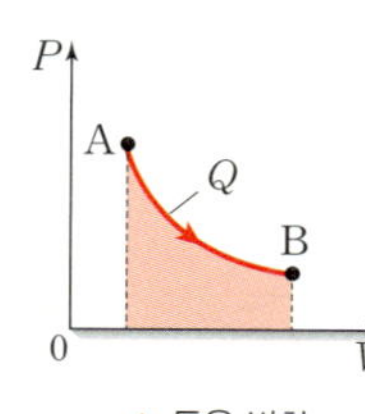

▲ 등온 변화

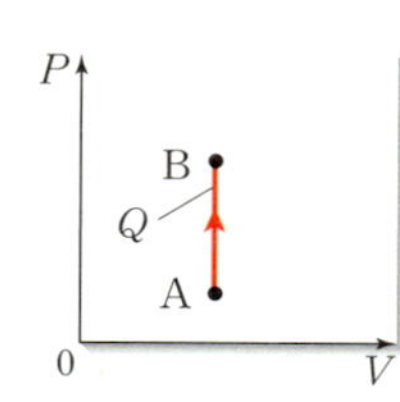

▲ 등적 변화

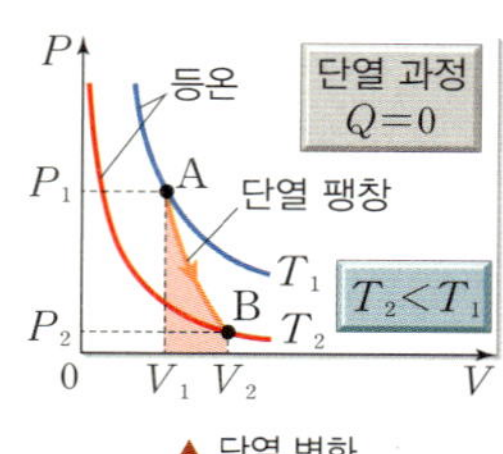

▲ 단열 변화

절대 온도

이상 기체의 부피가 0일 때를 0으로 하고 섭씨온도와 같은 간격의 온도이다. 단위는 K(켈빈)를 사용하고 섭씨온도에 273을 더한 값이다.

절대 온도(K)=섭씨온도(℃)+273

열평형

온도가 다른 두 물체를 접촉시키면 온도가 높은 물체에서 온도가 낮은 물체로 열이 이동하여 온도가 같아져 열평형 상태가 된다.

압력-부피 그래프

압력이 일정할 때 압력과 부피의 관계 그래프에서 색칠한 부분의 넓이가 기체가 하는 일이다.

이상 기체의 상태 방정식

보일 샤를 법칙에 따라 이상 기체의 압력과 부피의 곱은 온도에 비례한다.

$$PV=nRT$$

(n : 몰 수, R : 기체 상수)

C 열역학 제2법칙

1. 가역 현상과 비가역 현상

　(1) 가역 현상 : 외부에 어떤 변화도 남기지 않고 원래의 상태로 되돌아갈 수 있는 변화로 공기 저항이나 마찰 때문에 실제로 존재하지 않는다.

　(2) 비가역 현상 : 외부에 어떤 변화도 남기지 않고 원래의 상태로 되돌아갈 수 없는 변화로 현재 자연계에서 일어나는 모든 현상들이다.

2. 열역학 제2법칙 　자연 현상의 방향성을 설명하는 법칙으로 자연계의 모든 현상은 엔트로피가 증가하는 방향으로 일어난다는 법칙이다.

> **엔트로피**
> 19세기 중반 클라지우스가 열에너지의 변형과 관련된 현상을 설명하기 위하여 에너지(energy)라는 단어와 그리스어의 변형(tropy)이라는 말을 합성한 것으로 물질의 열적 상태를 나타내는 물리량이다.

D 열기관

1. 열기관(heat engine) 　증기 기관이나 가솔린 기관과 같이 고온과 저온의 열원 사이에서 작동 물질이 순환 과정을 반복하면서 열에너지를 역학적 에너지로 바꾸는 장치이다.

2. 열기관이 하는 일 　한 번 순환하는 사이에 작동 물질이 고온의 열원에서 흡수하는 열량을 Q_1, 저온의 열원에 방출하는 열량을 Q_2라고 하면 열기관이 외부에 하는 일 $W=Q_1-Q_2$이다.

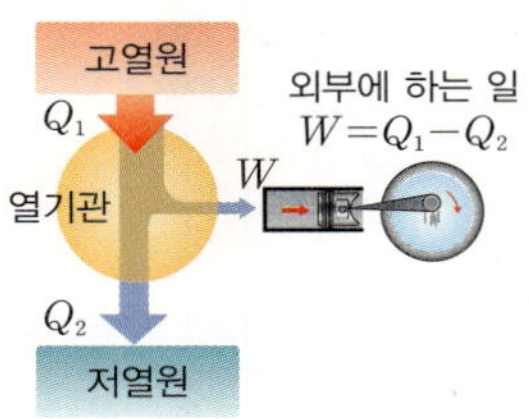

3. 열기관의 열효율

　(1) 열기관의 열효율(e) : 한 순환 과정에서 흡수한 열 Q_1에 대한 외부에 한 일의 비율

$$e=\frac{W}{Q_1}=\frac{Q_1-Q_2}{Q_1}=1-\frac{Q_2}{Q_1}$$

　(2) 이상적인 열기관(카르노 기관)

　① 카르노 기관의 과정은 등온 팽창 → 단열 팽창 → 등온 압축 → 단열 압축 → 등온 팽창의 가역 순환 과정으로 구성된다.

　② 카르노 기관은 절대 온도 T_1인 고열원과 절대 온도 T_2인 저열원 사이에서 작동하는 열기관 중 허용된 가장 높은 열효율을 갖는 이상적인 열기관으로 효율은 다음과 같다.

$$e=\frac{T_1-T_2}{T_1}=1-\frac{T_2}{T_1}$$

> **열효율이 100 %인 열기관**
> 열기관이 열을 얻는 고열원이 있다는 것은 열을 잃는 저열원이 있다는 것을 의미한다. 자연적으로 열은 고열원에서 저열원으로 흐르므로 $Q_2=0$이 될 수 없다. 따라서 $e=1$인 열기관은 불가능하다.

기출 자료 | 분석

그림은 일정한 양의 이상 기체의 상태가 A → B → C를 따라 변할 때, 압력과 부피를 나타낸 것이다.

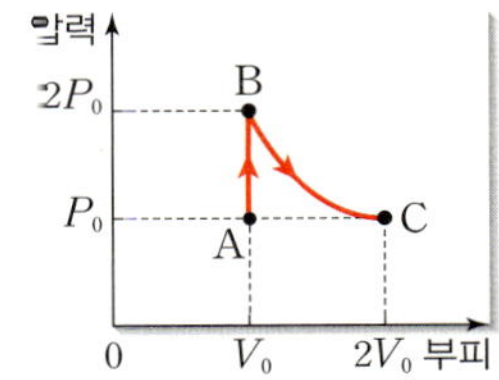

자료 체크 리스트
- ☐ A → B 과정에서 기체의 열 흡수, 방출 여부
- ☐ B → C 과정에서 기체가 하는 일
- ☐ A, C에서 기체의 내부 에너지 비교

---

step 1　A → B 과정에서 기체의 열 흡수, 방출 여부 알아보기
A → B 과정은 등적 과정으로 기체의 부피는 일정하고 압력만 증가하므로 기체의 온도가 증가하고 내부 에너지 또한 증가한다. 기체가 한 일은 0이고 기체의 내부 에너지가 증가했으므로 열역학 제1법칙에 의해 기체는 열을 흡수한다.

step 2　B → C 과정에서 기체가 일을 하는지 , 받는지의 여부 확인하기
B → C 과정은 압력과 부피의 곱이 일정한 등온 과정으로 그래프 아래의 면적이 기체가 한 일이므로 기체는 일을 한다.

step 3　A, C에서 기체의 내부 에너지 비교하기
기체의 내부 에너지는 온도에 비례한다. A, C에서 압력은 동일하고 부피는 C에서가 A에서보다 크므로 기체의 온도는 C에서가 높다. 따라서 기체의 내부 에너지는 C에서가 A에서보다 크다.

01 그림 (가)와 (나)는 단열된 실린더에 들어 있는 같은 양의 동일한 이상 기체에, (가)는 부피를 (나)는 압력을 일정하게 유지하면서 각각 동일한 열량 Q를 공급한 모습을 나타낸 것이다. 가열 전 (가)와 (나)에서 기체의 부피와 절대 온도는 각각 V, T로 같고, 가열 후 (나)에서 기체의 부피는 $2V$이다.

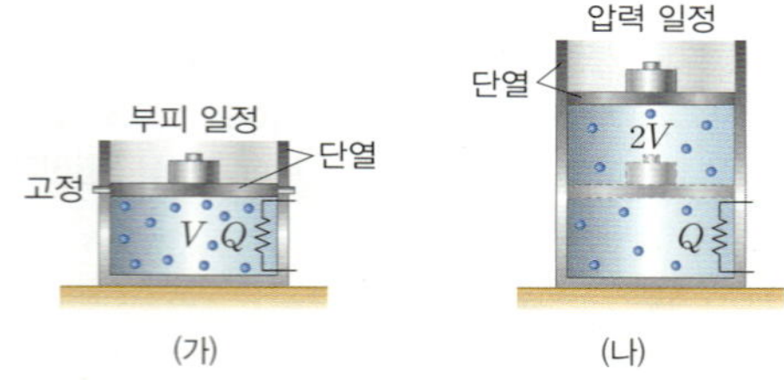

이에 대한 설명으로 옳은 것만을 〈보기〉에서 있는 대로 고른 것은? (단, 피스톤과 실린더 사이의 마찰은 무시한다.)

> 보기
> ㄱ. 가열 후 (나)에서 기체의 절대 온도는 T이다.
> ㄴ. (가)에서 Q는 기체의 내부 에너지 증가량과 같다.
> ㄷ. 가열 후 기체 분자의 평균 속력은 (가)에서가 (나)에서보다 작다.

① ㄱ   ② ㄴ   ③ ㄱ, ㄷ
④ ㄴ, ㄷ   ⑤ ㄱ, ㄴ, ㄷ

---

03 그림은 일정량의 이상 기체의 상태가 A → B → C를 따라 변할 때 압력과 부피를 나타낸 것이다. A → B 과정에서 기체에 공급한 열량은 Q이다. 이에 대한 설명으로 옳은 것만을 〈보기〉에서 있는 대로 고른 것은?

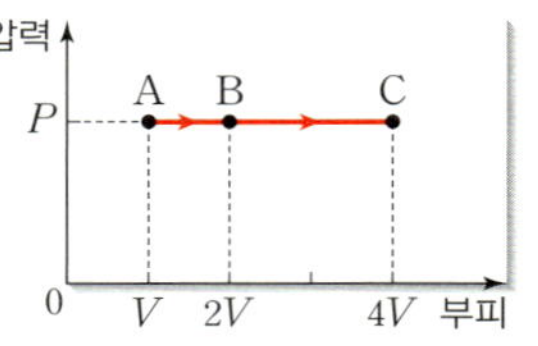

> 보기
> ㄱ. 기체가 한 일은 A → B 과정에서가 B → C 과정에서보다 작다.
> ㄴ. 기체의 온도는 C에서가 B에서보다 높다.
> ㄷ. A → B 과정에서 기체의 내부 에너지 증가량은 $Q-PV$이다.

① ㄱ   ② ㄷ   ③ ㄱ, ㄴ
④ ㄴ, ㄷ   ⑤ ㄱ, ㄴ, ㄷ

---

02 그림 (가)와 같이 두 개의 단열된 실린더에 이상 기체 A, B가 들어 있고, 단면적이 동일한 단열된 두 피스톤이 정지해 있다. 그림 (나)는 (가)의 A에 열량 Q를 공급하였더니 피스톤이 천천히 이동하여 정지한 모습을 나타낸 것이다.

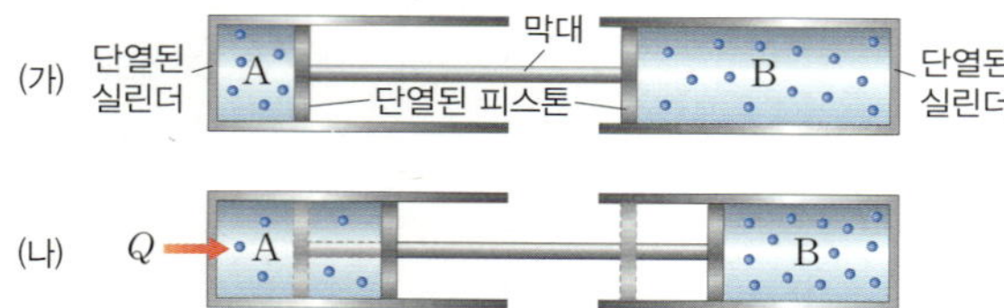

이에 대한 설명으로 옳은 것만을 〈보기〉에서 있는 대로 고른 것은? (단, 실린더는 고정되어 있고, 피스톤의 마찰은 무시한다.)

> 보기
> ㄱ. 피스톤이 이동하는 동안 B의 내부 에너지는 증가한다.
> ㄴ. (나)에서 기체의 압력은 A가 B보다 크다.
> ㄷ. A, B의 내부 에너지의 합은 (나)에서가 (가)에서보다 Q만큼 크다.

① ㄱ   ② ㄴ   ③ ㄱ, ㄷ
④ ㄴ, ㄷ   ⑤ ㄱ, ㄴ, ㄷ

---

04 그림 (가)와 (나)는 단열된 실린더에 들어 있는 온도가 T_1인 같은 양의 동일한 이상 기체에, (가)는 열량 Q_0을 공급한 것을, (나)는 일 W_0을 해 준 것을 나타낸 것이다. (가)의 기체는 압력을 일정하게 유지하며 부피가 증가하여 온도가 T_2가 되었고, (나)의 기체는 부피가 감소하여 온도가 T_2가 되었다.

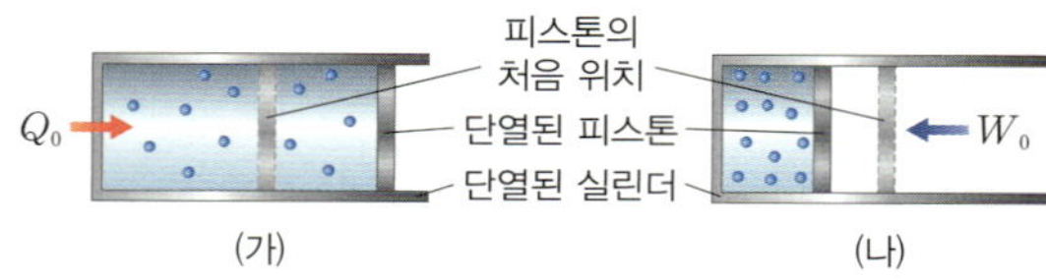

이에 대한 설명으로 옳은 것만을 〈보기〉에서 있는 대로 고른 것은? (단, 피스톤과 실린더 사이의 마찰은 무시한다.)

> 보기
> ㄱ. $T_1 > T_2$이다.
> ㄴ. (나)의 온도가 T_1에서 T_2로 변하는 동안 기체의 내부 에너지는 W_0만큼 증가한다.
> ㄷ. (가)의 기체가 Q_0을 흡수하는 동안 외부에 한 일은 Q_0-W_0보다 크다.

① ㄱ   ② ㄴ   ③ ㄱ, ㄷ
④ ㄴ, ㄷ   ⑤ ㄱ, ㄴ, ㄷ

05 그림 (가)는 열효율이 0.4인 열기관이 고열원에서 Q_1의 열을 흡수하여 W의 일을 하고 저열원으로 Q_2의 열을 방출하는 것을 모식적으로 나타낸 것이다. 그림 (나)는 (가)의 열기관의 작동 과정에서 일어나는 기체의 상태 변화의 일부를 압력과 부피의 그래프로 나타낸 것이다. A → B 과정은 등적 과정이고, B → C 과정은 단열 과정이다.

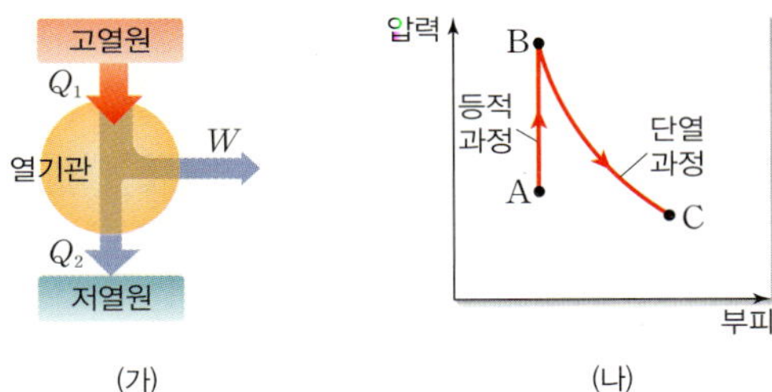

이에 대한 설명으로 옳은 것만을 〈보기〉에서 있는 대로 고른 것은?

보기
ㄱ. $Q_2 = \dfrac{3}{2}W$이다.

ㄴ. A → B 과정에서 기체의 내부 에너지는 감소한다.

ㄷ. B → C 과정에서 기체가 한 일은 기체의 내부 에너지의 감소량보다 크다.

① ㄱ ② ㄴ ③ ㄱ, ㄷ
④ ㄴ, ㄷ ⑤ ㄱ, ㄴ, ㄷ

06 그림 (가)는 일정량의 이상 기체가 들어 있는 단열된 실린더의 단열된 피스톤이 정지해 있는 모습을 나타낸 것이다. 그림 (나)는 (가)에서 피스톤 위 모래의 양을 조절하거나 기체에 열을 가하여 기체의 상태를 A → B → C를 따라 변화시킬 때, 기체의 압력과 부피를 나타낸 것이다. A → B는 단열 과정이고, B → C는 등압 과정이다.

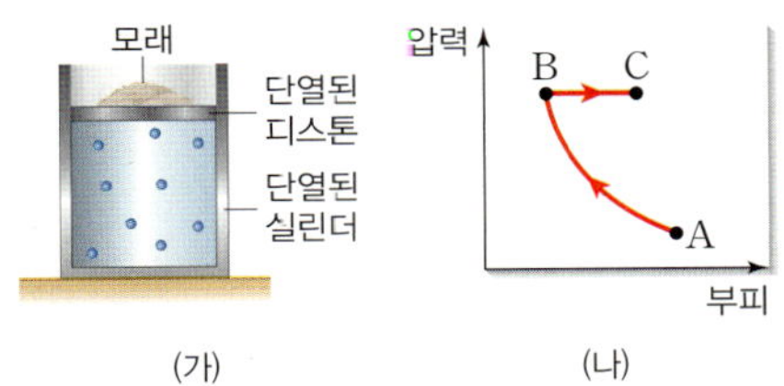

이에 대한 설명으로 옳은 것만을 〈보기〉에서 있는 대로 고른 것은? (단, 대기압은 일정하고, 실린더와 피스톤 사이의 마찰은 무시한다.)

보기
ㄱ. A → B 과정에서 기체의 온도는 높아진다.

ㄴ. A → B 과정에서 모래의 양이 증가하였다.

ㄷ. B → C 과정에서 기체가 흡수한 열은 기체가 외부에 한 일과 기체의 내부 에너지 증가량의 합과 같다.

① ㄱ ② ㄷ ③ ㄱ, ㄴ
④ ㄴ, ㄷ ⑤ ㄱ, ㄴ, ㄷ

07 그림 (가)는 이상 기체 A가 들어 있는 실린더에서 피스톤이 정지해 있는 모습을, (나)는 (가)의 A에 열량 Q를 가하여 피스톤이 이동해 정지한 모습을, (다)는 (나)의 A에 일 W를 하여 피스톤을 이동시킨 후 고정한 모습을 나타낸 것이다. A의 압력은 (가), (나) 과정에서 일정하고, A의 부피는 (가)와 (다)에서 같다.

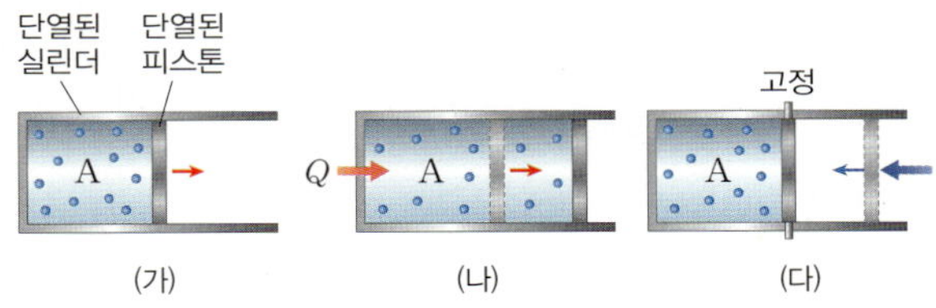

이에 대한 설명으로 옳은 것만을 〈보기〉에서 있는 대로 고른 것은? (단, 피스톤의 마찰은 무시한다.)

보기
ㄱ. A의 온도는 (나)에서가 (다)에서보다 높다.

ㄴ. (나) → (다) 과정에서 A의 압력은 증가한다.

ㄷ. (가) → (나) 과정에서 A가 한 일은 (나) → (다) 과정에서 A의 내부 에너지 변화량보다 작다.

① ㄱ ② ㄴ ③ ㄷ
④ ㄱ, ㄴ ⑤ ㄴ, ㄷ

08 그림 (가)의 Ⅰ은 이상 기체가 들어 있는 실린더에 피스톤이 정지해 있는 모습을, Ⅱ는 Ⅰ에서 기체에 열을 서서히 가했을 때 기체가 팽창하여 피스톤이 정지해 있는 모습을, Ⅲ은 Ⅱ에서 피스톤에 모래를 서서히 올려 피스톤이 내려가 정지한 모습을 나타낸 것이다. 그림 (나)는 (가)의 기체 상태가 변화할 때 압력과 부피를 나타낸 것이다. A, B, C는 각각 Ⅰ, Ⅱ, Ⅲ에서의 기체의 상태 중 하나이다.

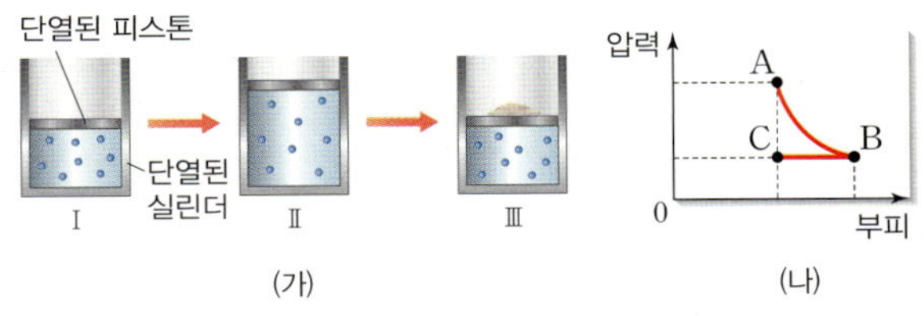

이에 대한 설명으로 옳은 것만을 〈보기〉에서 있는 대로 고른 것은? (단, 피스톤의 마찰은 무시한다.)

보기
ㄱ. Ⅰ → Ⅱ 과정은 C → B 과정에 해당한다.

ㄴ. 기체의 온도는 Ⅱ에서가 Ⅰ에서보다 높다.

ㄷ. Ⅱ → Ⅲ 과정에서 기체가 외부로부터 받은 일은 기체의 내부 에너지 증가량과 같다.

① ㄱ ② ㄷ ③ ㄱ, ㄴ
④ ㄴ, ㄷ ⑤ ㄱ, ㄴ, ㄷ

S 예상 적중 문제

기본 개념 확인

01 단열 압축 과정에서 기체의 내부 에너지 변화량은 [   ]과 같다.

---

01 그림 (가)는 실린더에 같은 종류의 이상 기체 A, B가 피스톤에 의해 같은 부피로 나누어져 있는 모습을 나타낸 것이다. (가)에서 A, B의 절대 온도는 같으며, 피스톤과 실린더는 단열되어 있다. 그림 (나)는 (가)의 A에 열량 Q를 서서히 가했더니 피스톤이 이동하여 정지한 모습을 나타낸 것이다.

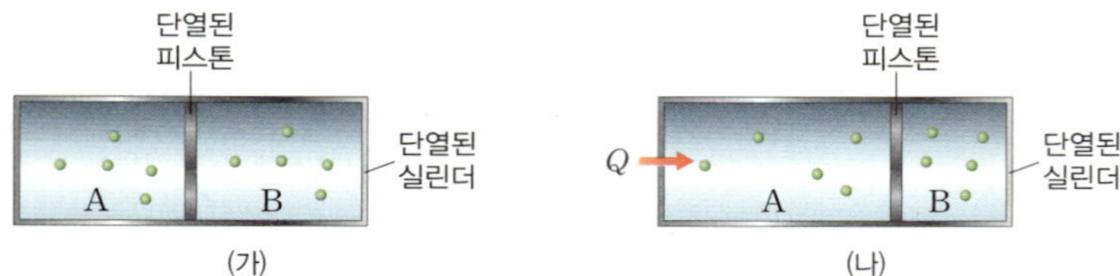

이에 대한 설명으로 옳은 것만을 〈보기〉에서 있는 대로 고른 것은? (단, 피스톤의 마찰은 무시한다.)

| 보기 |
ㄱ. B의 압력은 (나)에서가 (가)에서보다 크다.
ㄴ. (나)에서 내부 에너지는 A가 B보다 크다.
ㄷ. (나)에서 A가 B에 한 일은 A의 내부 에너지 증가량보다 크다.

① ㄱ ② ㄷ ③ ㄱ, ㄴ ④ ㄴ, ㄷ ⑤ ㄱ, ㄴ, ㄷ

---

02 기체의 온도가 일정할 때 압력과 부피는 [   ] 하며, 압력이 일정할 때 부피와 온도는 [   ] 한다.

---

02 그림은 일정량의 이상 기체의 상태가 A → B → C와 A → C를 따라 변할 때 기체의 부피와 온도의 관계를 나타낸 것이다. A → B는 등적 과정, A → C는 등압 과정, B → C는 등온 과정이다.

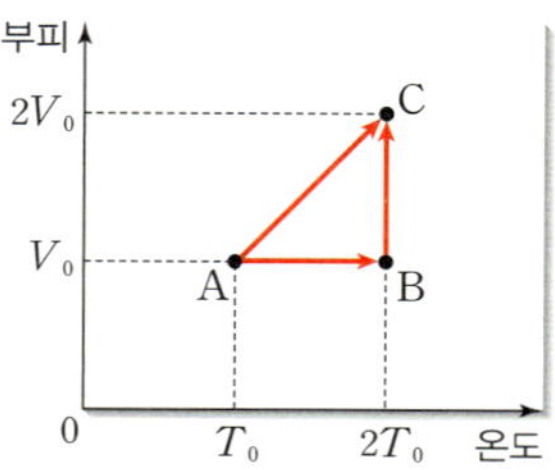

이에 대한 설명으로 옳은 것만을 〈보기〉에서 있는 대로 고른 것은?

| 보기 |
ㄱ. 기체의 압력은 B에서가 C에서보다 크다.
ㄴ. 기체가 흡수한 열량은 A → B 과정에서가 A → C 과정에서보다 크다.
ㄷ. 기체가 외부에 한 일은 A → C 과정에서가 B → C 과정에서보다 크다.

① ㄱ ② ㄴ ③ ㄱ, ㄴ ④ ㄱ, ㄷ ⑤ ㄴ, ㄷ

03 그림 (가)와 같이 열전달이 잘되는 고정된 금속판에 의해 분리된 실린더에 같은 양의 동일한 이상 기체 A와 B가 열평형 상태에 있다. A, B의 부피와 압력은 같다. 그림 (나)는 (가)의 B에 열량 Q를 가했더니 피스톤이 서서히 이동하여 정지한 모습을, (다)는 (나)에서 피스톤 위에 모래를 조금씩 부었더니 B의 부피가 서서히 감소하여 피스톤이 정지한 모습을 나타낸 것이다. 그림 (가)와 (다)에서 A의 부피는 같다.

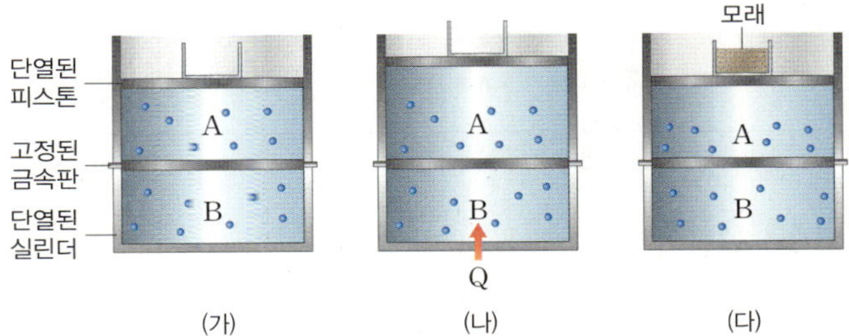

이에 대한 설명으로 옳은 것만을 〈보기〉에서 있는 대로 고른 것은? (단, 피스톤의 질량, 피스톤의 마찰, 금속판이 흡수한 열량은 무시한다.)

> **보기**
> ㄱ. B의 내부 에너지는 (가)에서가 (다)에서보다 작다.
> ㄴ. (나)에서 피스톤이 이동하는 동안 A의 내부 에너지 변화량은 $\dfrac{Q}{2}$보다 작다.
> ㄷ. (나)에서 A가 한 일은 (다)에서 A가 받은 일보다 크다.

① ㄱ 　② ㄴ 　③ ㄱ, ㄴ 　④ ㄱ, ㄷ 　⑤ ㄴ, ㄷ

03 기체에 공급한 열은 기체의 ☐☐☐ 변화량과 기체가 ☐☐☐ 의 합과 같다.

---

04 그림 (가)는 1회의 순환 과정에서 절대 온도 T_1인 고열원으로부터 Q_1의 열을 흡수하여 W의 일을 하고 절대 온도 T_2인 저열원으로 Q_2의 열을 방출하는 카르노 기관을 모식적으로 나타낸 것이다. 그림 (나)는 (가)의 열기관에 있는 일정량의 이상 기체의 상태가 A → B → C → D → A를 따라 변할 때 압력과 부피를 나타낸 것이다. A → B와 C → D는 등온 과정, B → C와 D → A는 단열 과정이고, 색칠한 부분의 면적은 S이다.

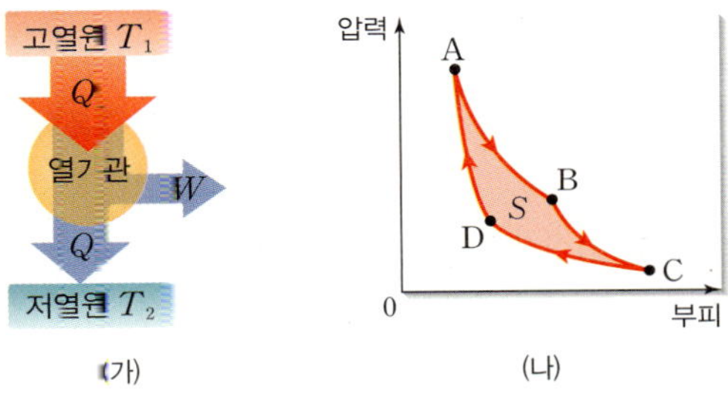

이에 대한 설명으로 옳은 것만을 〈보기〉에서 있는 대로 고른 것은?

> **보기**
> ㄱ. $W = S$이다.
> ㄴ. $\dfrac{W}{Q_1} > \dfrac{T_1 - T_2}{T_1}$이다.
> ㄷ. 열역학 제2법칙에 의하면 $Q_2 = 0$인 열기관은 제작할 수 없다.

① ㄱ 　② ㄷ 　③ ㄱ, ㄴ 　④ ㄱ, ㄷ 　⑤ ㄴ, ㄷ

04 고열원의 절대 온도가 T_1, 저열원의 절대 온도가 T_2인 카르노 기관의 효율은 ☐☐☐ 이고 항상 ☐☐☐ 보다 작다.

S 06강 시간과 공간

A 특수 상대성 이론		B 특수 상대성 이론의 현상		C 질량·에너지 등가 원리	
상대 속도	★☆☆	동시의 상대성	★★☆	질량·에너지 등가 원리	★☆☆
광속 불변 원리	★★☆	시간 팽창과 길이 수축	★★☆	핵반응과 질량 결손	★★☆

A 특수 상대성 이론

1. **상대 속도** 운동하는 관찰자가 본 물체의 속도로 크기와 방향이 있는 물리량이다.
2. **마이컬슨과 몰리의 에테르 확인 실험**
   (1) 지구가 에테르의 흐름 속에 있다면 빛의 속력이 에테르의 흐름에 따라 달라질 것이라고 가정
   (2) 실험 결과 : 빛이 에테르의 이동 방향과 나란하게 진행할 때와 수직으로 진행할 때에 관계없이 빛의 속력은 항상 일정
3. **아인슈타인의 특수 상대성 이론**
   (1) 제1가설(상대성 원리) : 모든 관성 좌표계에서 물리 법칙이 동일하게 성립한다.
   (2) 제2가설(광속 불변 원리) : 모든 관성 좌표계에서 진공에서의 광속(c)은 광원이나 관측자의 운동에 관계없이 항상 같은 값으로 측정된다.

에테르
19세기 과학자들이 생각한 파동인 빛을 전달시키는 가상의 매질

관성 좌표계와 가속 좌표계
• 관성 좌표계(관성계) : 정지해 있거나 등속도 운동하는 좌표계
• 가속 좌표계(비관성계) : 가속도 운동하는 좌표계. 가속 좌표계에서 일어나는 현상은 일반 상대성 이론에서 취급한다.

B 특수 상대성 이론의 현상

1. **동시성의 상대성** 한 좌표계에서 동시인 사건이 다른 좌표계에서 관찰할 때 동시인 사건이 아닐 수 있다.

한 점에서 발생한 사건의 동시성
한 관성계에서 두 빛이 한 점에서 동시에 만나는 사건은 다른 관성계에서도 동시라고 관찰한다. 즉, 우주선 안에 있는 A와 우주선 밖에 정지해 있는 B가 볼 때 빛이 P점에 동시에 도달한다.

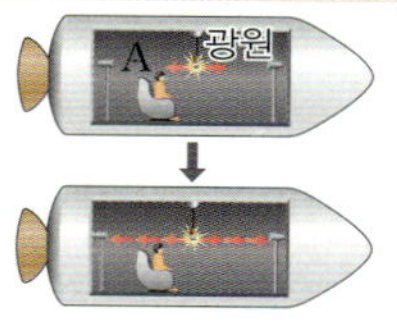

매우 빠른 속도로 운동하는 우주선의 한가운데서 빛을 방출하는 경우

| 우주선 안에 있는 A가 볼 때 광원에서 우주선 양 끝 까지의 거리가 같다. 따라서 빛은 양쪽 끝에 동시에 도달한다. | 우주선 밖의 B가 볼 때 빛이 진행하는 동안 우주선이 오른쪽으로 이동하므로 빛은 왼쪽 끝에 먼저 도달한다. |

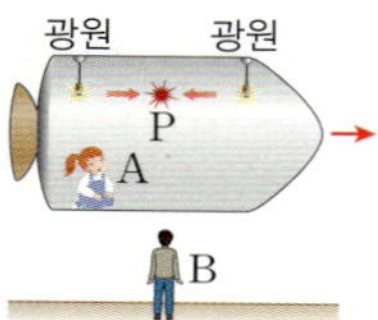

2. **시간 팽창** 상대적으로 운동하는 관찰자의 시계가 느리게 가는 현상
   (1) 빛 시계 : 떨어져 마주 보고 있는 거울 사이를 빛이 광속 c로 왕복하는 시간을 측정하여 시간의 흐름을 파악하는 가상의 시계
   (2) 고유 시간 : 사건이 발생하는 위치가 변하지 않는 좌표계에서 측정한 시간
   (3) 시간 팽창

시간 팽창의 크기

$d' = \sqrt{\left(\dfrac{v\varDelta t}{2}\right)^2 + d^2}$ 이므로

$\varDelta t = \dfrac{2d'}{c} = \dfrac{2}{c}\sqrt{\left(\dfrac{v\varDelta t}{2}\right)^2 + d^2}$

$= \dfrac{2}{c}\sqrt{\left(\dfrac{v\varDelta t}{2}\right)^2 + \left(\dfrac{c\varDelta t_0}{2}\right)^2}$

정리하면

$(\varDelta t)^2 = \dfrac{v^2}{c^2}\left\{(\varDelta t)^2 + (\varDelta t_0)^2\right\}$

이므로

$\varDelta t = \dfrac{\varDelta t_0}{\sqrt{1 - \dfrac{v^2}{c^2}}} = \gamma \varDelta t_0$

이다. (γ : 로런츠 인자)

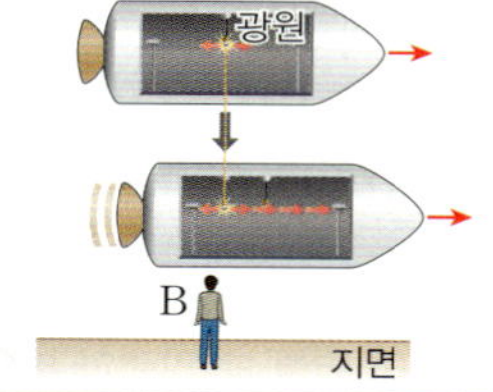

관찰자	우주선 안의 관찰자	우주선 밖의 관찰자
상황		
빛의 이동 거리	위 아래 왕복 : $2d$	비스듬한 직선을 따라 왕복 : $2d'$
빛의 왕복 시간	$\varDelta t_0 = \dfrac{2d}{c}$ (고유 시간)	$\varDelta t = \dfrac{2d'}{c} > \varDelta t_0 = \dfrac{2d}{c}$
해석	우주선 밖에서 보았을 때, 우주선 안의 시계가 느리게 간다.	

3. **길이 수축**   상대적으로 운동하는 물체의 길이가 수축되는 현상

(1) 고유 길이 : 한 관성 기준계에 대해 위치가 변하지 않고 고정된 두 지점 사이의 길이

(2) 길이 수축

관찰자	지구의 관찰자	우주선 안의 관찰자
지구에서 출발한 우주선이 v의 일정한 속도로 운항하여 별에 도달하는 사건	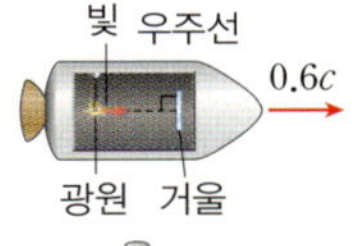	
걸린 시간	Δt	Δt_0 (고유 시간)
별까지의 거리	$L_0 = v\Delta t$ (고유 길이)	$L = v\Delta t_0$
해석	우주선에서 측정한 길이가 지구에서 측정한 길이보다 짧다. $$L = v\Delta t_0 = v\Delta t\sqrt{1-\frac{v^2}{c^2}} = L_0\sqrt{1-\frac{v^2}{c^2}} < L_0$$	

C 질량·에너지 등가 원리

1. **질량·에너지 등가 원리**

(1) 질량과 에너지의 동등성 : 물체에 일을 해 주면 물체의 속력과 질량이 동시에 증가한다.

(2) 질량과 에너지가 동등하므로 질량(m)이 에너지(E)로 또는 에너지가 질량으로 전환될 수 있으며, 질량 m에 해당하는 에너지 E는 다음과 같다. $E = mc^2$(c : 진공에서의 빛의 속력)

(3) 정지 에너지 : 운동 에너지는 0이지만 질량의 형태로 가진 에너지 → $E = m_0c^2$

2. **질량 결손**   핵반응 과정에서 핵자들의 질량 총합의 감소량

3. **질량 결손과 에너지**   핵반응에서 질량 결손 Δm이 에너지로 전환될 때 질량·에너지 등가 원리에 따라 발생한 에너지는 $E = \Delta mc^2$이다.

(1) 핵분열 : 질량이 큰 원자핵이 중성자와 같은 입자의 충돌에 의하여 질량이 작은 원자핵으로 나누어지는 핵반응으로 질량 결손에 의해 에너지가 발생한다.

(2) 핵융합 : 질량이 작은 원자핵이 합쳐져서 질량이 큰 원자핵이 되는 핵반응으로 질량 결손에 의해 에너지가 발생한다.

길이 수축의 방향

운동 방향으로만 길이 수축이 일어나고 운동 방향에 수직인 방향으로는 길이 수축이 일어나지 않는다.

고유 길이와 고유 시간의 판단

- 지구 좌표계에서 지구와 별은 고정되어 있으므로 지구에서 측정한 길이가 고유 길이이다.
- 출발할 때 우주선의 바닥에 지구가 있고 도착할 때 우주선의 바닥에 별이 있다. 우주선 좌표계의 동일 지점에 지구가 있다가 시간이 지난 후 별이 있는 것이므로 우주선에서 측정한 시간이 고유 시간이다.

상대론적 질량

$$m = \frac{m_0}{\sqrt{1-\frac{v^2}{c^2}}}$$ 으로 질량의 크기가 속도에 따라 변화하며 속도가 0일 때의 질량을 정지 질량 m_0이라고 한다.

그림과 같이 우주선이 우주 정거장에 대해 $0.6c$의 속력으로 직선 운동하고 있다. 광원에서 우주선의 운동 방향과 나란하게 발생시킨 빛 신호는 거울에 반사되어 광원으로 되돌아온다. 표는 우주선과 우주 정거장에서 각각 측정한 물리량을 나타낸 것이다. (단, c는 빛의 속력이다.)

자료 체크 리스트
- [ ] L_0과 L_1의 크기 비교
- [ ] t_0을 L_0과 c를 이용하여 표현
- [ ] t_1과 t_2의 크기 비교

측정한 물리량	우주선	우주 정거장
광원과 거울 사이의 거리	L_0	L_1
빛 신호가 광원에서 거울까지 가는 데 걸린 시간	t_0	t_1
빛 신호가 거울에서 광원까지 가는 데 걸린 시간	t_0	t_2

step 1 L_0과 L_1의 크기 비교하기
우주 정거장에서 관측할 때 광원과 거울 사이의 길이 수축이 일어나므로 $L_0 > L_1$이다.

step 2 t_0을 L_0과 c를 이용하여 나타내기
우주선에서 측정할 때 빛 신호는 c의 속력으로 시간 t_0 동안 L_0의 거리를 이동한다. 따라서 $t_0 = \dfrac{L_0}{c}$이다

step 3 t_1과 t_2의 크기 비교하기
- 광원 → 거울 : 거울이 오른쪽으로 운동한다. 그러므로 빛의 경로가 L_1보다 크다.
- 거울 → 광원 : 광원이 오른쪽으로 운동한다. 그러므로 빛의 경로가 L_1보다 작다. 따라서 $t_1 > t_2$이다.

01 그림은 철수가 탄 우주선이 영희에 대해 $0.5c$로 등속도 운동하는 모습을 나타낸 것이다. 광원 P에서 발생한 빛은 영희가 측정하였을 때 점 A, B에 동시에 도달한다.

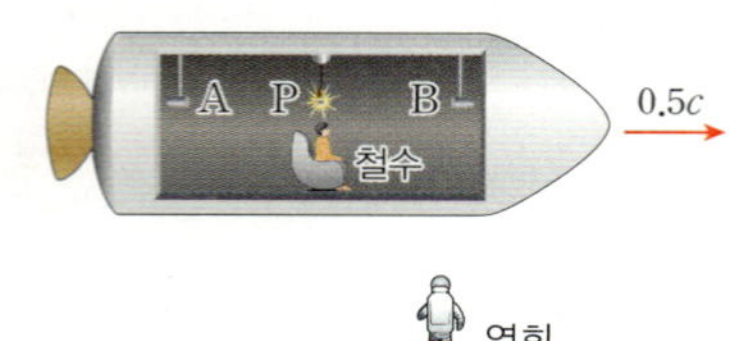

이에 대한 설명으로 옳은 것만을 〈보기〉에서 있는 대로 고른 것은? (단, c는 빛의 속력이고, A, P, B는 동일 직선상에 있다.)

| 보기 |
ㄱ. 영희가 측정할 때 철수의 시간은 영희의 시간보다 느리게 간다.
ㄴ. 철수가 측정할 때 P에서 발생한 빛은 A보다 B에 먼저 도달한다.
ㄷ. 영희가 측정할 때 P에서 A까지의 거리는 P에서 B까지의 거리보다 크다.

① ㄱ　　　② ㄴ　　　③ ㄱ, ㄷ
④ ㄴ, ㄷ　　　⑤ ㄱ, ㄴ, ㄷ

02 그림과 같이 점 O에는 광원이, 점 P, Q, R에는 거울이 있다. 광원과 거울에 대해 정지해 있는 영희가 측정한 O에서 각 거울까지의 거리는 L로 같다. 철수는 P, O, R를 잇는 직선과 나란하게 $0.9c$의 속도로 운동하는 우주선에 타고 있다.

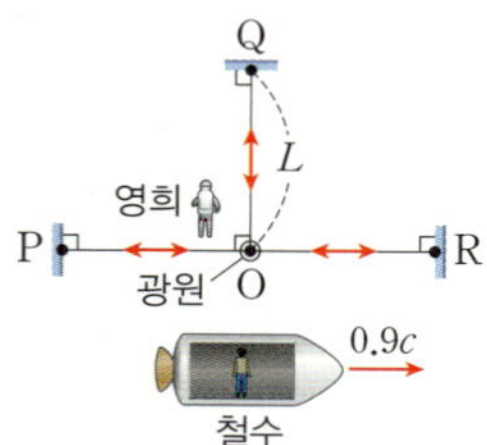

철수가 측정할 때, 이에 대한 설명으로 옳은 것만을 〈보기〉에서 있는 대로 고른 것은? (단, c는 빛의 속력이다.)

| 보기 |
ㄱ. P와 R 사이의 거리는 $2L$이다.
ㄴ. O에서 Q와 R를 향해 동시에 출발한 빛은 Q보다 R에 먼저 도달한다.
ㄷ. O와 Q 사이를 빛이 한 번 왕복하는 데 걸린 시간은 $\dfrac{2L}{c}$보다 작다.

① ㄱ　　　② ㄴ　　　③ ㄱ, ㄷ
④ ㄴ, ㄷ　　　⑤ ㄱ, ㄴ, ㄷ

03 그림과 같이 검출기에 대해 정지한 좌표계에서 관측할 때, 광자 A와 입자 B가 검출기로부터 4광년 떨어진 점 p를 동시에 지나 A는 속력 c로, B는 속력 v로 검출기를 향해 각각 등속도 운동하며, A는 B보다 1년 먼저 검출기에 도달한다.

B와 같은 속도로 움직이는 좌표계에서 관측하는 물리량에 대한 설명으로 옳은 것만을 〈보기〉에서 있는 대로 고른 것은? (단, 1광년은 빛이 1년 동안 진행하는 거리이다.)

| 보기 |
ㄱ. p와 검출기 사이의 거리는 4광년보다 작다.
ㄴ. p가 B를 지나는 순간부터 검출기가 B에 도달할 때까지 걸리는 시간은 5년보다 작다.
ㄷ. 검출기의 속력은 $0.8c$보다 작다.

① ㄱ　　　② ㄷ　　　③ ㄱ, ㄴ
④ ㄴ, ㄷ　　　⑤ ㄱ, ㄴ, ㄷ

04 그림과 같이 지표면에 정지해 있는 관찰자가 측정할 때, 지표면으로부터 높이 h인 곳에서 뮤온 A, B가 생성되어 각각 연직 방향의 일정한 속도 $0.9c$, $0.99c$로 지표면을 향해 움직인다. A, B 중 하나는 지표면에 도달하는 순간 붕괴하고, 다른 하나는 지표면에 도달하기 전에 붕괴한다. 정지 상태의 뮤온이 생성된 순간부터 붕괴하는 순간까지 걸리는 시간은 t_0이다.

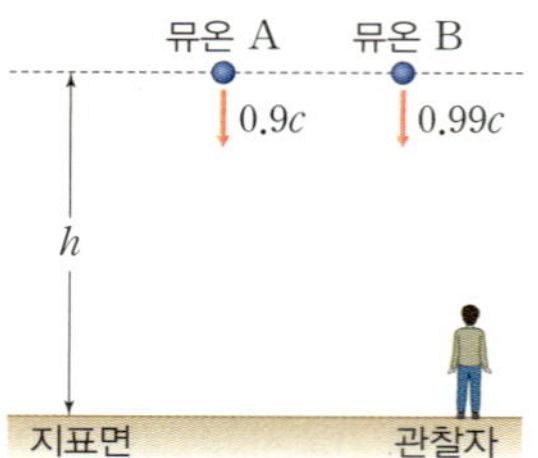

이에 대한 설명으로 옳은 것만을 〈보기〉에서 있는 대로 고른 것은? (단, c는 빛의 속력이다.)

| 보기 |
ㄱ. 관찰자가 측정할 때 A가 생성된 순간부터 붕괴하는 순간까지 걸리는 시간은 t_0보다 크다.
ㄴ. 지표면에 도달하기 전에 붕괴하는 뮤온은 A이다.
ㄷ. 관찰자가 측정할 때 h는 $0.99ct_0$보다 크다.

① ㄱ　　　② ㄷ　　　③ ㄱ, ㄴ
④ ㄴ, ㄷ　　　⑤ ㄱ, ㄴ, ㄷ

05 그림은 관찰자 A에 대해 관찰자 B가 탄 우주선이 $0.8c$로 등속도 운동하는 모습을 나타낸 것이다. A가 측정할 때, 광원에서 발생한 빛이 검출기 P, Q, R에 동시에 도달한다. B가 측정할 때, P, Q, R는 광원으로부터 각각 거리 L_P, L_Q, L_R만큼 떨어져 있다. P, 광원, Q는 운동 방향과 나란한 동일 직선상에 있다.

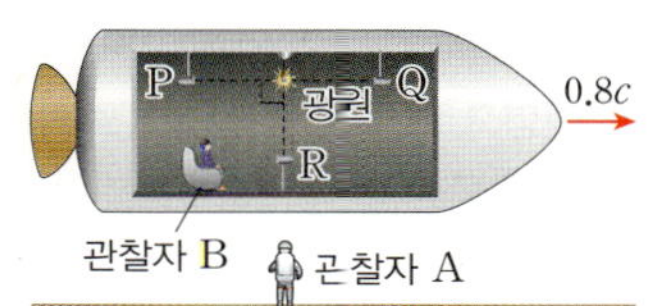

이에 대한 설명으로 옳은 것만을 〈보기〉에서 있는 대로 고른 것은? (단, c는 빛의 속력이다.)

| 보기 |
ㄱ. B가 측정할 때, L_Q는 L_R보다 작다.
ㄴ. A가 측정할 때, 광원과 Q 사이의 거리는 L_Q보다 작다.
ㄷ. A가 측정할 때, B의 시간은 A의 시간보다 느리게 간다.

① ㄱ   ② ㄷ   ③ ㄱ, ㄴ
④ ㄴ, ㄷ   ⑤ ㄱ, ㄴ, ㄷ

07 그림은 우주선 A가 우주 정거장 P와 Q를 잇는 직선과 나란하게 등속도 운동하는 모습을 나타낸 것이다. Q는 P에 대해 정지해 있고, P에서 관측한 A의 속력은 $0.8c$이다. P에서 관측할 때, P와 Q 사이의 거리는 8광년이다. A가 Q를 스쳐 지나는 순간, Q는 P를 향해 빛 신호를 보낸다.

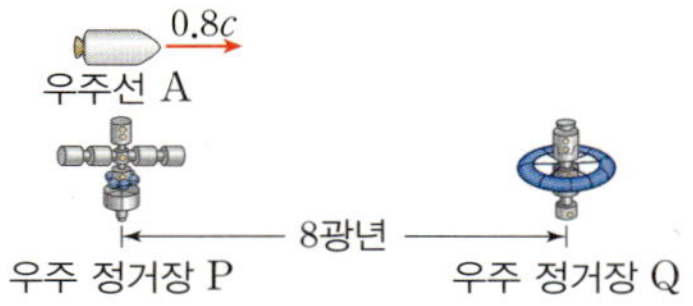

이에 대한 설명으로 옳은 것만을 〈보기〉에서 있는 대로 고른 것은? (단, c는 빛의 속력이다.)

| 보기 |
ㄱ. A에서 관측할 때, P와 Q 사이의 거리는 8광년보다 길다.
ㄴ. A에서 관측할 때, P가 지나는 순간부터 Q가 지나는 순간까지 걸리는 시간은 10년보다 짧다.
ㄷ. P에서 관측할 때, A가 P를 지나는 순간부터 Q의 빛 신호가 P에 도달하기까지 걸리는 시간은 18년보다 짧다.

① ㄱ   ② ㄴ   ③ ㄷ
④ ㄱ, ㄴ   ⑤ ㄴ, ㄷ

06 그림과 같이 관찰자 A가 탄 우주선이 행성을 향해 가고 있다. 관찰자 B가 측정할 때, 행성까지의 거리는 7광년이고 우주선은 $0.7c$의 속력으로 등속도 운동한다. B는 멀어지고 있는 A를 향해 자신이 측정하는 시간을 기준으로 1년마다 빛 신호를 보낸다.

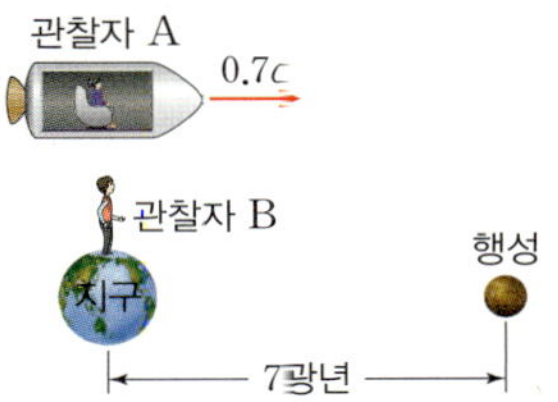

A가 측정할 때, 이에 대한 설명으로 옳은 것만을 〈보기〉에서 있는 대로 고른 것은? (단, c는 빛의 속력이다.)

| 보기 |
ㄱ. B의 시간은 A의 시간보다 빠르게 간다.
ㄴ. A가 B의 신호를 수신하는 시간 간격은 1년보다 길다.
ㄷ. B가 A를 지나는 순간부터 행성이 A를 지나는 순간까지 10년이 걸린다.

① ㄴ   ② ㄷ   ③ ㄱ, ㄴ
④ ㄱ, ㄷ   ⑤ ㄴ, ㄷ

08 그림과 같이 관찰자에 대해 우주선 A, B가 각각 일정한 속도 $0.7c$, $0.9c$로 운동한다. A, B에서는 각각 광원에서 방출된 빛이 검출기에 도달하고, 광원과 검출기 사이의 고유 길이는 같다. 광원과 검출기는 운동 방향과 나란한 직선상에 있다.

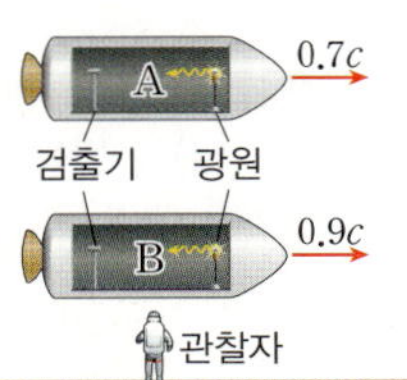

이에 대한 설명으로 옳은 것만을 〈보기〉에서 있는 대로 고른 것은? (단, 빛의 속력은 c이다.)

| 보기 |
ㄱ. A에서 측정할 때, B에서 방출된 빛의 속력은 c이다.
ㄴ. 관찰자가 측정할 때, A의 시간은 B의 시간보다 느리게 간다.
ㄷ. 관찰자가 측정할 때, 광원에서 방출된 빛이 검출기에 도달하는 데 걸리는 시간은 A에서가 B에서보다 작다.

① ㄱ   ② ㄷ   ③ ㄱ, ㄴ
④ ㄱ, ㄷ   ⑤ ㄴ, ㄷ

교육청 기출 변형

09 다음은 우라늄($^{235}_{92}$U) 원자핵의 핵분열 과정 A와 A에서 생성된 크립톤($^{36}_{92}$Kr) 원자핵이 방사선 β를 방출하는 과정 B를 핵반응식으로 나타낸 것이다.

> A : $^{235}_{92}$U$+^{1}_{0}$n $\rightarrow$ $^{141}_{56}$Ba$+^{92}_{36}$Kr$+3^{1}_{0}$n$+$에너지
> B : $^{92}_{36}$Kr $\rightarrow$ $^{92}_{37}$Rb$+\beta$

이에 대한 설명으로 옳은 것만을 〈보기〉에서 있는 대로 고른 것은?

> ┤보기├
> ㄱ. A에서 발생된 에너지는 질량 결손에 의한 것이다.
> ㄴ. $^{92}_{36}$Kr의 중성자수는 92이다.
> ㄷ. β의 전하량은 $-e$이다.

① ㄱ   ② ㄴ   ③ ㄱ, ㄷ
④ ㄴ, ㄷ   ⑤ ㄱ, ㄴ, ㄷ

평가원 기출 변형

11 다음 (가)와 (나)는 원자핵 X를 생성하며 에너지를 방출하는 두 가지 핵반응식이다.

> (가) $^{2}_{1}$H$+^{2}_{1}$H $\rightarrow$ $\boxed{X}$ $+24$ MeV
> (나) $^{226}_{88}$Ra $\rightarrow$ $^{222}_{86}$Rn$+\boxed{X}$ $+5$ MeV

이에 대한 설명으로 옳은 것만을 〈보기〉에서 있는 대로 고른 것은?

> ┤보기├
> ㄱ. X의 질량수는 4이다.
> ㄴ. (나)에서 핵반응 전후 전하량의 합은 같다.
> ㄷ. 핵반응 과정에서 결손된 질량은 (가)에서가 (나)에서보다 작다.

① ㄱ   ② ㄴ   ③ ㄷ
④ ㄱ, ㄴ   ⑤ ㄴ, ㄷ

평가원 기출 변형

10 그림 (가), (나)는 핵융합 반응과 핵분열 반응의 예를 순서 없이 나타낸 것으로 (가)와 (나)의 반응이 일어날 때 에너지가 방출된다.

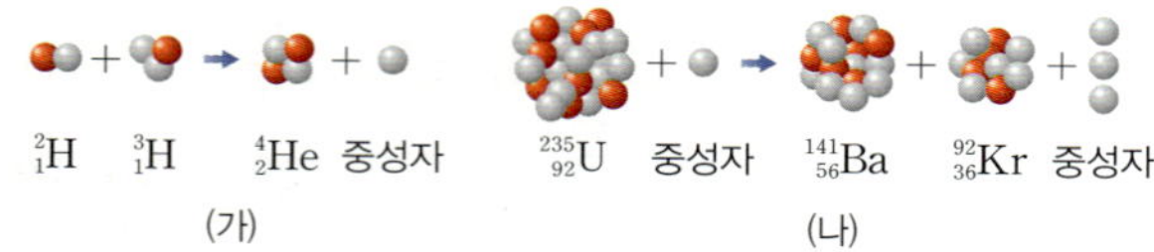

이에 대한 설명으로 옳은 것만을 〈보기〉에서 있는 대로 고른 것은?

> ┤보기├
> ㄱ. (가)에서 반응 전의 질량수의 합은 반응 후의 질량수의 합보다 크다.
> ㄴ. (나)에서 핵반응 전후 전하량의 합은 같다.
> ㄷ. (나)는 핵분열 반응이다.

① ㄴ   ② ㄷ   ③ ㄱ, ㄴ
④ ㄱ, ㄷ   ⑤ ㄴ, ㄷ

교육청 기출 변형

12 다음은 각각 E_1, E_2의 에너지가 방출되는 두 가지 핵반응식이다. 표는 입자와 원자핵의 종류에 따른 질량을 나타낸 것이다.

> • $^{2}_{1}$H$+^{2}_{1}$H $\rightarrow$ $^{3}_{1}$H$+\boxed{㉠}+E_1$
> • $^{2}_{1}$H$+\boxed{㉡}$ $\rightarrow$ $^{4}_{2}$He$+^{1}_{0}$n$+E_2$

종류	질량(u)
$^{1}_{0}$n	1.009
$^{1}_{1}$H	1.007
$^{2}_{1}$H	2.014
$^{3}_{1}$H	3.016
$^{4}_{2}$He	4.003

이에 대한 설명으로 옳은 것만을 〈보기〉에서 있는 대로 고른 것은? (단, u는 원자 질량 단위이다.)

> ┤보기├
> ㄱ. ㉠은 수소 원자핵이다.
> ㄴ. ㉡의 질량수는 2이다.
> ㄷ. $E_1 > E_2$이다.

① ㄱ   ② ㄴ   ③ ㄱ, ㄷ
④ ㄴ, ㄷ   ⑤ ㄱ, ㄴ, ㄷ

01 그림과 같이 자동차 A, B, C가 직선 도로를 따라 나란하게 운동한다. 도로에 대한 A의 속도는 $+30$ m/s이고, A에 대한 B의 속도는 -40 m/s이며, A에 대한 C의 속도는 -10 m/s이다.

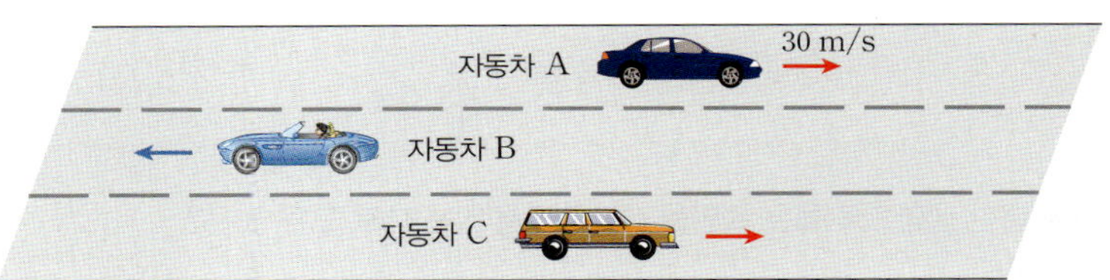

이에 대한 설명으로 옳은 것만을 〈보기〉에서 있는 대로 고른 것은? (단, 운동 방향은 오른쪽 방향을 양($+$)으로 하고, 도로의 폭과 자동차의 크기는 무시한다.)

| 보기 |
ㄱ. A가 관찰할 때, E는 왼쪽 방향으로 1초에 40 m씩 이동한다.
ㄴ. B에 대한 C의 속드는 $+30$ m/s이다.
ㄷ. 정지한 관찰자가 븐 속도의 크기는 B가 가장 작다.

① ㄱ ② ㄷ ③ ㄱ, ㄴ ④ ㄴ, ㄷ ⑤ ㄱ, ㄴ, ㄷ

01 A의 속도를 v_A, B의 속도를 v_B라 할 때, A에 대한 B의 속도는 [ ] 이다.

02 그림과 같이 학생 B에 대하여 $0.8c$의 속력으로 등속도 운동을 하는 우주선 안에 두 빛 검출기 P, Q를 설치하고, 광원에서 빛을 깜박였다. 우주선 안의 학생 A가 측정할 때, 빛은 P, Q에 동시에 도달한다.

이에 대한 설명으로 옳은 것만을 〈보기〉에서 있는 대로 고른 것은? (단, c는 빛의 속력이고, P, 광원, Q는 우주선의 운동 방향과 나란한 동일 직선상에 있다.)

| 보기 |
ㄱ. A가 측정할 때, B의 시간은 A의 시간보다 빠르게 간다.
ㄴ. B가 측정할 때, 빛은 Q에 먼저 도달한다.
ㄷ. B가 측정할 때, 광원과 P 사이의 거리는 광원과 Q 사이의 거리보다 크다.

① ㄱ ② ㄴ ③ ㄱ, ㄴ ④ ㄱ, ㄷ ⑤ ㄴ, ㄷ

02 A가 측정할 때, B의 시간은 A의 시간보다 [ ] 가고, B가 측정할 때, A의 시간은 B의 시간보다 [ ] 간다.

기본 개념 확인

03 동일한 우주선의 길이는 관찰자에 대한 상대 속도가 클수록 관찰자에게 [   ] 측정된다.

03 그림과 같이 학생 A, B가 탄 동일한 우주선 Ⅰ, Ⅱ가 학생 C에 대해 각각 $+x$방향, $-x$방향의 일정한 속력 v_1, v_2로 운동하고 있다. C가 측정할 때, 우주선의 x방향 길이는 Ⅰ이 Ⅱ보다 크다.

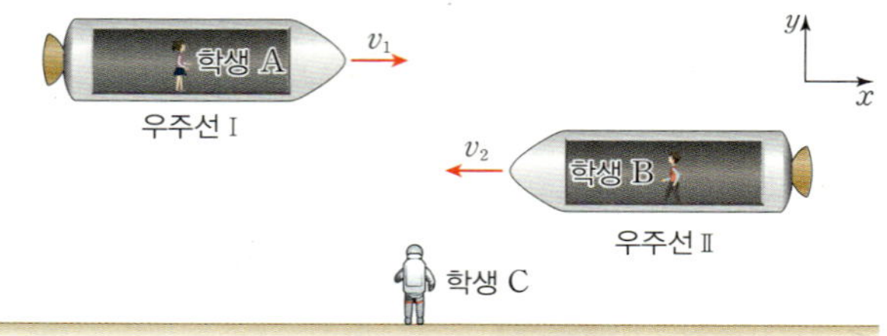

이에 대한 설명으로 옳은 것만을 〈보기〉에서 있는 대로 고른 것은?

┌ 보기 ┐
ㄱ. Ⅰ의 속력은 B가 측정했을 때가 C가 측정했을 때보다 빠르다.
ㄴ. B의 시간은 A가 측정했을 때가 C가 측정했을 때보다 느리게 간다.
ㄷ. C가 측정할 때, Ⅰ이 C를 통과하는 데 걸리는 시간이 Ⅱ가 C를 통과하는 데 걸리는 시간보다 짧다.

① ㄱ　　　② ㄷ　　　③ ㄱ, ㄴ　　　④ ㄱ, ㄷ　　　⑤ ㄱ, ㄴ, ㄷ

04 상자에 대한 상대 속력이 큰 관찰자일수록 상자의 질량을 [   ] 측정한다.

04 그림과 같이 학생 D에 대하여 정육면체 상자가 정지해 있고, 학생 A, B, C가 탄 동일한 우주선이 각각 일정한 속력으로 등속도 운동하고 있다. 정육면체 상자의 밑면은 x축과 나란하고, A, B, C의 운동 방향은 각각 $+x$, $+y$, $-y$방향이다. A, B, C가 측정한 상자의 부피는 각각 V_A, V_B, V_C이며, $V_A > V_C > V_B$이다.

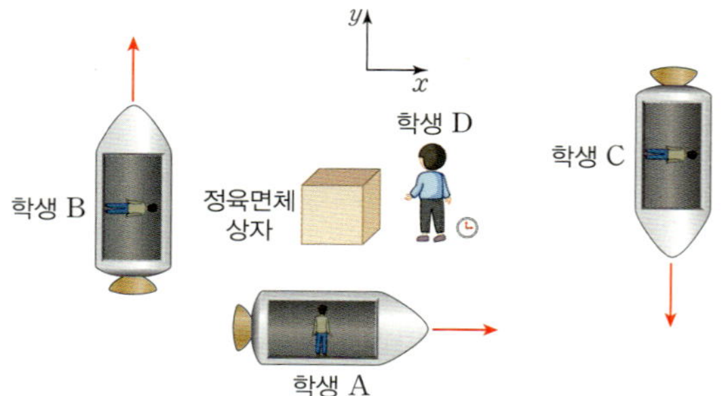

이에 대한 설명으로 옳은 것만을 〈보기〉에서 있는 대로 고른 것은?

┌ 보기 ┐
ㄱ. 상자의 질량은 B가 측정할 때가 가장 크다.
ㄴ. D가 측정할 때, B의 시간이 가장 빠르게 간다.
ㄷ. D가 측정할 때, 우주선의 운동 방향 길이는 A가 탄 우주선이 가장 짧다.

① ㄱ　　　② ㄴ　　　③ ㄱ, ㄷ　　　④ ㄴ, ㄷ　　　⑤ ㄱ, ㄴ, ㄷ

05 그림과 같이 관찰자 A가 탄 우주선이 정지해 있는 관찰자 B에 대해 $0.7c$의 속력으로 등속도 운동한다. 광원에서 거울까지의 고유 거리는 L이고, 거울에서 반사된 빛은 광원으로 되돌아온다.

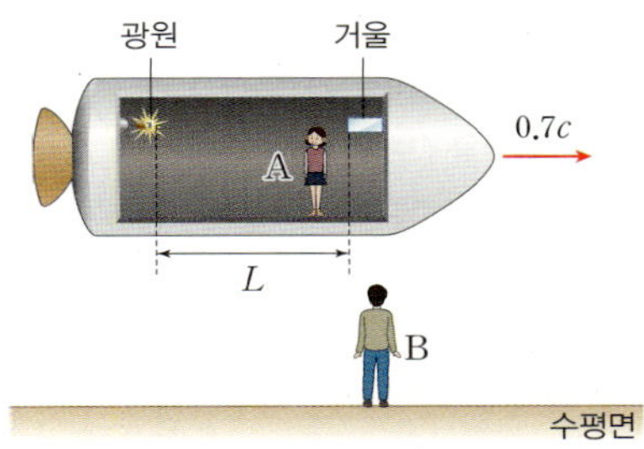

B가 측정할 때에 대한 설명으로 옳은 것만을 〈보기〉에서 있는 대로 고른 것은? (단, c는 빛의 속력이다.)

┌─ 보기 ┐

ㄱ. 광원에서 방출된 빛의 속력은 거울에서 반사된 빛의 속력보다 빠르다.

ㄴ. 광원에서 방출된 빛이 거울까지 도달하는 데 걸린 시간은 $\dfrac{10L}{3c}$보다 작다.

ㄷ. 빛이 거울에서 광원까지 이동하는 데 걸리는 시간이 A가 측정할 때보다 짧다.

① ㄱ   ② ㄷ   ③ ㄱ, ㄴ   ④ ㄴ, ㄷ   ⑤ ㄱ, ㄴ, ㄷ

05 B가 측정한 광원에서 방출된 빛의 거울에 대한 상대 속도의 크기는 ☐ 이다.

06 그림과 같이 행성 P를 동시에 지난 우주선과 뮤온이 각각 학생 A에 대해 일정한 속도 $0.8c$, $0.9c$로 P와 행성 Q를 연결한 직선과 나란하게 운동하고 있다. 우주선에는 학생 B가 타고 있으며, P, Q는 A에 대해 정지해 있고, B가 측정한 P와 Q 사이의 거리는 L_0이다.

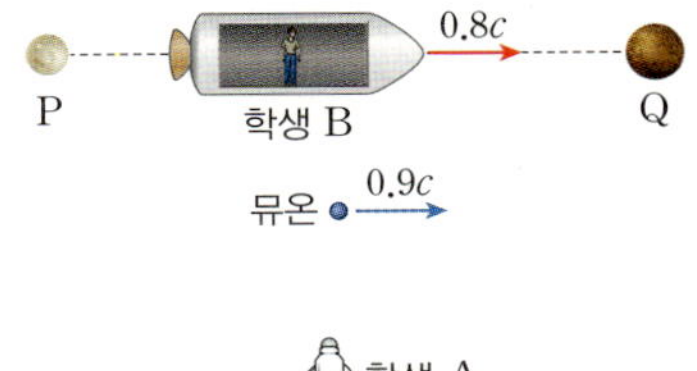

이에 대한 설명으로 옳은 것만을 〈보기〉에서 있는 대로 고른 것은? (단, c는 빛의 속력이고, A, B, P, Q, 뮤온의 크기는 무시한다.)

┌─ 보기 ┐

ㄱ. 뮤온과 같은 속도로 운동하는 좌표계에서 관측할 때, 뮤온이 P에서 Q까지 이동하는 데 걸리는 시간은 $\dfrac{10L_0}{9c}$보다 작다.

ㄴ. B의 시간은 A가 측정할 때가 뮤온이 측정할 때보다 빠르게 간다.

ㄷ. A가 관측할 때, 뮤온이 Q를 지나는 순간부터 B가 Q를 지나는 순간까지 걸리는 시간은 $\dfrac{10L_0}{c}$이다.

① ㄱ   ② ㄴ   ③ ㄱ, ㄴ   ④ ㄱ, ㄷ   ⑤ ㄴ, ㄷ

06 P, Q 사이의 거리는 P, Q에 대해 정지해 있는 A가 측정할 때가 $0.8c$로 운동하고 있는 B가 측정할 때보다 ☐ .

기본 개념 확인

07 핵반응이 일어날 때 반응 과정에서 결손된 질량이 [____________]에 의해 에너지로 전환된다.

08 핵반응이 일어날 때 반응 전후 [____________]과 [____________]는 보존된다.

---

07 다음 (가)와 (나)는 태양에서 일어나는 핵반응식 중 일부를 나타낸 것이다.

> (가) $^2_1H + {}^3_1H \rightarrow (\;\; \bigcirc \;\;) + {}^1_0n + $에너지
> (나) $(\;\; \bigcirc \!\!\!\! \backslash \;\;) + {}^6_3Li \rightarrow 2{}^4_2He + {}^1_1H + $에너지

이에 대한 설명으로 옳은 것만을 〈보기〉에서 있는 대로 고른 것은?

> **보기**
> ㄱ. ㉠의 중성자수는 2이다.
> ㄴ. ㉠과 ㉡은 동위 원소이다.
> ㄷ. (가)와 (나)에서 발생한 에너지는 질량·에너지 동등성으로 설명할 수 있다.

① ㄱ   ② ㄷ   ③ ㄱ, ㄴ   ④ ㄴ, ㄷ   ⑤ ㄱ, ㄴ, ㄷ

---

08 다음 (가)와 (나)는 핵반응식을 나타낸 것이다.

> (가) $2{}^2_1H \rightarrow (\;\; \bigcirc \;\;) + 24 \text{ MeV}$
> (나) $^{235}_{92}U + {}^1_0n \rightarrow {}^{92}_{36}Kr + (\;\; \bigcirc \!\!\!\! \backslash \;\;) + 3{}^1_0n + 200 \text{ MeV}$

이에 대한 설명으로 옳은 것만을 〈보기〉에서 있는 대로 고른 것은?

> **보기**
> ㄱ. ㉠의 질량수는 4이다.
> ㄴ. ㉡의 중성자수는 56이다.
> ㄷ. 반응 전과 후의 질량 차는 (나)에서가 (가)에서보다 크다.

① ㄱ   ② ㄴ   ③ ㄱ, ㄴ   ④ ㄱ, ㄷ   ⑤ ㄴ, ㄷ

S 대단원 예상 적중 자료 정리

① 위치 – 시간 그래프의 분석　　1강_ 10쪽 2번

그림은 동일 직선상에서 운동하는 물체 A, B의 위치를 시간에 따라 나타낸 것으로 2초일 때 B의 속력은 0이다. A, B는 각각 등속도 운동, 등가속도 운동을 한다.

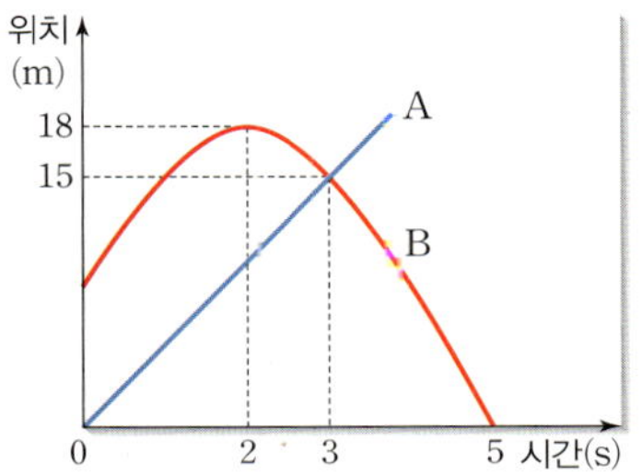

분석 포인트▶▶▶
위치 – 시간 그래프에서 두 점을 잇는 직선의 기울기는 평균 속도이다.

자료 집중 분석
- 2~5초 동안 B의 평균 속도의 크기는 ① [　　　]이다.
- B의 5초인 순간 속도의 크기는 ② [　　　]이다.
- B의 가속도의 크기는 ③ [　　　]이다.
- 0초일 때, B의 속도의 크기는 ④ [　　　]이다.
- 0~2초 동안 B의 평균 속도의 크기는 ⑤ [　　　]이다.
- B의 처음 위치는 ⑥ [　　　]이다.

② 등속도 운동과 등가속도 운동　　1강_ 11쪽 3번

그림은 직선 도로에서 등속도 운동을 하는 자동차 A가 기준선 P를 속력 v로 통과하는 순간 기준선 Q에 정지해 있는 자동차 B가 A의 운동 방향과 같은 방향으로 등가속도 운동을 하여 기준선 R를 A, B가 동시에 통과하는 모습을 나타낸 것이다. P와 Q 사이의 거리는 L, Q와 R 사이의 거리는 $3L$이다.

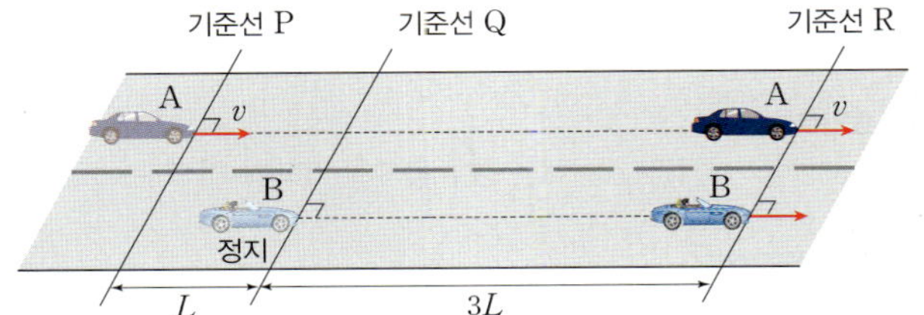

분석 포인트▶▶▶
A, B가 같은 시간 동안 이동한 거리의 비가 4 : 3이므로 A, B의 평균 속도의 크기의 비도 4 : 3이다.

자료 집중 분석
- B의 평균 속도의 크기는 ⑦ [　　　]이다.
- R를 지나는 순간 B의 속도의 크기는 ⑧ [　　　]이다.
- B의 가속도의 크기는 ⑨ [　　　]이다.
- A와 B의 속도가 같아질 때까지 B가 이동한 거리는 ⑩ [　　　]이다.

③ 가속도 – 시간 그래프의 분석　　1강_ 11쪽 4번

그림 (가)와 같이 직선 도로에서 자동차 A가 직선 운동을 한다. A는 기준선 P와 Q를 각각 시간 0초, 6초일 때 통과하며, P와 Q를 지날 때 A의 속력은 각각 14 m/s, 6 m/s이다. 그림 (나)는 A의 가속도를 시간에 따라 나타낸 것으로 가속도의 방향이 오른쪽일 때 양(+)이다.

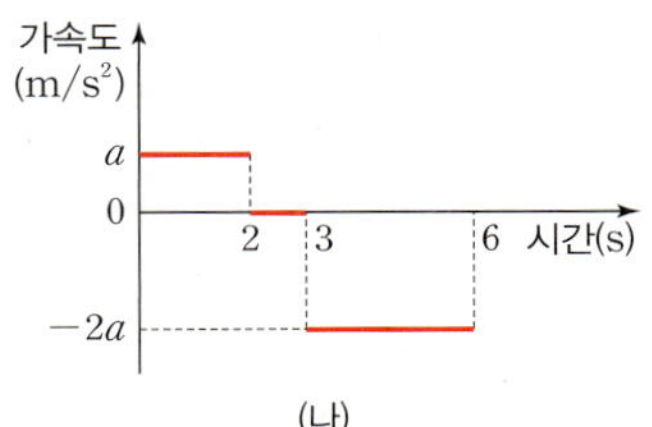

분석 포인트▶▶▶
가속도 – 시간 그래프와 시간축이 이루는 면적은 속도의 변화량이다.

자료 집중 분석
- 0~6초 동안 A의 속도의 변화량의 크기는 ⑪ [　　　]이고, a는 ⑫ [　　　]이다.
- 2초일 때, A의 속도의 크기는 ⑬ [　　　]이다.
- 0~2초 동안 A의 평균 속도의 크기는 ⑭ [　　　]이고 이동 거리는 ⑮ [　　　]이다.
- 3~6초 동안 A의 평균 속도의 크기는 ⑯ [　　　]이고 이동 거리는 ⑰ [　　　]이다.
- 0~6초 동안 A의 평균 속력은 ⑱ [　　　]이다.

④ 뉴턴의 운동 법칙　　2강_ 16쪽 2번

그림 (가), (나)와 같이 질량이 각각 m, $3m$인 물체 A, C가 실로 B와 연결되어 각각 등가속도 운동을 하고 있다. (가)에서 A, B는 수평면에서 운동한다. B의 가속도의 크기는 (가)에서가 (나)에서의 $\frac{3}{2}$배이다.

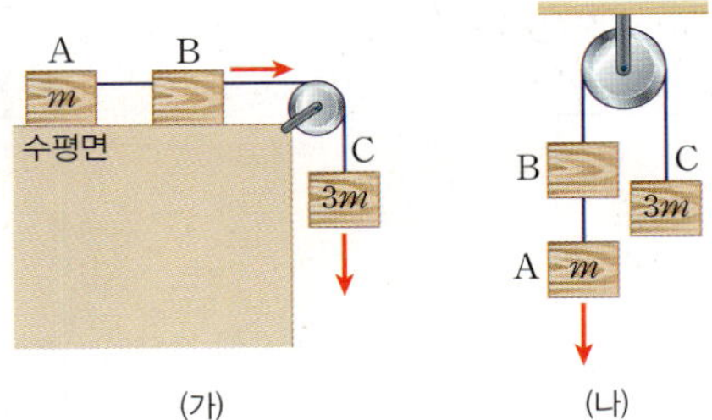

분석 포인트▶▶▶
물체의 질량과 가속도를 곱한 값은 물체에 작용한 알짜힘과 같다.

자료 집중 분석
- B의 질량을 M이라고 할 때, A의 가속도의 크기는 (가) : ⑲ [　　　], (나) : ⑳ [　　　]이고, M은 ㉑ [　　　]이다.
- (나)에서 실이 A, C에 작용하는 힘을 각각 T_1, T_2라고 할 때, A, C에 대한 운동 방정식은 각각 ㉒ [　　　], ㉓ [　　　]이므로 T_1은 ㉔ [　　　], T_2는 ㉕ [　　　]이다.

그림 (가)와 같이 물체 A, B, C가 실로 연결되어 등가속도 운동하고 있다. 그림 (나)는 A의 속력을 시간에 따라 나타낸 것으로, 3초일 때 B와 C를 연결한 실이 끊어졌다. A, B의 질량은 각각 1 kg, 2 kg이다. (단, 중력 가속도는 10 m/s^{2}이다.)

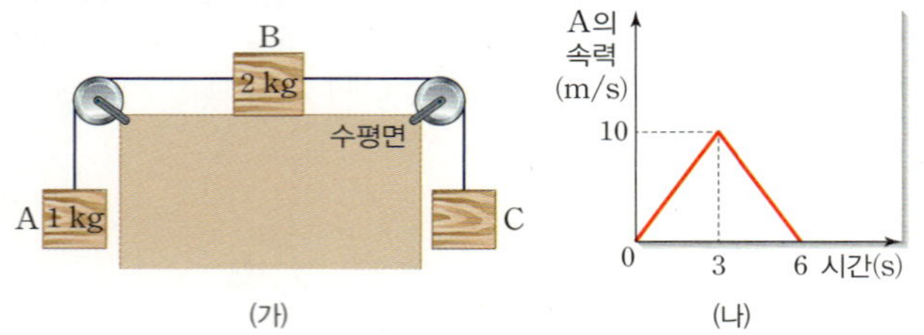

분석 포인트▶▶▶
속력 – 시간 그래프의 기울기의 의미는 물체의 가속도의 크기이다.

자료 집중 분석
- 0~3초 동안과 3~6초 동안 A의 가속도의 크기는 각각 ㉖ □, ㉗ □ 이다.
- C의 질량을 M이라고 할 때 2초일 때, A의 가속도를 M을 이용하여 나타내면 ㉘ □ 이다.
- 2초일 때, 실이 C에 작용하는 힘을 T라고 하면 C에 대한 운동 방정식은 ㉙ □ 이다.
- 4초일 때, B에 작용하는 알짜힘의 크기는 ㉚ □ 이다.

그림 (가)와 같이 물체 A에 물체 B, C를 실로 연결하여 가만히 잡고 있다. 그림 (나)는 A를 가만히 놓았더니 A, B, C가 등가속도 운동을 하여 C가 t_0초 후에 수평면에 닿는 모습을 나타낸 것이다. A, B, C의 질량은 각각 $3m$, m, $2m$이다. (단, 중력 가속도는 g이다.)

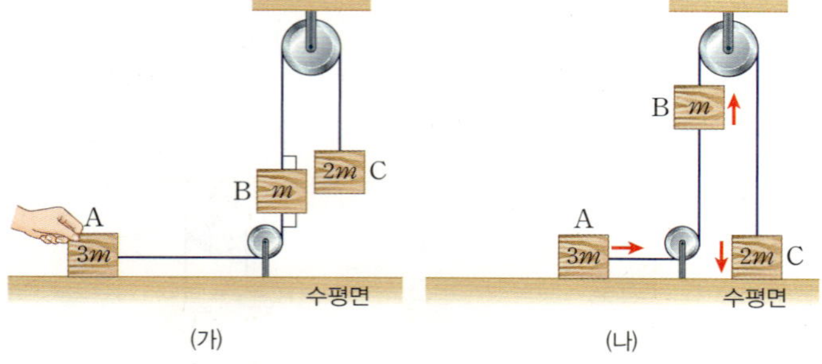

분석 포인트▶▶▶
A, B, C를 한 물체로 생각했을 때, A, B, C에 작용하는 모든 힘의 합력은 A, B, C의 질량의 합과 A, B, C의 가속도를 곱한 값과 같다.

자료 집중 분석
- (나)에서 A, B, C의 가속도의 크기는 ㉛ □ 이다.
- (나)에서 0~t_0초 동안 C의 이동 거리는 ㉜ □ 이다.
- (나)에서 t_0초일 때, A의 속력은 ㉝ □ 이다.
- (나)에서 $\dfrac{t_0}{2}$초일 때, C에 연결된 실이 B, C에 작용하는 힘의 크기를 T라고 하면 C에 대한 운동 방정식은 ㉞ □ 이고, T의 크기는 ㉟ □ 이다.

그림 (가)는 수평면에서 운동하던 물체 A가 정지해 있는 물체 B를 향해 운동하는 모습을 나타낸 것이고, (나)는 A의 위치를 시간에 따라 나타낸 것이다. A, B의 질량은 각각 1 kg, 5 kg이다.

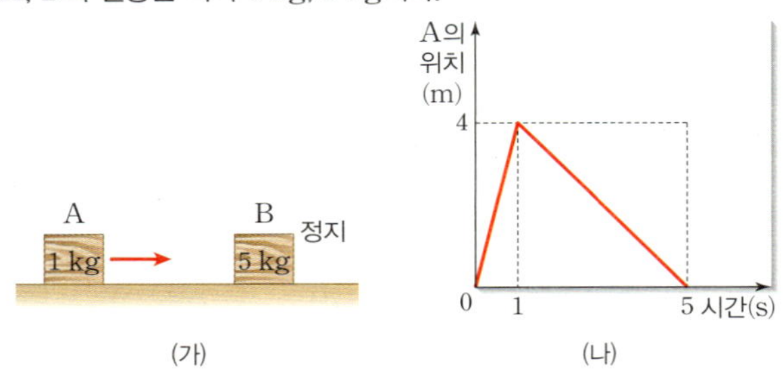

분석 포인트▶▶▶
외력이 작용하지 않을 때 A, B의 충돌 전 후 운동량의 총합은 보존된다.

자료 집중 분석
- 충돌 전 후 A의 속력은 각각 ㊱ □, ㊲ □ 이다.
- 충돌 전 A, B의 운동량의 총합이 ㊳ □ 이므로 충돌 후 A, B의 운동량의 총합도 ㊴ □ 이고, 충돌 후 B의 속력은 ㊵ □ 이다.
- 충돌하는 동안 A가 받은 충격량은 A의 ㊶ □ 이므로 ㊷ □ 이다.

그림은 용수철에 질량이 m인 물체를 매달아 가만히 놓았더니, 용수철의 원래 길이보다 x_0만큼 늘어나 물체의 속력이 0이 된 순간의 모습을 나타낸 것이다. 용수철의 용수철 상수는 k이다. (단, 중력 가속도는 g이다.)

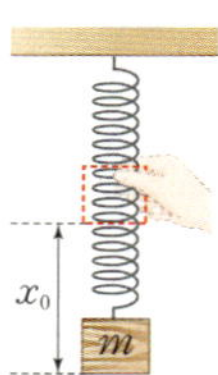

분석 포인트▶▶▶
물체에 탄성력과 중력만 작용하는 경우 물체의 역학적 에너지는 보존된다.

자료 집중 분석
- 용수철의 원래 길이보다 x_0만큼 늘어나는 동안 감소한 중력 퍼텐셜 에너지는 ㊸ □ 이고, 증가한 탄성 퍼텐셜 에너지는 ㊹ □ 이다.
- 용수철이 원래 길이보다 x_0만큼 늘어나 속력이 0이 된 순간이 지나면 물체는 ㊺ □ 방향으로 운동한다.
- 물체를 가만히 놓은 순간부터 용수철이 원래 길이부터 $\dfrac{x_0}{2}$만큼 늘어나는 순간까지 감소한 중력 퍼텐셜 에너지는 ㊻ □ 이고, 증가한 탄성 퍼텐셜 에너지는 ㊼ □ 이므로, 증가한 운동 에너지는 ㊽ □ 이고, 알짜힘이 물체에 한 일은 ㊾ □ 이다.

9 역학적 에너지 보존　　　　4강_ 31쪽 3번

그림은 수평면에 놓인 물체 A의 양쪽에 물체 B, C를 실로 연결한 후, A를 손으로 잡아 점 P에 정지시킨 모습을 나타낸 것이다. 손을 가만히 놓았더니 A는 등가속도 운동을 하여 점 Q를 지난다. A가 P에서 Q까지 운동하는 동안, A의 운동 에너지 증가량은 C의 중력 퍼텐셜 에너지 감소량의 $\frac{1}{8}$배이다. B, C의 질량은 각각 m, $2m$이고 P와 Q 사이의 거리는 s이다.

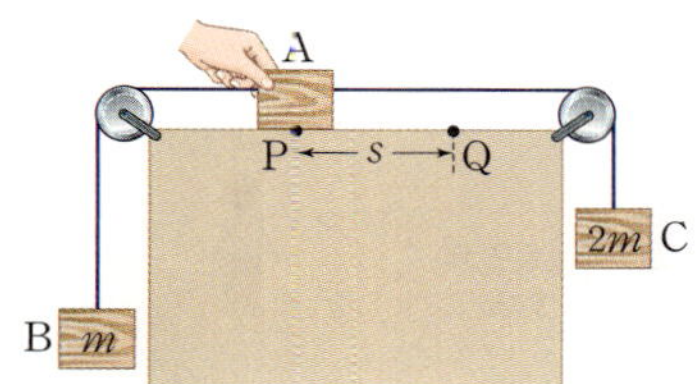

분석 포인트 ▶▶▶

물체에 중력만 작용하는 경우 물체의 역학적 에너지는 보존된다.

> **자료 집중 분석**
>
> • A가 P에서 Q까지 운동하는 동안, A의 운동 에너지 증가량은 ⑤⓪ 이다.
> • A가 P에서 Q까지 운동하는 동안 B와 C의 중력 퍼텐셜 에너지의 합의 변화량은 ⑤① 이다.
> • A가 P에서 Q까지 운동하는 동안 증가한 B와 C의 운동 에너지의 합의 변화량은 ⑤② 이다.
> • A가 P에서 Q까지 운동하는 동안 증가한 B와 C의 운동 에너지의 비율은 ⑤③ 이므로 B, C의 운동 에너지 증가량은 각각 ⑤④ , ⑤⑤ 이다.

10 역학적 에너지 보존　　　　4강_ 31쪽 4번

그림은 질량이 각각 m, $2m$인 물체 A와 B를 실로 연결하고 점 p에 가만히 놓았을 때, A가 점 q를 통과하는 것을 나타낸 것이다. A가 q를 통과하는 순간 A의 운동 에너지는 E이고, p와 q 사이의 높이차는 h, 거리는 s이다.

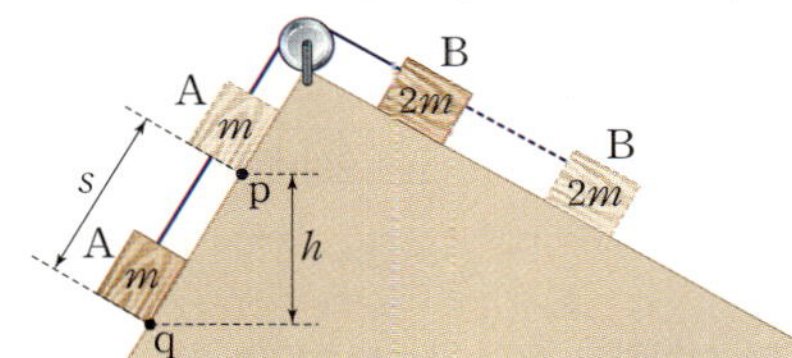

분석 포인트 ▶▶▶

실이 A, B에 작용하는 힘이 한 일은 A, B의 역학적 에너지 변화량이다.

> **자료 집중 분석**
>
> • A가 p에서 q까지 운동하는 동안 A의 역학적 에너지 변화량은 ⑤⑥ 이므로, B의 역학적 에너지 변화량은 ⑤⑦ 이다.
> • A가 p에서 q까지 운동하는 동안 A의 운동 에너지 변화량이 E이므로 A에 작용하는 알짜힘은 ⑤⑧ 이다.

11 역학적 에너지 보존　　　　4강_ 32쪽 6번

그림과 같이 물체 B와 실로 연결된 물체 A에 연직 방향으로 크기가 F인 힘이 작용하여 A는 기준선 p에, B는 A보다 h만큼 높은 곳에 각각 정지해 있다. 이 상태에서 A에 연직 방향으로 $3F$의 힘을 기준선 q까지 작용하여 놓았더니 A는 기준선 r에서 운동 방향이 바뀌었다. p와 q 사이의 거리는 $\frac{1}{2}h$이고, q와 r 사이의 거리는 h이다. A가 p에서 q까지 운동하는 동안 B의 중력 퍼텐셜 에너지 증가량과 B의 운동 에너지 증가량은 각각 E_0, $\frac{2}{3}E_0$이다.

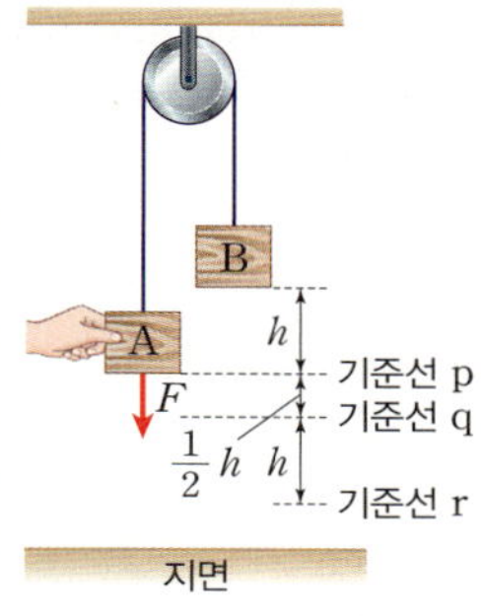

분석 포인트 ▶▶▶

A, B에 작용하는 힘이 한 일은 A, B의 역학적 에너지 변화량의 합과 같다.

> **자료 집중 분석**
>
> • A, B의 질량을 각각 m, M이라고 하면 $F =$ ⑤⑨ 이다.
> • q를 지나는 순간 A, B의 속력을 v라고 하면 $v^2 =$ ⑥⓪ 이다.
> • A에 연직 방향으로 $3F$의 힘을 기준선 q까지 작용하는 동안 A, B의 역학적 에너지 변화량의 합은 ⑥① 이다.
> • A가 기준선 r에 위치하는 순간 A와 B의 높이차는 ⑥② 이다.

12 역학적 에너지 보존　　　　4강_ 33쪽 8번

그림 (가)는 경사각이 일정한 경사면에서 질량이 m인 물체를 용수철 A에 접촉시켜 용수철의 원래 길이로부터 d만큼 압축시킨 모습을 나타낸 것이다. 그림 (나)는 손을 치웠을 때 물체가 경사면을 따라 $8d$만큼 운동하여 높이 $4d$만큼 올라가 용수철 B가 원래 길이로부터 d만큼 압축되어 물체의 속력이 0이 된 순간의 모습을 나타낸 것이다. 용수철 상수는 A가 B의 2배이다.

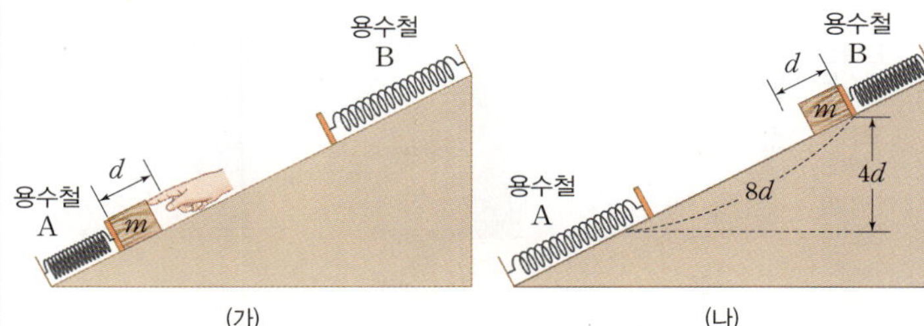

분석 포인트 ▶▶▶

용수철이 원래 길이로부터 d만큼 압축된 순간 용수철의 탄성 퍼텐셜 에너지는 $\frac{1}{2}kd^2$이다.

> **자료 집중 분석**
>
> • (가), (나)에서 용수철의 탄성 퍼텐셜 에너지와 물체의 중력 퍼텐셜 에너지의 합은 보존되므로 A, B의 용수철 상수는 각각 ⑥③ , ⑥④ 이다.
> • B가 원래 길이로부터 $\frac{1}{2}d$만큼 압축된 순간 탄성 퍼텐셜 에너지와 처음 위치를 기준으로 한 물체의 중력 퍼텐셜 에너지는 각각 ⑥⑤ , ⑥⑥ 이다.

⑬ 부피, 온도와 열역학 과정   5강_ 38쪽 2번

그림은 일정량의 이상 기체의 상태가 A → B → C와 A → C를 따라 변할 때 기체의 부피와 온도의 관계를 나타낸 것이다. A B는 등적 과정, A → C 는 등압 과정, B → C는 등온 과정이다.

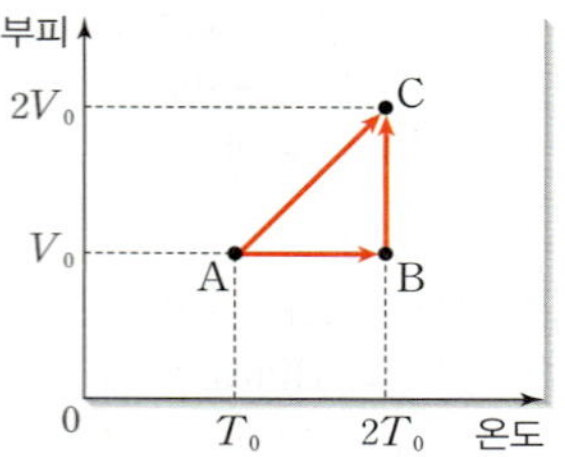

분석 포인트▶▶▶

기체가 흡수한 열량을 Q, 기체가 외부에 한 일을 W, 기체의 내부 에너지 변화량을 ΔU라고 할 때, $Q=W+\Delta U$이다.

자료 집중 분석

- 기체의 압력은 ⑥⑦에 비례하고, ⑥⑧에 반비례 한다.
- 등적 과정에서 기체가 외부에 하는 일은 ⑥⑨이다.
- 부피 증가량이 동일할 때, 기체가 외부에 하는 일은 압력이 ⑦⓪ 크다.

⑭ 열역학 제1법칙   5강_ 39쪽 3번

그림 (가)와 같이 열전달이 잘되는 고정된 금속판에 의해 분리된 실린더에 같은 양의 동일한 이상 기체 A와 B가 열평형 상태에 있다. A, B의 부피와 압력은 같다. 그림 (나)는 (가)의 B에 열량 Q를 가했더니 피스톤이 서서히 이동하여 정지한 모습을, (다)는 (나)에서 피스톤 위에 모래를 조금씩 부었더니 B의 부피가 서서히 감소하여 피스톤이 정지한 모습을 나타낸 것이다. 그림 (가)와 (다)에서 A의 부피는 같다.

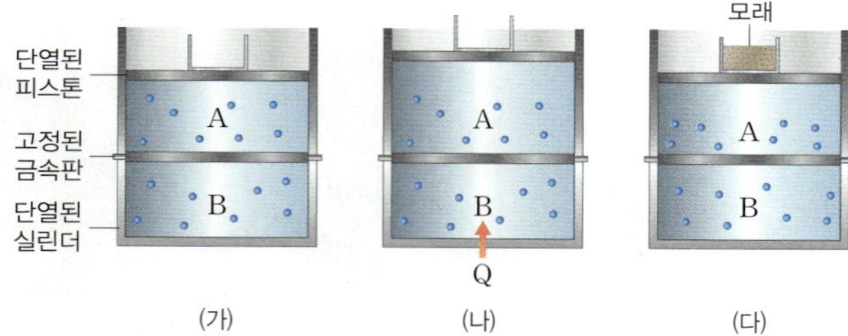

분석 포인트▶▶▶

기체가 단열 압축되면, 온도와 압력이 증가하며 기체가 외부로부터 받은 일은 기체의 내부 에너지 변화량과 같다.

자료 집중 분석

- (가) → (나) → (다) 과정에서 A, B의 온도는 ⑦①.
- (가) → (나) 과정과 (나) → (다) 과정에서 A와 B의 온도는 ⑦②.
- (가) → (나) 과정에서 B가 흡수한 열은 A, B의 ⑦③ 의 합과 A가 외부에 한 일의 합과 같다.
- (나), (다)에서 A의 압력은 ⑦④에서가 ⑦⑤에서보 다 크다.

⑮ 특수 상대성 이론   6강_ 46쪽 4번

그림과 같이 학생 D에 대하여 정육면체 상자가 정지해 있고, 학생 A, B, C 가 탄 동일한 우주선이 각각 일정한 속력으로 등속도 운동하고 있다. 정육면 체 상자의 밑면은 x축과 나란하고, A, B, C의 운동 방향은 각각 $+x$, $+y$, $-y$방향이다. A, B, C가 측정한 상자의 부피는 각각 V_A, V_B, V_C이며, $V_A>V_C>V_B$이다.

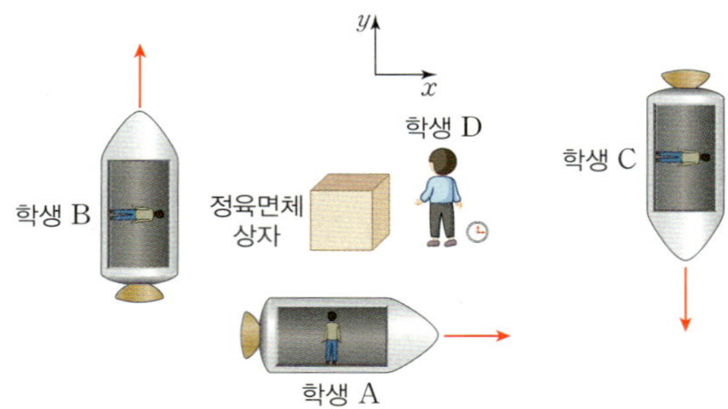

분석 포인트▶▶▶

상자에 대한 상대 속력이 빠를수록 상자의 길이가 수축 효과가 커지며 D에 대한 상대 속력이 빠를수록 시간 팽창 효과가 커진다.

자료 집중 분석

- $V_A>V_C>V_B$이므로 속력이 제일 빠른 학생은 ⑦⑥이다.
- D에 대한 상대 속력이 가장 느린 학생이 ⑦⑦이므로 ⑦⑧의 시간이 가장 빠르게 간다.
- D에 대한 상대 속력이 가장 느린 학생이 ⑦⑨이므로 ⑧⓪가 탄 우주선의 길이가 가장 길다.

⑯ 핵반응식, 질량·에너지 동등성   6강_ 48쪽 8번

다음 (가)와 (나)는 핵반응식을 나타낸 것이다.

$$\text{(가) } 2\,^2_1\text{H} \longrightarrow (\ ⊙\ )+24\,\text{MeV}$$
$$\text{(나) } ^{235}_{92}\text{U}+^1_0\text{n} \longrightarrow ^{92}_{36}\text{Kr}+(\ ⊙\ )+3\,^1_0\text{n}+200\,\text{MeV}$$

분석 포인트▶▶▶

핵반응이 일어날 때 전하량과 질량수는 보존되며 결손된 질량은 반응 과정 에서 발생하는 에너지로 전환된다.

자료 집중 분석

- (가)에서 반응 전후 질량수는 보존되므로 ⊙은 ⑧①이다.
- (나)에서 반응 전후 질량수와 전하량은 보존되므로 ⊙의 질량수와 전 하량은 각각 ⑧②, ⑧③이다.
- ⊙의 중성자수는 ⑧④이다.
- 결손된 질량이 클수록 반응 과정에서 발생하는 에너지가 ⑧⑤.

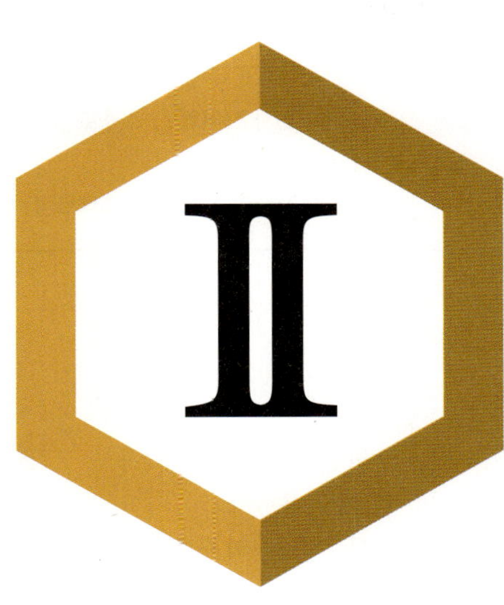

II

물질과 전자기장

531 PROJECT **S**

S 07강 전자의 에너지 준위

A 원자와 전기력		B 원자의 에너지 준위		C 전자 전이와 선 스펙트럼	
전기력의 방향	★★☆	양자수와 에너지 준위	★★★	스펙트럼	★☆☆
전기력의 크기	★★☆			전자의 전이와 선 스펙트럼	★★★

A 원자와 전기력

1. 전기력　전하를 띤 물체 사이에 작용하는 힘

(1) **전기력의 종류** : 같은 종류의 전하 사이에는 척력(밀어내는 힘)이 작용하고, 다른 종류의 전하 사이에는 인력(당기는 힘)이 작용한다.

(2) **전기력의 크기(쿨롱 법칙)** : 두 전하 사이에 작용하는 전기력의 크기(F)는 두 전하량(q_1, q_2)의 곱에 비례하고, 두 전하 사이의 거리(r)의 제곱에 반비례한다.

2. 원자의 구조

(1) 원자핵은 ($+$)전하를 띠고 전자는 ($-$)전하를 띤다.

① 원자핵과 전자는 서로 당기는 방향으로 전기력이 작용한다.

② 전자가 멀리 떠나지 못하고 원자에 속박되어 원자핵 주위를 돈다.

(2) 원자핵의 전하량이 클수록, 원자핵과 전자 사이의 거리가 가까울수록 전기력의 크기가 크다.

B 원자의 에너지 준위

1. 보어의 수소 원자 모형　원자핵을 중심으로 전자가 특정한 궤도에서 원운동한다. 이때 전자는 전자기파를 방출하지 않고 안정한 상태로 존재한다.

2. 양자수와 에너지 준위

(1) **양자수** : 전자가 안정적으로 존재하는 궤도를 원자핵에 가까운 것부터 $n=1, 2, 3, \cdots$인 궤도라고 하며, n을 양자수라고 한다.

(2) **에너지의 양자화** : 전자의 에너지는 양자수 n에 따라 결정되는 불연속적인 값을 갖는다.

(3) **에너지 준위** : 양자화된 전자의 에너지를 단계적으로 나타낸 것으로, 원자핵에서 멀어질수록 에너지 준위가 크다.($r=\infty$일 때 $E_\infty=0$)

① **바닥상태** : 전자들이 낮은 에너지 준위에 놓여 있어 가장 안정적인 상태

② **들뜬상태** : 바닥상태의 전자가 에너지를 흡수하여 높은 에너지 준위로 이동한 상태

C 전자 전이와 선 스펙트럼

1. 스펙트럼　빛이 파장에 따라 나누어진 색의 띠

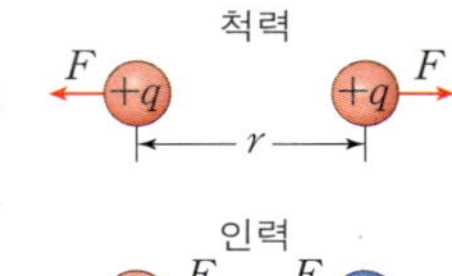

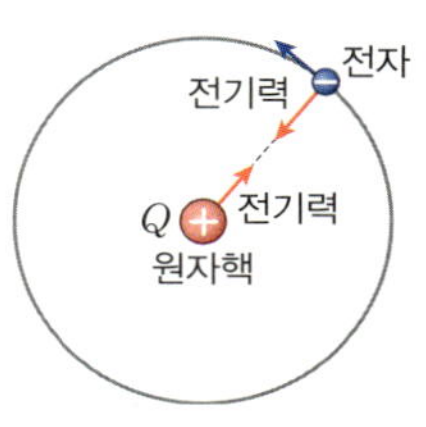

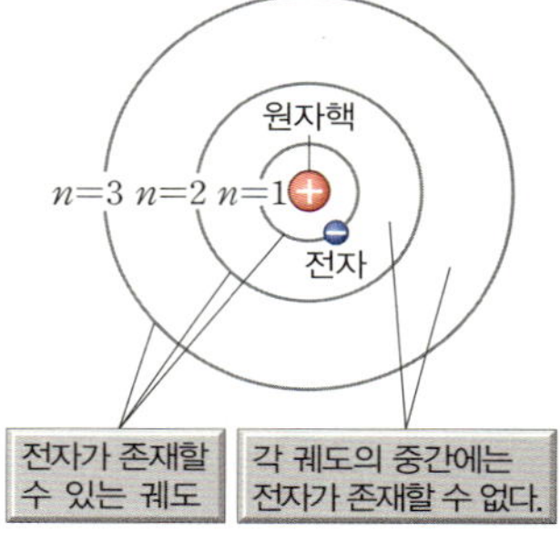

쿨롱 법칙

$$F=k\frac{q_1 q_2}{r^2}$$

(쿨롱 상수 : $k=9.0\times10^9\,\mathrm{N\cdot m^2/C^2}$)

전자의 발견

톰슨이 음극선 실험을 통해 원자 내부에 ($-$)전하를 띠는 전자가 있음을 발견하였다.

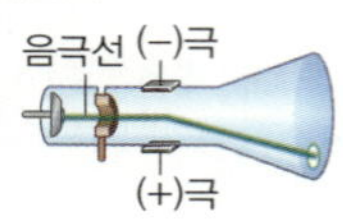

원자핵의 발견

러더퍼드가 알파(α) 입자 산란 실험을 통해 원자 중심에 ($+$)전하를 띠는 원자핵이 있음을 발견하였다.

양자수와 에너지 준위

· 보어의 수소 원자 모형에서 양자수 n일 때 수소 원자의 에너지 준위는 다음과 같다.

$$E_n=-\frac{13.6}{n^2}(\mathrm{eV})$$

· 원자에 속박되어 있다는 의미에서 ($-$)의 값을 가진다.

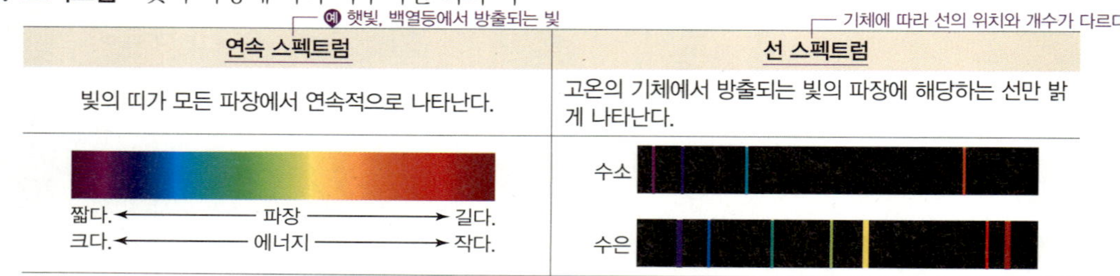

연속 스펙트럼	선 스펙트럼
빛의 띠가 모든 파장에서 연속적으로 나타난다.	고온의 기체에서 방출되는 빛의 파장에 해당하는 선만 밝게 나타난다.

2. **광양자설** 빛은 진동수에 비례하는 에너지를 갖는 광자(광양자)의 흐름이다.

(1) 광자의 에너지 : 광자 1개의 에너지 E는 빛의 진동수 f에 비례한다.

$$E = hf \ (\text{플랑크 상수 } h = 6.63 \times 10^{-34} \text{ J·s})$$

(2) 광자의 에너지와 빛의 파장 : 빛의 파장이 클수록 광자 1개의 에너지는 작다.

3. **전자의 전이와 선 스펙트럼**

(1) 전자의 전이 : 전자가 에너지를 흡수 또는 방출하며 다른 에너지 준위로 이동하는 것

(2) 에너지의 흡수와 방출 : 전자가 전이할 때 전이하는 두 에너지 준위의 차에 해당하는 에너지를 갖는 빛을 흡수하거나 방출한다.

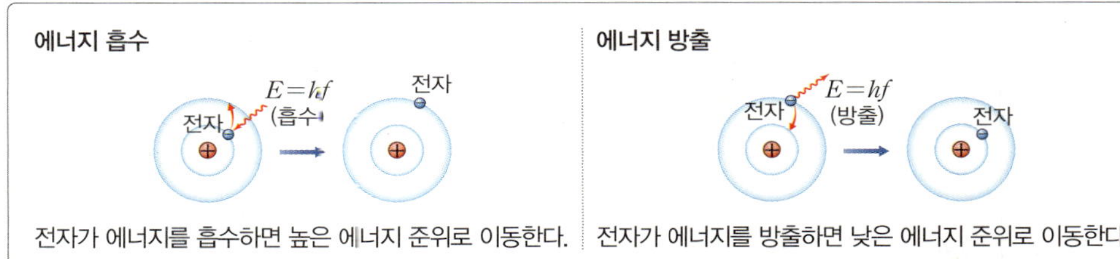

① 전자의 전이와 광자의 에너지 : 에너지 준위 E_m에서 E_n으로 전자가 전이할 때 흡수 또는 방출하는 광자 1개의 에너지 E는 두 에너지 준위의 차와 같다.

$$E = |E_n - E_m| = hf = \frac{hc}{\lambda}$$

- $n > m$이면 전자의 에너지 준위 증가 → 빛 흡수
- $n < m$이면 전자의 에너지 준위 감소 → 빛 방출

② 수소 원자에서 전자의 전이와 선 스펙트럼 계열

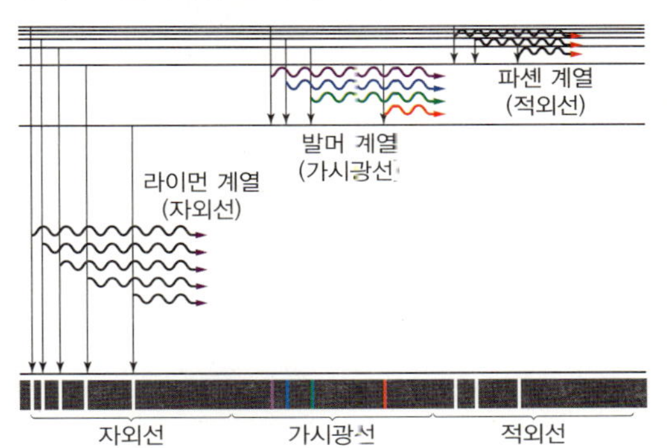

구분	전자의 전이	방출하는 빛의 파장 영역
라이먼 계열	$n=1$인 궤도로 전이할 때 방출하는 빛	자외선 영역
발머 계열	$n=2$인 궤도로 전이할 때 방출하는 빛	가시광선을 포함한 영역
파셴 계열	$n=3$인 궤도로 전이할 때 방출하는 빛	적외선 영역

기출 자료 | 분석

그림 (가)는 보어의 수소 원자 모형에서 양자수 n에 따른 에너지 준위와 전자의 전이 과정의 일부를 나타낸 것이다. 그림 (나)는 (가)에서 나타나는 방출과 흡수 스펙트럼을 파장에 따라 나타낸 것이다. 스펙트럼선 b는 ㉠에 의해 나타난다.

자료 체크 리스트
- [ ] 광자의 에너지
- [ ] 에너지 준위와 선 스펙트럼
- [ ] d에 해당하는 전이 과정

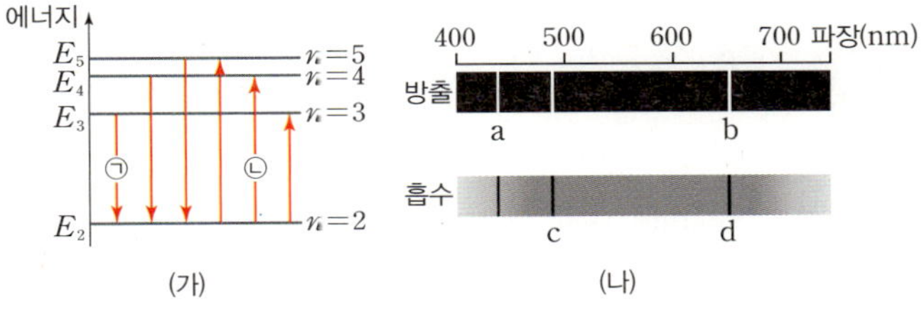

step 1 광자의 에너지 비교하기
광자의 에너지는 진동수에 비례하고, 파장에 반비례하므로 a에서가 b에서보다 크다.

step 2 에너지 준위와 선 스펙트럼 비교하기
c는 흡수선 중 파장이 두 번째로 길므로 $n=2$에 있던 전자가 두 번째로 작은 에너지를 흡수할 경우이다. $n=2$에 있던 전자는 $n=3$으로 전이할 때 가장 작은 에너지를, $n=4$로 전이할 때 두 번째로 작은 에너지를 흡수한다.

step 3 d에 해당하는 에너지를 갖는 빛을 방출하는 전자의 전이 과정 찾기
d는 파장이 가장 길므로 $n=2$에서 $n=3$으로 전이할 때이다. 따라서 광자의 진동수는 $\dfrac{E_3 - E_2}{h}$이다.

01

그림은 x축상에 고정된 두 점전하 A, B와 점 p, q, r를 나타낸 것이다. p, q에 양($+$)전하 C를 놓았을 때 C는 화살표 방향으로 전기력을 받는다.

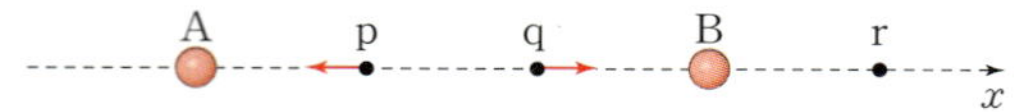

이에 대한 설명으로 옳은 것만을 〈보기〉에서 있는 대로 고른 것은?

> **보기**
> ㄱ. A는 양($+$)전하이다.
> ㄴ. A와 B 사이에는 서로 밀어내는 전기력이 작용한다.
> ㄷ. r에 C를 놓으면 $+x$ 방향으로 전기력을 받는다.

① ㄱ　　　　② ㄴ　　　　③ ㄱ, ㄷ
④ ㄴ, ㄷ　　　⑤ ㄱ, ㄴ, ㄷ

02

그림은 보어의 수소 원자 모형에서 양자수 n에 따른 전자의 궤도와 전자의 전이 a, b, c를 나타낸 것이다. a, b, c에서 흡수하거나 방출하는 빛의 진동수는 각각 f_a, f_b, f_c이며, n에 따른 에너지 준위는 E_n이다.

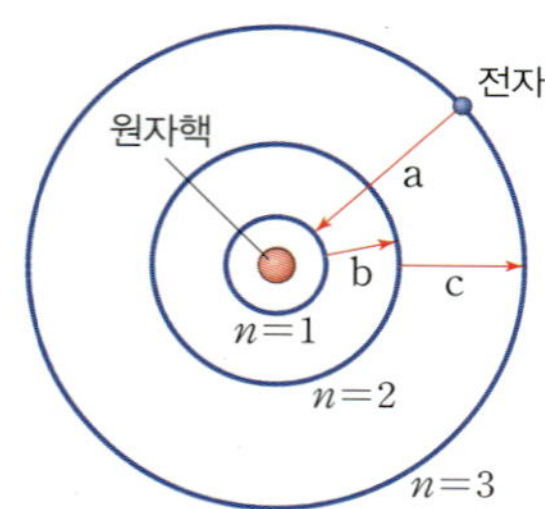

이에 대한 설명으로 옳은 것만을 〈보기〉에서 있는 대로 고른 것은?

> **보기**
> ㄱ. a에서 빛을 방출한다.
> ㄴ. $f_a = f_b + f_c$이다.
> ㄷ. $\dfrac{f_a}{f_b} = \dfrac{E_2 - E_1}{E_3 - E_1}$이다.

① ㄱ　　　　② ㄷ　　　　③ ㄱ, ㄴ
④ ㄴ, ㄷ　　　⑤ ㄱ, ㄴ, ㄷ

03

그림은 보어의 수소 원자 모형에서 에너지 준위의 일부와 전자의 세 가지 전이를 나타낸 것이다. 세 가지 전이에서 파장이 λ_1인 빛이 흡수되고, λ_2, λ_3인 빛이 방출된다. $\lambda_2 > \lambda_3$이다.

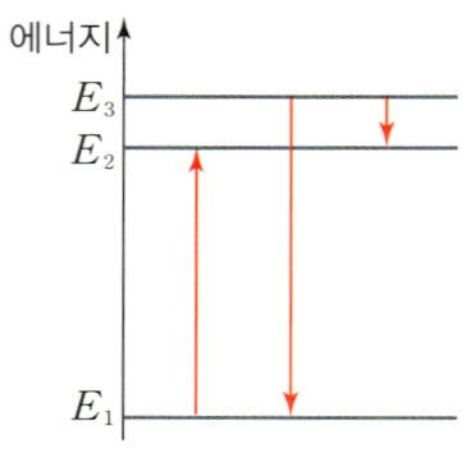

이에 대한 설명으로 옳은 것만을 〈보기〉에서 있는 대로 고른 것은?

> **보기**
> ㄱ. $\lambda_1 > \lambda_3$이다.
> ㄴ. $\lambda_3 = \dfrac{\lambda_1 \lambda_2}{\lambda_2 - \lambda_1}$이다.
> ㄷ. 수소 원자의 에너지 준위는 불연속적이다.

① ㄱ　　　　② ㄴ　　　　③ ㄱ, ㄷ
④ ㄴ, ㄷ　　　⑤ ㄱ, ㄴ, ㄷ

04

그림은 보어의 수소 원자 모형에서 바닥상태의 수소 원자가 진동수가 f_0인 빛을 흡수한 후에 진동수가 f_1, f_2인 빛을 차례대로 방출하며 다시 바닥상태가 되는 과정을 나타낸 것이다. 진동수가 f_1인 빛은 가시광선이며, $f_1 < f_2$이다.

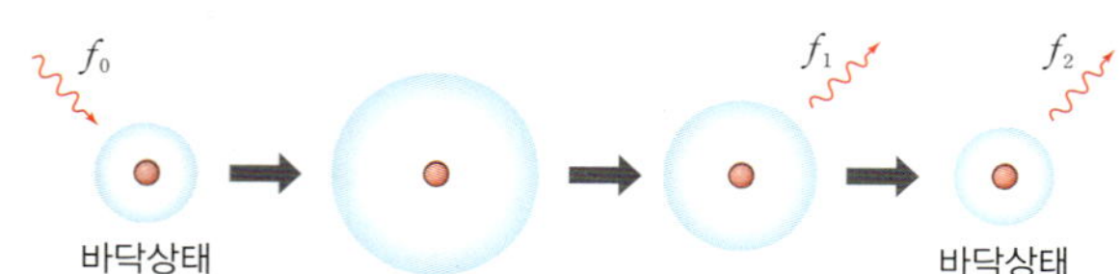

이에 대한 설명으로 옳은 것만을 〈보기〉에서 있는 대로 고른 것은?

> **보기**
> ㄱ. 진동수가 f_0인 빛은 적외선이다.
> ㄴ. 광자 1개의 에너지는 진동수가 f_2인 빛이 f_1인 빛보다 크다.
> ㄷ. 바닥상태의 수소 원자는 가시광선을 흡수할 수 있다.

① ㄱ　　　　② ㄴ　　　　③ ㄱ, ㄷ
④ ㄴ, ㄷ　　　⑤ ㄱ, ㄴ, ㄷ

05 그림은 보어의 수소 원자 모형에서 전자의 전이 a, b, c를, 표는 이때 방출되는 빛의 파장과 광자 1개의 에너지를 나타낸 것이다. n은 양자수이다.

전이	파장	광자 1개의 에너지
a	λ_a	E_a
b	λ_b	E_b
c	λ_c	E_c

이에 대한 설명으로 옳은 것만을 〈보기〉에서 있는 대로 고른 것은?

┤보기├

ㄱ. $E_a < E_c$이다.

ㄴ. $\dfrac{1}{\lambda_b} = \dfrac{1}{\lambda_a} - \dfrac{1}{\lambda_c}$이다.

ㄷ. $n=3$인 상태에 있는 전자는 파장이 λ_c인 빛을 방출할 수 있다.

① ㄴ　　　② ㄷ　　　③ ㄱ, ㄴ
④ ㄱ, ㄷ　　　⑤ ㄴ, ㄷ

---

06 그림은 보어의 수소 원자 모형에서 바닥상태에 있던 전자가 파장이 λ_0인 빛을 흡수하여 양자수 $n=N$인 상태로 전이한 후, 방출할 수 있는 모든 빛의 선 스펙트럼을 파장에 따라 나타낸 것이다. λ_1, λ_2는 전자가 $n=2$인 상태로 전이할 때 방출한 빛의 파장이다.

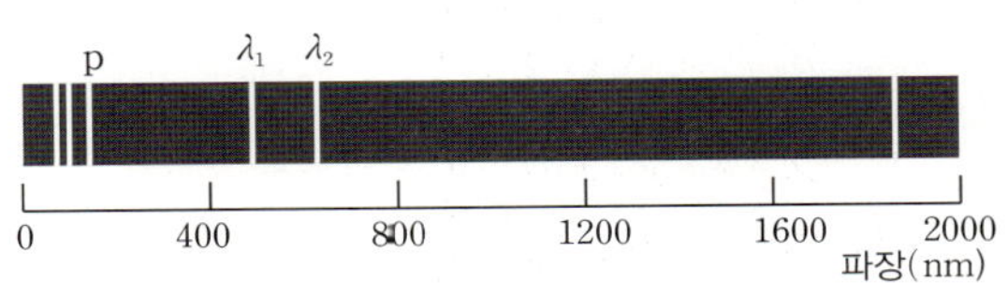

이에 대한 설명으로 옳은 것만을 〈보기〉에서 있는 대로 고른 것은? (단, 플랑크 상수는 h이고, 빛의 속력은 c이다.)

┤보기├

ㄱ. $N=6$이다.

ㄴ. $\dfrac{2}{\lambda_0} > \dfrac{1}{\lambda_1} + \dfrac{1}{\lambda_2}$이다.

ㄷ. p에 해당하는 광자 1개의 에너지는 $hc\left(\dfrac{1}{\lambda_0} - \dfrac{1}{\lambda_1}\right)$이다.

① ㄱ　　　② ㄴ　　　③ ㄱ, ㄷ
④ ㄴ, ㄷ　　　⑤ ㄱ, ㄴ, ㄷ

---

07 그림 (가)는 보어의 수소 원자 모형에서 양자수 n에 따른 에너지 준위와 전자의 전이 과정 세 가지를, (나)는 (가)에서 방출된 빛 a, b, c를 파장에 따라 나타낸 것이다.

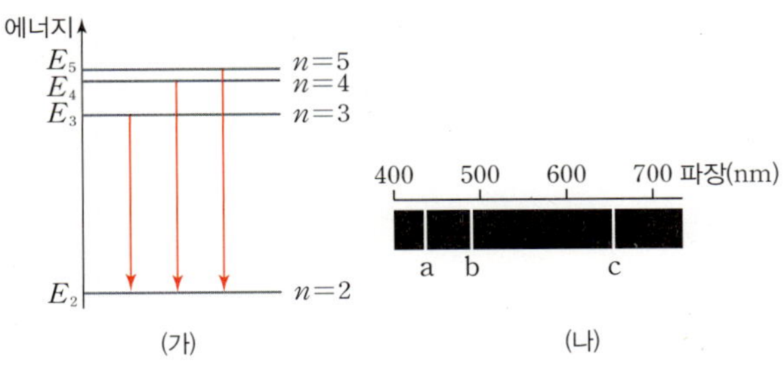

이에 대한 설명으로 옳은 것만을 〈보기〉에서 있는 대로 고른 것은?

┤보기├

ㄱ. a의 광자 1개의 에너지는 $E_5 - E_2$이다.

ㄴ. a와 b의 에너지 차는 b와 c의 에너지 차보다 크다.

ㄷ. $n=2$인 상태에 있는 전자는 에너지가 E_3인 빛을 흡수할 수 있다.

① ㄱ　　　② ㄴ　　　③ ㄱ, ㄷ
④ ㄴ, ㄷ　　　⑤ ㄱ, ㄴ, ㄷ

---

08 그림 (가)는 보어의 수소 원자 모형에서 양자수 n에 따른 에너지 준위의 일부와 전자의 전이 a, b, c를 나타낸 것이다. a, b, c에서 방출되는 빛의 진동수는 각각 f_a, f_b, f_c이다. 그림 (나)는 (가)의 a, b, c에서 방출되는 빛의 선 스펙트럼을 파장에 따라 나타낸 것이다.

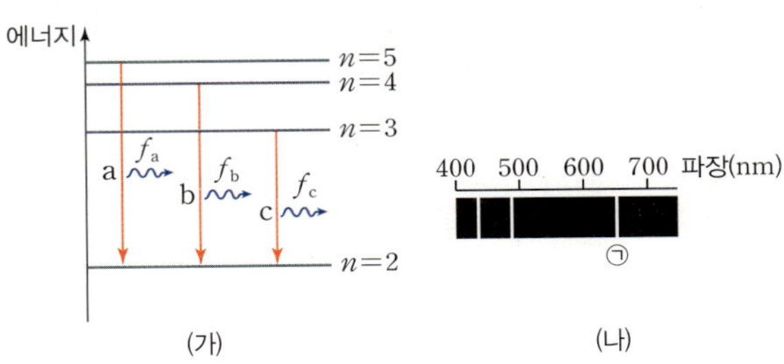

이에 대한 설명으로 옳은 것만을 〈보기〉에서 있는 대로 고른 것은?

┤보기├

ㄱ. ㉠의 진동수는 f_c이다.

ㄴ. 방출되는 빛의 파장은 a에서가 b에서보다 크다.

ㄷ. $n=4$인 상태에 있는 전자는 진동수가 $f_b - f_c$인 빛을 방출할 수 있다.

① ㄱ　　　② ㄴ　　　③ ㄱ, ㄴ
④ ㄱ, ㄷ　　　⑤ ㄴ, ㄷ

기본 개념 확인

01 두 점전하 사이에 작용하는 전기력의 크기는 [ ]의 곱에 비례하고 전하 사이의 거리의 [ ]에 반비례한다.

01 그림 (가)는 원점 O로부터 같은 거리만큼 떨어진 x축상에 고정시킨 점전하 A, B를 나타낸 것이고, (나)는 (가)에서 A, B의 위치를 바꾸어 고정시킨 모습을 나타낸 것이다. p점에 $+1$ C의 점전하를 가만히 놓았더니 (가)에서는 정지해 있었고 (나)에서는 $-x$ 방향으로 움직였다.

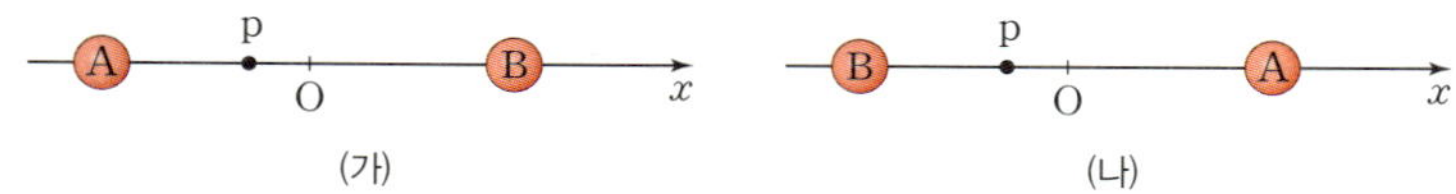

이에 대한 설명으로 옳은 것만을 〈보기〉에서 있는 대로 고른 것은?

| 보기 |

ㄱ. 전하의 종류는 A, B가 같다.
ㄴ. 전하량의 크기는 A가 B보다 크다.
ㄷ. (나)의 O에 -1 C의 점전하를 가만히 놓으면 $+x$ 방향으로 움직인다.

① ㄱ   ② ㄴ   ③ ㄱ, ㄷ   ④ ㄴ, ㄷ   ⑤ ㄱ, ㄴ, ㄷ

02 전자가 에너지를 흡수하면서 전이하면 양자수가 [ ]하고, 에너지를 방출하면서 전이하면 양자수가 [ ]한다.

02 그림은 보어의 수소 원자 모형에서 양자수가 다른 세 상태 A, B, C 사이의 변화를 나타낸 것이다. A에서 B로 변할 때는 파장이 $4\lambda_0$인 빛을 흡수하고, B에서 C로 변할 때는 파장이 $9\lambda_0$인 빛을 방출한다.

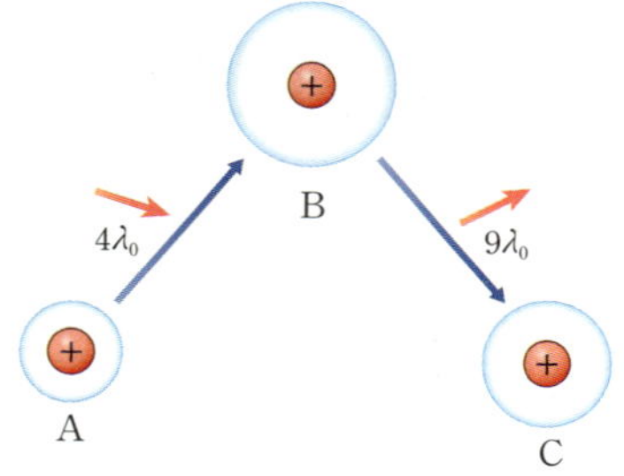

이에 대한 설명으로 옳은 것만을 〈보기〉에서 있는 대로 고른 것은?

| 보기 |

ㄱ. 양자수는 A일 때가 B일 때보다 작다.
ㄴ. C에서 A로 변할 때는 파장이 $5\lambda_0$인 빛을 방출한다.
ㄷ. B와 C의 에너지 준위 차는 A와 B 사이의 에너지 준위 차의 $\dfrac{9}{4}$배이다.

① ㄱ   ② ㄴ   ③ ㄱ, ㄷ   ④ ㄴ, ㄷ   ⑤ ㄱ, ㄴ, ㄷ

03 그림은 고온의 수소 기체에서 방출된 빛이 프리즘을 통과하였을 때 가시광선 영역에서 4개의 선 스펙트럼이 관찰된 모습을 나타낸 것이고, 표는 보어의 수소 원자 모형에서 양자수 n에 따른 에너지 준위 E_n을 나타낸 것이다. 수소 기체에서 방출된 빛 A, B의 파장은 각각 λ_A, λ_B이다.

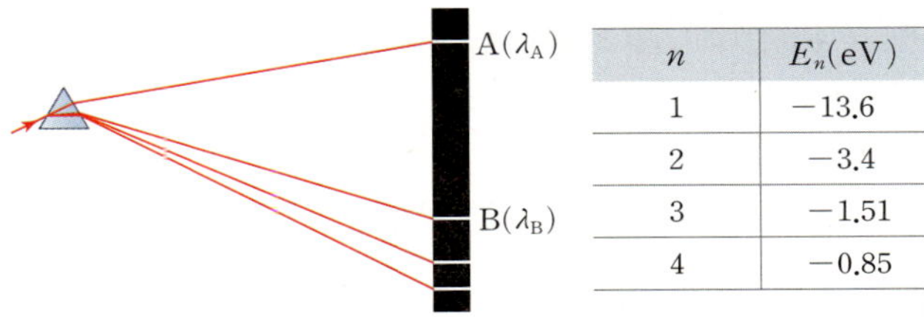

n	$E_n(\mathrm{eV})$
1	-13.6
2	-3.4
3	-1.51
4	-0.85

이에 대한 설명으로 옳은 것만을 〈보기〉에서 있는 대로 고른 것은?

| 보기 |
ㄱ. $\lambda_A > \lambda_B$이다.
ㄴ. A의 광자 1개의 에너지는 10.2 eV이다.
ㄷ. B는 $n=4$인 상태에서 $n=2$인 상태로 전이할 때 방출하는 빛이다.

① ㄱ ② ㄴ ③ ㄱ, ㄴ ④ ㄱ, ㄷ ⑤ ㄴ, ㄷ

03 보어의 수소 원자 모형에서 가시광선 영역의 선 스펙트럼은 전자가 [　　　　] 인 상태로 전이할 때 방출하는 빛이다.

04 그림은 보어의 수소 원자 모형에서 전자의 에너지 준위를 양자수 n에 따라 나타낸 것이다. 표는 전자의 전이 과정에서 양자수의 변화와 흡수 또는 방출하는 빛의 진동수를 나타낸 것이다.

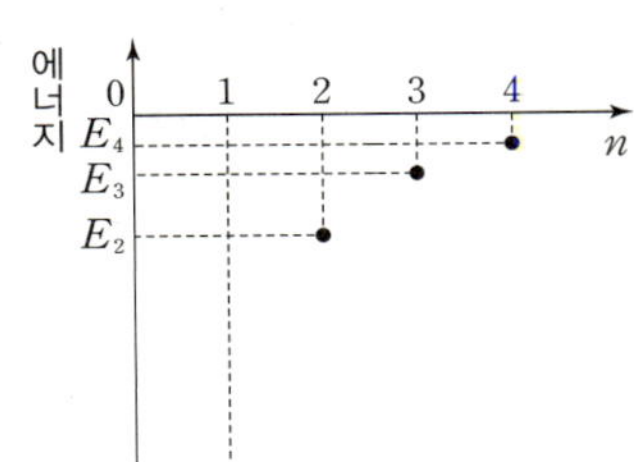

전이	양자수의 변화	진동수
a	$n=3 \rightarrow n=1$	f_a
b	$n=1 \rightarrow n=2$	f_b
c	$n=4 \rightarrow n=2$	f_c

이에 대한 설명으로 옳은 것만을 〈보기〉에서 있는 대로 고른 것은? (단, 플랑크 상수는 h이다.)

| 보기 |
ㄱ. $f_a = \dfrac{E_3 - E_1}{h}$이다.
ㄴ. b 과정에서는 빛을 흡수한다.
ㄷ. $f_b > f_c$이다.

① ㄱ ② ㄷ ③ ㄱ, ㄴ ④ ㄴ, ㄷ ⑤ ㄱ, ㄴ, ㄷ

04 양자수가 감소할 때는 에너지 준위 차이만큼의 에너지를 갖는 빛을 [　　　　]하고, 양자수가 증가할 때는 에너지 준위 차이만큼의 에너지를 갖는 빛을 [　　　　]한다.

 S 08강 에너지띠와 반도체

A 고체의 에너지띠		B 반도체		C 다이오드	
고체의 에너지띠 구조	★★☆	p형 반도체	★★☆	다이오드 회로	★★☆
고체와 전기 전도성	★★★	n형 반도체	★★☆	정류 작용	★★☆

A 고체의 에너지띠

1. 고체의 에너지띠 고체는 수많은 원자들이 가깝게 위치하기 때문에 미세한 차이를 갖는 에너지 준위들이 뭉쳐 하나의 넓은 띠와 같은 연속적인 에너지띠가 형성된다.

2. 고체의 에너지띠 구조

(1) 원자가 띠와 전도띠 : 절대 온도 0 K일 때 전자가 채워진 에너지띠 중 가장 높은 상태의 에너지띠를 원자가 띠라고 하고, 원자가 띠 위의 비어 있는 에너지띠를 전도띠라고 한다.

(2) 띠 간격 : 에너지띠 사이의 전자가 존재할 수 없는 영역이다.

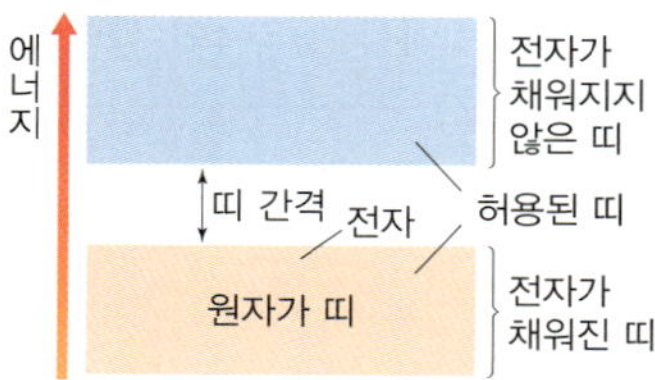

3. 고체와 전기 전도성 고체는 전기 전도성에 따라 도체, 절연체(부도체), 반도체로 구분할 수 있다.

구분	도체	절연체(부도체)	반도체
에너지띠	에너지 전도띠 / 원자가 띠	에너지 전도띠 / 띠 간격 / 원자가 띠	에너지 전도띠 / 띠 간격 / 원자가 띠
전자 이동과 전기 전도성	원자가 띠와 전도띠 사이의 띠 간격이 없어 약한 전기장에서도 전자가 쉽게 이동한다. ➡ 전기 전도성이 좋다.	띠 간격이 커 전자의 전이가 어렵다. ➡ 전기 전도성이 좋지 않다.	적당한 에너지를 흡수하면 전자가 전도띠로 전이할 수 있다. ➡ 도체와 절연체의 중간 정도의 전기 전도성을 갖는다.
물질	구리, 은 등	다이아몬드, 석영, 유리 등	규소(Si), 저마늄(Ge)

B 반도체

1. 반도체 도핑 규소(Si)나 저마늄(Ge) 같은 순수 반도체(고유 반도체)에 불순물을 첨가하여 전기 전도성을 좋게 만드는 과정

2. p형 반도체와 n형 반도체

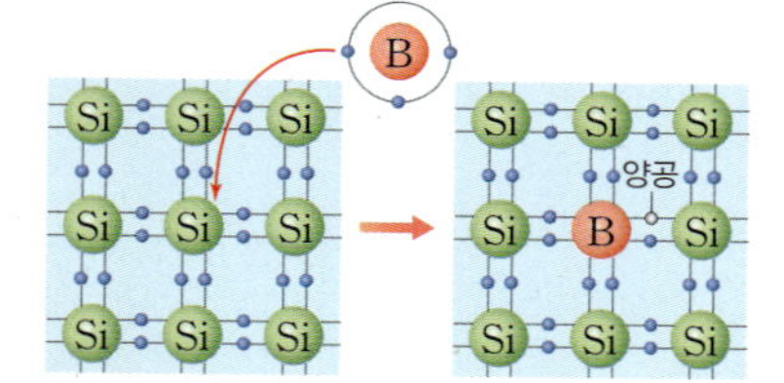

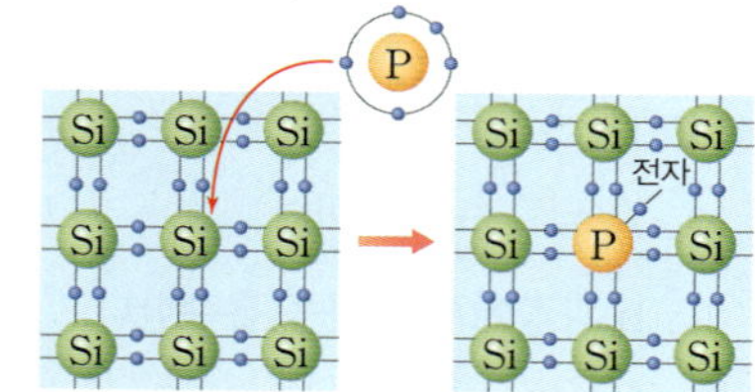

고체의 에너지 준위
고체 원자 1개의 에너지 준위는 기체 원자와 같다. 그러나 여러 개의 고체 원자가 가까이 존재하면 에너지 준위들이 미세한 차이를 가지며 나뉜다.

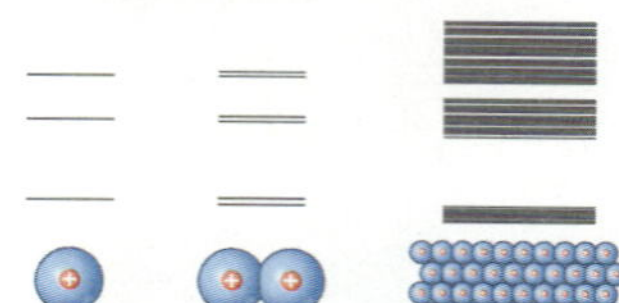

에너지띠와 전기 전도성
전도띠로 전이한 전자는 쉽게 이동할 수 있다. 또, 원자가 띠의 전자는 빈 자리(양공)로 이동할 수 있으므로 전류가 흐른다.

비저항(ρ)

$$\rho = \frac{RA}{l} \ (\Omega \cdot m)$$

A : 단면적, l : 물체의 길이, R : 물체의 저항

전기 전도도(σ)
물질의 전기 전도성을 정량적으로 나타낸 물리량으로, 외부 전압에 의해 고체에서 전자가 자유롭게 이동할 수 있는 정도를 말한다. (비저항의 역수)

$$\sigma = \frac{1}{\rho} = \frac{l}{RA} \ (\Omega^{-1} \cdot m^{-1})$$

순수 반도체
순수 반도체는 원자가 전자가 4개이며, 이웃한 원자끼리 공유 결합을 한다.

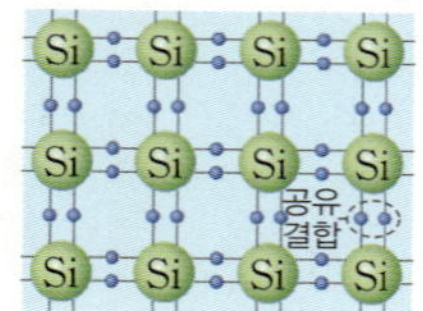

C 다이오드

1. p−n 접합 다이오드 p형 반도체와 n형 반도체를 접합하여 만든 반도체 소자

(1) 순방향 전압과 역방향 전압

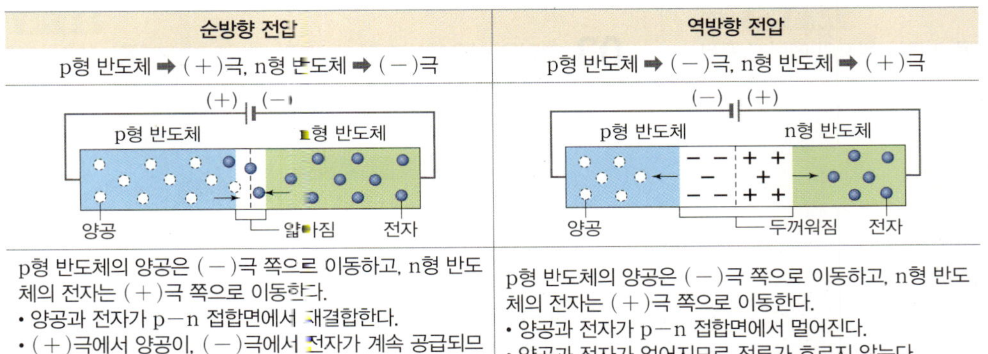

순방향 전압	역방향 전압
p형 반도체 ➡ (+)극, n형 반도체 ➡ (−)극	p형 반도체 ➡ (−)극, n형 반도체 ➡ (+)극
p형 반도체의 양공은 (−)극 쪽으로 이동하고, n형 반도체의 전자는 (+)극 쪽으로 이동한다. • 양공과 전자가 p−n 접합면에서 재결합한다. • (+)극에서 양공이, (−)극에서 전자가 계속 공급되므로 전류가 흐른다.	p형 반도체의 양공은 (−)극 쪽으로 이동하고, n형 반도체의 전자는 (+)극 쪽으로 이동한다. • 양공과 전자가 p−n 접합면에서 멀어진다. • 양공과 전자가 없어지므로 전류가 흐르지 않는다.

(2) **정류 작용** : 다이오드는 p형 반도체에서 n형 반도체 방향으로만 전류가 흐르므로 교류 신호를 직류 신호로 변환하는 정류 작용을 한다.

(3) **정류 회로** : 다이오드를 이용하여 교류 신호를 직류 신호로 변환하는 회로로 충전기, 직류 전원 장치 등에 활용된다.

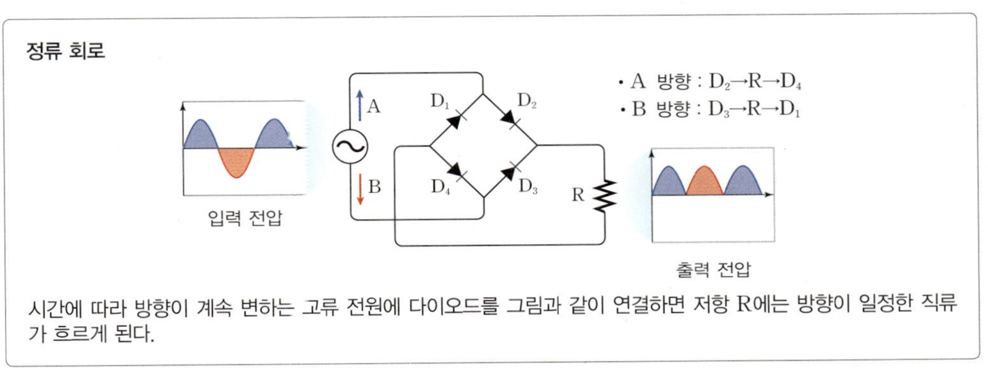

정류 회로

• A 방향 : $D_2 → R → D_4$
• B 방향 : $D_3 → R → D_1$

입력 전압 / 출력 전압

시간에 따라 방향이 계속 변하는 교류 전원에 다이오드를 그림과 같이 연결하면 저항 R에는 방향이 일정한 직류가 흐르게 된다.

2. 발광 다이오드(LED) p−n 접합면에서 전자와 양공이 결합할 때 띠 간격에 해당하는 에너지를 갖는 빛을 방출하는 다이오드로, 띠 간격에 따라 특정한 색의 빛을 방출한다.

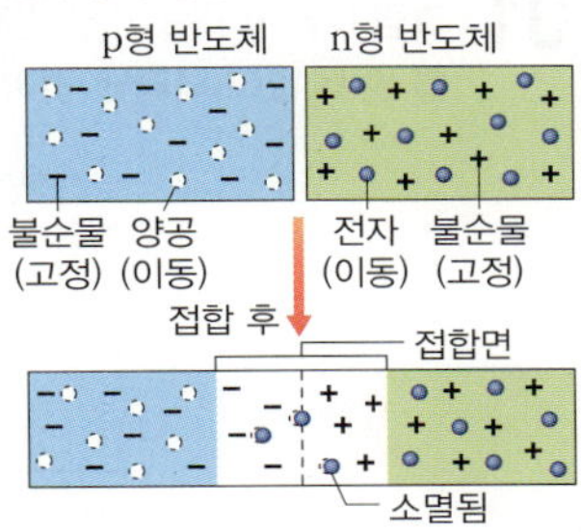

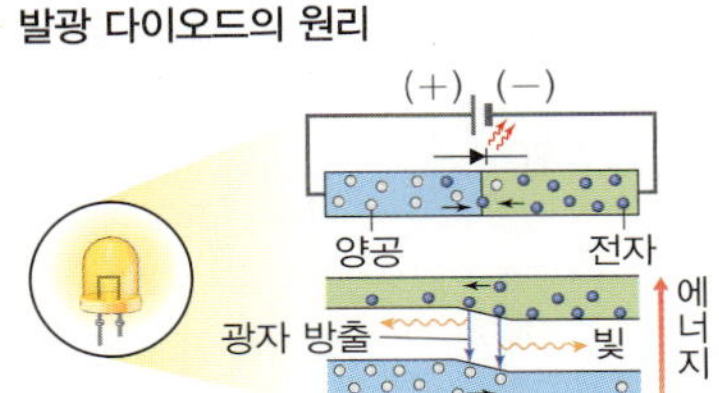

기출 자료 | 분석

그림 (가)는 규소(Si)에 붕소(B)를 첨가한 반도체 X와 규소(Si)에 비소(As)를 첨가한 반도체 Y를 나타낸 것이다. 그림 (나)는 X, Y를 접합하여 만든 p−n 접합 다이오드를 이용하여 구성한 회로를 나타낸 것이다.

자료 체크 리스트
- [ ] X와 Y의 반도체 종류
- [ ] p형 반도체와 n형 반도체의 특성
- [ ] 다이오드에 걸리는 전압

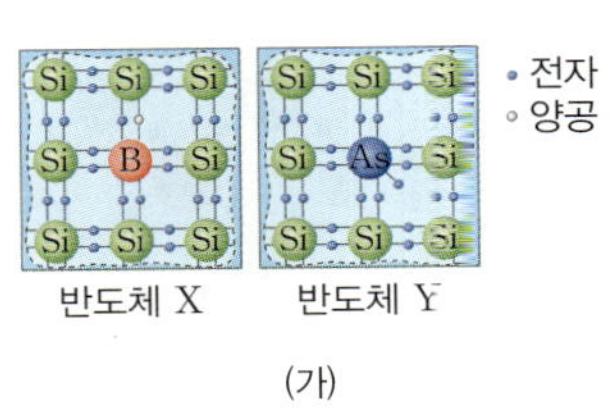

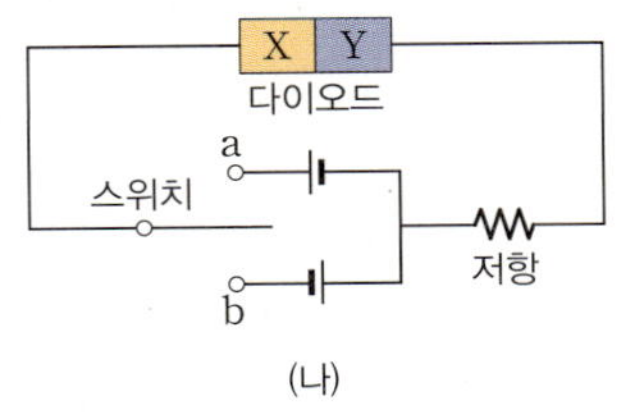

(가)   (나)

---

step 1 · X와 Y의 반도체 종류 찾기
X는 규소(Si)에 붕소(B)를 첨가하여 양공이 형성되었으므로 p형 반도체이다. Y는 규소(Si)에 비소(As)를 첨가하여 공유 결합에 참여하지 않는 여분의 전자가 있으므로 n형 반도체이다.

step 2 · p형 반도체와 n형 반도체의 특성 이해하기
p형 반도체는 원자가 띠의 양공이 주로 전하를 운반하고, n형 반도체는 전도띠의 전자가 주로 전하를 운반한다.

step 3 · 다이오드에 걸리는 전압 파악하기
X가 p형 반도체이고, Y가 n형 반도체이므로 스위치를 a에 연결하면 다이오드에는 순방향 전압이 걸려 저항에 전류가 흐르고, 스위치를 b에 연결하면 다이오드에는 역방향 전압이 걸려 저항에 전류가 흐르지 않는다. 순방향 전압이 걸리면 X의 양공과 Y의 전자는 p−n 접합면 쪽으로 이동하여 결합한다.

01 교육청 기출 변형 그림 (가), (나)는 기체 원자와 고체를 이루는 원자의 에너지 준위를 순서 없이 나타낸 것이다.

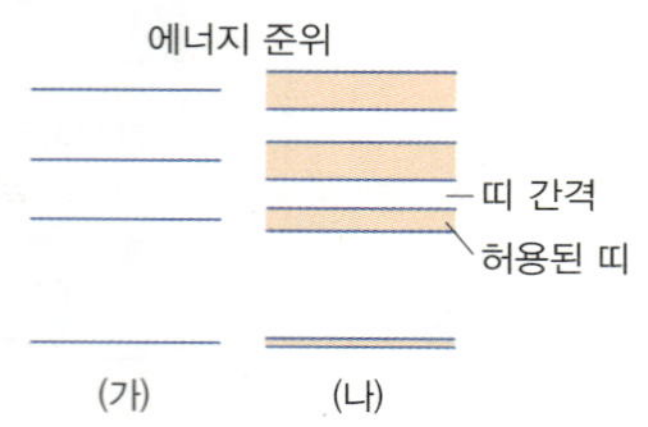

이에 대한 설명으로 옳은 것만을 〈보기〉에서 있는 대로 고른 것은?

| 보기 |
ㄱ. (가)에서 원자의 에너지 준위가 불연속적이다.
ㄴ. (나)는 고체를 이루는 원자의 에너지 준위를 나타낸 것이다.
ㄷ. (나)에서 띠 간격에 전자가 존재할 수 있다.

① ㄱ   ② ㄷ   ③ ㄱ, ㄴ
④ ㄴ, ㄷ   ⑤ ㄱ, ㄴ, ㄷ

03 수능 기출 변형 그림은 상온에서 고체 A, B의 에너지띠 구조를 나타낸 것으로, A와 B는 절연체와 반도체를 순서 없이 나타낸 것이다.

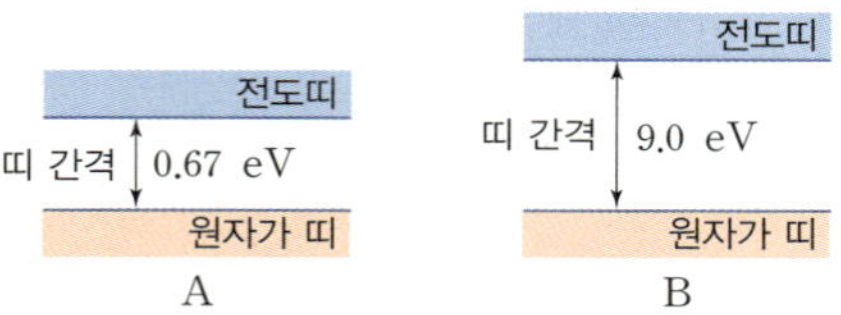

이에 대한 설명으로 옳은 것만을 〈보기〉에서 있는 대로 고른 것은?

| 보기 |
ㄱ. 반도체는 A이다.
ㄴ. 전기 전도성은 A가 B보다 좋다.
ㄷ. A가 B보다 원자가 띠의 전자가 전도띠로 전이하기 쉽다.

① ㄱ   ② ㄷ   ③ ㄱ, ㄴ
④ ㄴ, ㄷ   ⑤ ㄱ, ㄴ, ㄷ

02 교육청 기출 변형 그림 (가)~(다)는 각각 도체, 절연체, 반도체의 에너지띠 구조를 순서 없이 나타낸 것이다.

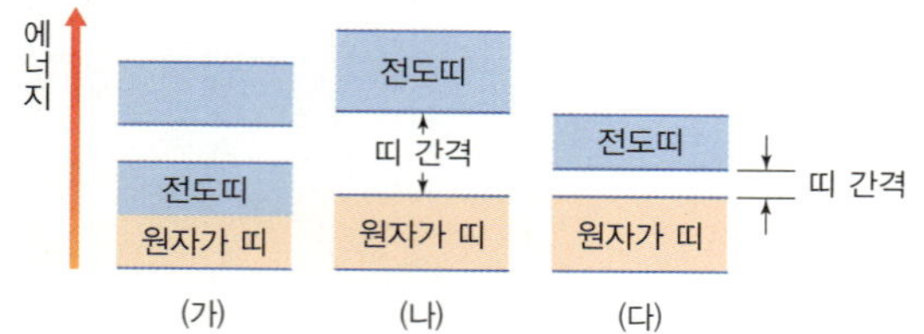

이에 대한 설명으로 옳은 것만을 〈보기〉에서 있는 대로 고른 것은?

| 보기 |
ㄱ. 전기 전도성은 (가)가 (나)보다 좋다.
ㄴ. (나)는 (다)에 비해 원자가 띠의 전자가 전도띠로 전이하기 쉽다.
ㄷ. 구리의 에너지띠 구조는 (나)와 같다.

① ㄱ   ② ㄴ   ③ ㄱ, ㄷ
④ ㄴ, ㄷ   ⑤ ㄱ, ㄴ, ㄷ

04 평가원 기출 변형 그림은 각각 순수한 규소(Si) 반도체 X와 X에 비소(As)를 도핑한 반도체 Y의 원자가 전자 배열을 나타낸 것이다.

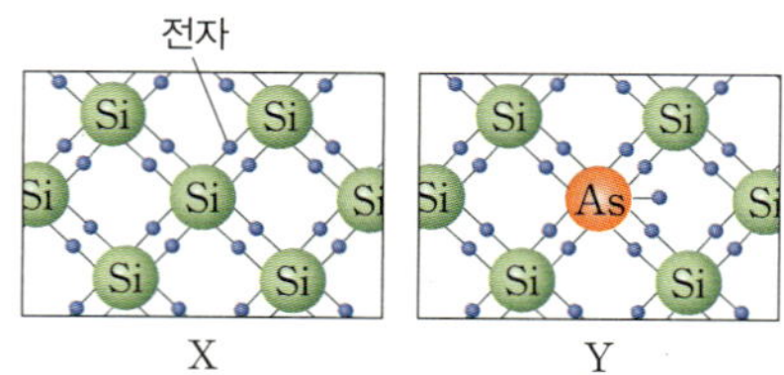

이에 대한 설명으로 옳은 것만을 〈보기〉에서 있는 대로 고른 것은?

| 보기 |
ㄱ. 비소의 원자가 전자는 5개이다.
ㄴ. Y는 전자가 주로 전하를 운반한다.
ㄷ. 전기 전도성은 Y가 X보다 좋다.

① ㄱ   ② ㄷ   ③ ㄱ, ㄴ
④ ㄴ, ㄷ   ⑤ ㄱ, ㄴ, ㄷ

05 그림 (가)는 규소(Si) 결정의 에너지띠 구조를, (나)는 규소(Si)에 갈륨(Ga)을 첨가한 반도체와 불순물 X를 첨가한 반도체를 접합한 p−n 접합 다이오드의 원자가 전자의 배열을 나타낸 것이다. (가)의 원자가 띠에는 전자가 모두 채워져 있다.

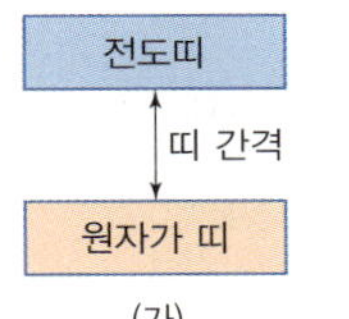
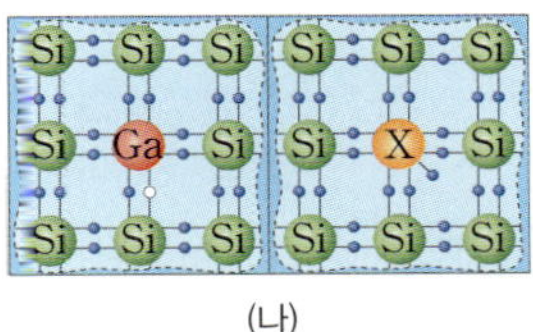

이에 대한 설명으로 옳은 것만을 〈보기〉에서 있는 대로 고른 것은?

> **보기**
> ㄱ. X를 첨가한 반도체는 p형 반도체이다.
> ㄴ. (나)에서 갈륨을 첨가한 반도체의 원자가 띠는 전자로 모두 채워져 있다.
> ㄷ. (나)에서 갈륨이 첨가된 반도체에 전원의 (＋)극을, X가 첨가된 반도체에 전원의 (−)극을 연결하면 p−n 접합 다이오드에 순방향 전압이 걸린다.

① ㄴ 　② ㄷ 　③ ㄱ, ㄴ
④ ㄱ, ㄷ 　⑤ ㄴ, ㄷ

06 그림과 같이 동일한 p−n 접합 다이오드 2개, 동일한 저항 A, B를 전지에 연결하였다. X와 Y는 각각 p형 반도체와 n형 반도체를 순서 없이 나타낸 것이고, A와 B에 흐르는 전류의 세기는 같다.

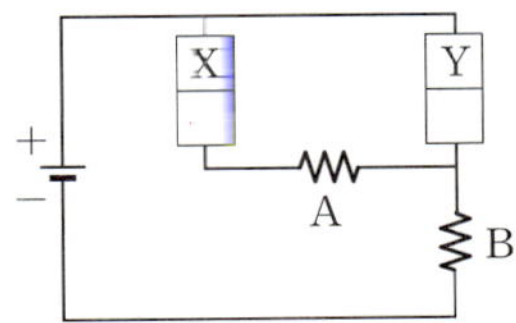

이에 대한 설명으로 옳은 것만을 〈보기〉에서 있는 대로 고른 것은?

> **보기**
> ㄱ. X는 p형 반도체이다.
> ㄴ. Y가 포함된 다이오드에서 n형 반도체의 전자는 p−n 접합면 쪽으로 이동한다.
> ㄷ. 전지의 극을 반대로 연결하면 B에는 전류가 흐르지 않는다.

① ㄱ 　② ㄴ 　③ ㄱ, ㄷ
④ ㄴ, ㄷ 　⑤ ㄱ, ㄴ, ㄷ

07 그림 (가)는 저마늄(Ge)에 각각 비소(As)와 인듐(In)을 첨가한 반도체 A와 B의 원자가 전자 배열을 나타낸 것이고, (나)는 A와 B를 접합하여 만든 다이오드가 전지에 연결된 것을 나타낸 것이다.

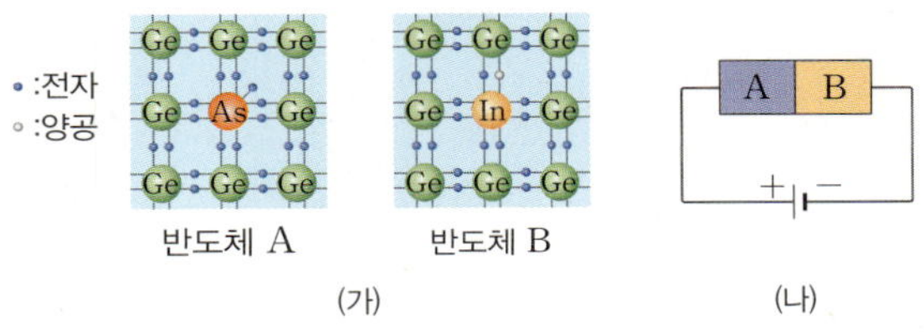

이에 대한 설명으로 옳은 것만을 〈보기〉에서 있는 대로 고른 것은?

> **보기**
> ㄱ. A는 n형 반도체이다.
> ㄴ. 인듐의 원자가 전자는 3개이다.
> ㄷ. (나)의 B에서 양공은 p−n 접합면 쪽으로 이동한다.

① ㄱ 　② ㄷ 　③ ㄱ, ㄴ
④ ㄴ, ㄷ 　⑤ ㄱ, ㄴ, ㄷ

08 그림과 같이 p−n 접합 발광 다이오드(LED) A, B와 p−n 접합 다이오드 C를 전원 장치와 저항에 연결하였다. 집게를 a에 연결하였더니 A, B에서 모두 빛이 방출되었다.

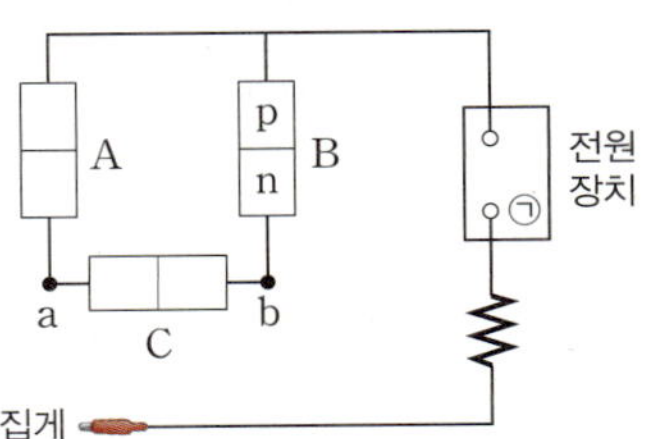

이에 대한 설명으로 옳은 것만을 〈보기〉에서 있는 대로 고른 것은?

> **보기**
> ㄱ. 전원 장치의 단자 ㉠은 (＋)극이다.
> ㄴ. 집게를 a에 연결했을 때 C에는 순방향 전압이 걸린다.
> ㄷ. 집게를 b에 연결하면 B에서만 빛이 방출된다.

① ㄱ 　② ㄴ 　③ ㄱ, ㄷ
④ ㄴ, ㄷ 　⑤ ㄱ, ㄴ, ㄷ

기본 개념 확인

01 원자가 띠와 전도띠 사이의 전자가 존재할 수 없는 에너지 영역을 [　　　]이라고 한다.

02 [　　　]는 원자가 띠와 전도띠 사이의 띠 간격이 반도체보다 크므로 전기 전도성이 좋지 않다.

---

01 그림은 고체 A, B, C의 에너지띠 구조를 나타낸 것이다. A, B, C는 각각 도체, 절연체, 반도체 중 하나이다.

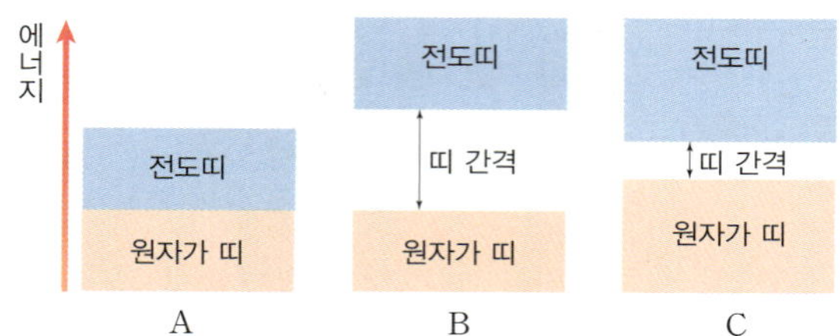

이에 대한 설명으로 옳은 것만을 〈보기〉에서 있는 대로 고른 것은?

| 보기 |

ㄱ. A는 반도체이다.

ㄴ. 전기 전도성은 B가 C보다 좋다.

ㄷ. C의 띠 간격에는 전자가 존재할 수 없다.

① ㄴ　　　② ㄷ　　　③ ㄱ, ㄴ　　　④ ㄱ, ㄷ　　　⑤ ㄱ, ㄴ, ㄷ

02 그림은 모양이 같은 고체 A, B를 발광 다이오드(LED)와 직류 전원 장치, 스위치 S에 연결한 모습을 나타낸 것이다. A, B는 각각 도체와 절연체 중 하나이다. S를 열었을 때는 LED에서 빛이 방출되지 않았고 S를 닫았을 때는 LED에서 빛이 방출되었다.

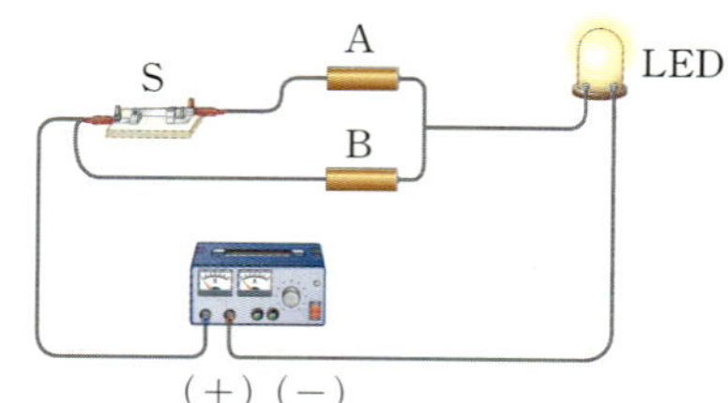

이에 대한 설명으로 옳은 것만을 〈보기〉에서 있는 대로 고른 것은?

| 보기 |

ㄱ. 전기 전도성은 A가 B보다 좋다.

ㄴ. S를 닫았을 때 LED에는 순방향 전압이 걸린다.

ㄷ. 원자가 띠와 전도띠 사이의 띠 간격은 B가 규소(Si)보다 작다.

① ㄱ　　　② ㄷ　　　③ ㄱ, ㄴ　　　④ ㄴ, ㄷ　　　⑤ ㄱ, ㄴ, ㄷ

03 그림 (가)는 절대 온도 0 K일 때 고체 X의 에너지띠 구조를 나타낸 것으로, 원자가 띠는 전자로 모두 채워져 있고 전도띠는 비어 있다. 그림 (나)는 상온에서 X의 원자가 띠에 있던 입자 A가 전도띠로 전이하여 원자가 띠에 빈자리 B가 생겼을 때의 에너지띠 구조를 나타낸 것이다.

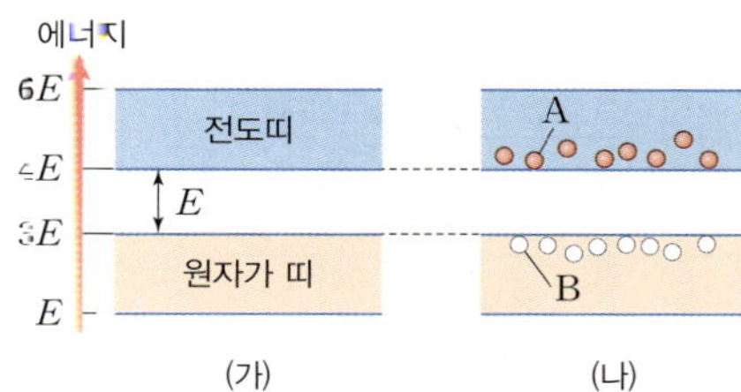

이에 대한 설명으로 옳은 것만을 〈보기〉에서 있는 대로 고른 것은?

| 보기 |

ㄱ. X는 도체이다.
ㄴ. p형 반도체는 A가 주로 전하를 운반한다.
ㄷ. A가 원자가 띠에서 전도띠로 전이하는 데 필요한 에너지의 최솟값은 E이다.

① ㄴ   ② ㄷ   ③ ㄱ, ㄴ   ④ ㄱ, ㄷ   ⑤ ㄴ, ㄷ

---

03 원자가 띠에 있던 [　　　　]가 전도띠로 전이하면 원자가 띠에는 빈자리인 [　　　　]이 생긴다.

---

04 그림 (가)는 상온에서 순수한 저마늄(Ge)의 에너지띠 구조를 나타낸 것이다. 그림 (나)는 저마늄(Ge)에 원소 X를 도핑하였을 때 원자가 전자의 배열을 나타낸 것이다.

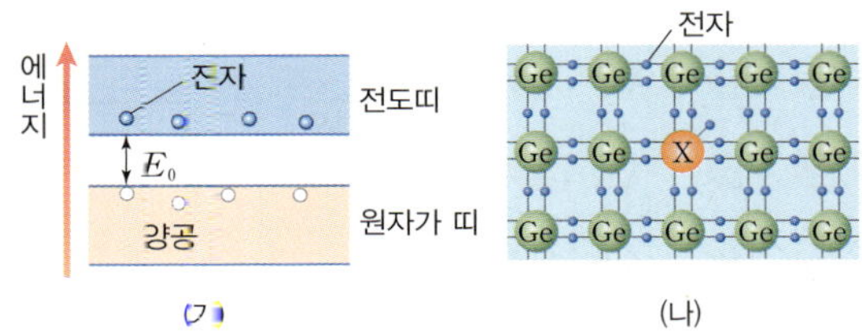

이에 대한 설명으로 옳은 것만을 〈보기〉에서 있는 대로 고른 것은?

| 보기 |

ㄱ. (가)에서 양공이 형성되려면 원자가 띠의 전자가 E_0보다 큰 에너지를 흡수해야 한다.
ㄴ. X의 원자가 전자는 5개이다.
ㄷ. (나)에서 전도띠의 전자의 개수와 원자가 띠의 양공의 개수는 같다.

① ㄱ   ② ㄷ   ③ ㄱ, ㄴ   ④ ㄴ, ㄷ   ⑤ ㄱ, ㄴ, ㄷ

---

04 순수한 반도체에 원자가 전자가 5개인 원소를 도핑하면 [　　　　] 반도체가 된다.

기본 개념 확인

05 n형 반도체는 주로 [   ]가 전하를 운반하고, p형 반도체는 주로 [   ]이 전하를 운반한다.

06 다이오드에 [   ] 전압이 걸리면 전류가 흐르지 않는다.

---

05 그림 (가)는 불순물 반도체 A, B의 에너지띠 구조를, (나)는 A와 B를 접합하여 만든 발광 다이오드(LED)를 직류 전원 장치에 연결했을 때 LED에서 빛이 방출되는 것을 나타낸 것이다. X는 A, B 중 하나이다.

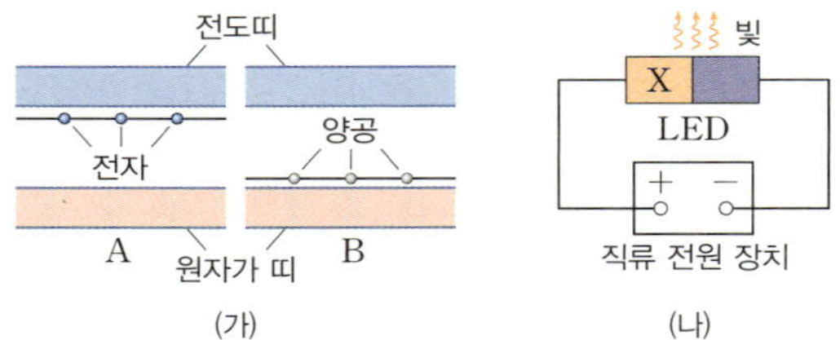

이에 대한 설명으로 옳은 것만을 〈보기〉에서 있는 대로 고른 것은?

| 보기 |

ㄱ. A는 전자가 주로 전하를 운반한다.
ㄴ. LED에는 순방향 전압이 걸린다.
ㄷ. X는 B이다.

① ㄱ　　　② ㄴ　　　③ ㄱ, ㄷ　　　④ ㄴ, ㄷ　　　⑤ ㄱ, ㄴ, ㄷ

---

06 그림 (가)는 저마늄(Ge)에 각각 비소(As), 인듐(In)을 첨가한 반도체 A, B의 원자가 전자 배열을 나타낸 것이다. 그림 (나)는 A와 B를 접합하여 만든 다이오드를 직류 전원과 스위치에 연결한 회로를 나타낸 것이다.

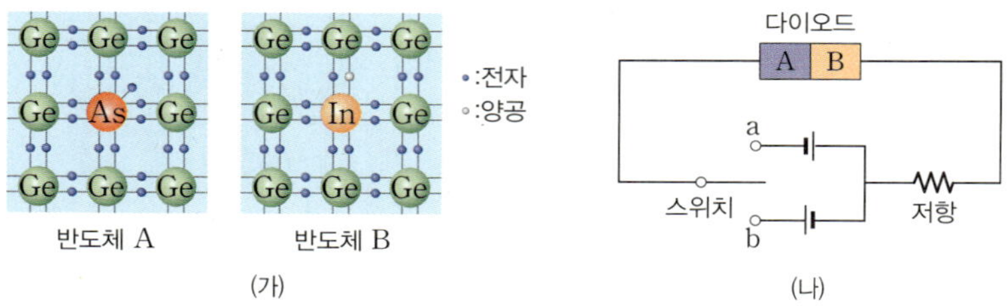

이에 대한 설명으로 옳은 것만을 〈보기〉에서 있는 대로 고른 것은?

| 보기 |

ㄱ. A는 전도띠의 전자 개수가 원자가 띠의 양공의 개수보다 크다.
ㄴ. 스위치를 a에 연결하면 B의 양공은 A와 B의 접합면 쪽으로 이동한다.
ㄷ. 스위치를 b에 연결하면 저항에 전류가 흐른다.

① ㄱ　　　② ㄴ　　　③ ㄷ　　　④ ㄱ, ㄴ　　　⑤ ㄱ, ㄴ, ㄷ

07 그림과 같이 교류 전원, 저항, p−n 접합 발광 다이오드(LED) A, B로 회로를 구성하였다. LED에 전류가 흐를 때 A, B는 각각 파장이 λ_1, λ_2인 빛을 방출하며, $\lambda_1 > \lambda_2$이다.

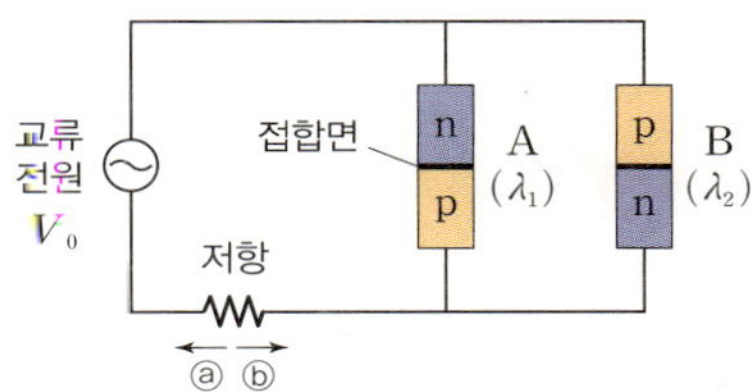

07 다이오드의 [   ] 반도체 쪽에 전원의 (＋)극을, [   ] 반도체 쪽에 전원의 (−)극을 연결하면 순방향 전압이 걸린다.

이에 대한 설명으로 옳은 것만을 〈보기〉에서 있는 대로 고른 것은?

> **보기**
> ㄱ. A에서 빛이 방출될 때 저항에 흐르는 전류의 방향은 ⓐ이다.
> ㄴ. 저항에 전류가 ⓑ 방향으로 흐를 때, B의 p−n 접합면에서 전자와 양공이 결합한다.
> ㄷ. 원자가 띠와 전도띠 사이의 띠 간격은 A가 B보다 작다.

① ㄱ   ② ㄷ   ③ ㄱ, ㄴ   ④ ㄴ, ㄷ   ⑤ ㄱ, ㄴ, ㄷ

08 그림은 p−n 접합 다이오드 ㉠, ㉡, ㉢, ㉣을 이용해 교류 전원에 연결된 전자 제품에 화살표 방향으로 전류를 흐르게 하는 정류 회로를 나타낸 것이다. a, b, c, d는 각각 p형, n형 반도체 중 하나이다.

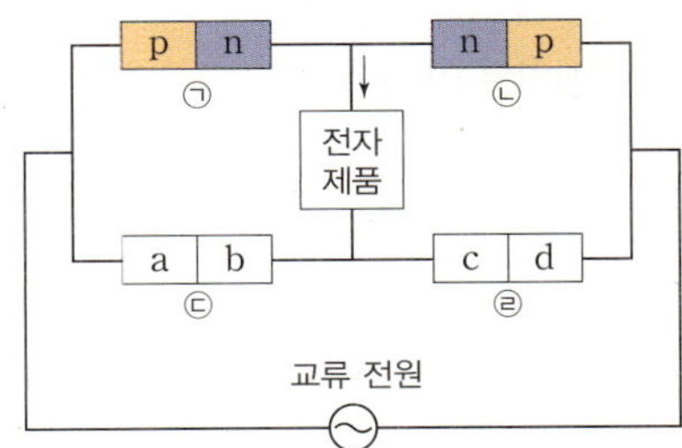

08 p−n 접합 다이오드에 순방향 전압이 걸릴 때 [   ] 반도체에서 [   ] 반도체 방향으로 전류가 흐른다.

이에 대한 설명으로 옳은 것만을 〈보기〉에서 있는 대로 고른 것은?

> **보기**
> ㄱ. ㉢의 a는 n형 반도체이다.
> ㄴ. ㉠에 순방향 전압이 걸릴 때 ㉢에도 순방향 전압이 걸린다.
> ㄷ. ㉡에 순방향 전압이 걸릴 때 ㉣에서 양공과 전자가 c와 d의 접합면 쪽으로 이동한다.

① ㄱ   ② ㄴ   ③ ㄱ, ㄷ   ④ ㄴ, ㄷ   ⑤ ㄱ, ㄴ, ㄷ

531 PROJECT S 09강 자기장과 물질의 자성

A 전류에 의한 자기장		B 물질의 자성	
전류에 의한 자기장의 방향	★★★	자성체	★★☆
전류에 의한 자기장의 세기	★★★	자성체의 활용	★☆☆

A 전류에 의한 자기장

1. **자기장** 자석이나 전류 주위에서 자기력이 미치는 공간으로 자기장 속에 나침반을 놓았을 때 나침반의 N극이 가리키는 방향이 자기장의 방향이다.

2. **전류에 의한 자기장** 전류가 흐르는 도선 주위에는 자기장이 생긴다.

   (1) 전류에 의한 자기장의 방향 : 오른손 엄지손가락을 전류 방향으로 했을 때 나머지 네 손가락이 감아쥐는 방향이다.

   (2) 도선에 흐르는 전류에 의한 자기장의 방향과 세기

직선 전류에 의한 자기장	원형 전류에 의한 자기장	솔레노이드에 의한 자기장
전류가 흐르는 도선에 수직인 평면에서 도선을 중심으로 하는 동심원 모양이다.	작은 직선 도선에 흐르는 전류가 만드는 자기장이 합성된 모양이다.	내부는 중심축에 나란하고 균일한 모양이며, 외부는 막대자석에 의한 자기장과 비슷하다.
전류의 세기(I)에 비례하고 도선으로부터 거리(r)에 반비례한다. $$B=k\dfrac{I}{r}$$	원형 전류 중심에서 자기장의 세기는 전류의 세기(I)에 비례하고 원형 도선의 반지름(r)에 반비례한다. $$B=k'\dfrac{I}{r}$$	솔레노이드 내부에서 자기장의 세기는 전류의 세기(I)에 비례하고 단위 길이 당 도선의 감은 수(n)에 비례한다. $$B=k''nI$$

3. **전류에 의한 자기장의 활용**

   (1) 전류에 의한 자기장을 활용하는 예 : 하드 디스크, 자기 공명 영상 장치(MRI), 뇌자도(MEG) 장치, 핵융합 장치 등

   (2) 자기장에 의한 자기력을 활용하는 예 : 전자석 기중기, 자기 부상 열차, 스피커 등

   (3) 전기 에너지를 운동 에너지로 전환하는 예 : 전동기, 디지털 카메라의 보이스 코일 모터 등

B 물질의 자성

1. **자성** 물질이 자석에 반응하는 성질

   (1) 자성의 원인 : 원자 내 전자의 스핀과 궤도 운동에 의한 전류 효과로 자기장이 발생한다.

   (2) 물질의 자성

   ① 서로 반대 방향의 스핀을 갖는 전자들이 짝을 이루거나 반대 방향으로 궤도 운동을 하는 전자가 짝을 이루어 전자가 만드는 자기장이 상쇄되므로 대부분의 물질의 자기장은 0이거나 매우 작다.

   ② 물체를 구성하는 원자들의 자기장이 비슷한 방향성을 가지면 물체는 강한 자기장을 가진다.

2. **자성체** 자성에 따라 강자성체, 상자성체, 반자성체로 구분한다.

   (1) 강자성체 : 원자 내에서 짝을 이루지 않는 전자들이 많다. 예 철, 니켈, 코발트 등

오른나사 규칙
전류의 방향을 나사의 진행 방향으로 했을 때 나사의 회전 방향이 자기장의 방향이다.

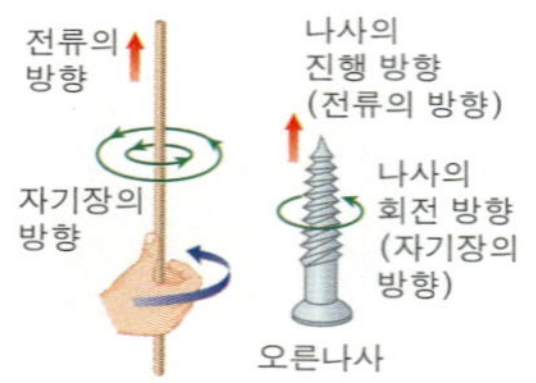

원형 전류에 의한 자기장의 방향
원형 도선에 흐르는 전류에 의한 자기장은 작은 직선 도선에 흐르는 전류가 만드는 자기장의 합으로 생각할 수 있다.

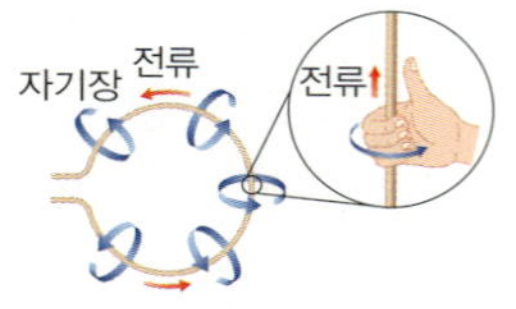

전자의 스핀
전자의 회전 운동으로 인해 전류가 흐르는 것과 같은 효과로 자기장이 발생한다.

원자 자석
각각의 원자가 자기장을 형성하므로 원자 하나를 작은 자석으로 볼 수 있다. 이를 원자 자석이라고 한다.

(2) 상자성체 : 원자 내에서 짝을 이루지 않는 전자들이 적다. **예** 종이, 알루미늄, 나트륨, 산소 등

(3) 반자성체 : 원자 내 전자들이 모두 짝을 이룬다. **예** 구리, 유리, 금, 은 등

3. 자성체의 성질

구분	외부 자기장을 가하기 전	외부 자기장을 가할 때	외부 자기장을 제거할 때
강자성체	자기 구역의 자기장이 불규칙하게 배열되어 있다.	자기 구역이 넓어지고 외부 자기장 방향으로 강하게 자기화된다.	자기화된 상태를 오래 유지한다.
상자성체	원자 자석이 불규칙적으로 배열되어 있다.	원자 자석들이 외부 자기장 방향으로 약하게 자기화된다.	자기화된 상태가 즉시 사라진다.
반자성체	원자 내부의 자기장이 0이어서 자성이 없다.	원자 자석들이 외부 자기장과 반대 방향으로 약하게 자기화된다.	자기화된 상태가 즉시 사라진다.

강자성체의 자기 구역
강자성체는 인접한 원자 자석의 자기장이 같은 방향으로 정렬되려는 성질이 있다. 강자성체에서 자기장이 같은 방향으로 정렬된 미세 영역을 자기 구역이라고 한다.

초전도체
초전도체는 임계 온도 이하에서 외부 자기장을 밀어내는 반자성을 띤다.

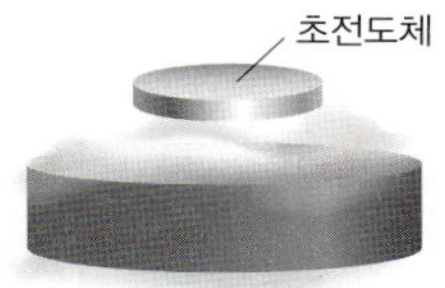

하드 디스크
코일에 흐르는 전류에 의한 자기장을 이용해 플래터의 강자성체를 정렬하여 정보를 저장한다.

4. 자성체의 활용

(1) 강자성체 : 하드 디스크의 플래터, 전자석의 철심 등

(2) 반자성체 : 초전도체를 활용한 자기 부상 열차

자료 체크 리스트
- [ ] B에 흐르는 전류의 방향
- [ ] A, B에 흐르는 전류의 세기
- [ ] P, Q에서 자기장의 방향

그림 (가)와 같이 전류가 흐르는 무한히 긴 직선 도선 A, B가 xy 평면의 $x=-d$, $x=0$에 각각 고정되어 있다. A에는 세기가 I_0인 전류가 $+y$ 방향으로 흐른다. 그림 (나)는 $x>0$ 영역에서 A, B에 흐르는 전류에 의한 자기장을 x에 따라 나타낸 것이다. 자기장의 방향은 xy 평면에서 수직으로 나오는 방향이 양($+$)이다. 점 P, Q는 각각 $x=-\frac{3}{2}d$, $x=-\frac{1}{2}d$인 x축상의 점이다.

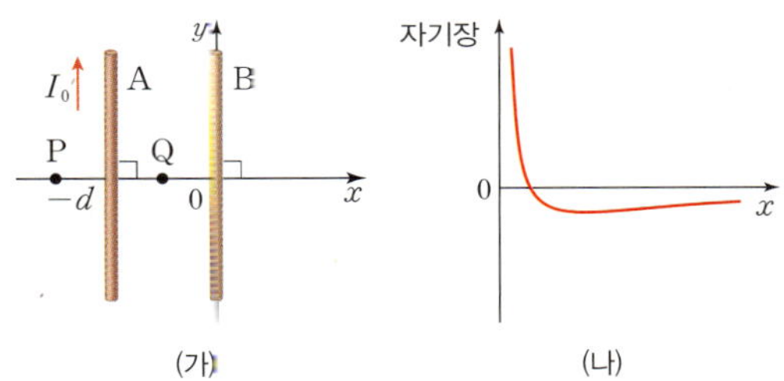

---

step 1 B에 흐르는 전류의 방향 찾기
$x>0$에서 A에 흐르는 전류에 의한 자기장의 방향은 xy 평면에 수직으로 들어가는 방향이다. $x>0$에서 자기장이 0이 되는 지점이 있으므로 $x>0$에서 B에 흐르는 전류에 의한 자기장의 방향은 xy 평면에서 수직으로 나오는 방향이다. 따라서 B에 흐르는 전류의 방향은 $-y$ 방향이다.

step 2 A, B에 흐르는 전류의 세기 비교하기
자기장의 세기는 전류의 세기에 비례하고 거리에 반비례한다. 자기장이 0이 되는 지점에서 A, B까지의 거리를 비교하면 A가 B보다 크다. 따라서 도선에 흐르는 전류의 세기는 A가 B보다 크다.

step 3 P, Q에서 자기장의 방향 찾기
P에서 A까지의 거리가 B까지의 거리보다 작고, 전류의 세기는 A가 B보다 크므로 P에서는 A에 흐르는 전류에 의한 자기장의 세기가 B에 흐르는 전류에 의한 자기장의 세기보다 크다. P에서 A에 흐르는 전류에 의한 자기장의 방향은 xy 평면에서 수직으로 나오는 방향이므로 P에서 자기장의 방향은 xy 평면에서 수직으로 나오는 방향이다.
Q에서 A, B에 흐르는 전류에 의한 자기장의 방향은 모두 xy 평면에 수직으로 들어가는 방향이므로 Q에서 자기장의 방향은 xy 평면에서 수직으로 들어가는 방향이다.

01 그림과 같이 전류가 흐르는 무한히 긴 직선 도선 A, B, C가 xy 평면에 고정되어 있고, C에는 세기가 I인 전류가 $+x$ 방향으로 흐른다. 점 p, q는 xy 평면에 있고, p에서 A, B, C에 흐르는 전류에 의한 자기장은 0이다.

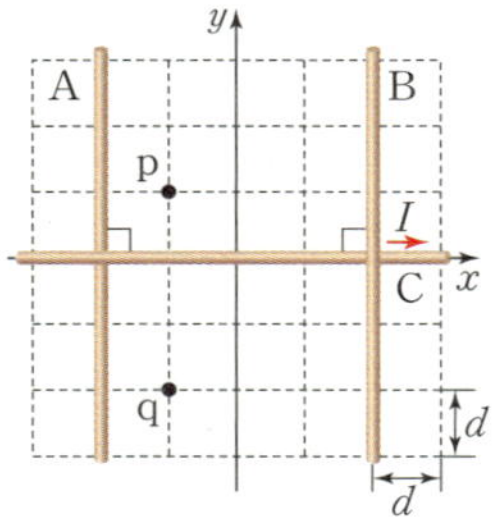

p에서 C에 흐르는 전류에 의한 자기장의 세기를 B_0이라고 할 때, q에서 A, B, C에 흐르는 전류에 의한 자기장의 세기와 방향으로 옳은 것은? (단, 도선의 굵기는 무시한다.)

세 기	방 향
① $\frac{1}{2}B_0$	xy 평면에 수직으로 들어가는 방향
② $\frac{1}{2}B_0$	xy 평면에서 수직으로 나오는 방향
③ $\frac{3}{2}B_0$	xy 평면에 수직으로 들어가는 방향
④ $\frac{3}{2}B_0$	xy 평면에서 수직으로 나오는 방향
⑤ $2B_0$	xy 평면에 수직으로 들어가는 방향

02 그림 (가)는 무한히 긴 두 직선 도선 A, B가 종이면에 수직으로 고정되어 각각 전류가 흐를 때 점 P, Q에 놓인 나침반의 모습을 나타낸 것이다. P에서 A, B까지의 거리와 Q에서 B까지의 거리는 같다. A에는 종이면에서 나오는 방향으로 전류가 흐른다. 그림 (나)는 (가)에서 종이면에 수직으로 전류가 흐르는 직선 도선 C를 추가했을 때 나침반의 모습을 나타낸 것이다. (나)에서 A와 B, B와 C 사이의 거리는 같다.
이에 대한 설명으로 옳은 것만을 〈보기〉에서 있는 대로 고른 것은? (단, 나침반 사이의 상호 작용과 나침반의 크기 및 도선의 굵기는 무시한다.)

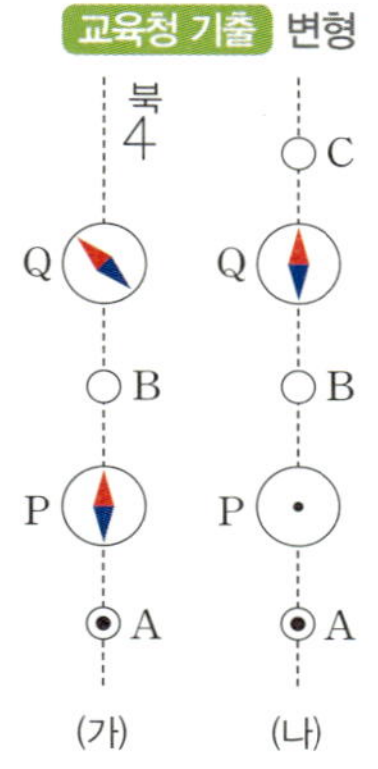

> **보기**
> ㄱ. B에 흐르는 전류의 방향은 종이면에서 나오는 방향이다.
> ㄴ. (나)에서 B와 C에 흐르는 전류의 세기는 같다.
> ㄷ. (나)의 P에서 나침반의 자침은 북서쪽을 가리킨다.

① ㄱ   ② ㄴ   ③ ㄱ, ㄷ

④ ㄴ, ㄷ   ⑤ ㄱ, ㄴ, ㄷ

03 그림은 전류에 의한 자기장에 관한 실험이다.

[실험 과정]
(가) 그림과 같이 남북 방향으로 고정된 직선 도선 아래 수평면에 나침반을 놓고 회로를 연결한다.

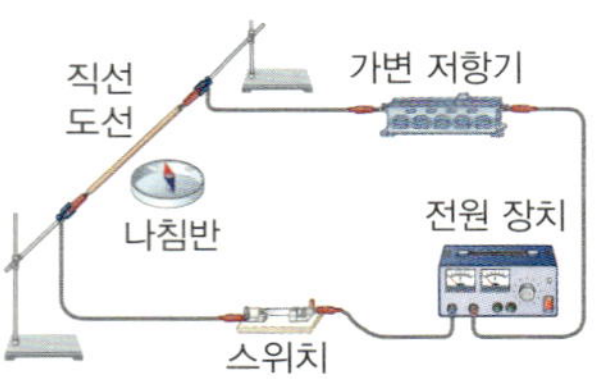

(나) 스위치를 닫고 나침반 자침의 방향을 관찰한다.
(다) (가)의 상태에서 전류의 세기는 $\frac{1}{2}$배, 방향은 반대가 되도록 바꾸고 (나)를 반복한다.

[실험 결과]
(나)의 결과 :

(다)의 결과로 가장 적절한 것은?

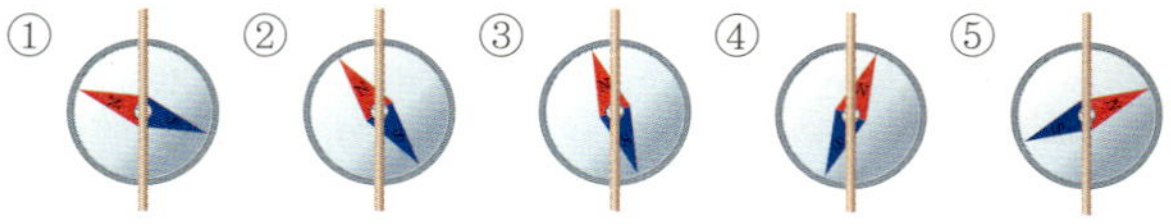

04 그림 (가)와 같이 무한히 긴 직선 도선 A, B가 xy 평면에 수직으로 고정되어 있다. 점 p, q, r는 x축상에 있다. A, B에는 일정한 방향으로 전류가 흐른다. 그림 (나)는 A, B에 흐르는 전류의 세기를 시간에 따라 나타낸 것이다. t_1일 때 자기장의 세기는 p에서가 q에서보다 작다.

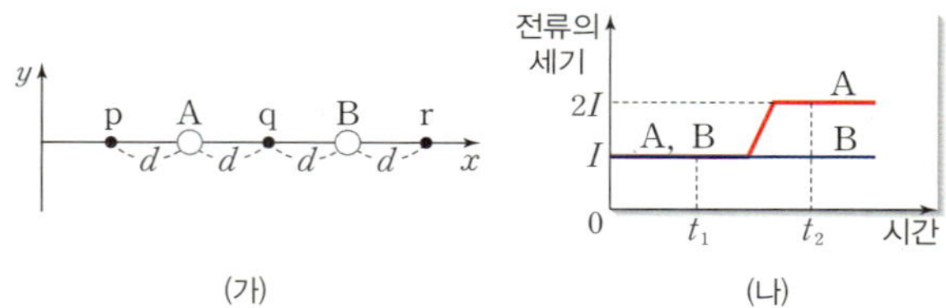

이에 대한 설명으로 옳은 것만을 〈보기〉에서 있는 대로 고른 것은?

> **보기**
> ㄱ. A와 B에 흐르는 전류의 방향은 서로 반대 방향이다.
> ㄴ. t_1일 때와 t_2일 때 p에서 자기장의 방향은 같다.
> ㄷ. r에서 자기장의 세기는 t_1일 때가 t_2일 때보다 크다.

① ㄱ   ② ㄴ   ③ ㄱ, ㄷ

④ ㄴ, ㄷ   ⑤ ㄱ, ㄴ, ㄷ

05 그림은 무한히 긴 직선 도선 P가 y축에 고정되어 있고, 세기가 I로 일정한 전류가 시계 방향으로 흐르는 원형 도선 Q가 점 A를 중심으로 xy 평면에 고정되어 있는 것을 나타낸 것이다. 표는 P에 흐르는 전류에 따른 A에서의 P와 Q에 의한 자기장의 세기를 나타낸 것이다.

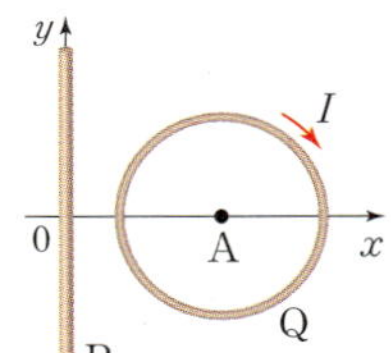

구분	P에 흐르는 전류		A에서의 자기장 세기
	세기	방향	
I	I_0	㉠	0
II	I_0	$+y$	B_0
III	$2I_0$	$-y$	㉡

이에 대한 설명으로 옳은 것만을 〈보기〉에서 있는 대로 고른 것은?

> **보기**
> ㄱ. ㉠은 $-y$이다.
> ㄴ. ㉡은 $3B_0$이다.
> ㄷ. II와 III일 때 A에서의 자기장 방향은 서로 같다.

① ㄱ   ② ㄴ   ③ ㄱ, ㄷ
④ ㄴ, ㄷ   ⑤ ㄱ, ㄴ, ㄷ

06 그림 (가)와 (나)는 수평면 위에 놓인 솔레노이드 위에 질량이 같은 상자성체 A와 반자성체 B가 각각 실로 천장에 매달려 정지한 모습을 나타낸 것이다. (가)와 (나)에서 솔레노이드에 흐르는 전류의 세기는 I_0으로 일정하다.

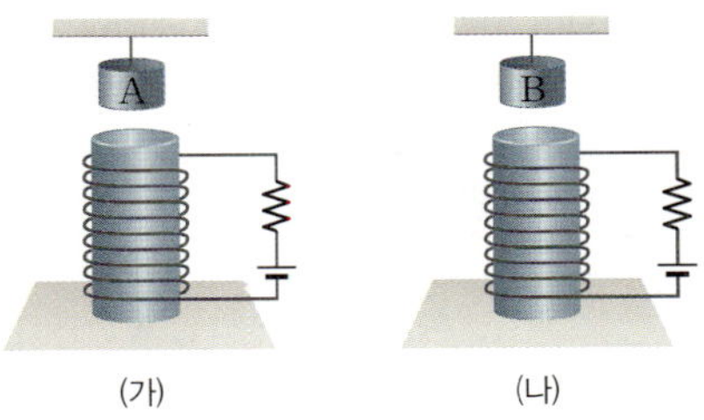

이에 대한 설명으로 옳은 것만을 〈보기〉에서 있는 대로 고른 것은? (단, 지구 자기장과 실의 질량은 무시한다.)

> **보기**
> ㄱ. 솔레노이드 내부에서 솔레노이드에 흐르는 전류에 의한 자기장 방향은 위쪽이다.
> ㄴ. (가)에서 실이 A에 작용하는 힘의 크기는 (나)에서 실이 B에 작용하는 힘의 크기와 같다.
> ㄷ. (나)에서 솔레노이드에 흐르는 전류의 방향만 반대로 바꾸면 실이 B에 작용하는 힘의 크기가 증가한다.

① ㄱ   ② ㄴ   ③ ㄱ, ㄷ
④ ㄴ, ㄷ   ⑤ ㄱ, ㄴ, ㄷ

07 그림은 원형 도선의 중심축을 x축과 일치시키고 원형 도선에 전류 I를 흘렸을 때 원형 도선 주변의 철가루들이 배열된 모습을 나타낸 것이다. 점 O는 원형 도선의 중심이고 점 P는 y축상의 점이다.

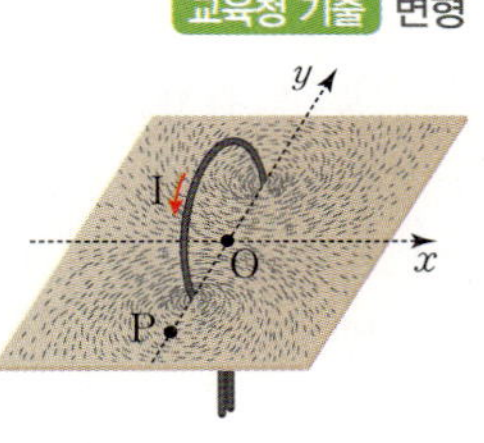

이에 대한 설명으로 옳은 것만을 〈보기〉에서 있는 대로 고른 것은? (단, 지구 자기장에 의한 효과는 무시한다.)

> **보기**
> ㄱ. 철가루는 강자성체이다.
> ㄴ. O와 P에서 자기장 방향은 같다.
> ㄷ. 전류의 세기를 증가시키면 O에서 자기장의 세기는 증가한다.

① ㄱ   ② ㄴ   ③ ㄱ, ㄷ
④ ㄴ, ㄷ   ⑤ ㄱ, ㄴ, ㄷ

08 다음은 상온에서 물체의 자성을 알아보기 위한 실험이다.

[실험 과정]
(가) 물체 A, B, C를 차례로 연직 방향의 강한 외부 자기장이 있는 영역에 넣어 자기화시킨다. A, B, C는 각각 강자성체, 상자성체, 반자성체 중 하나이다.
(나) 과정 (가)를 거친 B, C를 차례로 원형 도선에 통과시켜 전류의 발생 유무를 관찰한다.
(다) 과정 (가)를 거친 B와 C, A와 C를 가까이 하여 물체 사이에 작용하는 자기력을 측정한다.

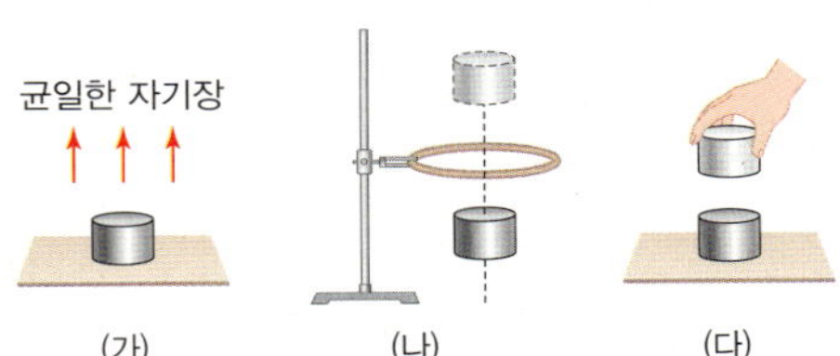

[실험 결과]
(나)의 결과 : B를 통과시킬 때는 도선에 전류가 흐르고, C를 통과시킬 때는 흐르지 않았다.
(다)의 결과 : B와 C 사이에는 척력이 작용하고 A와 C 사이에는 자기력이 작용하지 않는다.

A, B, C를 자성에 따라 분류한 것으로 옳은 것은?

	강자성체	상자성체	반자성체
①	A	B	C
②	A	C	B
③	B	A	C
④	B	C	A
⑤	C	A	B

기본 개념 확인

01 직선 도선에 흐르는 전류에 의한 자기장의 방향은 [ ] 엄지손가락을 전류의 방향으로 했을 때 나머지 네 손가락이 감아쥐는 방향이다.

01 그림 (가)는 세 나침반이 고정된 수평면에 수직 방향으로 고정된 직선 도선 A에 일정한 세기의 전류가 흐를 때 나침반의 모습을 나타낸 것이다. P점은 A에서 거리가 $3d$만큼 떨어진 지점이다. 그림 (나)는 (가)에서 일정한 세기의 전류가 흐르는 직선 도선 B를 A로부터 $2d$만큼 떨어진 곳에 수평면에 수직으로 고정시켰을 때 나침반의 모습을 나타낸 것이다.

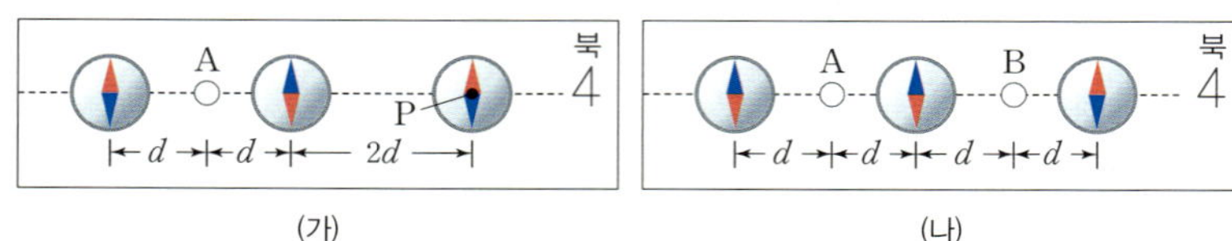

(가)   (나)

이에 대한 설명으로 옳은 것만을 〈보기〉에서 있는 대로 고른 것은? (단, 나침반 사이의 상호 작용과 도선의 굵기는 무시한다.)

> **보기**
> ㄱ. (가)의 P에서 A에 흐르는 전류에 의한 자기장의 세기는 지구 자기장의 세기보다 크다.
> ㄴ. (나)에서 A와 B에 흐르는 전류의 방향은 서로 반대이다.
> ㄷ. (나)에서 도선에 흐르는 전류의 세기는 A가 B보다 크다.

① ㄴ   ② ㄷ   ③ ㄱ, ㄴ   ④ ㄱ, ㄷ   ⑤ ㄱ, ㄴ, ㄷ

02 직선 도선에 흐르는 전류에 의한 자기장의 세기는 전류의 세기에 [ ] 하고, 거리에 [ ] 한다.

02 그림 (가)는 무한히 길고 가는 두 직선 도선 A, B가 각각 y축, x축에 고정되어 있고, 원형 도선이 점 P를 중심으로 xy 평면에 고정되어 있는 모습을 나타낸 것이다. 그림 (나)는 (가)에서 원형 도선의 중심을 점 Q로 이동하여 고정한 모습을 나타낸 것이다. (가), (나)에서 A, B, 원형 도선에는 각각 방향과 세기가 일정한 전류가 흐른다. (가)의 P와 (나)의 Q에서 자기장의 세기는 같고 방향은 xy 평면에 수직으로 들어가는 방향이다.

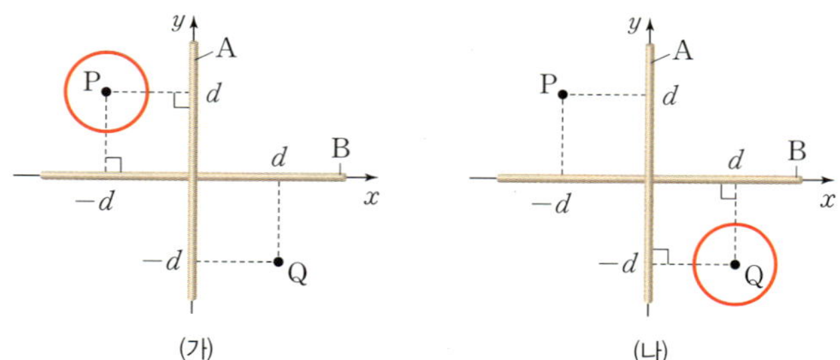

(가)   (나)

이에 대한 설명으로 옳은 것만을 〈보기〉에서 있는 대로 고른 것은?

> **보기**
> ㄱ. A, B에 흐르는 전류의 세기는 같다.
> ㄴ. P에서 A, B에 흐르는 전류에 의한 자기장의 방향은 서로 반대이다.
> ㄷ. 원형 도선에는 시계 방향으로 전류가 흐른다.

① ㄱ   ② ㄷ   ③ ㄱ, ㄴ   ④ ㄴ, ㄷ   ⑤ ㄱ, ㄴ, ㄷ

03 그림 (가)는 무한히 길고 가는 두 직선 도선 P, Q가 x축에 나란하게 고정되어 있는 모습을 나타낸 것이다. P에는 $+x$ 방향으로 세기가 I_0으로 일정한 전류가 흐르고, Q에는 세기는 일정하지만 t일 때 방향이 바뀌는 전류가 흐른다. 그림 (나)는 P와 Q의 가운데 점 a에서 자기장을 시간에 따라 나타낸 것이다.

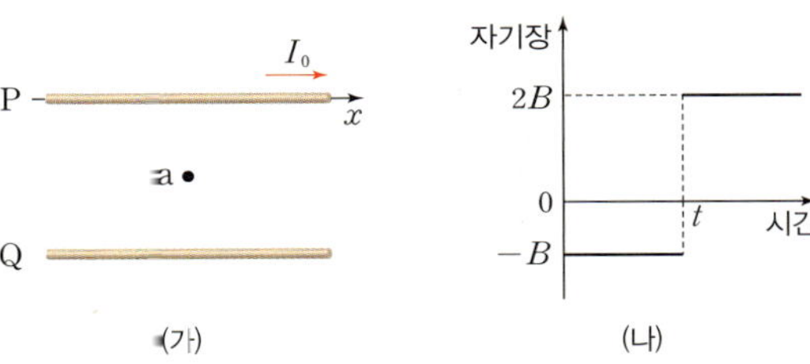

a에서 P, Q에 흐르는 전류에 의한 자기장의 세기를 각각 B_1, B_2라고 할 때, $B_1 : B_2$는? (단, 지구 자기장은 무시한다.)

① 1 : 2 ② 1 : 3 ③ 2 : 1 ④ 2 : 3 ⑤ 3 : 1

04 그림과 같이 솔레노이드 P를 연직으로 고정하고 전류가 흐르도록 한 후 질량이 같은 물체 A, B를 솔레노이드 위와 아래에 실로 천장과 바닥에 연결하였더니 A, B가 솔레노이드의 중심축을 따라 정지하였다. A, B는 각각 강자성체와 반자성체 중 하나이다.

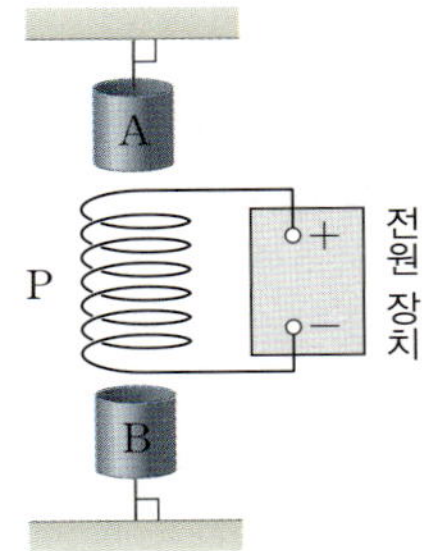

이에 대한 설명으로 옳은 것만을 〈보기〉에서 있는 대로 고른 것은? (단, A와 B의 상호 작용과 실의 질량은 무시한다.)

| 보기 |
ㄱ. A는 반자성체이다.
ㄴ. P가 A에 작용하는 자기력의 크기는 A의 무게보다 크다.
ㄷ. 실이 B에 작용하는 힘의 크기는 P가 B에 작용하는 자기력의 크기와 같다.

① ㄱ ② ㄴ ③ ㄱ, ㄷ ④ ㄴ, ㄷ ⑤ ㄱ, ㄴ, ㄷ

---

03 두 평행 도선에 같은 방향으로 전류가 흐를 때 두 도선의 가운데 점에서 각 직선 도선에 흐르는 전류에 의한 자기장의 방향은 서로 [ ]이다.

04 강자성체는 외부 자기장과 [ ] 방향으로 자기화되고, 반자성체는 외부 자기장과 [ ] 방향으로 자기화된다.

10강 전자기 유도

A 전자기 유도		B 패러데이 법칙		C 전자기 유도의 활용	
유도 전류의 방향	★★★	유도 기전력	★★☆	발전기	★☆☆
		유도 전류의 세기	★★★		

A 전자기 유도

렌츠 법칙

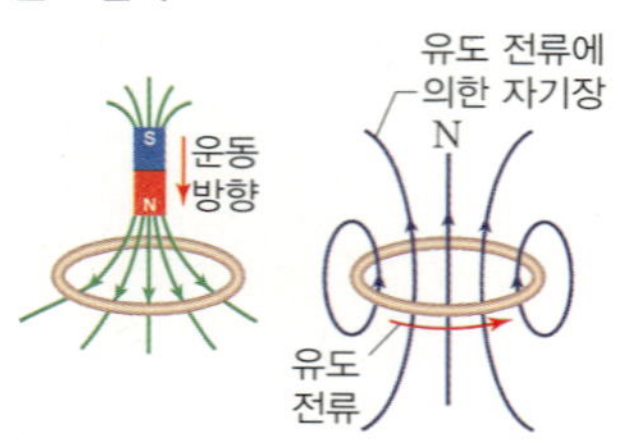

자석이 금속 고리로 접근함
↓
금속 고리를 통과하는 자기 선속이 증가
↓
자기 선속의 증가를 방해하는 방향으로 유도 전류 흐름
↓
자석의 접근을 방해하는 방향으로 자기장이 생김

유도 전류의 방향
오른손 엄지손가락을 자기 선속의 변화를 방해하는 자기장 방향으로 향하게 하면 네 손가락이 감아쥐는 방향이 유도 전류의 방향이다.

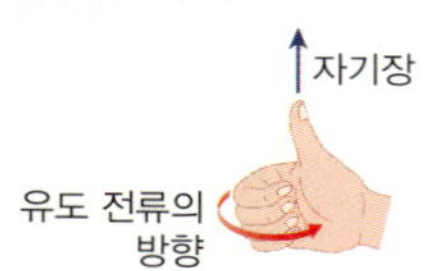

1. **전자기 유도 현상**　코일과 자석의 상대적인 운동으로 코일을 통과하는 자기 선속이 시간에 따라 변할 때 코일에 전류가 흐르는 현상
   ⑴ **자기 선속($\varPhi$)** : 닫힌 면을 수직으로 통과하는 자기장의 세기를 나타내는 물리량으로 자기장의 세기(B)와 단면적(S)의 곱이다. ($\varPhi=BS$)
   ⑵ **유도 전류** : 전자기 유도에 의해 코일에 흐르는 전류로, 코일을 통과하는 자기 선속이 변할 때만 발생한다.

2. **렌츠 법칙**　유도 전류는 코일을 통과하는 자기 선속의 변화를 방해하는 방향으로 흐른다.

3. **자석의 운동에 따라 코일에 흐르는 유도 전류의 방향**

구분	N극과 코일이 가까워질 때	N극과 코일이 멀어질 때	S극과 코일이 가까워질 때	S극과 코일이 멀어질 때
자석의 운동	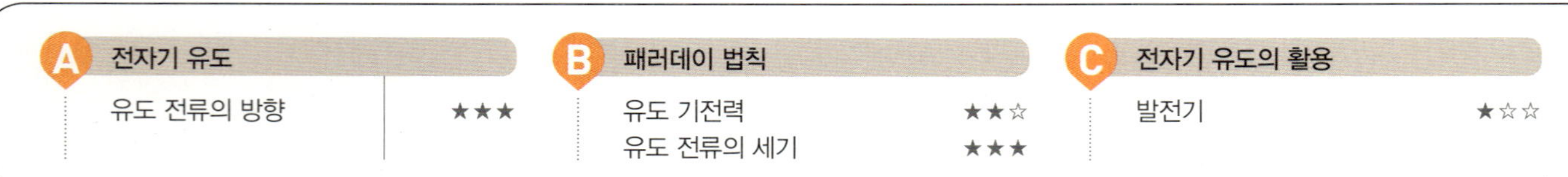			
유도 전류에 의한 자기장	N극 접근 → 코일을 통과하는 자기 선속이 증가 → 자기 선속의 증가를 방해 → 코일 위쪽에 N극 형성	N극 멀어짐 → 코일을 통과하는 자기 선속이 감속 → 자기 선속의 감소를 방해 → 코일 위쪽에 S극 형성	S극 접근 → 코일을 통과하는 자기 선속이 증가 → 자기 선속의 증가를 방해 → 코일 위쪽에 S극 형성	S극 멀어짐 → 코일을 통과하는 자기 선속이 감소 → 자기 선속의 감소를 방해 → 코일 위쪽에 N극 형성
유도 전류 방향	B → ⑥ → A	A → ⑥ → B	A → ⑥ → B	B → ⑥ → A

4. **균일한 자기장 영역을 지나는 도선의 유도 전류**　사각형 도선이 균일한 자기장 영역을 지나가는 동안 도선 내부를 통과하는 자기 선속의 변화에 따라 도선에 흐르는 유도 전류도 변한다.

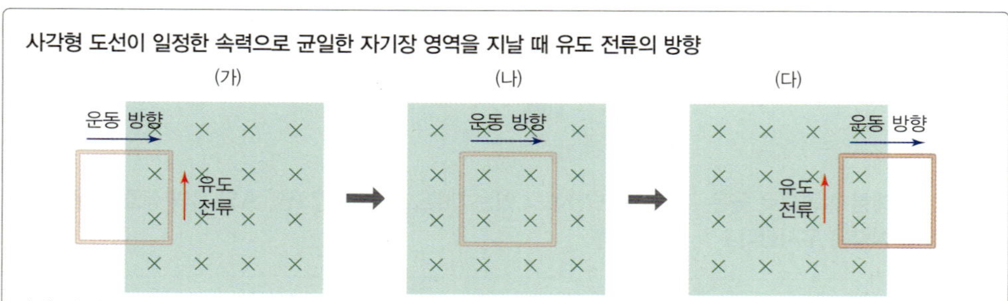

(가) 자기장 영역으로 들어갈 때 : 도선 내부를 통과하는 수직으로 들어가는 방향의 자기 선속이 증가한다.
➡ 반시계 방향으로 유도 전류가 흐른다. − 자기 선속의 증가를 방해하기 위해 수직으로 나오는 방향으로 자기장이 형성

(나) 자기장 영역 안에 있을 때 : 도선이 자기장 속에서 운동하는 동안 도선 내부를 통과하는 자기 선속의 변화가 없다. ➡ 유도 전류가 흐르지 않는다.

(다) 자기장 영역에서 나올 때 : 도선 내부를 통과하는 수직으로 들어가는 방향의 자기 선속이 감소한다.
➡ 시계 방향으로 유도 전류가 흐른다. − 자기 선속의 감소를 방해하기 위해 수직으로 들어가는 방향으로 자기장이 형성

B 패러데이 법칙

1. **패러데이 법칙(전자기 유도 법칙)** 코일에 발생하는 유도 기전력(V)은 코일의 감은 수(N)에 비례하고, 시간 Δt 동안 코일을 통과하는 자기 선속의 변화량 $\Delta \Phi$에 비례한다.

$$V = -N\frac{\Delta \Phi}{\Delta t} = -N\frac{\Delta BS}{\Delta t} \ \text{(단위: V)}$$

'$-$'의 의미는 유도 기전력의 방향이 자기 선속의 변화를 방해하는 방향임을 의미한다.

2. **유도 기전력** 전자기 유도에 의해 코일 양단에 발생하는 전압으로, 유도 전류를 흐르게 하는 원인이다.

3. **유도 전류의 세기** 강한 자석을 이용할수록, 자석의 속력을 빠르게 할수록, 코일의 감은 수가 클수록, 코일의 단면적이 넓을수록 유도 기전력이 증가하므로 유도 전류의 세기도 증가한다.

C 전자기 유도의 활용

1. **발전** 전자기 유도를 이용하여 운동 에너지나 소리의 에너지를 전기 에너지로 전환한다. ⑩ 교류 발전, 킥보드 바퀴, 마이크 등

2. **정보 통신** 전자기 유도를 이용하여 무선 통신으로 정보를 전달한다. ⑩ 하드 디스크, 교통 카드 등

3. **에너지 전달** 전자기 유도를 이용하여 전기 에너지를 충전하거나 음식을 조리한다. ⑩ 휴대 전화 무선 충전, 전기 자동차 무선 충전, 인덕션 레인지 등

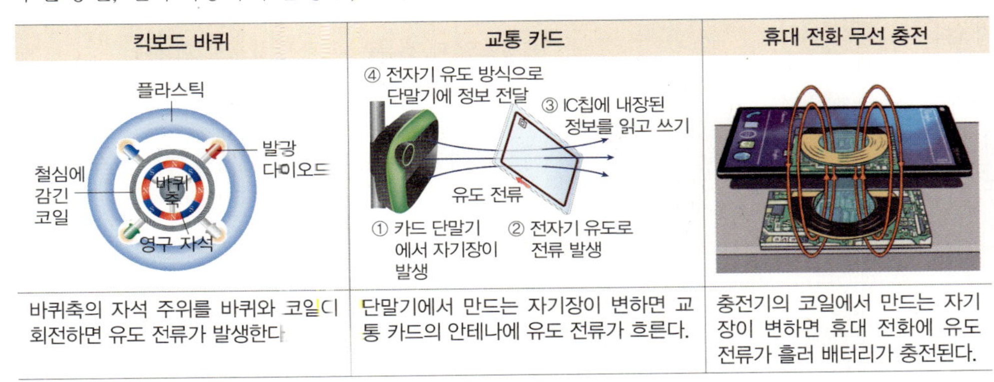

킥보드 바퀴	교통 카드	휴대 전화 무선 충전
바퀴축의 자석 주위를 바퀴와 코일이 회전하면 유도 전류가 발생한다.	단말기에서 만드는 자기장이 변하면 교통 카드의 안테나에 유도 전류가 흐른다.	충전기의 코일에서 만드는 자기장이 변하면 휴대 전화에 유도 전류가 흘러 배터리가 충전된다.

4. **기타** 전자기 유도를 이용하여 숨겨진 금속 물질을 찾아내거나, 물체의 운동을 방해한다.
   (1) 공항 금속 탐지기 : 화물 속의 금속 물질에 흐르는 유도 전류를 감지한다.
   (2) 도난 방지 장치 : 물건에 붙어 있는 작은 자석이 도난 방지 장치를 지나가면 유도 전류가 흐른다.
   (3) 놀이기구 멈춤 장치 : 놀이기구에 고정된 자석이 금속 기둥에 접근할 때 자기력에 의해 속력이 감소한다.

감은 수의 의미
솔레노이드 내부의 자기장의 세기는 단위 길이당 감은 수(n)에 비례하고, 유도 기전력은 전체 감은 수(N)에 비례한다. 즉, 길이 L인 코일의 감은 수가 N이면 $n = \dfrac{N}{L}$이다.

발전기
코일이 자석 속에서 회전할 때 코일을 통과하는 자기 선속이 시간에 따라 변하면서 유도 전류가 흐른다.

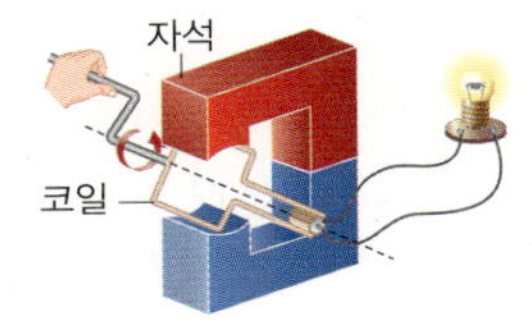

코일이 회전할 때 자기장에 수직인 면적이 변하므로 코일에는 세기와 방향이 변하는 교류 전류가 흐른다.

그림은 마찰이 없는 빗면에서 자석이 솔레노이드의 중심축을 따라 운동하는 모습을 나타낸 것이다. 점 p, q는 솔레노이드의 중심축상에 있으며, 전구의 밝기는 자석이 p를 지날 때가 q를 지날 때보다 밝다.

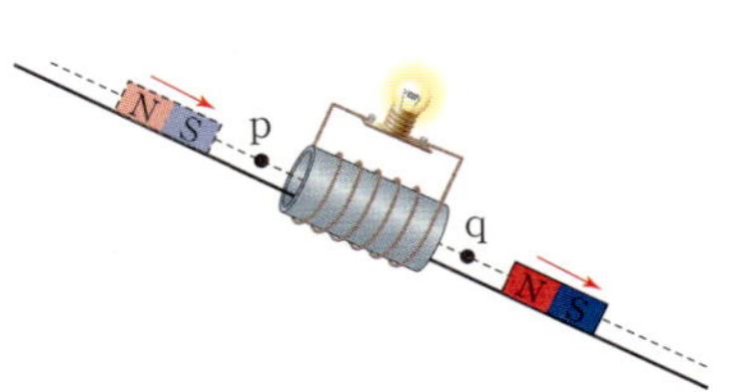

자료 체크 리스트
- [ ] 자석이 p, q를 지날 때 유도 전류의 방향
- [ ] 자석이 p, q를 지날 때 유도 전류의 세기
- [ ] p, q에서 자석의 역학적 에너지

step 1 자석이 p, q를 지날 때 유도 전류의 방향 찾기
자석이 p를 지날 때 S극이 솔레노이드에 접근하므로 솔레노이드에는 위쪽이 S극이 되도록 유도 전류가 흐른다. 이때 전구에는 위쪽에서 아래쪽으로 전류가 흐른다. 또 자석이 q를 지날 때 N극이 솔레노이드에서 멀어지므로 솔레노이드에는 아래쪽이 S극이 되도록 유도 전류가 흐른다. 이때 전구에는 아래쪽에서 위쪽으로 전류가 흐른다. 따라서 자석이 p, q를 지날 때 전구에 흐르는 전류의 방향은 서로 반대이다.

step 2 자석이 p, q를 지날 때 유도 전류의 세기 비교하기
자석이 p를 지날 때가 q를 지날 때보다 전구의 밝기가 밝으므로 유도 전류의 세기는 자석이 p를 지날 때가 q를 지날 때보다 크다.

step 3 p, q에서 역학적 에너지 비교하기
자석이 p에서 q까지 이동하는 동안 전자기 유도에 의해 자석의 역학적 에너지 중 일부가 전기 에너지로 전환된다. 따라서 자석의 역학적 에너지는 p를 지날 때가 q를 지날 때보다 크다.

01

그림 (가)는 t_1일 때 종이면에서 수직으로 나오는 방향의 균일한 자기장 영역에서 원형 도선이 종이면에 고정된 모습을, (나)는 (가)의 자기장을 시간에 따라 나타낸 것이다.

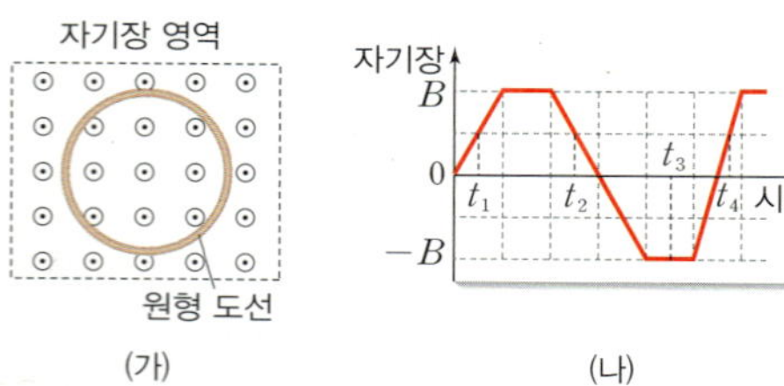

도선에서 전자기 유도에 의한 유도 전류에 대한 설명으로 옳은 것만을 〈보기〉에서 있는 대로 고른 것은?

| 보기 |

ㄱ. t_2일 때 시계 방향으로 유도 전류가 흐른다.

ㄴ. t_3일 때 유도 전류가 흐르지 않는다.

ㄷ. 유도 전류의 세기는 t_4일 때가 t_1일 때보다 크다.

① ㄱ 　　② ㄴ 　　③ ㄱ, ㄷ
④ ㄴ, ㄷ 　　⑤ ㄱ, ㄴ, ㄷ

02

그림은 막대자석이 솔레노이드를 향해 접근할 때 솔레노이드에 흐르는 유도 전류에 의한 자기장이 발생하는 모습을 나타낸 것이다.

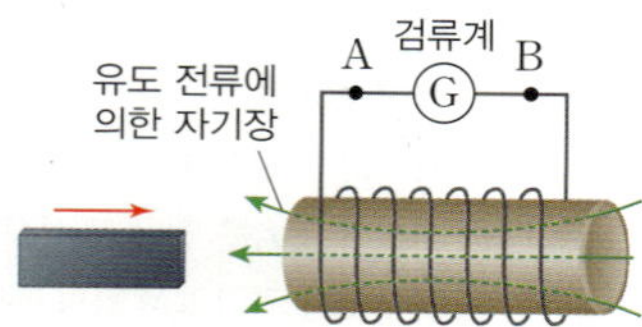

이에 대한 설명으로 옳은 것만을 〈보기〉에서 있는 대로 고른 것은?

| 보기 |

ㄱ. A → 검류계 → B 방향으로 전류가 흐른다.

ㄴ. 막대자석에는 솔레노이드 방향으로 자기력이 작용한다.

ㄷ. 솔레노이드 내부에서 막대자석에 의한 자기장의 세기는 증가한다.

① ㄱ 　　② ㄴ 　　③ ㄱ, ㄷ
④ ㄴ, ㄷ 　　⑤ ㄱ, ㄴ, ㄷ

03

그림 (가)는 고정된 도선의 일부가 균일한 자기장 영역 Ⅰ, Ⅱ에 놓여 있는 모습을 나타낸 것이다. 자기장의 방향은 도선이 이루는 면에 수직으로 들어가는 방향이고, 도선이 Ⅰ, Ⅱ에 걸친 면적은 각각 $2S$, S이다. 그림 (나)는 Ⅰ, Ⅱ에서 자기장의 세기를 시간에 따라 나타낸 것이다.

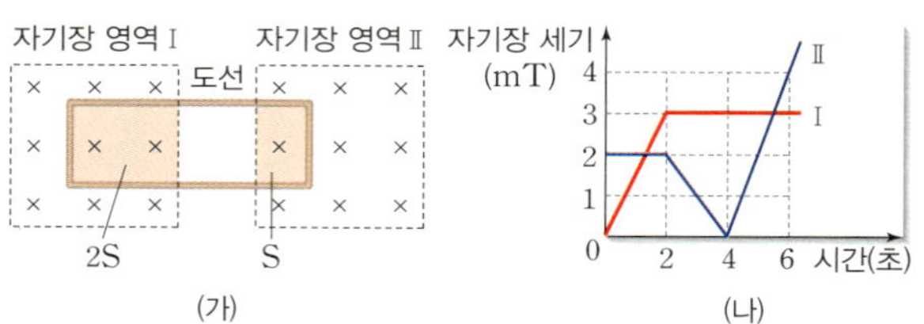

도선에 흐르는 유도 전류에 대한 설명으로 옳은 것만을 〈보기〉에서 있는 대로 고른 것은?

| 보기 |

ㄱ. 5초일 때 전류는 시계 방향으로 흐른다.

ㄴ. 전류의 방향은 1초일 때와 3초일 때가 서로 반대이다.

ㄷ. 전류의 세기는 1초일 때가 5초일 때보다 작다.

① ㄱ 　　② ㄴ 　　③ ㄱ, ㄷ
④ ㄴ, ㄷ 　　⑤ ㄱ, ㄴ, ㄷ

04

그림 (가)와 같이 한 변의 길이가 d인 정사각형 금속 고리가 xy 평면에서 $+x$ 방향으로 운동하여 자기장 영역 Ⅰ, Ⅱ, Ⅲ을 통과한다. Ⅰ, Ⅱ, Ⅲ에서 자기장의 세기는 각각 B, $2B$, $3B$로 균일하고, 방향은 모두 xy 평면에서 수직으로 나오는 방향이다. 그림 (나)는 금속 고리의 속력을 금속 고리의 한 점 P의 위치에 따라 나타낸 것이다.

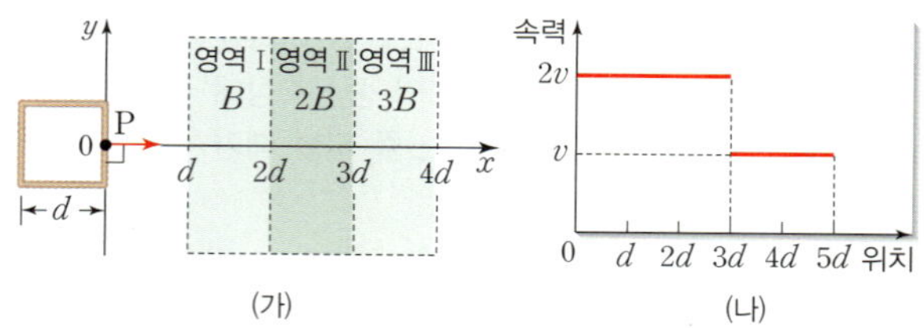

금속 고리에 흐르는 유도 전류의 세기와 방향이 P가 $x=1.5d$에 있을 때와 같은 P의 위치를 〈보기〉에서 있는 대로 고른 것은?

| 보기 |

ㄱ. $2.5d$ 　　ㄴ. $3.5d$ 　　ㄷ. $4.5d$

① ㄱ 　　② ㄴ 　　③ ㄱ, ㄷ
④ ㄴ, ㄷ 　　⑤ ㄱ, ㄴ, ㄷ

05 그림 (가)와 같이 자기화되어 있지 않은 물체 A를 천장에 매단 후 A 아래에 솔레노이드를 놓고 직류 전원 장치를 이용해 전류가 흐르도록 하였다. 그림 (나)는 (가)에서 직류 전원 장치를 저항으로 바꾼 후 실을 끊었을 때 저항에 화살표 방향으로 전류가 흐르는 것을 나타낸 것이다.

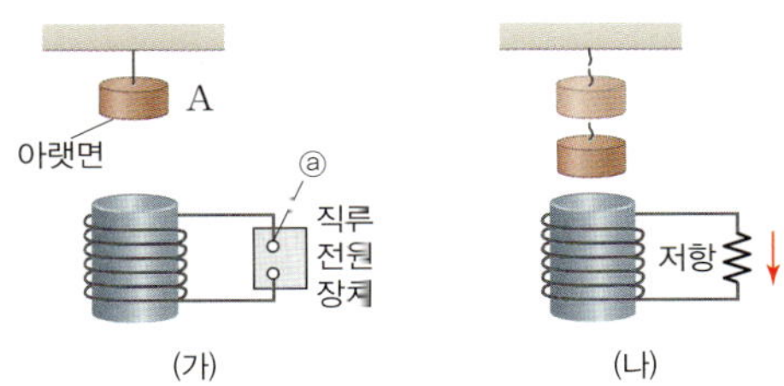

이에 대한 설명으로 옳은 것만을 〈보기〉에서 있는 대로 고른 것은?

> **보기**
> ㄱ. A는 상자성체이다.
> ㄴ. (나)에서 A의 아랫면은 S극으로 자기화되어 있다.
> ㄷ. (가)에서 전원 장치의 단자 ⓐ는 (+)극이다.

① ㄴ   ② ㄷ   ③ ㄱ, ㄴ
④ ㄱ, ㄷ   ⑤ ㄴ, ㄷ

06 그림은 균일한 자기장 속에 놓인 직사각형 도선이 자기장의 방향에 수직인 회전축을 중심으로 회전하는 모습을 나타낸 것이다. θ는 자기장의 방향과 도선이 이루는 면 사이의 각이다.

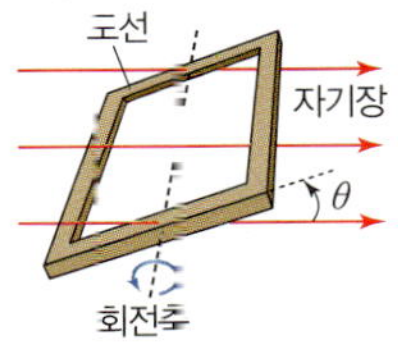

이에 대한 설명으로 옳은 것만을 〈보기〉에서 있는 대로 고른 것은?

> **보기**
> ㄱ. 도선이 이루는 면을 통과하는 자기 선속의 시간당 변화량은 $\theta = 90°$일 때 최대이다.
> ㄴ. 도선이 이루는 면을 통과하는 자기 선속은 $\theta = 30°$일 때가 $\theta = 60°$일 때보다 작다.
> ㄷ. θ가 0°를 지날 때 도선에 흐르는 유도 전류의 방향이 바뀐다.

① ㄱ   ② ㄴ   ③ ㄱ, ㄷ
④ ㄴ, ㄷ   ⑤ ㄱ, ㄴ, ㄷ

07 그림 (가), (나)는 코일을 감은 투명한 관을 좌우로 흔들었을 때 관 내부에서 자석이 운동하는 어느 순간의 모습을 나타낸 것이다. (가), (나)에서 코일과 자석 사이의 거리는 같고, 자석의 속력도 같다. (가)에서 LED(발광 다이오드)에 불이 켜졌다.

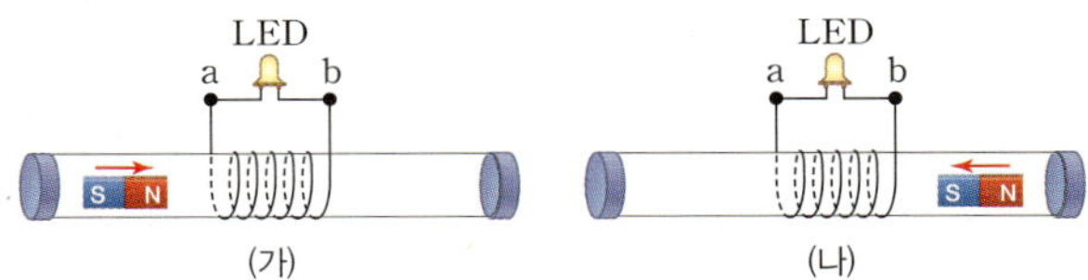

이에 대한 설명으로 옳은 것만을 〈보기〉에서 있는 대로 고른 것은?

> **보기**
> ㄱ. (가)에서 전류는 a → LED → b 방향으로 흐른다.
> ㄴ. (나)에서 LED에 불이 켜진다.
> ㄷ. (가), (나)에서 코일이 자석에 작용하는 자기력의 방향은 같다.

① ㄱ   ② ㄴ   ③ ㄱ, ㄷ
④ ㄴ, ㄷ   ⑤ ㄱ, ㄴ, ㄷ

08 그림은 무선 충전기 위에 휴대 전화를 올려놓았을 때 무선 충전기에서 발생한 자기장이 휴대 전화의 내부 코일을 화살표 방향으로 통과하며 세기가 증가하는 모습을 나타낸 것이다.

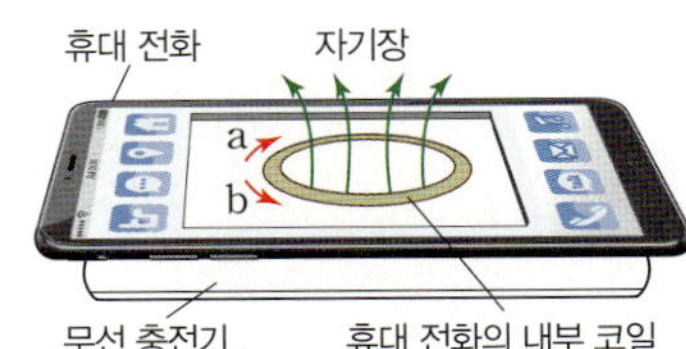

이에 대한 설명으로 옳은 것만을 〈보기〉에서 있는 대로 고른 것은?

> **보기**
> ㄱ. 휴대 전화의 내부 코일에는 a 방향으로 유도 전류가 흐른다.
> ㄴ. 화살표 방향의 자기장이 감소할 때는 휴대 전화의 내부 코일에 유도 전류가 흐르지 않는다.
> ㄷ. 휴대 전화의 무선 충전은 전자기 유도를 이용한다.

① ㄱ   ② ㄴ   ③ ㄱ, ㄷ
④ ㄴ, ㄷ   ⑤ ㄱ, ㄴ, ㄷ

기본 개념 확인

01 유도 전류는 자석의 운동에 의한 자기장의 변화를 □□□□ 하는 방향으로 흐른다.

01 그림 (가)는 윗면을 N극으로 하여 기준면에서 v_1의 속력으로 연직 위로 던진 자석이 아크릴 원통을 통과하여 기준면으로부터 최대 높이 h까지 올라간 모습을 나타낸 것이다. 그림 (나)는 (가)에서 원형 도선만 추가로 설치한 후 기준면에서 v_2의 속력으로 던졌을 때 자석이 기준면으로부터 최대 높이 h까지 올라간 모습을 나타낸 것이다.

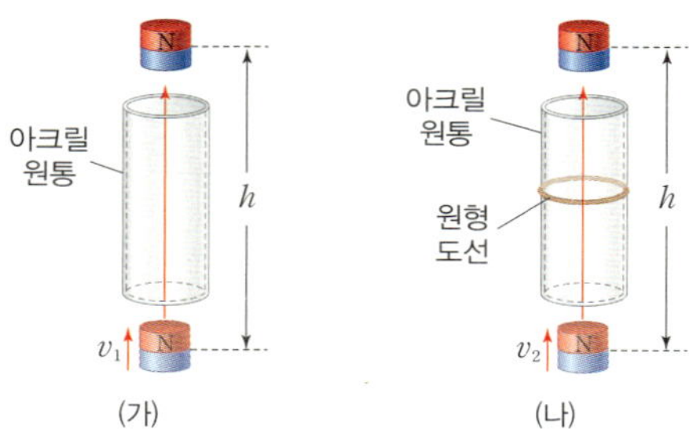

이에 대한 설명으로 옳은 것만을 〈보기〉에서 있는 대로 고른 것은? (단, 모든 마찰과 공기 저항은 무시하며, 자석은 회전하지 않는다.)

> |보기|
> ㄱ. $v_1 > v_2$이다.
> ㄴ. 자석의 가속도의 크기는 (나)에서가 (가)에서보다 크다.
> ㄷ. (나)에서 자석이 원형 도선을 통과하기 전과 후에 자석에 작용하는 자기력의 방향은 같다.

① ㄱ   ② ㄴ   ③ ㄱ, ㄷ   ④ ㄴ, ㄷ   ⑤ ㄱ, ㄴ, ㄷ

02 □□□□는 외부 자기장이 사라져도 자기화된 상태를 유지한다.

02 그림 (가)는 자기화되지 않은 물체 A, B를 실로 천장에 매달고, A와 B 사이에 자석을 가져갔을 때 A, B가 모두 오른쪽으로 이동하여 자석과 같은 높이에 정지한 모습을 나타낸 것이다. A, B는 각각 강자성체와 반자성체 중 하나이다. 그림 (나)는 마찰이 없는 빗면의 한 점에 (가)에서의 A 또는 B를 놓았을 때 물체가 원형 도선을 통과한 모습을 나타낸 것이다.

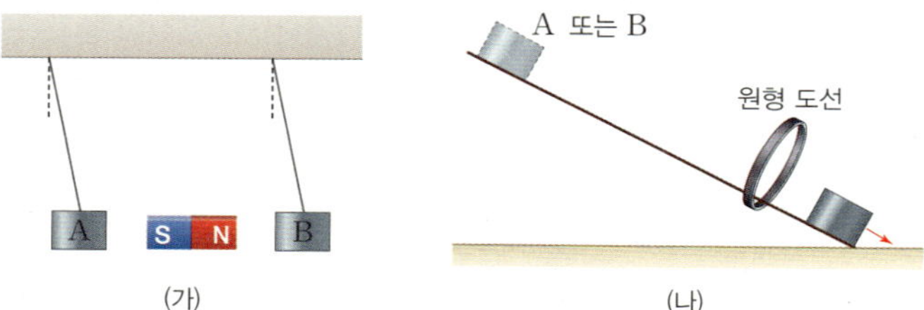

이에 대한 설명으로 옳은 것만을 〈보기〉에서 있는 대로 고른 것은? (단, A, B, 자석의 크기와 공기 저항은 무시한다.)

> |보기|
> ㄱ. (가)에서 자석이 A, B에 작용하는 자기력의 방향은 같다.
> ㄴ. (나)에서 A가 원형 도선을 통과하기 전과 후에 원형 도선에 흐르는 유도 전류의 방향은 서로 반대이다.
> ㄷ. (나)에서 지면에 도달하는 순간의 속력은 A가 B보다 작다.

① ㄱ   ② ㄴ   ③ ㄱ, ㄷ   ④ ㄴ, ㄷ   ⑤ ㄱ, ㄴ, ㄷ

03 그림 (가)와 같이 종이면에 수직인 방향의 균일한 자기장 영역 Ⅰ, Ⅱ를 만들고, 발광 다이오드 (LED)가 연결된 금속 고리를 Ⅰ, Ⅱ에 걸쳐 종이면에 고정하였다. Ⅰ, Ⅱ에서 자기장의 방향은 각각 종이면에 수직으로 들어가는 방향(×)과 나오는 방향(◉)이고, 금속 고리가 Ⅰ, Ⅱ에 걸친 면적은 같다. 그림 (나)는 Ⅰ, Ⅱ에서 자기장의 세기를 시간에 따라 나타낸 것이다. $0.5t_0$일 때 LED에서 빛이 방출되었다.

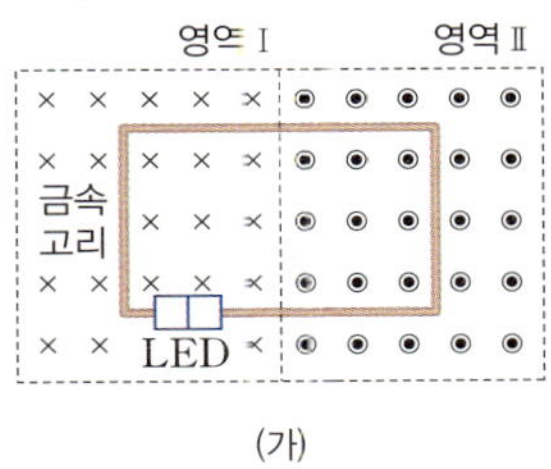

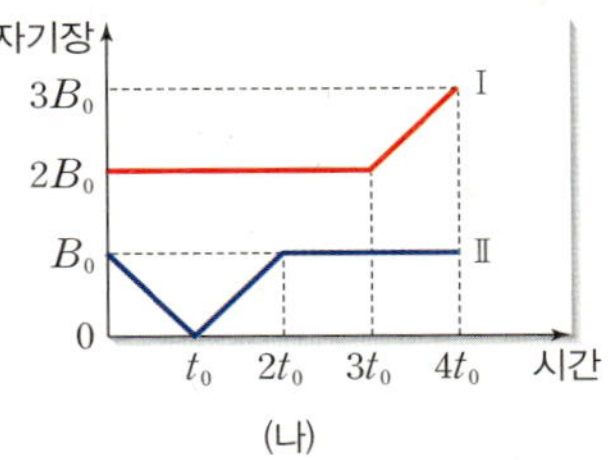

이에 대한 설명으로 옳은 것만을 〈보기〉에서 있는 대로 고른 것은?

| 보기 |
ㄱ. $1.5t_0$일 때 LED에서 빛이 방출된다.
ㄴ. $2.5t_0$일 때 금속 고리에는 일정한 세기의 전류가 흐른다.
ㄷ. $0.5t_0$일 때와 $3.5t_0$일 때 금속 고리에 흐르는 전류의 세기는 같다.

① ㄴ   ② ㄷ   ③ ㄱ, ㄴ   ④ ㄱ, ㄷ   ⑤ ㄴ, ㄷ

04 그림과 같이 직사각형 금속 고리가 $1\,\text{cm/s}$의 일정한 속력으로 $+x$ 방향으로 운동하여 균일한 자기장 영역 Ⅰ, Ⅱ를 통과한다. Ⅰ, Ⅱ에서 자기장의 세기는 모두 B_0이고, Ⅱ에서 자기장의 방향은 종이면에서 수직으로 나오는 방향이다. 시간 $t=0$일 때 금속 고리의 점 P는 $x=0$을 지나며, P에 흐르는 유도 전류의 방향은 $t=15$초일 때와 $t=25$초일 때 서로 반대 방향이다.

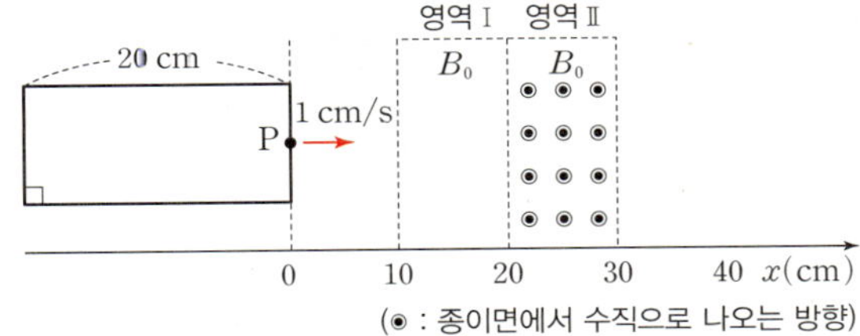

이에 대한 설명으로 옳은 것만을 〈보기〉에서 있는 대로 고른 것은?

| 보기 |
ㄱ. Ⅰ에서 자기장의 방향은 종이면에 수직으로 들어가는 방향이다.
ㄴ. P에 흐르는 유도 전류의 세기는 $t=25$초일 때가 $t=15$초일 때의 2배이다.
ㄷ. P에 흐르는 유도 전류의 방향은 $t=35$초일 때와 $t=45$초일 때 서로 반대이다.

① ㄱ   ② ㄴ   ③ ㄱ, ㄷ   ④ ㄴ, ㄷ   ⑤ ㄱ, ㄴ, ㄷ

기본 개념 확인

05 발전기에서 사각형 도선이 회전하면 자기장에 수직인 도선의 □□□□이 변하여 도선을 통과하는 자기 선속이 변한다.

05 그림은 자석 사이에서 사각형 도선이 화살표 방향으로 회전하는 발전기에 발광 다이오드(LED)를 연결한 모습을 나타낸 것이다. 이 순간 LED에서 빛이 방출되었다. a와 b는 각각 p형 반도체와 n형 반도체 중 하나이다.

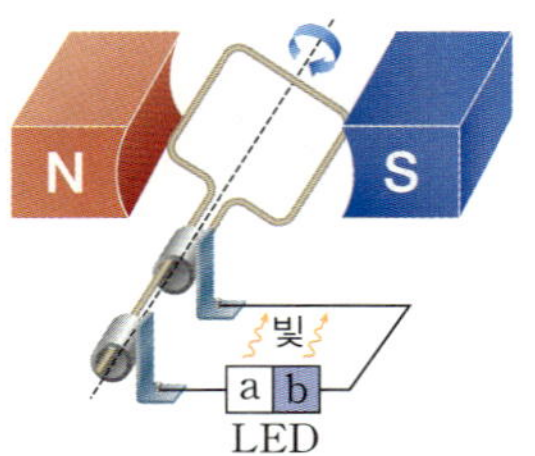

이에 대한 설명으로 옳은 것만을 〈보기〉에서 있는 대로 고른 것은?

| 보기 |
ㄱ. a는 n형 반도체이다.
ㄴ. 이 순간 LED에서 유도 전류는 a → b 방향으로 흐른다.
ㄷ. 도선이 한 바퀴 회전하는 동안 LED에서는 계속 빛이 방출된다.

① ㄱ　　　② ㄴ　　　③ ㄱ, ㄷ　　　④ ㄴ, ㄷ　　　⑤ ㄱ, ㄴ, ㄷ

06 교통 카드의 리더와 태그는 □□□□ 현상을 이용해 에너지와 정보를 주고받는다.

06 그림은 교통 카드 단말기에 교통 카드를 가까이 가져갔을 때 단말기의 리더와 교통 카드의 태그가 전자기파를 이용해 서로 신호를 주고받는 것을 나타낸 것이다.

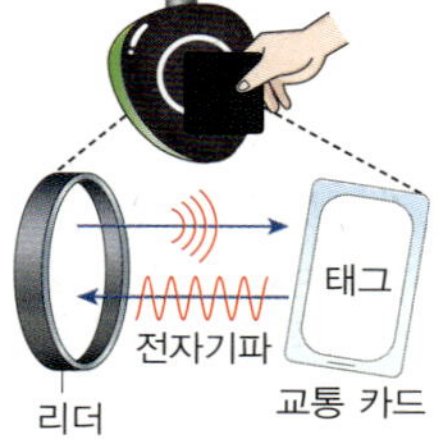

이에 대한 설명으로 옳은 것만을 〈보기〉에서 있는 대로 고른 것은?

| 보기 |
ㄱ. 리더에서 태그로 에너지를 공급한다.
ㄴ. 태그에 흐르는 전류의 세기는 일정하다.
ㄷ. 태그에서 보낸 신호를 리더에서 수신할 때는 전자기 유도 현상을 이용한다.

① ㄱ　　　② ㄴ　　　③ ㄱ, ㄷ　　　④ ㄴ, ㄷ　　　⑤ ㄱ, ㄴ, ㄷ

S 대단원 예상 적중 자료 정리

❶ 전기력
7강_ 58쪽 01번

그림 (가)는 원점 O로부터 같은 거리만큼 떨어진 x축상에 고정시킨 점전하 A, B를 나타낸 것이고, (나)는 (가)에서 A, B의 위치를 바꾸어 고정시킨 모습을 나타낸 것이다. p점에 $+1\,C$의 점전하를 가만히 놓았더니 (가)에서는 정지해 있었고 (나)에서는 $-x$ 방향으로 움직였다.

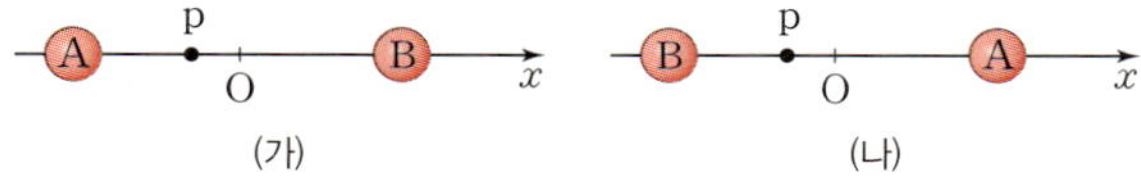

분석 포인트▶▶▶
점전하 사이의 전기력의 세기는 전하량의 곱에 비례하고 전하 사이의 거리의 제곱에 반비례한다.

자료 집중 분석

- (가)의 p에서 A, B가 $+1\,C$인 점전하에 작용하는 전기력의 방향이 반대이다. ➡ A, B는 ① [   ] 종류의 전하이다.
- (가)의 p에서 A, B가 $+1\,C$인 점전하에 작용하는 전기력의 세기가 같다. ➡ p에서 B까지의 거리가 A까지의 거리보다 크므로 전하량의 세기는 A가 B보다 ② [   ].
- (나)의 p에서 $+1\,C$인 점전하에 작용하는 전기력의 세기는 B가 A보다 크다. ➡ B는 ③ [   ] 전하이다.
- (나)에서 $+1\,C$인 점전하가 받는 전기력이 0인 지점은 O의 ④ [   ]에 있다.

❷ 전자의 에너지 준위
7강_ 59쪽 04번

그림은 보어의 수소 원자 모형에서 전자의 에너지 준위를 양자수 n에 따라 나타낸 것이다. 표는 전자의 전이 과정에서 양자수의 변화와 흡수 또는 방출하는 빛의 진동수를 나타낸 것이다.

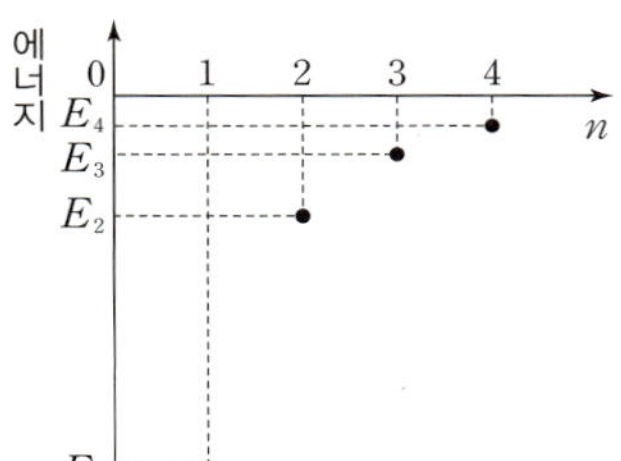

전이	양자수의 변화	진동수
a	$n=3 \rightarrow n=1$	f_a
b	$n=1 \rightarrow n=2$	f_b
c	$n=4 \rightarrow n=2$	f_c

분석 포인트▶▶▶
선 스펙트럼에서 전이하는 에너지 준위 차가 클수록 빛의 진동수가 크다.

자료 집중 분석

- 이웃한 에너지 준위 사이의 에너지 차는 양자수가 증가할수록 감소한다. ➡ $|E_1-E_2| > |E_2-E_3| > |E_3-E_4| > \cdots$
- 전자가 전이할 때 양자수가 감소하면 빛을 ⑤ [   ]하고, 양자수가 증가하면 빛을 ⑥ [   ]한다.
- 보어 수소 원자 모형에서 전자가 전이할 때 전이하는 에너지 차가 클수록 빛의 ⑦ [   ]가 크고 파장이 작다.
- a : $n=3$인 상태에서 $n=$ ⑧ [   ]인 상태로 전이 ➡ 라이먼 계열에서 두 번째로 에너지가 작다.
- b : 양자수가 증가한다. ➡ 빛을 흡수한다.
- 에너지 준위 차가 a>b>c이므로 진동수는 ⑨ [   ]이다.

❸ 에너지띠와 반도체
8강_ 65쪽 04번

그림 (가)는 상온에서 순수한 저마늄(Ge)의 에너지띠 구조를 나타낸 것이다. 그림 (나)는 저마늄(Ge)에 원소 X를 도핑하였을 때 원자가 전자의 배열을 나타낸 것이다.

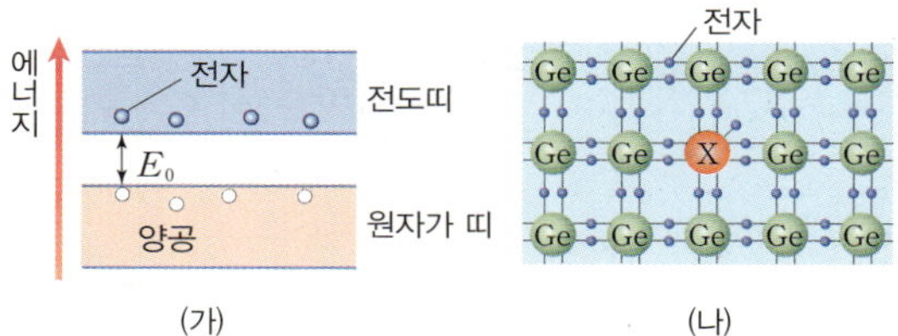

분석 포인트▶▶▶
순수 반도체에서 원자가 띠의 전자가 전도띠로 전이하면 원자가 띠에는 전자의 빈자리인 양공이 형성된다.

자료 집중 분석

- 원자가 띠의 전자가 띠 간격 이상의 에너지를 흡수하면 전도띠로 전이하고, 원자가 띠에는 전자의 빈자리인 ⑩ [   ]이 형성된다.
- (나)의 X 주위에 공유 결합에 참여하지 않는 전자가 1개 있다. X는 원자가 전자가 5개인 원소이다. ➡ 순수한 반도체에 X를 첨가하면 전도띠의 전자의 개수가 원자가 띠의 양공의 개수보다 ⑪ [   ].
- 순수 반도체에 원자가 전자가 5개인 원소를 첨가하면 공유 결합에 참여하지 못하는 전자가 남는다. ➡ ⑫ [   ]가 주로 전하를 운반한다. (n형 반도체)

❹ p−n 접합 다이오드
8강_ 66쪽 06번

그림 (가)는 저마늄(Ge)에 각각 비소(As), 인듐(In)을 첨가한 반도체 A, B의 원자가 전자 배열을 나타낸 것이다. 그림 (나)는 A와 B를 접합하여 만든 다이오드를 직류 전원과 스위치에 연결한 회로를 나타낸 것이다.

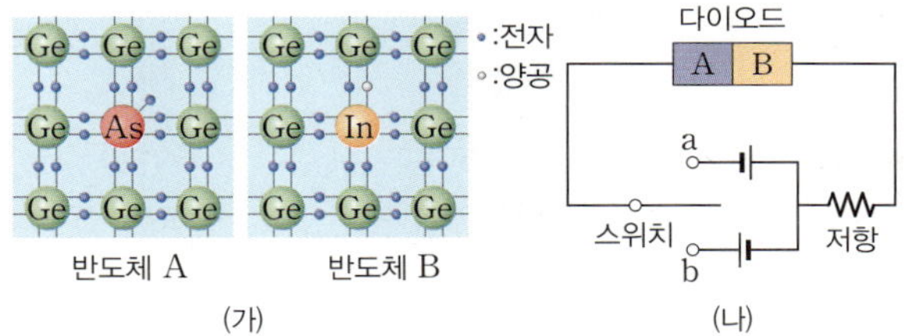

분석 포인트▶▶▶
순수 반도체에 원자가 전자가 5개인 원소를 첨가하면 n형 반도체가 되고, 3개인 원소를 첨가하면 p형 반도체가 된다.

자료 집중 분석

- 순수 반도체에 원자가 전자가 5개인 원소를 첨가하면 공유 결합에 참여하지 못하는 전자가 남는다. → 여분의 전자가 주로 전하를 운반한다. ➡ ⑬ [   ] 반도체
- 순수 반도체에 원자가 전자가 3개인 원소를 첨가하면 공유 결합에 참여하는 전자가 부족하여 양공이 형성된다. → 양공이 주로 전하를 운반한다. ➡ ⑭ [   ] 반도체
- p−n 접합 다이오드에 ⑮ [   ] 전압이 걸릴 때만 전류가 흐른다. ➡ p형 반도체의 양공과 n형 반도체의 전자가 p−n 접합면에서 결합한다.

⑤ 전류에 의한 자기장　　9강_ 73쪽 03번

그림 (가)는 무한히 길고 가는 두 직선 도선 P, Q가 x축에 나란하게 고정되어 있는 모습을 나타낸 것이다. P에는 $+x$ 방향으로 세기가 I_0으로 일정한 전류가 흐르고, Q에는 세기는 일정하지만 t일 때 방향이 바뀌는 전류가 흐른다. 그림 (나)는 P와 Q의 가운데 점 a에서 자기장을 시간에 따라 나타낸 것이다.

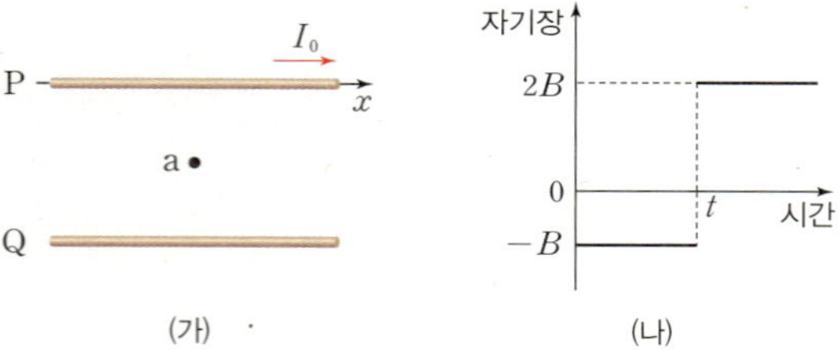

(가)　　　　　　　　　(나)

분석 포인트 ▶▶▶
직선 도선에 흐르는 전류에 의한 자기장의 세기는 전류의 세기에 비례하고 거리에 반비례한다.

자료 집중 분석

- a에서 자기장은 P에 흐르는 전류에 의한 자기장 B_1과 Q에 흐르는 전류에 의한 자기장 B_2의 합이다.
- t일 때 Q에 흐르는 전류의 방향이 바뀐다. ➡ t일 때 Q에 흐르는 전류에 의한 자기장의 방향이 바뀐다.
- 0부터 t까지 자기장의 세기가 t 이후 자기장의 세기보다 작다. → 0부터 t까지 B_1과 B_2의 방향은 서로 ⑯　　　　　이고, t 이후에는 B_1과 B_2의 방향은 서로 ⑰　　　　　. ➡ $B_1 - B_2 = -B$, ⑱　　　　　이다.

⑥ 물질의 자성　　9강_ 73쪽 04번

그림과 같이 솔레노이드 P를 연직으로 고정하고 전류가 흐르도록 한 후 질량이 같은 물체 A, B를 솔레노이드 위와 아래에 실로 천장과 바닥에 연결하였더니 A, B가 솔레노이드의 중심축을 따라 정지하였다. A, B는 각각 강자성체와 반자성체 중 하나이다.

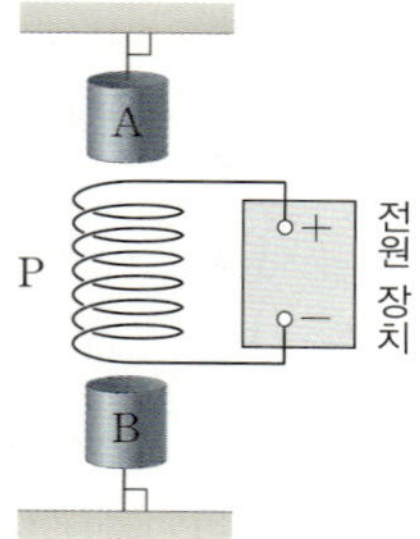

분석 포인트 ▶▶▶
강자성체는 외부 자기장 방향으로 자기화되고 반자성체는 외부 자기장과 반대 방향으로 자기화된다.

자료 집중 분석

- 솔레노이드에 흐르는 전류에 의한 자기장은 위쪽이 ⑲　　　　　극이다.
- B는 자기력의 크기가 중력의 크기보다 크거나 같다. → B와 솔레노이드는 당기는 자기력이 작용한다. ➡ B는 ⑳　　　　　이다.
- B가 강자성체이므로 A는 반자성체이다. → 솔레노이드와 A 사이에는 서로 ㉑　　　　　자기력이 작용한다. ➡ A가 받는 자기력의 크기는 중력의 크기보다 작거나 같다.

⑦ 자기장의 변화에 따른 유도 전류　　10강_ 79쪽 03번

그림 (가)와 같이 종이면에 수직인 방향의 균일한 자기장 영역 Ⅰ, Ⅱ를 만들고, 발광 다이오드(LED)가 연결된 금속 고리를 Ⅰ, Ⅱ에 걸쳐 종이면에 고정하였다. Ⅰ, Ⅱ에서 자기장의 방향은 각각 종이면에 수직으로 들어가는 방향(×)과 나오는 방향(◉)이고, 금속 고리가 Ⅰ, Ⅱ에 걸친 면적은 같다. 그림 (나)는 Ⅰ, Ⅱ에서 자기장의 세기를 시간에 따라 나타낸 것이다. $0.5t_0$일 때 LED에서 빛이 방출되었다.

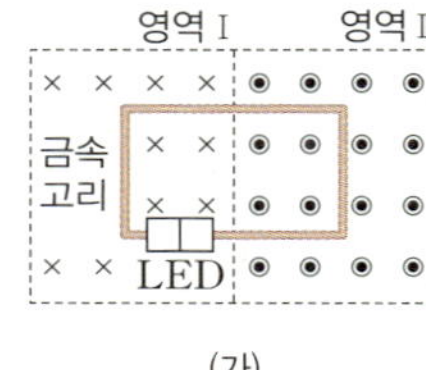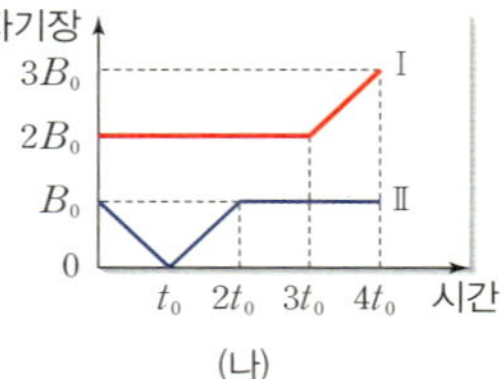

(가)　　　　　　　　　(나)

분석 포인트 ▶▶▶
LED가 연결된 금속 고리에서 유도 전류는 한 방향으로만 흐른다.

자료 집중 분석

- $0.5t_0$일 때 : 영역 Ⅱ의 자기장 세기 감소 → 유도 전류는 ㉒　　　　　방향으로 흐른다. ➡ LED의 왼쪽이 p형, 오른쪽이 n형 반도체
- $1.5t_0$일 때 : 영역 Ⅱ의 자기장 세기가 증가한다. → LED에 ㉓　　　　　전압이 걸린다. ➡ 유도 전류가 흐르지 않는다.
- $2.5t_0$일 때 : 자기 선속이 변하지 않는다. ➡ 유도 전류가 흐르지 않는다.
- $3.5t_0$일 때 : 영역 Ⅰ의 자기장의 세기가 증가한다. ➡ 금속 고리에 ㉔　　　　　방향으로 유도 전류가 흐른다.

⑧ 금속 고리의 위치에 따른 유도 전류　　10강_ 79쪽 04번

그림과 같이 직사각형 금속 고리가 $1\,\text{cm/s}$의 일정한 속력으로 $+x$ 방향으로 운동하여 균일한 자기장 영역 Ⅰ, Ⅱ를 통과한다. Ⅰ, Ⅱ에서 자기장의 세기는 모두 B_0이고, Ⅱ에서 자기장의 방향은 종이면에서 수직으로 나오는 방향이다. 시간 $t=0$일 때 금속 고리의 점 P는 $x=0$을 지나며, P에 흐르는 유도 전류의 방향은 $t=15$초일 때와 $t=25$초일 때 서로 반대 방향이다.

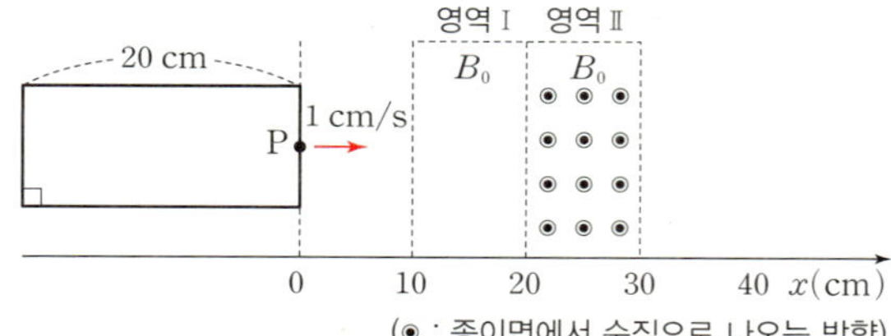

(◉ : 종이면에서 수직으로 나오는 방향)

분석 포인트 ▶▶▶
금속 고리가 자기장 영역을 통과할 때 금속 고리를 통과하는 자기 선속의 변화를 방해하는 방향으로 유도 전류가 흐른다.

자료 집중 분석

- 15초일 때 : 금속 고리가 Ⅰ에 걸친 면적 증가 → Ⅰ에서 자기장과 ㉕　　　　　방향의 자기장을 만들도록 유도 전류가 흐른다.
- 25초일 때 : 금속 고리가 Ⅰ에 걸친 면적 일정, Ⅱ에 걸친 면적 ㉖　　　　　 → Ⅱ에서 자기장 방향과 반대 방향의 자기장을 만들도록 유도 전류가 흐른다.
- 35초일 때 : 금속 고리가 Ⅰ에 걸친 면적은 감소, Ⅱ에 걸친 면적은 일정 ➡ 금속 고리에 ㉗　　　　　방향으로 유도 전류가 흐른다.
- 45초일 때 : 금속 고리가 Ⅱ에 걸친 면적 감소 ➡ 금속 고리에 ㉘　　　　　방향으로 유도 전류가 흐른다.

파동과 정보 통신

531 PROJECT S

S 11강 파동의 성질

A 파동의 표현		B 파동의 종류		C 파동의 굴절	
파동의 전파	★☆☆	횡파와 종파	★☆☆	파동의 굴절	★★★
파동의 표현	★★☆	파동의 진행 속력	★★☆	빛의 굴절	★★★

A 파동의 표현

1. 파동 한 지점에서 발생한 진동이 주위로 퍼져 나가는 현상으로 진동이 전달되면서 에너지가 이동한다.

2. 파원과 매질

(1) **파원** : 파동이 전파될 때 진동이 처음 발생한 지점

(2) **매질** : 파동이 전파될 때 진동을 전달하는 물질 **예** 물결파의 물, 용수철 파동의 용수철 등

3. 파동의 전파 파동이 전파될 때 에너지는 주위로 전달되고 매질은 제자리에서 진동할 뿐 주위로 진행하지 않는다.

4. 파동의 표현 요소

(1) **진폭** : 매질이 진동 중심에서 가장 멀리 이동한 지점까지의 거리

(2) **파장** : 위상이 동일한 이웃한 두 지점 사이의 거리

(3) **주기** : 매질이 한 번 진동하는 데 걸리는 시간 (단위 : 초)

(4) **진동수** : 매질이 1초 동안 진동한 횟수 (단위 : Hz)

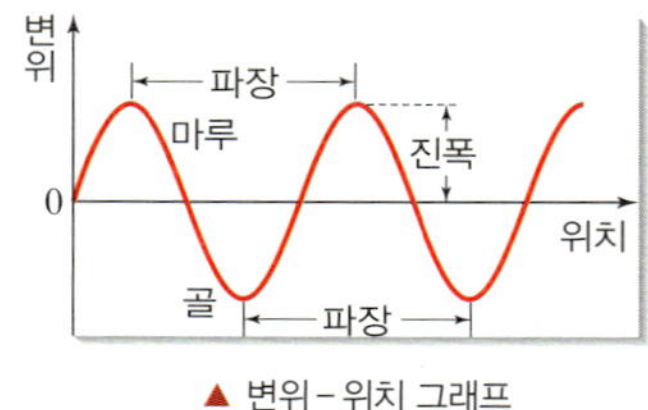

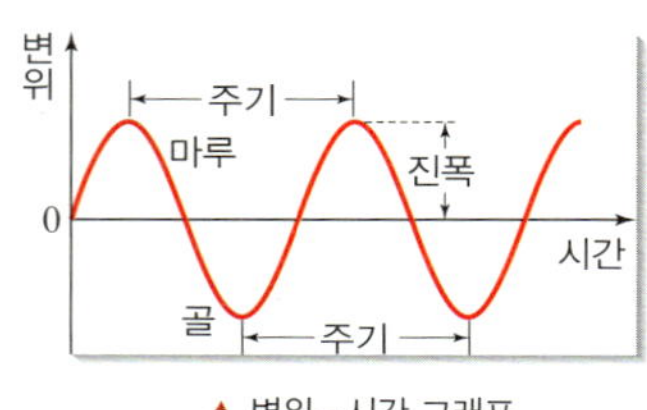

B 파동의 종류

1. 매질의 유무에 따른 구분

(1) **역학적 파동(탄성파)** : 전달될 때 매질이 필요하며 매질의 상태에 따라 속력이 달라진다.

(2) **전자기파(빛)** : 전달될 때 매질이 필요하지 않으며 진공에서 가장 빨리 전달되고 물질 안에서는 진공보다 느리게 전달된다.

2. 진동 방향과 진행 방향에 따른 구분 매질이나 파장의 진동 방향과 파동의 진행 방향을 기준으로 하여 종파와 횡파로 나뉜다.

(1) **종파** : 매질의 진동 방향과 파동의 진행 방향이 나란한 파동

(2) **횡파** : 매질의 진동 방향과 파동의 진행 방향이 수직인 파동

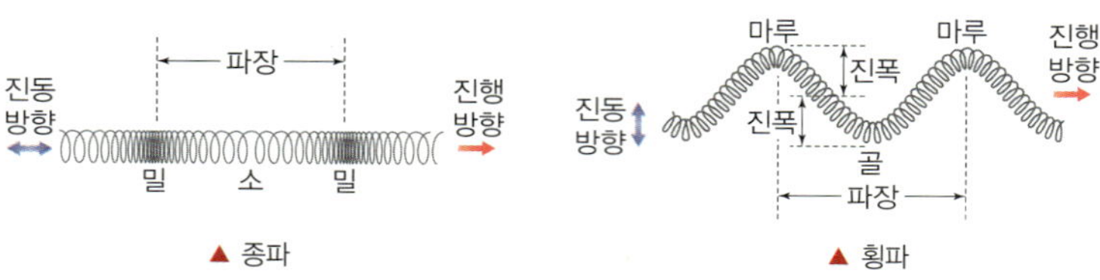

3. 파동의 진행 속력 파동의 진행 속력은 파동이 단위 시간 동안 진행하는 거리이다. 파동은 한 주기 동안 한 파장만큼 진행하므로 파동의 속력은 다음과 같다.

$$\text{파동의 속력}(v) = \frac{\text{파장}(\lambda)}{\text{주기}(T)} = \text{파장}(\lambda) \times \text{진동수}(f)$$

파동의 전파 과정

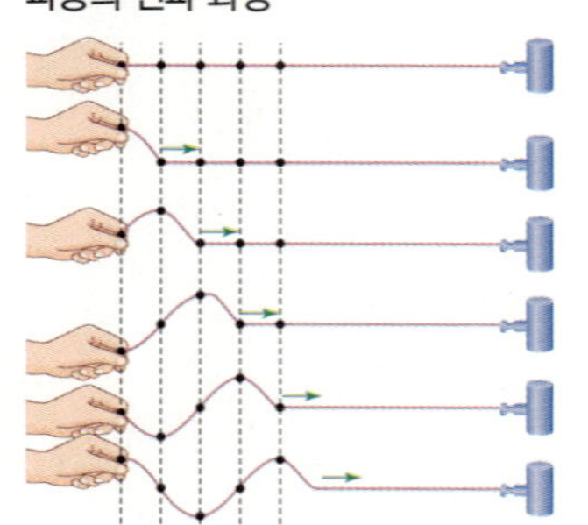

파동이 전파될 때 에너지만 옆으로 이동하고 매질은 제자리에서 진동한다.

종파에서의 파장

이웃한 밀한 지점 사이의 거리 또는 이웃한 소한 지점 사이의 거리가 종파의 파장이다.

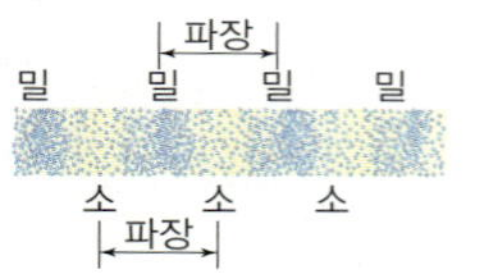

파동의 진행

매질이 한 번 진동하는 동안 파동은 한 파장만큼 진행한다.

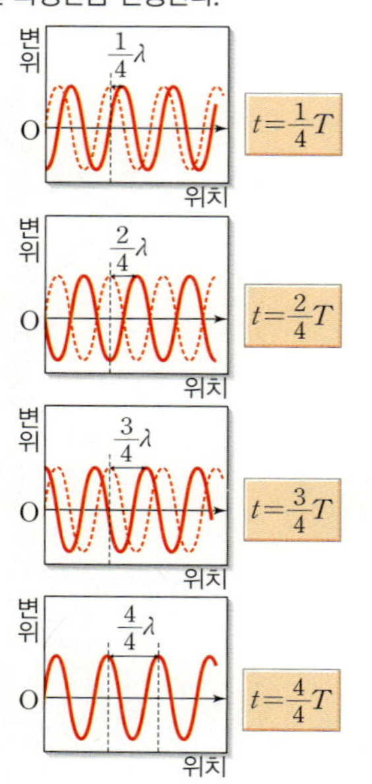

C 파동의 굴절

1. **파동의 굴절**   한 물질에서 진행하던 파동이 속력이 다른 매질로 진행할 때 파동의 진행 방향이 바뀌는 현상

   (1) 굴절의 원인 : 매질에 따라 파동의 진행 속력이 달라지기 때문에 일어난다.

   (2) 굴절 법칙

   ① 파동이 매질 1에서 매질 2로 진행할 때 각 매질에서의 속력을 각각 v_1, v_2, 입사각을 i, 굴절각을 r라고 하면 입사각과 굴절각의 사인 값의 비는 매질에서 파동의 속력의 비와 같다.

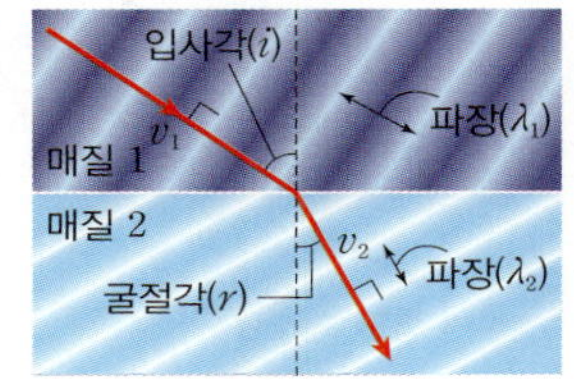

$$\frac{\sin i}{\sin r} = \frac{v_1}{v_2}$$

   ② 파동이 굴절할 때 파동의 진동수는 일정하다. 두 매질에서 파장을 λ_1, λ_2라고 하면 속력은 파장과 진동수를 곱한 값이므로 속력의 비와 파장의 비는 같다.

$$\frac{\sin i}{\sin r} = \frac{v_1}{v_2} = \frac{\lambda_1}{\lambda_2}$$

2. **빛의 굴절**   빛도 파동의 일종이므로 빛이 굴절할 때 굴절 법칙이 성립한다.

   (1) 굴절률 : 매질에서 빛의 속력 v에 대한 진공에서의 빛의 속력 c의 비$\left(n = \dfrac{c}{v}\right)$ — 절대 굴절률이라고도 한다.

   (2) 빛의 굴절 법칙(스넬 법칙) : 굴절률이 n_1인 매질 1에서 굴절률이 n_2인 매질 2로 빛이 진행할 때 다음과 같은 관계가 있다.

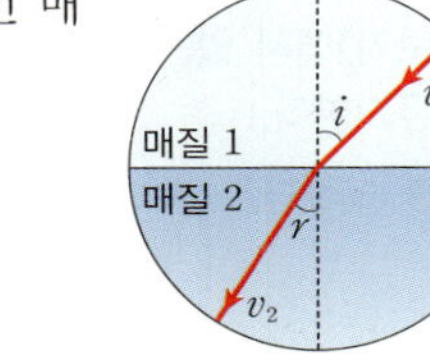

$$\frac{\sin i}{\sin r} = \frac{v_1}{v_2} = \frac{\dfrac{c}{n_1}}{\dfrac{c}{n_2}} = \frac{n_2}{n_1} = n_{12}$$

3. **생활 속의 굴절**

   (1) 볼록 렌즈는 빛을 모으고, 오목 렌즈는 빛을 퍼지게 한다.

   (2) 물속에 있는 물고기는 실제 위치보다 떠 보인다.

   (3) 신기루 : 공기의 온도가 높을수록 빛의 속력이 빠르고, 온도가 낮을수록 빛의 속력이 느리기 때문에 물체가 실제 위치가 아닌 다른 위치에 보이는 현상이다.

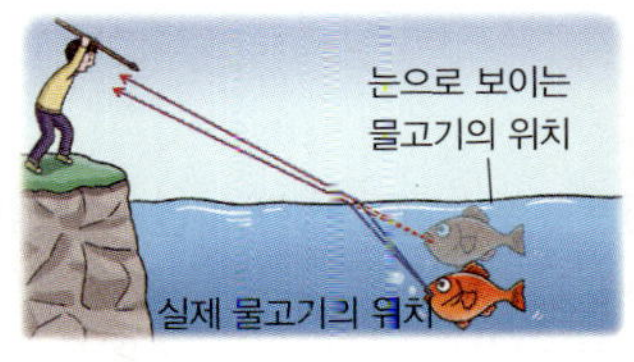

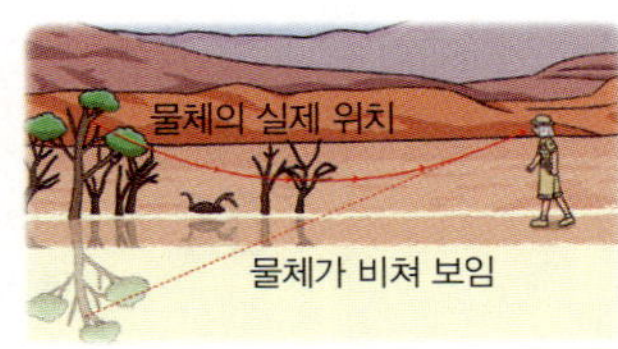

▲ 물속의 물고기   ▲ 신기루의 원리

매질에 따른 파동의 속력

파동의 속력은 매질에 따라 달라진다.
- 빛 : 매질이 없으며 진공 속에서 속력이 가장 빠르고($c = 3 \times 10^8$ m/s), 물질에서는 느려진다.
- 소리 : 고체, 액체, 기체 순으로 빠르며, 공기의 온도가 높을수록 빠르다.
- 줄을 통해 전달되는 파동 : 줄이 팽팽할수록, 줄이 가늘수록 빠르다.
- 물결파 : 물의 깊이가 깊을수록 빠르다.

굴절률

물질	굴절률
진공	1.00
공기	1.0003
물	1.33
유리	1.5~1.9
다이아몬드	2.42

그림은 공기에서 매질 A, B로 각각 진행하는 단색광 P의 입사각에 따른 굴절각의 측정 결과를 나타낸 것이다.

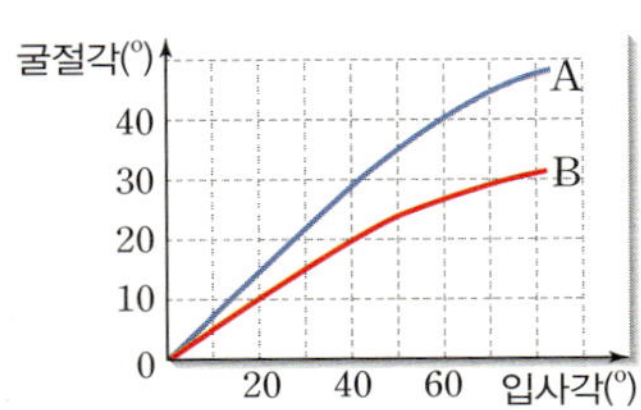

자료 체크 리스트
- ☐ 입사각이 같을 때 각 매질에서 굴절각의 차이
- ☐ 굴절률과 속도의 관계
- ☐ 굴절률과 파장, 진동수의 관계

step 1 스넬 법칙을 이용하여 두 매질의 굴절률 구하기

$n_A = \dfrac{\sin 40°}{\sin 30°}$, $n_B = \dfrac{\sin 40°}{\sin 20°}$ 이므로 B의 굴절률이 더 크다.

step 2 굴절률이 다른 매질에서 빛의 속도 비교하기

$\dfrac{v_A}{v_B} = \dfrac{n_B}{n_A}$ 이므로 A에서 빛의 속력이 더 빠르다.

step 3 매질이 달라질 때 진동수의 변화 이해하기

매질이 변해도 파원에 의해 결정되는 파동의 진동수는 변하지 않는다. $v = \lambda f$이므로 속력이 빠른 A에서 파장이 더 크다.

S 기출 변형 문제

01

그림은 소리굽쇠에서 발생한 소리를 소리 분석기로 분석하는 모습을 나타낸 것이다.

소리굽쇠로 소리를 낸 것을 녹음하여 서로 다른 시간에서의 소리 굽쇠의 소리를 소리 분석기로 분석한 그래프가 A, B와 같다.

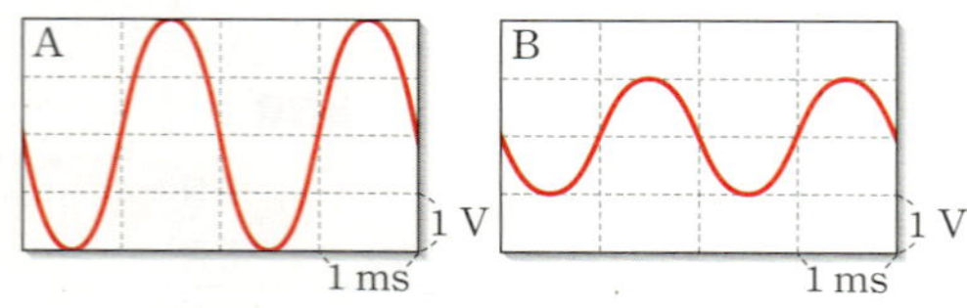

A에서가 B에서보다 큰 물리량만을 〈보기〉에서 있는 대로 고른 것은? (단, 실험실의 온도는 일정하게 유지한다.)

┌ 보기 ┐
ㄱ. 소리의 진폭
ㄴ. 소리의 진동수
ㄷ. 소리의 속력

① ㄱ 　② ㄴ 　③ ㄱ, ㄷ
④ ㄴ, ㄷ 　⑤ ㄱ, ㄴ, ㄷ

02

그림은 같은 속력으로 진행하는 두 파동 P, Q의 어떤 지점에서의 변위를 시간에 따라 각각 나타낸 것이다.

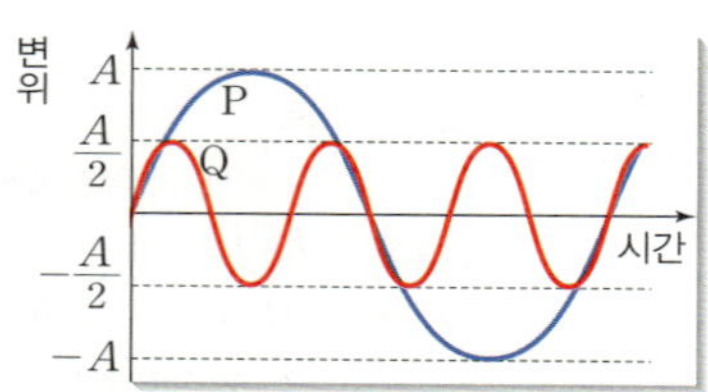

이에 대한 설명으로 옳은 것만을 〈보기〉에서 있는 대로 고른 것은?

┌ 보기 ┐
ㄱ. Q의 진폭은 A이다.
ㄴ. 파장은 P가 Q의 3배이다.
ㄷ. 진동수는 P가 Q의 3배이다.

① ㄱ 　② ㄴ 　③ ㄱ, ㄷ
④ ㄴ, ㄷ 　⑤ ㄱ, ㄴ, ㄷ

03

그림 (가), (나)는 진동수가 같은 두 물결파의 한 순간의 모습을 위치 – 변위 그래프로 나타낸 것이다.

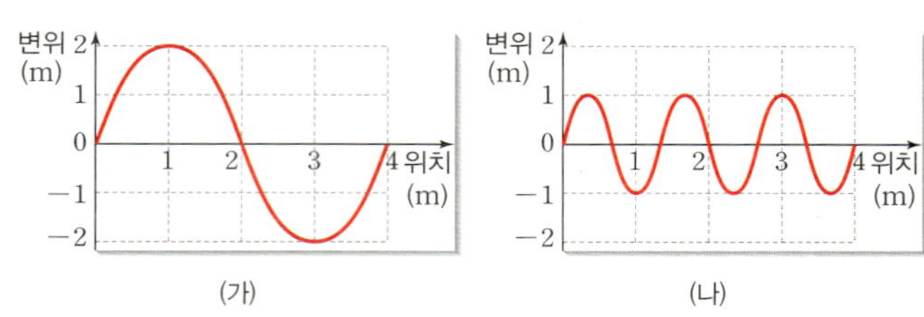

이에 대한 설명으로 옳은 것만을 〈보기〉에서 있는 대로 고른 것은?

┌ 보기 ┐
ㄱ. 파장은 (가)에서가 (나)에서의 3배이다.
ㄴ. 속력은 (가)에서가 (나)에서의 3배이다.
ㄷ. 진폭은 (가)에서가 (나)에서의 2배이다.

① ㄱ 　② ㄴ 　③ ㄱ, ㄷ
④ ㄴ, ㄷ 　⑤ ㄱ, ㄴ, ㄷ

04

그림 (가)는 진동수가 일정한 수면파가 매질 Ⅰ에서 매질 Ⅱ로 진행하는 모습을 나타낸 것이다. Ⅰ과 Ⅱ에서 파면이 경계면과 이루는 각은 각각 45°, 30°이고, Ⅰ에서 이웃한 파면 사이의 간격은 2 cm이다. 그림 (나)는 (가)의 점 P에서 수면의 높이를 시간에 따라 나타낸 것이다.

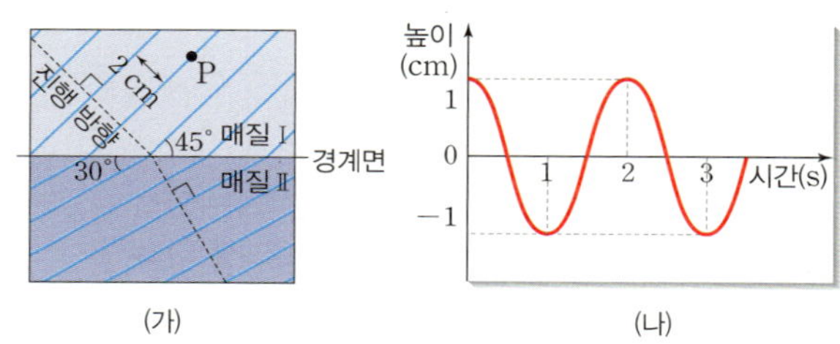

이에 대한 설명으로 옳은 것만을 〈보기〉에서 있는 대로 고른 것은?

┌ 보기 ┐
ㄱ. 수면파의 진동수는 2 Hz이다.
ㄴ. 매질 Ⅰ에서 수면파의 속력은 1 cm/s이다.
ㄷ. 매질 Ⅱ에서 수면파의 파장은 $\sqrt{2}$ cm이다.

① ㄱ 　② ㄴ 　③ ㄱ, ㄷ
④ ㄴ, ㄷ 　⑤ ㄱ, ㄴ, ㄷ

05 그림은 단색광이 공기 중에서 매질 I에 입사각 θ로 입사하여 매질 II를 거쳐 공기 중으로 굴절각 60°로 진행하는 것을 나타낸 것이다. 공기에 대한 I의 굴절률은 $\sqrt{2}$이며, 매질 I, II에서의 단색광의 속력은 v_1, v_2이다.

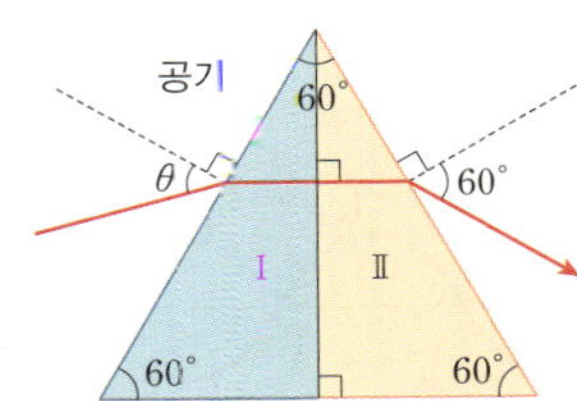

이에 대한 설명으로 옳은 것만을 〈보기〉에서 있는 대로 고른 것은?

보기
ㄱ. 공기에 대한 II의 굴절률은 $\sqrt{3}$이다.
ㄴ. $\theta = 45°$이다.
ㄷ. $v_1 : v_2 = \sqrt{2} : \sqrt{3}$이다.

① ㄱ 　② ㄷ 　③ ㄱ, ㄴ
④ ㄴ, ㄷ 　⑤ ㄱ, ㄴ, ㄷ

06 그림 (가)와 같이 단색광 X가 입사각 θ로 매질 I에서 매질 II로 진행하고, (나)와 같이 X가 매질 II에서 매질 III으로 진행하여 굴절각이 θ가 된다. 원의 중심 O는 X의 경로와 매질의 경계면이 만나는 점이고, $a < b < c$이다.

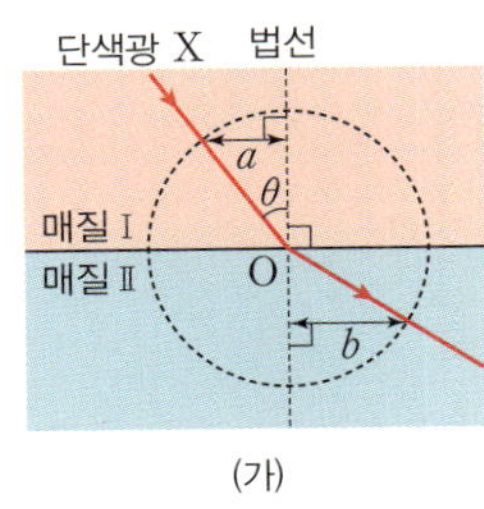
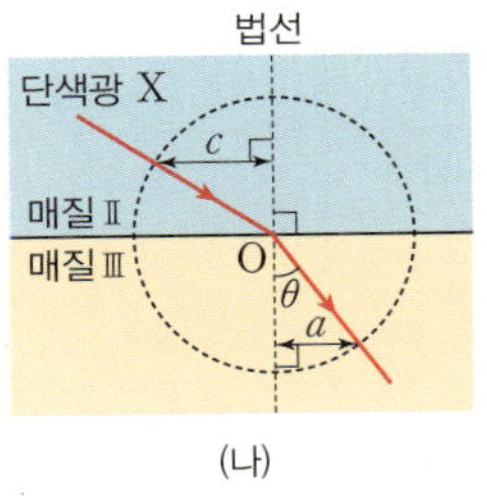

I, II, III의 굴절률을 각각 n_{I}, n_{II}, n_{III}이라고 할 때, 굴절률을 비교한 것으로 옳은 것은?

① $n_{\text{I}} < n_{\text{II}} < n_{\text{III}}$
② $n_{\text{I}} < n_{\text{III}} < n_{\text{II}}$
③ $n_{\text{II}} < n_{\text{I}} < n_{\text{III}}$
④ $n_{\text{II}} < n_{\text{III}} < n_{\text{I}}$
⑤ $n_{\text{III}} < n_{\text{I}} < n_{\text{II}}$

07 다음은 물결파의 굴절 실험이다.

[실험 과정]

(가) 그림과 같이 물결파 투영 장치를 설치하고 유리판을 물속에 넣은 후, 진동수가 f_0인 평면파를 발생시켜 스크린에 투영된 모습을 관찰한다.

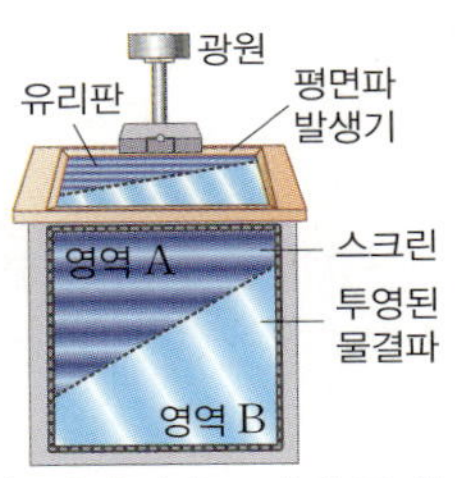

(나) 영역 A에서 평면파의 파장과 입사각을, 영역 B에서 평면파의 파장과 굴절각을 측정한다.

[실험 결과]

영역 A		영역 B	
파장	입사각	파장	굴절각
λ_0	θ_A	$\frac{3}{2}\lambda_0$	θ_B

이에 대한 설명으로 옳은 것만을 〈보기〉에서 있는 대로 고른 것은?

보기
ㄱ. 물결파의 속력은 영역 A에서가 B에서보다 빠르다.
ㄴ. 물결파의 진동수는 두 영역에서 같다.
ㄷ. $\theta_A < \theta_B$이다.

① ㄱ 　② ㄴ 　③ ㄱ, ㄷ
④ ㄴ, ㄷ 　⑤ ㄱ, ㄴ, ㄷ

08 그림은 소리가 굴절해 가는 모습을 화살표로 나타낸 것으로, 이 현상에 대해 철수, 영희, 민수가 대화하는 모습을 나타낸 것이다.

옳게 말한 사람만을 있는 대로 고른 것은?

① 철수 　② 영희 　③ 철수, 영희
④ 철수, 민수 　⑤ 영희, 민수

기본 개념 확인

01 파동이 한 파장만큼 진행하는 데 걸리는 시간은 ☐☐☐☐☐ 이다.

02 파동의 속력
＝파장×☐☐☐☐☐

01 그림은 오른쪽으로 진행하는 진동수가 0.5 Hz인 파동의 어느 순간의 변위를 위치 x에 따라 나타낸 것이다.

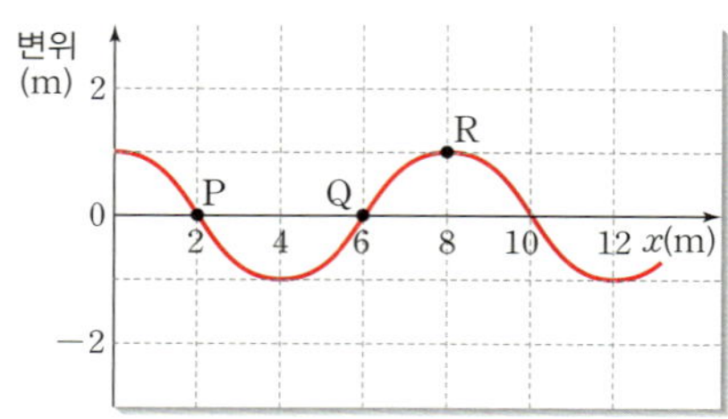

이에 대한 설명으로 옳은 것만을 〈보기〉에서 있는 대로 고른 것은?

> **보기**
> ㄱ. 파동의 속력은 4 m/s이다.
> ㄴ. P와 Q에서 매질의 운동 방향은 반대 방향이다.
> ㄷ. 1초 후 R의 변위는 −1 m이다.

① ㄱ   ② ㄷ   ③ ㄱ, ㄴ   ④ ㄴ, ㄷ   ⑤ ㄱ, ㄴ, ㄷ

02 그림은 단색광 X가 공기에서 매질 A, B를 지나 공기로 빠져나오는 과정을 나타낸 것이다. 공기에 대한 매질 A의 굴절률은 $\sqrt{3}$이고, A에서 B로 진행할 때 입사각은 30°, 굴절각은 60°, B를 지나온 X의 공기에서의 굴절각은 θ이다.

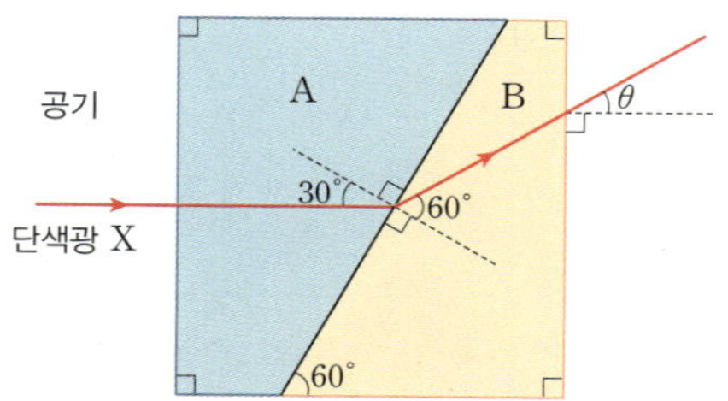

이에 대한 설명으로 옳은 것만을 〈보기〉에서 있는 대로 고른 것은?

> **보기**
> ㄱ. 단색광 X의 속력은 A보다 B에서 빠르다.
> ㄴ. 공기에 대한 매질 B의 굴절률은 3이다.
> ㄷ. $\theta=30°$이다.

① ㄱ   ② ㄴ   ③ ㄱ, ㄷ   ④ ㄴ, ㄷ   ⑤ ㄱ, ㄴ, ㄷ

03 그림과 같이 진동수가 같은 두 빛 A, B가 매질 Ⅱ에서 나란하게 진행한다. 빛 A의 경로가 그림과 같고, 빛 B는 매질 Ⅱ에서 매질 Ⅲ을 지나 매질 Ⅱ를 거쳐 매질 Ⅰ로 진행한다. 빛 B의 매질 Ⅱ에서 굴절각은 θ_2, 매질 Ⅰ에서 굴절각은 θ_1이고, 세 매질의 굴절률은 n_1, n_2, n_3이다.

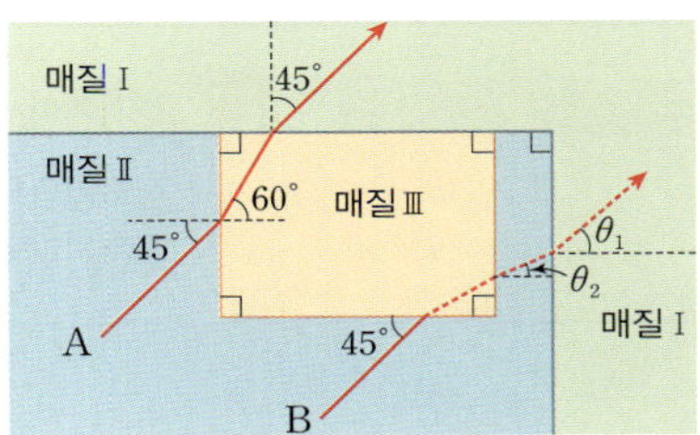

이에 대한 설명으로 옳은 것만을 〈보기〉에서 있는 대로 고른 것은?

〈보기〉
ㄱ. $n_2 > n_3 > n_1$이다.
ㄴ. $\sin\theta_2 = \dfrac{1}{\sqrt{6}}$이다.
ㄷ. $\theta_1 = 45°$이다.

① ㄱ ② ㄴ ③ ㄱ, ㄷ ④ ㄴ, ㄷ ⑤ ㄱ, ㄴ, ㄷ

04 그림 (가)와 (나)는 물결파가 깊이가 다른 구간 A와 B를 지나는 모습을 나타낸 것이다. 파란색 실선은 물결파의 마루를 나타낸다.

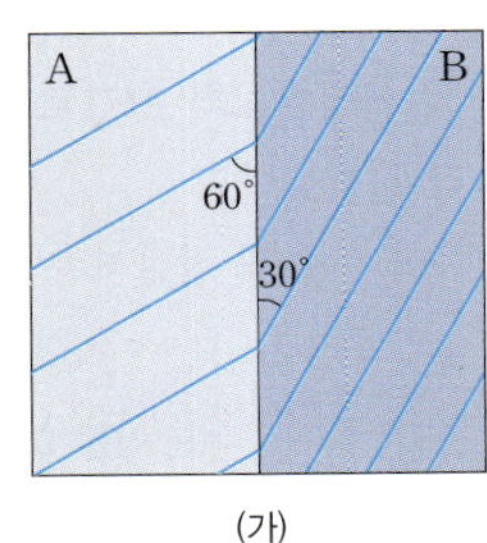

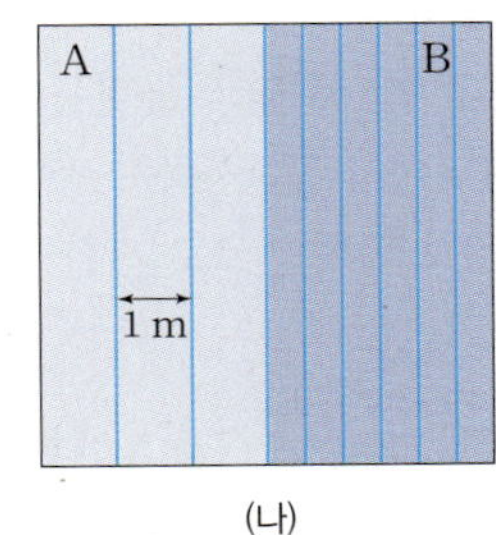

(가)   (나)

이에 대한 설명으로 옳은 것만을 〈보기〉에서 있는 대로 고른 것은?

〈보기〉
ㄱ. 물결파의 진동수는 구간 A보다 B에서 크다.
ㄴ. 물결파의 속력은 구간 A가 B보다 크다.
ㄷ. 수심은 구간 A가 B보다 깊다.
ㄹ. (나)에서 B의 파장은 $\dfrac{\sqrt{3}}{2}$ m이다.

① ㄱ, ㄴ ② ㄱ, ㄷ ③ ㄴ, ㄷ ④ ㄱ, ㄴ, ㄷ ⑤ ㄴ, ㄷ, ㄹ

---

03 굴절률이 n_1인 매질 1에서 굴절률이 n_2인 매질 2로 빛이 진행할 때 다음과 같은 관계가 있다.

$$\frac{\sin\theta_1}{\sin\theta_2} = \frac{v_1}{v_2} = \boxed{}$$

04 물결파의 속력은 수심이 깊을수록 $\boxed{}$.

12강 전반사와 광통신 및 전자기파

A 전반사		B 광통신		C 전자기파	
임계각	★☆☆	광섬유의 구조	★★★	전자기파의 종류	★★☆
전반사가 일어날 조건	★★★	광통신 과정	★☆☆	전자기파의 이용	★★★

A 전반사

입사각이 임계각일 때
임계각으로 입사한 빛은 경계면을 따라 진행한다.

1. **전반사** 빛이 한 매질에서 다른 매질로 진행할 때 굴절이 없이 전부 반사하는 현상
   (1) **임계각** : 빛이 굴절할 때 굴절각이 90°가 되는 입사각
   (2) **임계각과 굴절률의 관계** : 굴절률이 n_1인 매질에서 n_2인 매질로 진행할 때 임계각 i_c는 굴절 법칙을 적용하여 두 매질의 굴절률로 나타낼 수 있다.

$$\frac{\sin i_c}{\sin 90°} = \sin i_c = \frac{n_2}{n_1}$$

2. **전반사가 일어날 조건**
   (1) 굴절률이 큰 매질에서 굴절률이 작은 매질로 빛이 진행할 때 일어난다.
   (2) 굴절면에서 빛의 입사각이 임계각보다 클 때 전반사가 일어난다.

전반사의 이용
• **쌍안경** : 직각 프리즘의 전반사를 이용해 빛의 진행 방향을 바꾸고 렌즈로 물체를 확대해 볼 수 있다.

• **잠망경** : 직각 프리즘의 전반사를 이용해 빛의 진행 방향을 바꾸어 눈으로 직접 볼 수 없는 곳의 물체를 볼 수 있다.

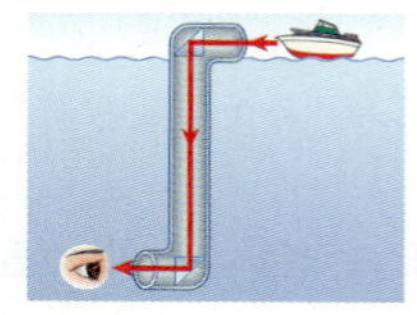

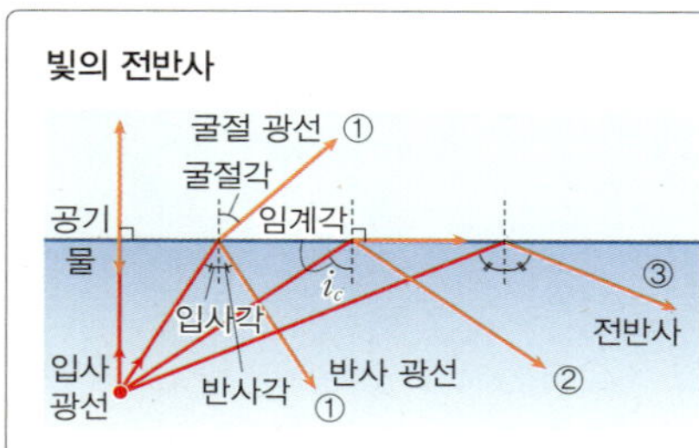

3. **전반사 현상의 이용** 전반사를 이용하면 빛의 세기가 약해지지 않고 빛의 진행 경로를 바꿀 수 있으며, 빛을 멀리까지 보낼 수 있다. 예 쌍안경, 잠망경, 내시경, 광케이블 등

B 광통신

코어와 클래딩
빛이 전반사하려면 광섬유의 가운데 있는 코어는 바깥을 감싸고 있는 클래딩보다 굴절률이 더 큰 물질이어야 한다.

1. **광섬유** 빛을 전송할 수 있는 섬유 모양의 관
   (1) **광섬유의 구조** : 굴절률이 큰 코어를 굴절률이 작은 클래딩이 감싸고 있는 이중 구조이다.
   (2) **광섬유에서의 빛의 진행** : 코어의 굴절률이 클래딩의 굴절률보다 크므로 코어에 입사한 빛이 코어와 클래딩의 경계면에서 전반사하여 광섬유를 따라 진행한다.

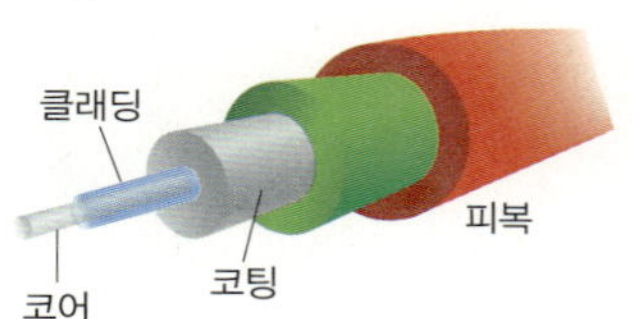

2. **광통신** 전송하려는 정보를 빛 신호로 전환하여 광섬유를 이용해 전달하는 유선 통신 방식

구리 도선을 이용한 전기 통신
구리 도선을 이용한 통신은 구리 도선에 전류가 흐를 때 도선에 열이 발생하여 에너지 손실이 생기므로 정보의 세기가 약해진다.

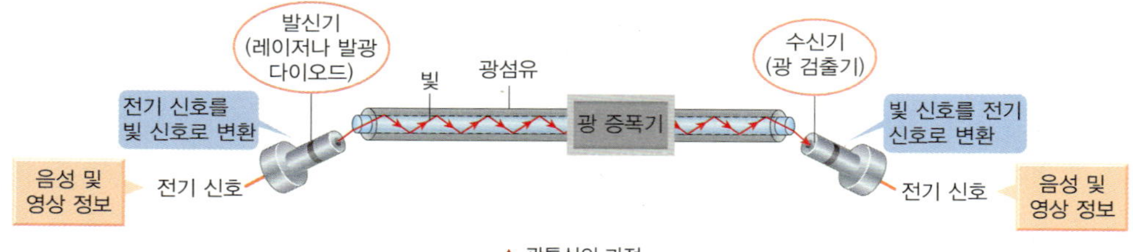

▲ 광통신의 과정

3. **광통신의 장단점**

장점	단점
• 외부 전자기파의 간섭을 받지 않아 잡음과 혼선이 없으며 도청이 어렵다. • 대용량의 정보를 먼 곳까지 전달한다. • 도선을 이용한 통신에 비해 전송 속도가 빠르다.	• 화재나 충격에 약하고, 끊어지면 연결이 어렵다. • 광섬유 연결 부위에 불순물이 끼거나 틈이 생기면 통신이 불가능하다. • 설치와 관리 비용이 많이 든다.

C 전자기파

1. **전자기파** 전기장과 자기장의 진동 방향이 서로 수직을 이루며 세기가 주기적으로 변하면서 진행하는 파동

2. **전자기파의 성질**

   (1) 매질 없이 전달되는 파동이며, 진공에서 가장 빠르고 물질 속에서는 진공보다 느리다.

   (2) 진공에서 전자기파의 속력은 파장에 관계없이 일정하며, 속력은 빛의 속력(약 3×10^8 m/s)과 같다. $- c = \dfrac{\lambda}{T} = f\lambda$ (c : 빛의 속력, λ : 파장, T : 주기, f : 진동수)

   (3) 한 주기 동안 한 파장만큼 진행한다.

   (4) 전자기파의 에너지는 진동수가 클수록 크다.

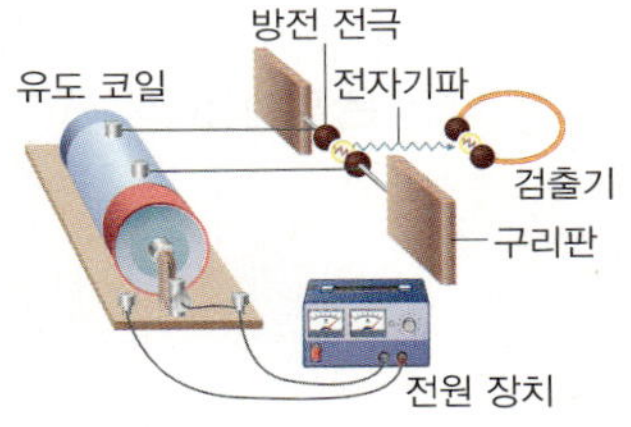

3. **전자기파의 종류**

   (1) 전자기파는 진동수나 파장에 따라 다른 성질을 나타내며, 파장에 따라 감마선, X선, 자외선, 가시광선, 적외선, 마이크로파, 라디오파로 구분할 수 있다.

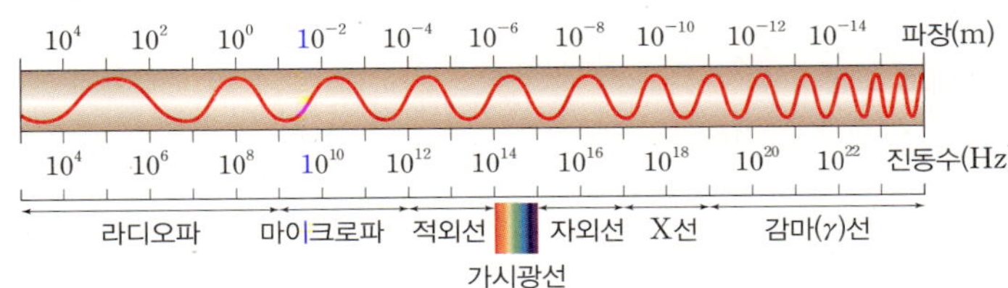

   (2) 파장이 짧을수록 에너지가 강하고 직진성이 강하며, 파장이 길수록 에너지가 작고 회절성이 크다.

4. **전자기파의 이용**

종류		이용	파장	진동수
전파	라디오파	회절이 잘 되며, TV나 라디오 방송 등에 이용된다.	길다	작다
	마이크로파	레이더와 위성 통신, 가정용 무선 인터넷 기기, 전자레인지에서 음식물을 데우는 데 이용된다.		
적외선		열작용이 있어 열선이라고도 한다. 적외선 온도계, 열화상 카메라, 적외선 센서 등에 이용된다.		
가시광선		사람의 눈으로 감지할 수 있는 전자기파이며, 카메라, 망원경, 현미경 등에 이용된다.		
자외선		살균 및 소독기, 위조지폐 감별 등에 이용된다.		
X선		투과력이 강하여 인체나 물질 내부를 관찰하는 데 이용된다.	짧다	크다
감마(γ)선		투과력과 에너지가 강하여 암 치료 등 질병 치료에 이용된다.		

헤르츠의 전자기파 실험

헤르츠는 다음과 같은 실험 장치를 고안하여 방전 전극 사이에 불꽃이 튀면서 전자기파가 공중으로 퍼져 나가고 이 전자기파가 검출기에 도달해 전기 불꽃이 발생하는 것을 관찰하였다. 이 실험을 통해 전자기가 파장의 형태로 공간으로 퍼져 가는 것을 확인하였다.

회절

파동이 장애물을 만났을 때 모서리에서 휘어져 장애물 뒤쪽으로 퍼져 나가는 현상으로, 파동의 회절 현상 때문에 음파나 전파 등이 좁은 틈을 통과하여 장애물의 뒤쪽으로 퍼져 나간다.

기출 자료 | 분석

그림은 광섬유에 사용되는 물질 A, B, C 중 A와 C의 경계면과 B와 C의 경계면에 각각 입사시킨 동일한 단색광 X가 굴절하는 모습을 나타낸 것이다. θ는 입사각이고, θ_1과 θ_2는 굴절각이며, $\theta_2 > \theta_1 > \theta$이다.

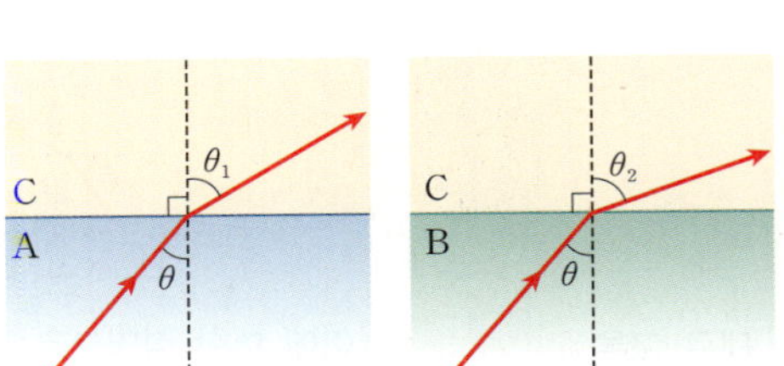

자료 체크 리스트

- [ ] 스넬 법칙을 이용해 A, B, C에서의 굴절률을 비교
- [ ] 임계각 구하기
- [ ] 광섬유의 구조 이해

step 1 A, B, C 굴절률 비교하기

굴절률이 n_A인 매질 A에서 굴절률이 n_B인 매질 B로 빛이 진행할 때 다음과 같은 관계가 있다.

$$\frac{\sin\theta_A}{\sin\theta_B} = \frac{v_A}{v_B} = \frac{n_B}{n_A}$$

- $\theta_2 > \theta_1 > \theta$이므로 $v_C > v_A > v_B$, $n_C < n_A < n_B$이다.

step 2 임계각의 정의 파악하기

- 임계각은 굴절각이 $90°$가 되는 입사각이다.
- X가 A에서 C로 입사할 때 입사각이 θ이면 전반사가 일어나지 않으므로 θ는 임계각보다 작다.

step 3 광섬유의 구조 이해하기

굴절률이 큰 코어를 굴절률이 작은 클래딩이 감싸고 있는 이중 구조이다.

01 그림 (가)는 단색광 X가 광섬유에 사용되는 물질 A, B, C를 지나는 모습을 나타낸 것이다. 그림 (나), (다)는 A, B, C를 이용하여 만든 두 광섬유에 X가 입사각 i로 입사하여 진행하는 모습을 나타낸 것이며, θ_1, θ_2는 코어에서 클래딩으로 입사하는 각도이다. θ_1은 임계각이며, A, B, C의 굴절률은 n_A, n_B, n_C이다.

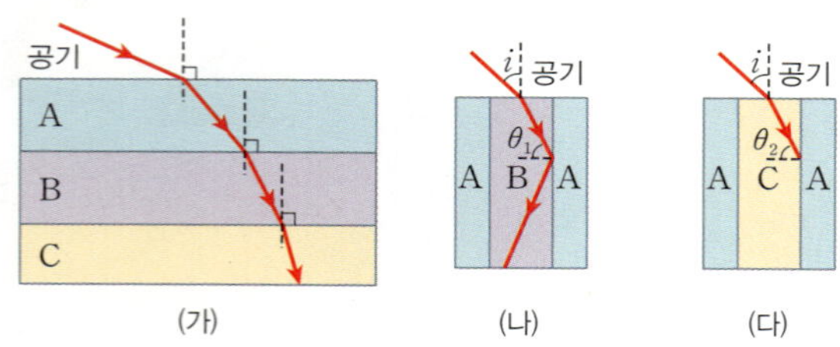

이에 대한 설명으로 옳은 것만을 〈보기〉에서 있는 대로 고른 것은?

| 보기 |
ㄱ. $\theta_1 > \theta_2$이다.
ㄴ. $\dfrac{n_B}{n_C} = \dfrac{\cos\theta_2}{\cos\theta_1}$이다.
ㄷ. (다)에서 코어와 클래딩 사이에는 전반사가 일어난다.

① ㄱ　　　② ㄴ　　　③ ㄱ, ㄷ
④ ㄴ, ㄷ　　　⑤ ㄱ, ㄴ, ㄷ

03 그림과 같이 단색광 P가 물질 A와 B의 경계면에서 전반사하고, C와의 경계면에서는 일부는 굴절하여 C로 진행하고, 일부는 반사한다.

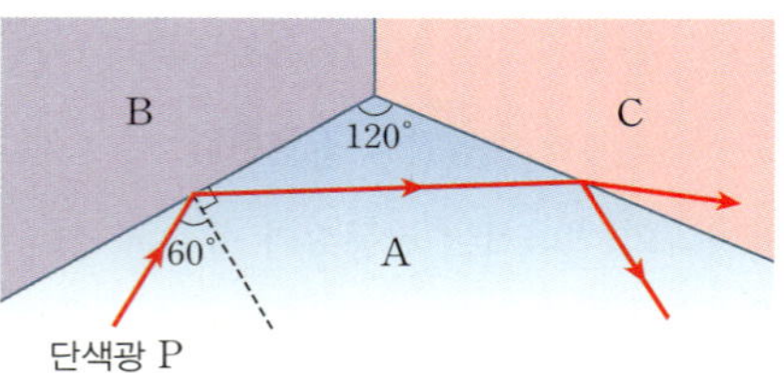

이에 대한 설명으로 옳은 것만을 〈보기〉에서 있는 대로 고른 것은?

| 보기 |
ㄱ. A가 B보다 굴절률이 크다.
ㄴ. A와 C 사이의 임계각 θ은 $30° < \theta < 60°$이다.
ㄷ. C를 코어, B를 클래딩으로 하는 광섬유를 만들 수 있다.

① ㄱ　　　② ㄴ　　　③ ㄱ, ㄷ
④ ㄴ, ㄷ　　　⑤ ㄱ, ㄴ, ㄷ

02 그림은 유리 A, B로 만든 광섬유를 따라 단색광이 진행하는 모습을 나타낸 것이다. 단색광은 A와 B의 경계면에서 전반사하여 A 속을 진행하다가 급격히 휘어진 부분의 점 P에서 일부는 반사하여 A로 진행하고, 일부는 굴절하여 B로 진행한다.

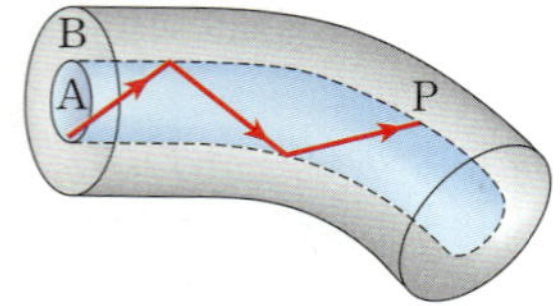

이에 대한 설명으로 옳은 것만을 〈보기〉에서 있는 대로 고른 것은?

| 보기 |
ㄱ. A의 굴절률이 B보다 크다.
ㄴ. P에서 입사각은 굴절각보다 크다.
ㄷ. P에서 입사각과 반사각은 같다.

① ㄱ　　　② ㄴ　　　③ ㄱ, ㄷ
④ ㄴ, ㄷ　　　⑤ ㄱ, ㄴ, ㄷ

04 그림은 유리 A, B로 만든 광섬유에 단색광이 입사각 i로 입사하여 코어 내에서 진행하는 것을 나타낸 것이다. A, B의 공기에 대한 굴절률은 각각 n_A, n_B이며, 코어와 클래딩 사이에 전반사가 일어나는 i의 최댓값은 i_m이다.

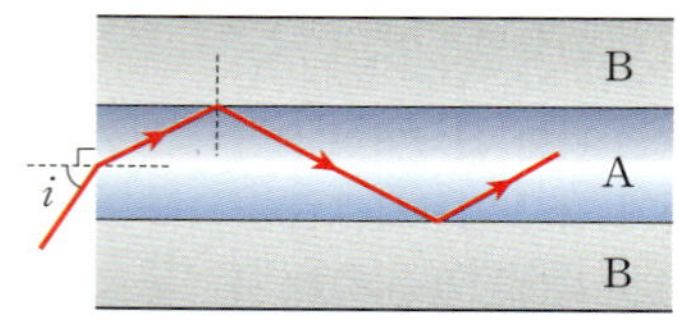

이에 대한 설명으로 옳은 것만을 〈보기〉에서 있는 대로 고른 것은?

| 보기 |
ㄱ. i가 클수록 전반사가 잘 일어난다.
ㄴ. $n_A < n_B$이다.
ㄷ. $\sin i_m = \sqrt{{n_A}^2 - {n_B}^2}$이다.

① ㄱ　　　② ㄷ　　　③ ㄱ, ㄷ
④ ㄴ, ㄷ　　　⑤ ㄱ, ㄴ, ㄷ

05 그림은 학생 A, B, C가 소리와 전자기파에 대해 대화하는 모습을 나타낸 것이다.

제시한 내용이 옳은 학생만을 있는 대로 고른 것은?

① A   ② B   ③ A, C
④ B, C   ⑤ A, B, C

---

06 그림 (가)는 전자기파를 파장에 따라 분류한 것을, (나)는 병원에서 찍은 의료 진단용 사진을 나타낸 것이다.

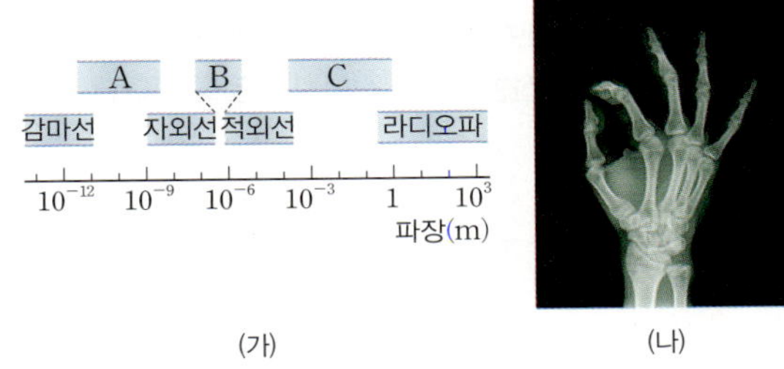

이에 대한 설명으로 옳은 것만을 〈보기〉에서 있는 대로 고른 것은?

보기
ㄱ. (나)는 (가)의 A에 해당한다.
ㄴ. 진동수는 A가 B보다 작다.
ㄷ. 진공에서 속력은 A가 C보다 크다.

① ㄱ   ② ㄴ   ③ ㄱ, ㄷ
④ ㄴ, ㄷ   ⑤ ㄱ, ㄴ, ㄷ

---

07 다음은 일상 생활에서 활용되는 전자기파를 나타낸 것이다.

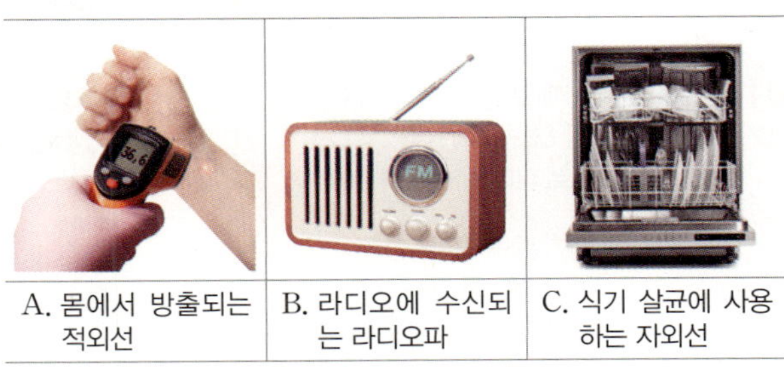

A, B, C에 해당하는 전자기파의 파장을 각각 λ_A, λ_B, λ_C라고 할 때, 파장을 비교한 것으로 옳은 것은?

① $\lambda_A < \lambda_B < \lambda_C$ ② $\lambda_A < \lambda_C < \lambda_B$
③ $\lambda_B < \lambda_A < \lambda_C$ ④ $\lambda_B < \lambda_C < \lambda_A$
⑤ $\lambda_C < \lambda_A < \lambda_B$

---

08 그림은 전자기파 A에 대해 설명하는 모습을 나타낸 것이다.

A는?

① X선   ② 자외선   ③ 적외선
④ 마이크로파   ⑤ 라디오파

기본 개념 확인

01 굴절률이 n_1인 매질에서 n_2인 매질로 진행할 때 임계각 i_c는 두 매질의 [　　　]로 나타낼 수 있다.

$$\frac{\sin i_c}{\sin 90^\circ} = \sin i_c = \frac{n_2}{n_1}$$

01 그림은 단색광이 매질 1에서 매질 2로 진행하는 것으로 점 O에서 일부가 반사하고 일부는 굴절하였다. 두 매질 사이의 임계각은 θ이며, 눈금은 모두 1 cm로 일정하다.

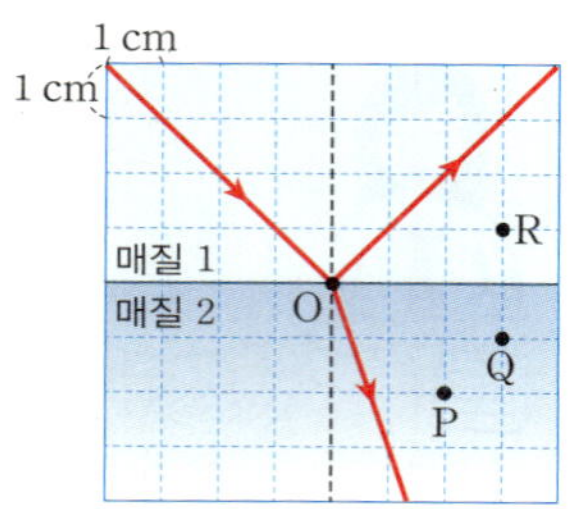

이에 대한 설명으로 옳은 것만을 〈보기〉에서 있는 대로 고른 것은?

| 보기 |

ㄱ. 매질 1에 대한 매질 2의 굴절률은 $\sqrt{5}$이다.

ㄴ. $\sin\theta = \dfrac{1}{\sqrt{5}}$이다.

ㄷ. 점 P, Q, R에서 O로 단색광을 비출 때 전반사가 일어나는 점은 P, Q이다.

① ㄱ　　　　② ㄷ　　　　③ ㄱ, ㄷ　　　　④ ㄴ, ㄷ　　　　⑤ ㄱ, ㄴ, ㄷ

02 빛이 전반사하려면 광섬유의 가운데 있는 코어는 바깥을 감싸는 클래딩보다 굴절률이 더 [　　　] 물질로 만들어야 한다.

02 그림 (가)는 단색광 X가 매질 A와 B의 경계면에서 굴절하여 진행하는 것을 나타낸 것이고, (나)는 A, B로 만든 광섬유에서 단색광 X가 전반사하며 진행하는 것을 나타낸 것이다.

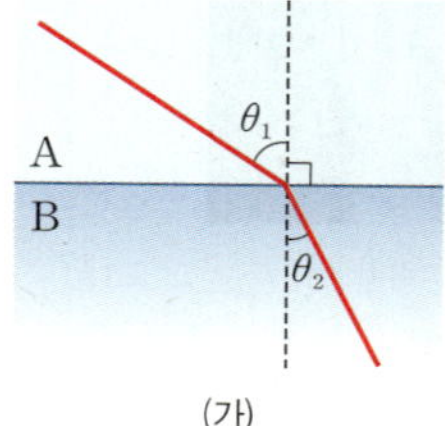

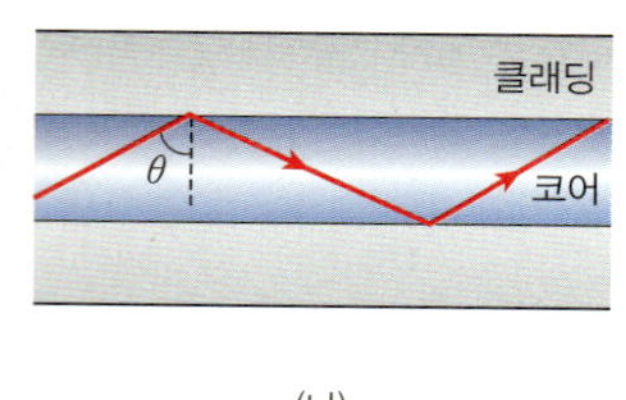

이에 대한 설명으로 옳은 것만을 〈보기〉에서 있는 대로 고른 것은?

| 보기 |

ㄱ. (나)에서 클래딩은 A, 코어는 B이다.

ㄴ. $\theta = \theta_2$일 때 (나)에서 전반사가 일어난다.

ㄷ. 단색광의 속력은 B보다 A에서 더 빠르다.

① ㄱ　　　　② ㄴ　　　　③ ㄱ, ㄷ　　　　④ ㄴ, ㄷ　　　　⑤ ㄱ, ㄴ, ㄷ

03 그림 (가)는 단색광 A가 입사각 i로 공기에서 매질 Ⅰ로 입사하여 매질 Ⅰ 내에서 전반사하며 진행하는 것을 나타낸 것이다. 그림 (나)는 (가)에서 매질 Ⅰ을 굴절률이 더 큰 매질 Ⅲ으로 바꾸어 단색광 A를 입사각 i로 입사시키는 모습을 나타낸 것이다. (가)에서 매질 Ⅰ, Ⅱ의 경계면 입사각은 θ이고, 세 매질의 굴절률은 $n_{\text{Ⅰ}}$, $n_{\text{Ⅱ}}$, $n_{\text{Ⅲ}}$이다.

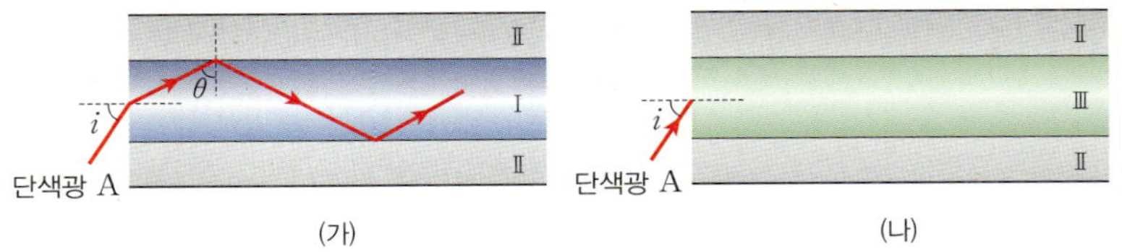

이에 대한 설명으로 옳은 것만을 〈보기〉에서 있는 대로 고른 것은?

| 보기 |

ㄱ. $n_{\text{Ⅲ}} > n_{\text{Ⅱ}} > n_{\text{Ⅰ}}$이다.

ㄴ. (가)에서 i보다 작은 각도로 단색광을 입사하면 전반사가 일어나지 않는다.

ㄷ. (나)에서 매질 Ⅲ과 Ⅱ 사이의 입사각은 θ보다 크다.

① ㄱ　　　② ㄷ　　　③ ㄱ, ㄴ　　　④ ㄴ, ㄷ　　　⑤ ㄱ, ㄴ, ㄷ

03 입사각이 임계각보다 작으면 빛의 일부는 반사하고 일부는 [　　　　]한다. 입사각이 임계각보다 크면 빛은 [　　　　]한다.

---

04 그림은 광섬유의 재료가 되는 물질인 A, B, C에 단색광이 진행하는 것을 나타낸 것이다. B는 중심이 점 O이고 반지름이 r인 원형 매질이며, A, C의 외부 경계는 직사각형을 이룬다. A와 C에서 단색광의 경로는 직사각형의 가로 경계와 나란하고 $r > d_1 > d_2$이다.

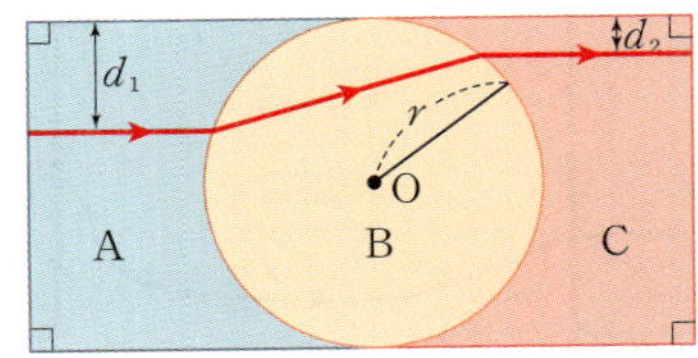

이에 대한 설명으로 옳은 것만을 〈보기〉에서 있는 대로 고른 것은?

| 보기 |

ㄱ. 세 매질 중 B의 굴절률이 가장 크다.

ㄴ. A보다 C에서 빛의 속력이 빠르다.

ㄷ. A를 코어로, C를 클래딩으로 하여 광섬유를 만들 수 있다.

① ㄱ　　　② ㄴ　　　③ ㄱ, ㄷ　　　④ ㄴ, ㄷ　　　⑤ ㄱ, ㄴ, ㄷ

04 스넬 법칙
$$\frac{\sin\theta_{\text{B}}}{\sin\theta_{\text{A}}} = \frac{v_{\text{B}}}{v_{\text{A}}} = [\quad]$$

기본 개념 확인

05 ◻◻◻◻◻를 이용하면 빛의 세기가 약해지지 않고 빛의 진행 경로를 바꿀 수 있으며, 빛을 멀리까지 보낼 수 있다.

05 그림은 단색광이 공기 중에서 원형 매질로 입사하여 진행하는 모습을 나타낸 것이다. 단색광은 점 P에 입사각 45°로 입사하여 점 Q에서 일부는 굴절하고 일부는 반사한다. P에서 굴절각은 θ_1, Q에서 굴절각은 θ_2이며, 원형 매질의 중심은 O, 공기의 굴절률은 1, 원형 매질의 굴절률은 $\sqrt{2}$이다.

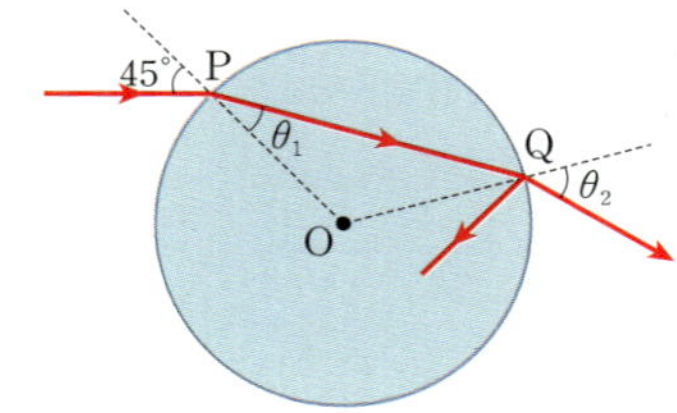

이에 대한 설명으로 옳은 것만을 〈보기〉에서 있는 대로 고른 것은?

| 보기 |
ㄱ. $\theta_1 = 30°$이다.
ㄴ. $\theta_2 = 45°$이다.
ㄷ. 원형 매질 내에서 반사한 빛은 점 P를 다시 지난다.

① ㄱ   ② ㄷ   ③ ㄱ, ㄷ   ④ ㄴ, ㄷ   ⑤ ㄱ, ㄴ, ㄷ

06 라디오나 텔레비전 방송 등에 이용하는 전자기파는 ◻◻◻◻◻이다.

06 그림은 인공지능 스피커에게 음악을 틀도록 명령을 내린 후 음악이 나오는 모습을 나타낸 것이다. 무선 공유기는 광섬유를 통해 인터넷 음악 사이트에 연결되어 있다.

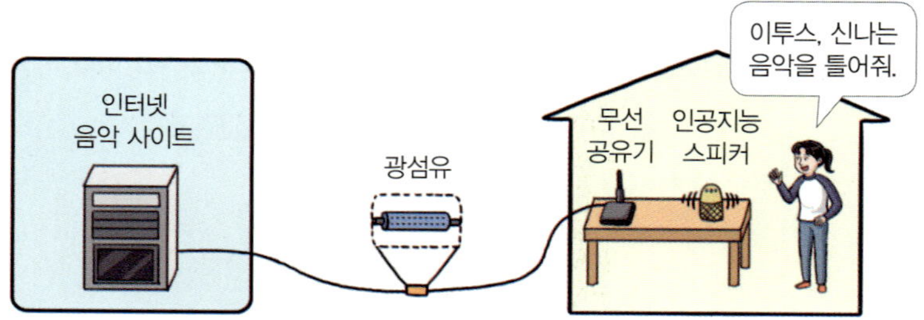

이에 대한 설명으로 옳은 것만을 〈보기〉에서 있는 대로 고른 것은?

| 보기 |
ㄱ. 인공지능 스피커에서 사람의 목소리를 전기 신호로 전환한다.
ㄴ. 인공지능 스피커와 무선 공유기 사이의 통신에는 X선이 이용된다.
ㄷ. 광섬유는 빛의 전반사 현상을 이용하여 신호를 전달한다.

① ㄱ   ② ㄴ   ③ ㄱ, ㄷ   ④ ㄴ, ㄷ   ⑤ ㄱ, ㄴ, ㄷ

07 다음은 실생활에서 전자기파를 이용하는 예이다.

> 공항 검역대에서는 열화상 카메라를 설치하여 통관, 검역 등에 이용한다. 열화상 카메라는 우리 몸에서 방출되는 전자기파의 양이 달라지는 것을 이용하여 체온을 측정한다.

열화상 카메라에서 관측하는 전자기파에 대한 설명으로 옳은 것만을 〈보기〉에서 있는 대로 고른 것은?

> ┤보기├
> ㄱ. 사람의 눈에 보이지 않는다.
> ㄴ. 의료 진단 목적의 신체 내부 영상을 촬영하는 데 사용된다.
> ㄷ. 에너지가 커서 살균, 소독에 이용된다.

① ㄱ　　　② ㄴ　　　③ ㄱ, ㄷ　　　④ ㄴ, ㄷ　　　⑤ ㄱ, ㄴ, ㄷ

07 열화상 카메라는 몸에서 방출되는 전자기파 중 온도에 따라 다르게 방출되는 [　　　　]의 양을 측정하여 체온을 나타낸다.

08 다음은 어떤 전자기파 A, B, C에 대한 설명이다.

> A : 파장이 짧고 에너지가 커 암 치료에 이용된다.
> B : 살균 작용을 하므로 의료 기구나 식기를 소독하는 데 이용된다.
> C : 회절성이 커 장애물 뒤까지 잘 전달되므로 라디오 방송 통신에 이용된다.

이에 대한 설명으로 옳은 것만을 〈보기〉에서 있는 대로 고른 것은?

> ┤보기├
> ㄱ. 진공에서 A, B, C의 속력을 각각 v_A, v_B, v_C라고 할 때 $v_A > v_B > v_C$이다.
> ㄴ. A, B, C 중 A의 진동수가 가장 크다.
> ㄷ. A와 B는 가시광선보다 파장이 짧고 C는 가시광선보다 파장이 길다.

① ㄱ　　　② ㄴ　　　③ ㄱ, ㄷ　　　④ ㄴ, ㄷ　　　⑤ ㄱ, ㄴ, ㄷ

08 여러 종류의 전자기파를 파장이 짧은 순서대로 나열하면 [　　　　] – X선 – [　　　　] – 가시광선 – 적외선 – 마이크로파 – [　　　　]이다.

531
PROJECT

S 13강 파동의 간섭

	A 파동의 중첩		B 파동의 간섭		C 여러 파동의 간섭	
	중첩 원리	★☆☆	보강 간섭	★★☆	물결파와 소리의 간섭	★★☆
	파동의 독립성	★★☆	상쇄 간섭	★★☆	이중 슬릿에 의한 빛의 간섭	★★☆

입자와 파동의 차이
중첩 현상은 파동성과 입자성을 구분하는 기준이 된다. 파동은 중첩 현상이 나타나고 입자는 중첩 현상이 나타나지 않는다.

· 용수철 파동은 중첩된 후 각각 독립적으로 진행한다. ➡ 파동

· 두 테니스공은 충돌 후 반대로 튀어나간다. ➡ 입자

A 파동의 중첩

1. **합성파** 둘 이상의 파동이 만난 결과로 만들어지는 파동
2. **중첩 원리** 둘 이상의 파동이 만나 한 지점에서 겹칠 때 그 지점에서 합성파의 변위는 각 파동의 변위를 더한 것과 같다.
3. **파동의 독립성** 두 파동이 겹치고 난 뒤에는 다른 파동에 영향을 주지 않고 본래의 파형을 유지하면서 진행한다. 따라서 중첩되기 전의 방향과 진폭을 유지한 상태로 독립적으로 진행한다.

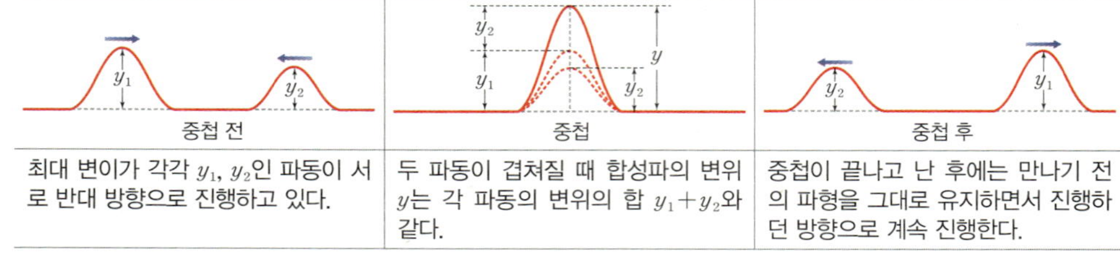

중첩 전	중첩	중첩 후
최대 변이가 각각 y_1, y_2인 파동이 서로 반대 방향으로 진행하고 있다.	두 파동이 겹쳐질 때 합성파의 변위 y는 각 파동의 변위의 합 y_1+y_2와 같다.	중첩이 끝나고 난 후에는 만나기 전의 파형을 그대로 유지하면서 진행하던 방향으로 계속 진행한다.

B 파동의 간섭

진폭이 같은 두 파동의 간섭
· 같은 위상일 때 : 진폭 2배

· 반대 위상일 때 : 진폭 0

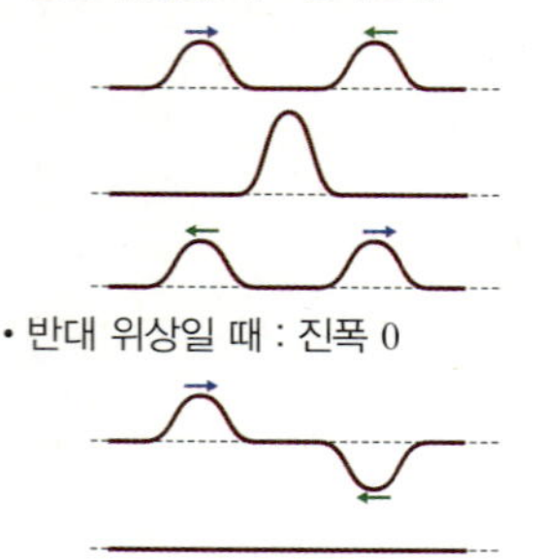

1. **파동의 간섭** 둘 이상의 파동이 서로 중첩될 때 매질의 진폭이 변하는 현상
2. **보강 간섭과 상쇄 간섭**

보강 간섭	상쇄 간섭
· 같은 위상으로 중첩되어 진폭이 더 커지는 현상 · 중첩되는 두 파동의 변위의 방향이 같아서 합성파의 진폭이 커진다.	· 반대 위상으로 중첩되어 진폭이 더 작아지는 현상 · 중첩되는 두 파동의 변위의 방향이 반대여서 합성파의 진폭이 작아진다.

소리의 간섭
큰 경기장이나 강당에서 소리가 잘 들리는 곳과 잘 들리지 않는 곳이 있다. 스피커가 설치된 위치에 따라 보강 간섭이 일어나기도 하고 상쇄 간섭이 일어나기도 하기 때문이다.

 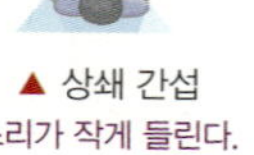 

▲ 상쇄 간섭
소리가 작게 들린다.

▲ 보강 간섭
소리가 크게 들린다.

3. **간섭 조건** 두 지점 S_1, S_2에서 같은 위상으로 발생한 두 파동이 한 지점 P점에 도달할 때 경로차가 반파장의 짝수 배인 경우 보강 간섭, 경로차가 반파장의 홀수 배인 경우 상쇄 간섭이 일어난다.

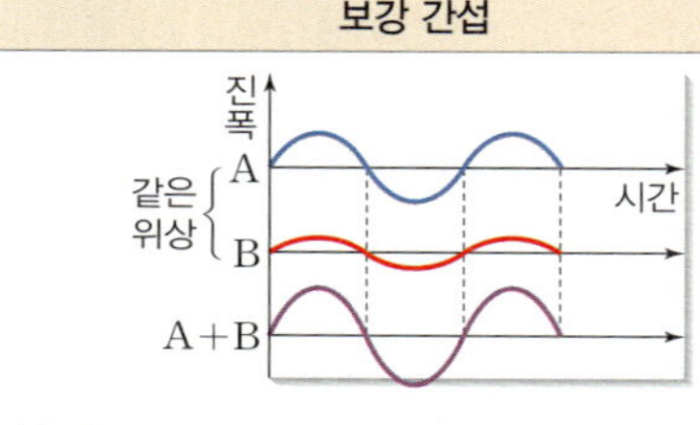

보강 간섭	상쇄 간섭
마루와 마루 또는 골과 골이 만나면 보강 간섭이 일어난다.	마루와 골이 만나면 상쇄 간섭이 일어난다.
경로차: $\overline{S_1P}-\overline{S_2P}=(2n)\dfrac{\lambda}{2}$ ($n=0,\ 1,\ 2,\ \cdots$)	경로차: $\overline{S_1P}-\overline{S_2P}=(2n+1)\dfrac{\lambda}{2}$ ($n=0,\ 1,\ 2,\ \cdots$)

C 여러 파동의 간섭

1. **물결파의 간섭** 두 점파원에서 진동수와 진폭이 같은 물결파를 발생시키면 두 물결파가 중첩되어 간섭무늬가 나타난다.

   (1) 밝기가 크게 바뀌는 곳 : 마루와 마루, 골과 골이 중첩되어 수면이 크게 진동하므로 밝고 어두움이 번갈아 나타난다. ➡ 보강 간섭

   (2) 밝기의 변화가 없는 곳 : 마루와 골이 중첩되어 수면이 진동하지 않으므로 밝기의 변화가 없는 마디선이 나타난다. ➡ 상쇄 간섭

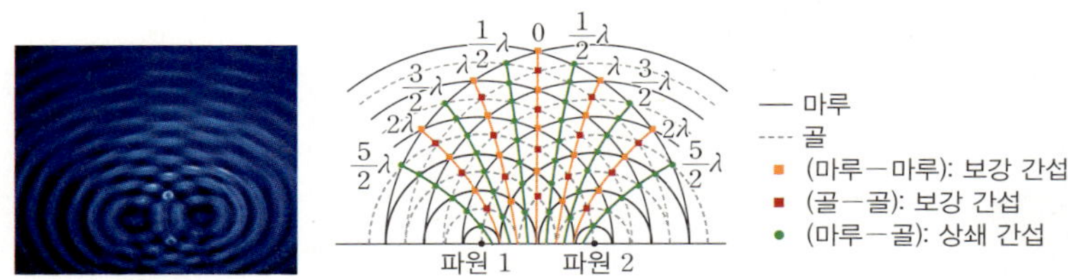

2. **소리의 간섭** 두 파원에서 진동수와 진폭이 같은 소리가 발생할 때 같은 위상으로 중첩되면 진폭이 커져 큰 소리가 나고, 반대 위상으로 중첩되면 진폭이 작아져 작은 소리가 난다.

3. **빛의 간섭**

   (1) 얇은 막에 의한 빛의 간섭 : 얇은 막의 윗면과 아랫면에서 반사한 빛이 간섭을 일으킬 때, 얇은 막의 두께와 보는 각도에 따라 경로차가 달라지므로 보강 간섭하는 빛의 색깔이 달라진다.

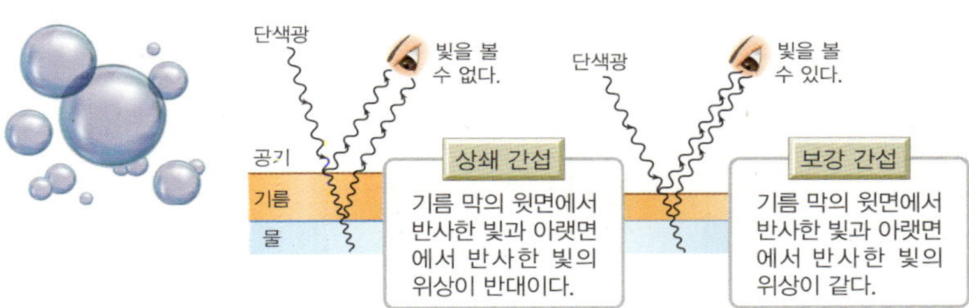

   (2) 이중 슬릿에 의한 빛의 간섭 : 이중 슬릿을 통과한 두 빛이 스크린에서 같은 위상으로 만나는 지점에서는 보강 간섭이 일어나 밝은 무늬가 나타나고, 반대 위상으로 만나는 지점에서는 상쇄 간섭이 일어나 어두운 무늬가 나타난다.

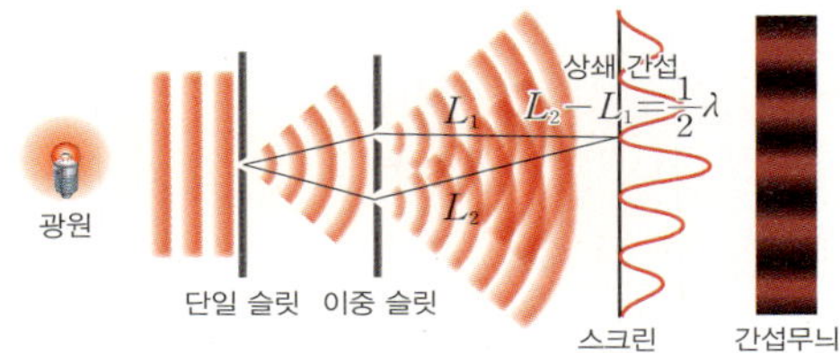

비누 막에 의한 간섭무늬
비누 막의 두께는 위쪽이 얇고 아래쪽으로 갈수록 두꺼워진다. 비누막의 두께에 따라 빛의 경로차가 달라지므로 비누막의 색깔이 달라 보인다.

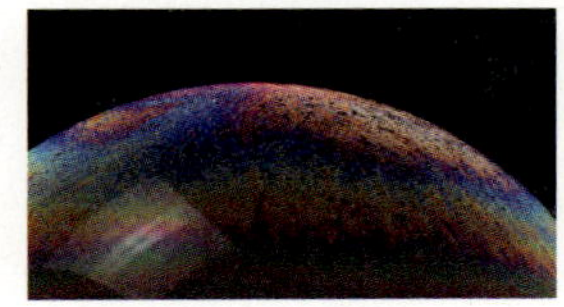

영의 빛의 간섭 실험
1803년 영국의 과학자 영이 단색 광원에서 나온 빛을 단일 슬릿과 이중 슬릿에 통과시켜 스크린상에 밝고 어두운 간섭무늬를 얻는 데 처음 성공했다.

그림과 같이 나란히 놓인 스피커 A, B에 신호 발생기를 연결하고 소리 분석기에 나타난 소리의 파형을 측정한 결과가 (가)와 같았다. (나)는 스피커 B의 단자를 신호 발생기에 반대로 연결했을 때 나타난 파형의 모습이다. (단, 소리의 속력은 340 m/s이다.)

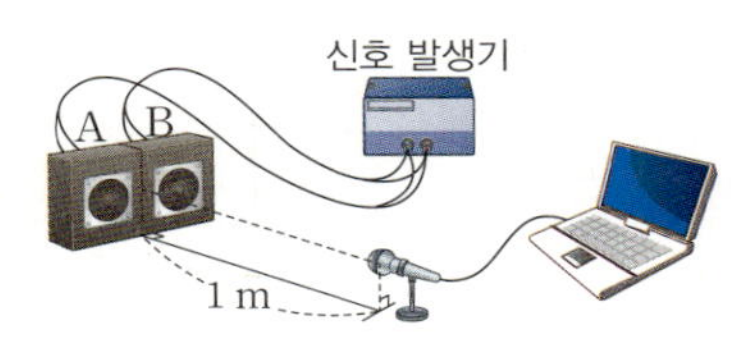

자료 체크 리스트
- ☐ 그래프의 보강, 상쇄 간섭 파악
- ☐ 그래프에서 주기 파악
- ☐ 파동의 속력, 주기를 이용한 파장 계산

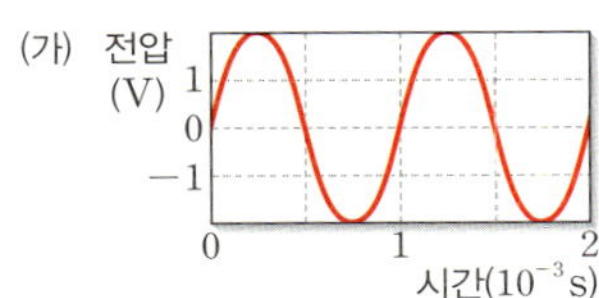

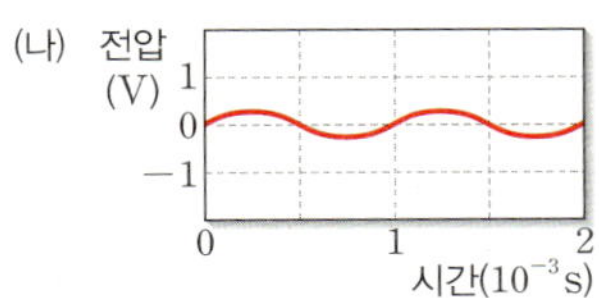

---

step 1 그래프에서 파동의 보강, 상쇄 간섭 파악하기
- (가) 보강 간섭의 그래프 : 양쪽 스피커에서 만든 파동의 위상이 같아야 하므로 두 스피커의 연결 방법이 같다.
- (나) 상쇄 간섭의 그래프 : 양쪽 스피커에서 만든 파동의 위상이 반대여야 하므로 두 스피커의 연결 방법이 반대이다.

step 2 그래프에서 신호 주기 파악하기
파동의 주기는 1×10^{-3} s이다.

step 3 파동의 속력과 주기를 이용하여 파장 계산하기
$v = \dfrac{\lambda}{T}$ 이므로 파장은 34 cm이다.

01
그림은 하나의 오디오에 연결된 동일한 스피커 A, B에서 나오는 동일한 진동수와 진폭을 가진 소리를 마이크와 소리 분석기를 이용하여 소리의 파형을 측정하는 실험을 나타낸 것이다. 마이크는 스피커 A, B를 일직선으로 잇는 선 위에 위치하고 있으며, 두 스피커와 마이크 사이의 거리는 x_A, x_B이다. 오디오에서는 파장이 λ인 단파장의 소리만 발생하고 있다.

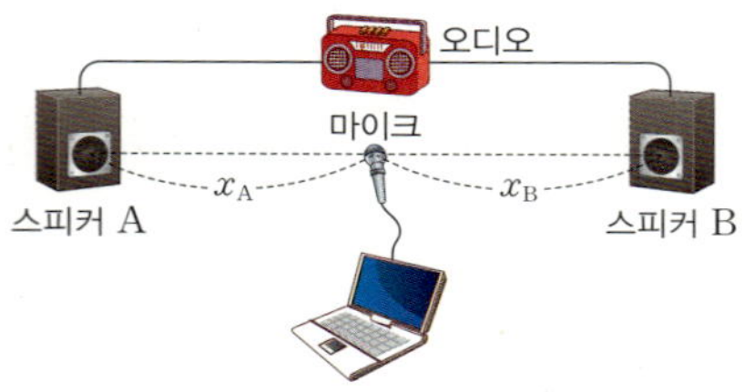

이에 대한 설명으로 옳은 것만을 〈보기〉에서 있는 대로 고른 것은?

┌ 보기 ┐
ㄱ. $x_A = x_B$일 때 보강 간섭이 일어난다.
ㄴ. $x_A - x_B = \lambda$일 때 상쇄 간섭이 일어난다.
ㄷ. 마이크의 위치가 달라져도 측정되는 소리의 크기는 항상 같다.

① ㄱ   ② ㄴ   ③ ㄷ
④ ㄱ, ㄴ   ⑤ ㄴ, ㄷ

02
그림 (가)는 파장, 진폭, 진동수가 각각 같은 두 파동이 서로 반대 방향으로 x축을 따라 진행하다가 $t=0$인 순간에 원점에서 만나는 모습을 나타낸 것이고, (나)는 $x=0$의 위치에서 파동의 변위 y를 시간 t에 따라 나타낸 것이다.

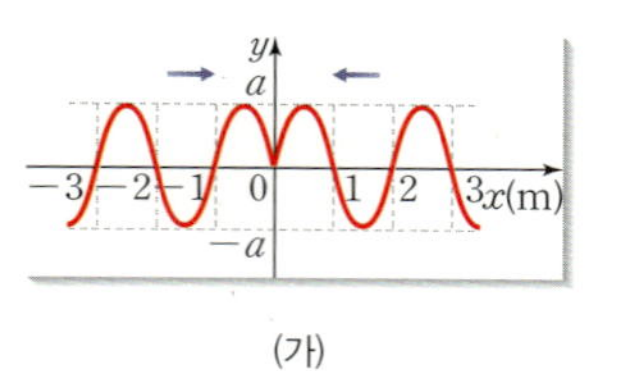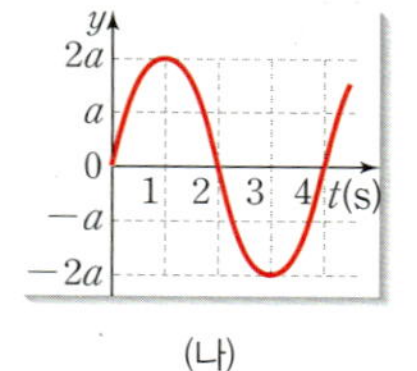

(가)   (나)

중첩된 파동에 대한 설명으로 옳은 것만을 〈보기〉에서 있는 대로 고른 것은?

┌ 보기 ┐
ㄱ. 파장은 2 cm이다.
ㄴ. 두 파동의 속도 $v=0.5$ m/s이다.
ㄷ. 4초일 때 $x=1$ m의 위치에서 변위의 크기는 $2a$이다.

① ㄱ   ② ㄷ   ③ ㄱ, ㄷ
④ ㄴ, ㄷ   ⑤ ㄱ, ㄴ, ㄷ

03
그림은 서로 반대 방향으로 2 m/s의 속력으로 진행하는 두 펄스의 어느 한 순간의 모습을 나타낸 것이다.

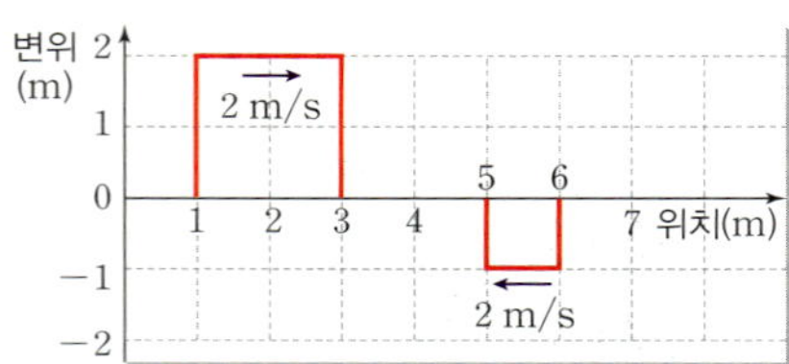

이 순간을 $t=0$으로 할 때 위치가 4 m인 지점의 시간에 따른 변위의 그래프로 가장 적절한 것은?

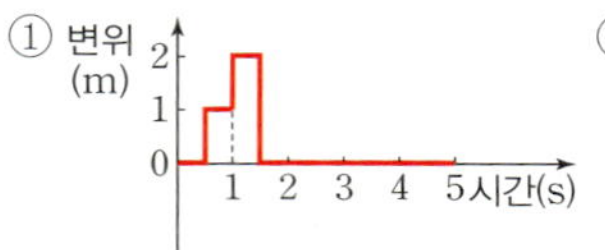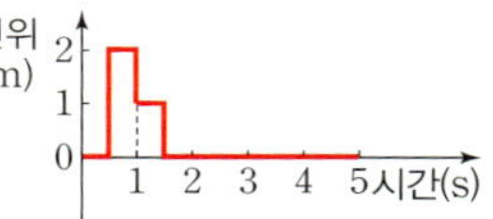

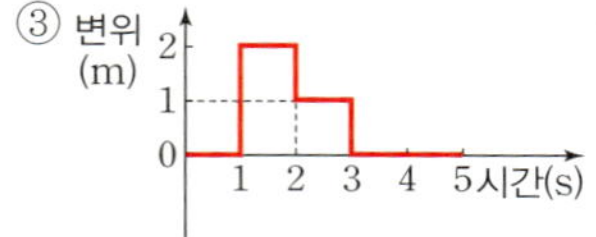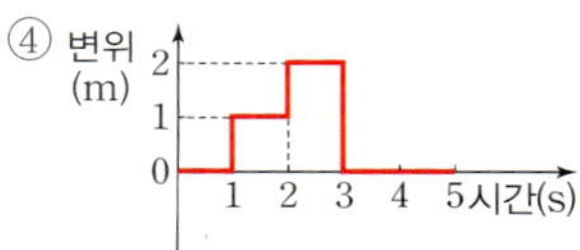

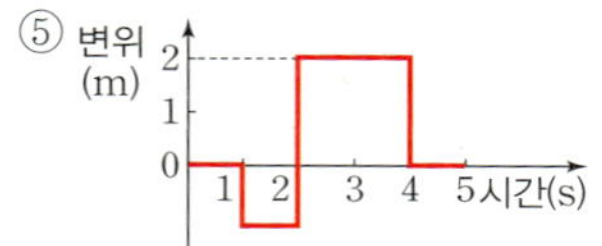

04
그림은 두 점 A, B에서 위상이 반대인 구면파가 발생하는 것을 나타낸 것이다. 두 파동의 파장은 4 cm, 두 점 사이의 거리는 10 cm이다. 점 P에서 A, B까지의 거리는 6 cm, 8 cm이고, Q에서 A, B까지 거리는 5 cm로 같다.

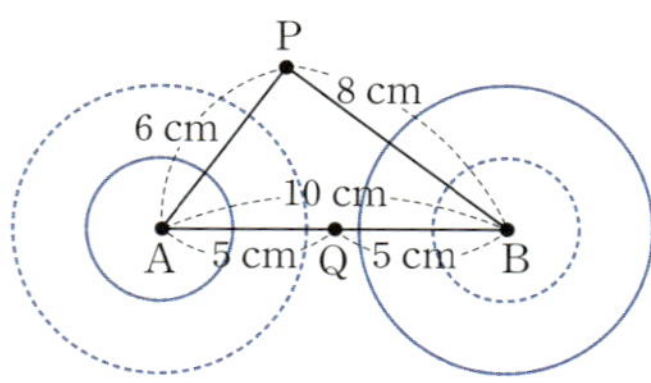

이에 대한 설명으로 옳은 것만을 〈보기〉에서 있는 대로 고른 것은?

┌ 보기 ┐
ㄱ. P에서는 상쇄 간섭이 일어난다.
ㄴ. Q에서는 상쇄 간섭이 일어난다.
ㄷ. A와 B를 잇는 일직선 상에서 보강 간섭이 일어나는 점은 3개이다.

① ㄱ   ② ㄴ   ③ ㄷ
④ ㄱ, ㄴ   ⑤ ㄴ, ㄷ

05 그림은 수심이 일정한 수면 위의 두 점파원에서 진동수와 파장이 같은 파동을 동시에 발생시키는 것을 나타낸 것이다. 진행하는 두 물결파의 파장은 2 cm로 같고, 실선은 마루, 점선을 골을 나타낸다.

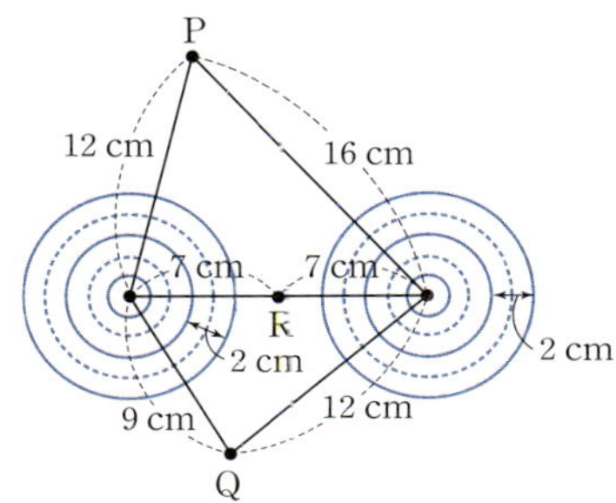

수면 위의 세 점 P, Q, R와 두 점파원의 거리가 그림과 같을 때, 이에 대한 설명으로 옳은 것만을 〈보기〉에서 있는 대로 고른 것은?

> **보기**
> ㄱ. P에서는 보강 간섭이 일어난다.
> ㄴ. Q에서는 보강 간섭이 일어난다.
> ㄷ. 진폭의 크기는 R에서가 Q에서보다 크다.

① ㄱ 　② ㄴ 　③ ㄷ
④ ㄱ, ㄷ 　⑤ ㄱ, ㄴ, ㄷ

 변형

06 그림은 두 점 S_1, S_2에서 같은 진폭과 위상으로 발생시킨 두 수면파의 $t=0$일 때의 모습을 평면상에 모식적으로 나타낸 것이다. 두 물결파의 파장과 주기는 각각 λ와 T로 같고 속력은 일정하다. 실선과 점선은 각각 수면파의 마루와 골의 위치를, 점 P와 Q는 평면상에 고정된 두 지점을 나타낸 것이다.

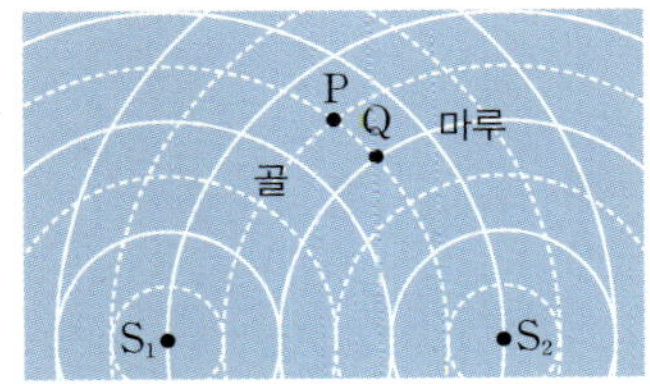

이에 대한 설명으로 옳은 것만을 〈보기〉에서 있는 대로 고른 것은?

> **보기**
> ㄱ. P에서 진폭은 Q에서의 진폭보다 크다.
> ㄴ. $t=\dfrac{T}{2}$일 때 P의 높이는 최대이다.
> ㄷ. 두 물결파의 속력은 같다.

① ㄱ 　② ㄷ 　③ ㄱ, ㄴ
④ ㄴ, ㄷ 　⑤ ㄱ, ㄴ, ㄷ

 변형

07 그림은 파장이 λ인 단색광을 단일 슬릿과 이중 슬릿 S_1, S_2에 통과시켰을 때 스크린에 간섭무늬가 생기는 것을 나타낸 것이다. 점 P는 S_1, S_2로부터 같은 거리에 있는 점이며, P와 점 Q의 거리는 스크린의 이웃한 밝은 무늬 사이의 간격으로 Δx이다.

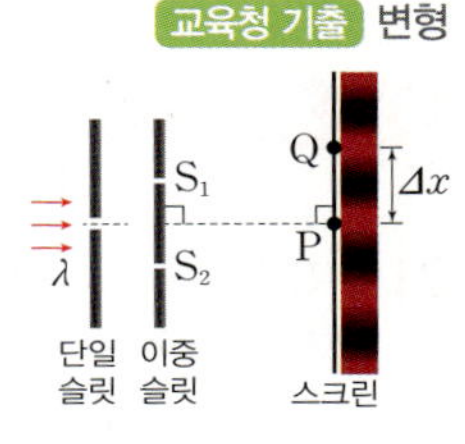

이에 대한 설명으로 옳은 것만을 〈보기〉에서 있는 대로 고른 것은?

> **보기**
> ㄱ. S_1, S_2로부터 P에 도달한 빛의 위상은 같다.
> ㄴ. P에서는 보강 간섭이 일어난다.
> ㄷ. S_1와 S_2로부터 Q까지 경로차는 λ이다.

① ㄱ 　② ㄷ 　③ ㄱ, ㄴ
④ ㄴ, ㄷ 　⑤ ㄱ, ㄴ, ㄷ

 변형

08 다음은 빛의 간섭 현상에 대한 실험이다.

[실험 과정]

(가) 그림과 같이 파장이 λ인 레이저 빛을 슬릿 간격이 d인 이중 슬릿을 향해 비춘다.

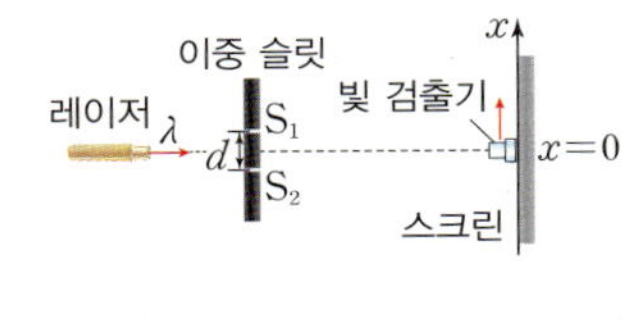

(나) 빛 검출기를 두 슬릿 S_1, S_2로부터 같은 거리에 있는 스크린 중앙($x=0$)으로부터 스크린을 따라 $+x$ 방향으로 이동시키면서 빛의 세기를 측정한다.

(다) 빛 검출기의 위치 x에 따른 빛의 세기를 그래프로 나타낸다.

[실험 결과]

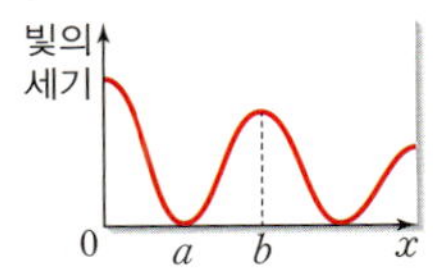

이에 대한 설명으로 옳은 것만을 〈보기〉에서 있는 대로 고른 것은? (단, 슬릿에서 스크린까지 거리에 비해 d는 매우 작다.)

> **보기**
> ㄱ. 빛의 파동성으로 설명할 수 있다.
> ㄴ. $x=a$에서는 보강 간섭이 일어난다.
> ㄷ. S_1, S_2로부터 $x=b$까지의 경로차는 $\dfrac{\lambda}{2}$이다.

① ㄱ 　② ㄴ 　③ ㄷ
④ ㄱ, ㄴ 　⑤ ㄱ, ㄷ

기본 개념 확인

01 진폭이 같은 두 파동이 중첩될 때 한 점에서 두 파동의 위상이 같으면 진폭이 [　　　　]한다.

01 그림 (가)는 $t=0$초일 때 진폭과 파장이 같은 두 파동 A, B가 줄을 따라 같은 속력으로 전파되는 순간의 모습을 나타낸 것이고, (나)는 A 위의 한 점 P의 변위를 시간에 따라 나타낸 그래프이다.

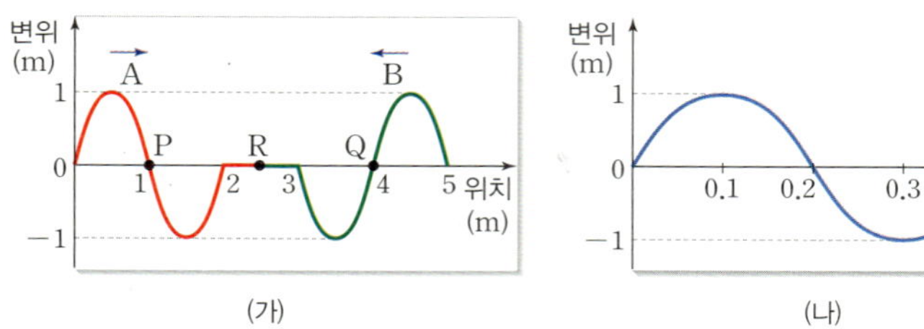

이에 대한 설명으로 옳은 것만을 〈보기〉에서 있는 대로 고른 것은?

┌ 보기 ┐
ㄱ. 두 파동의 속력은 10 m/s이다.
ㄴ. $t=0.2$초일 때 R의 변위 크기는 2 m이다.
ㄷ. 점 Q의 변위를 시간에 따라 그래프로 나타내면 (나)와 위상이 반대이다.

① ㄱ ② ㄴ ③ ㄱ, ㄷ ④ ㄴ, ㄷ ⑤ ㄱ, ㄴ, ㄷ

02 두 파원에서 같은 위상의 파동이 발생할 때 경로차가 반파장의 [　　　　] 배일 때 상쇄 간섭이 일어난다.

02 그림은 스피커 A, B에서 진동수가 340 Hz인 소리가 동시에 발생하고 있는 것을 나타낸 것이다. 예준이가 소음 측정기를 들고 장축의 길이가 8 m, 단축의 길이가 4 m인 타원 궤도를 따라 이동하면서 소리의 세기를 측정하고 있다. 두 스피커에서 발생하는 소리는 위상과 진폭이 같고, A, B는 장축상에 위치하며, 타원의 중심 O에서 1 m 떨어져 있다. P점은 타원 궤도 위의 점이다.

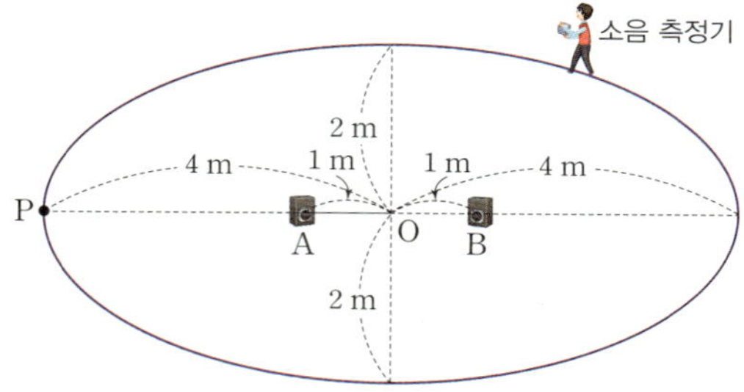

이에 대한 설명으로 옳은 것만을 〈보기〉에서 있는 대로 고른 것은? (단, 소리의 속력은 340 m/s이다.)

┌ 보기 ┐
ㄱ. 음파의 파장은 1 m이다.
ㄴ. P에서 보강 간섭이 일어난다.
ㄷ. 타원 궤도상에서 A, B에서 발생한 소리가 상쇄 간섭하는 지점의 개수는 짝수이다.

① ㄱ ② ㄴ ③ ㄱ, ㄷ ④ ㄴ, ㄷ ⑤ ㄱ, ㄴ, ㄷ

03 그림 (가), (나)는 얇은 막에 의한 단색광의 간섭이 일어나는 모습을 개략적으로 나타낸 것으로, (가)에서는 빛을 볼 수 있고 (나)에서는 빛을 볼 수 없다.

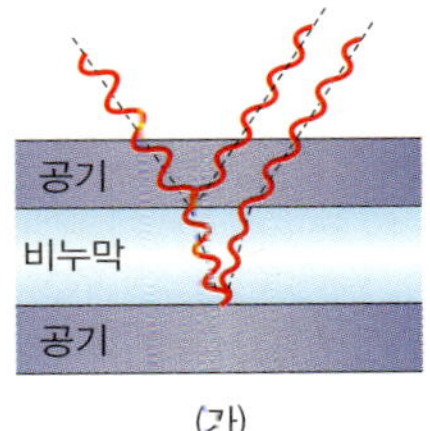

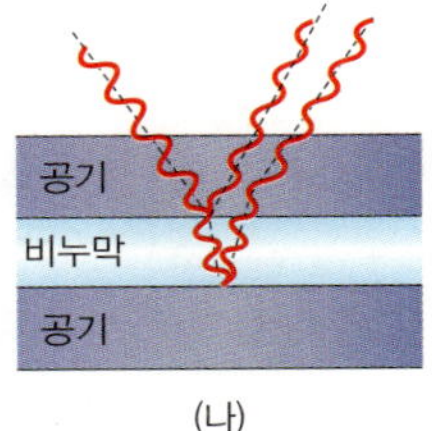

이 현상에 대한 설명으로 옳은 것만을 〈보기〉에서 있는 대로 고른 것은?

| 보기 |
ㄱ. (가)에서 단색광은 비누막 위에서 보강 간섭한다.
ㄴ. (나)에서 눈으로 들어오는 단색광의 세기는 매우 약하다.
ㄷ. (나)에서 비누막 위에서 반사한 빛과 비누막 아래에서 반사한 빛의 위상은 반대이다.

① ㄱ　　　② ㄴ　　　③ ㄱ, ㄷ　　　④ ㄴ, ㄷ　　　⑤ ㄱ, ㄴ, ㄷ

03 얇은 막에 의한 경로차가 반파장의 짝수 배일 때 [　　　　] 간섭이 일어나고, 반파장의 홀수 배일 때 [　　　　] 간섭이 일어난다.

04 그림은 파장이 λ인 단색광이 이중 슬릿 S_1, S_2를 통과하여 스크린에 간섭무늬가 생기는 것을 나타낸 것이다. 두 슬릿 사이의 간격은 d, 이중 슬릿과 스크린 사이의 거리는 L이다.

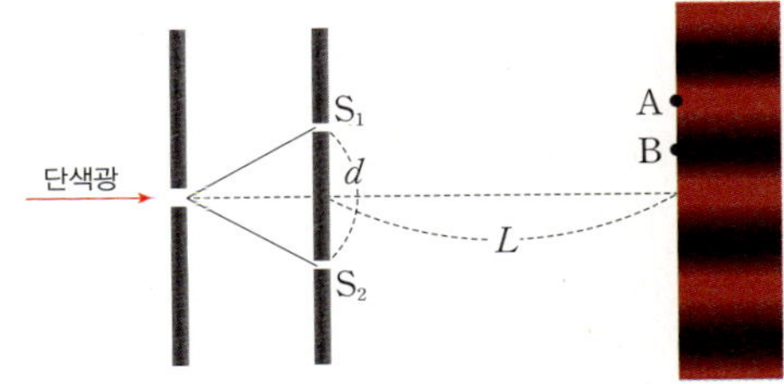

이에 대한 설명으로 옳은 것만을 〈보기〉에서 있는 대로 고른 것은?

| 보기 |
ㄱ. A에서는 S_1을 통과한 단색광과 S_2를 통과한 단색광의 위상이 반대이다.
ㄴ. B에서는 상쇄 간섭이 일어난다.
ㄷ. S_1와 S_2로부터 B까지 경로차는 $\dfrac{\lambda}{2}$의 홀수 배이다.

① ㄱ　　　② ㄴ　　　③ ㄱ, ㄷ　　　④ ㄴ, ㄷ　　　⑤ ㄱ, ㄴ, ㄷ

04 이중 슬릿을 통과한 두 빛이 스크린에서 같은 위상으로 만나는 지점에서는 [　　　　] 간섭이 일어나 밝은 무늬가 나타난다.

14강 빛과 물질의 이중성

A 빛의 이중성		B 물질의 이중성	
광전 효과	★★★	물질파	★☆☆
빛의 파동성과 입자성 증거	★★☆	드브로이 파장	★★☆

A 빛의 이중성

1. 광전 효과

> 19세기 후반 헤르츠는 금속에 빛을 비추었을 때 전자(광전자)가 방출되는 현상을 발견

(1) **광전 효과** : 금속 표면에 특정 진동수 이상의 빛을 비추었을 때 금속 표면에서 전자(광전자)가 튀어 나오는 현상이다.

(2) **광양자설** : 1905년 아인슈타인은 파동설로 설명할 수 없는 광전 효과를 설명하기 위해 빛을 광자(광양자)라고 하는 불연속적인 에너지 입자의 흐름으로 설명하였다.

① **광자의 에너지** : 빛 알갱이를 광자라고 할 때, 진동수 f인 광자 1개의 에너지 E는 다음과 같다.
$$E = hf \ (\text{플랑크 상수 } h = 6.63 \times 10^{-34} \text{ J} \cdot \text{s})$$

② 빛의 에너지는 광자의 개수에 따라 불연속적인 값을 가지며, 빛의 세기는 단위 시간당 광자의 개수 n에 비례한다.

③ **일함수(W)** : 금속 표면에 빛을 비출 때 전자가 튀어 나오게 하기 위해 필요한 최소 에너지이다.

④ **문턱 진동수(f_0)** : 금속 표면에서 전자를 방출시킬 수 있는 빛의 최소 진동수이다.

(3) **광전 효과의 해석**

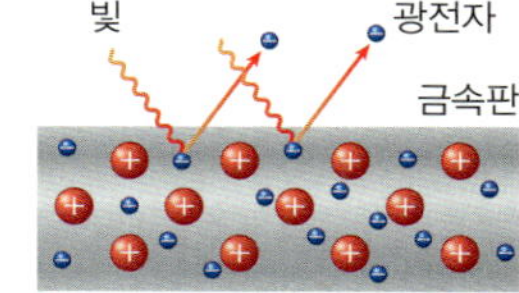

결과 1	• 문턱 진동수보다 진동수가 작은 빛은 광자 1개의 에너지가 충분하지 않으므로 아무리 많은 수의 광자가 금속에 충돌하더라도 전자가 방출되지 않는다. • 빛의 세기가 약해 광자의 숫자가 적어도 진동수가 크면 광전자는 즉시 튀어 나온다.
결과 2	• 빛의 세기가 세면 광자의 수가 많으므로 광전자의 수도 증가한다.
결과 3	• 진동수가 큰 빛은 광자 1개의 에너지가 크므로 광자로부터 에너지를 얻어 방출되는 광전자의 최대 운동 에너지도 크다. $\left(E_k = \frac{1}{2}mv^2 = hf - W\right)$

2. 빛의 이중성 빛은 입자성과 파동성을 모두 가지고 있으며, 빛의 입자성과 파동성은 동시에 나타나지 않으므로 어떤 특정한 순간에 입자적 성질과 파동적 성질 중 하나만 측정할 수 있다.

(1) **빛의 파동성의 증거** : 빛의 간섭과 회절 현상

(2) **빛의 입자성의 증거** : 광전 효과

3. 영상 정보의 기록

(1) **광 다이오드** : 빛 신호를 전기 신호로 전환시키는 광전 소자의 한 종류로, p형 반도체와 n형 반도체를 접합하여 만든다.

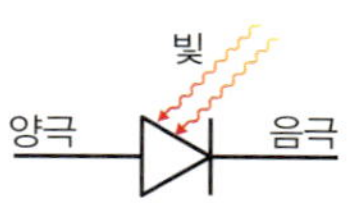

• **원리** : 빛을 비추면 광전 효과가 일어나 전자가 방출되어 전류가 흐른다.

(2) **전하 결합 소자(CCD)** : 광 다이오드를 이용해 빛에너지를 전기 에너지로 전환시켜 영상 정보를 기록하는 장치

① **구조** : 수많은 광 다이오드의 배열 위에 색 필터, 마이크로 렌즈가 결합된 구조

② **원리** : 렌즈를 통과한 빛이 RGB의 세 가지 색 필터를 통과하여 광 다이오드에 도달하면 각각의 색의 빛이 광전 효과를 일으켜 전류가 발생하고, 측정된 세 종류의 빛의 세기로부터 그 지점의 색을 결정한다.

③ **이용** : 디지털 카메라, 허블 우주 망원경, 케플러 우주 망원경, CCTV 등 빛을 인식하는 여러 가지 기구에 광센서로 이용된다.

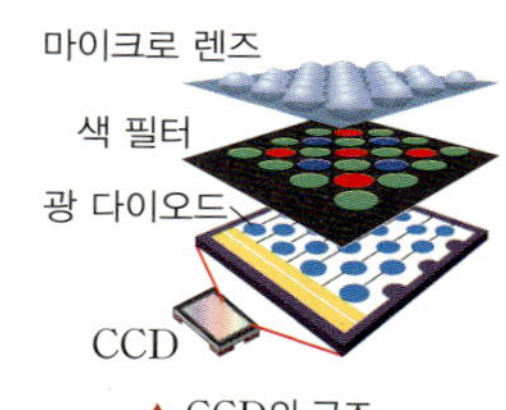

▲ CCD의 구조

광전 효과 실험 장치

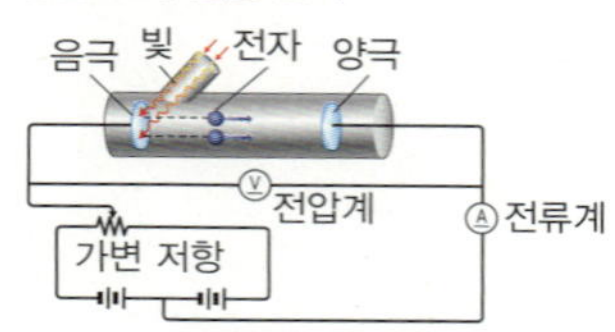

• 광전관의 음극에 빛을 쪼일 때 전자가 튀어 나오면 회로에 전류가 흐른다.
• 전류계로 측정한 전류의 세기로 광전자의 수가 많고 적음을 안다.
• 전압계로 측정한 전압의 세기로 광전자의 최대 운동 에너지가 크고 작음을 안다.

광전 효과의 해석

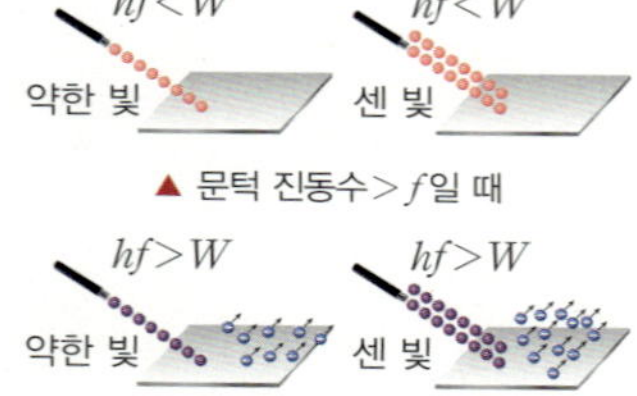

전하 결합 소자의 색 필터

빨간색 필터 아래에 있는 다이오드는 빨간색 빛의 세기를 측정하고, 초록색, 파란색 필터 아래의 다이오드는 각각 초록색 파란색 빛의 세기를 측정한다.

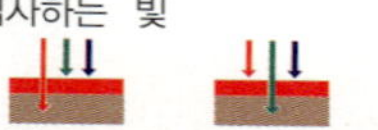

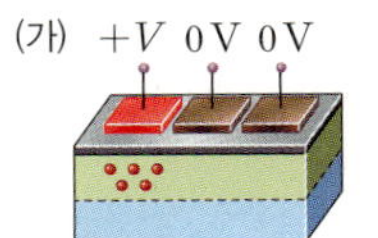
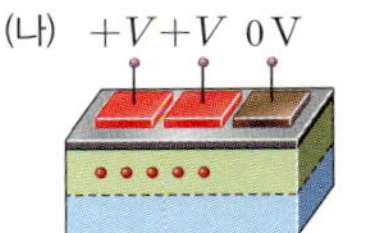
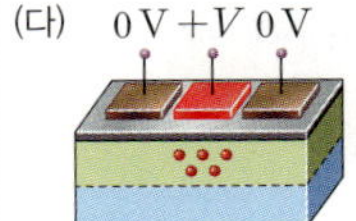
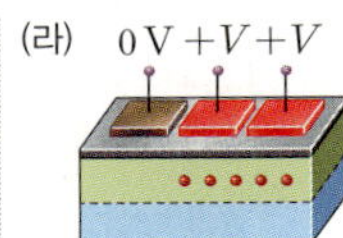

전하 결합 소자(CCD)의 화소에 저장된 전자의 이동

(가) $+V$ 0 V 0 V
$+V$의 전압이 걸린 왼쪽 전극 아래에 전자들이 쌓인다.

(나) $+V$ $+V$ 0 V
가운데 전극에 $+V$의 전압을 걸어 주면 두 전극에 전자들이 고루 퍼진다.

(다) 0 V $+V$ 0 V
왼쪽 전극의 전압을 0으로 하면 가운데 전극 아래에 전자들이 쌓인다.

(라) 0 V $+V$ $+V$
오른쪽 전극에 $+V$의 전압을 걸어 주면 두 전극에 전자들이 고루 퍼진다.

B 물질의 이중성

1. 드브로이의 물질파

(1) 물질파 : 물질 입자가 나타내는 파동을 물질파 또는 드브로이파라고 한다.

(2) 드브로이 파장 : 질량이 m인 입자가 속력 v로 운동할 때 입자의 파장 λ는 다음과 같다.

$$\lambda = \frac{h}{mv} = \frac{h}{p} \ (h : \text{플랑크 상수})$$

2. 물질파 확인 실험

데이비슨·거머 실험	톰슨의 전자선 회절 실험
54 V의 전압으로 전자선을 니켈 결정에 입사시켰을 때, 50°의 각도에서 가장 많은 전자가 튀어 나온다. ➡ 전자의 물질파가 반사되어 나올 때 특정한 각도에서 보강 간섭이 일어난다.	얇은 알루미늄 박 뒤에 형광판을 두고 X선 또는 전자선을 입사시킬 때 X선과 전자선 모두 같은 형태의 회절 현상이 일어난다. ➡ 전자도 파동의 성질을 가진다.

3. 물질의 이중성
물질도 빛과 마찬가지로 입자성과 파동성을 모두 가진다. 하지만 일상에서 흔히 볼 수 있는 물체는 질량이 플랑크 상수에 비해 매우 크기 때문에 드브로이 파장이 매우 짧아 파동성을 관측하기 어렵다.

4. 전자 현미경

(1) 분해능 : 서로 떨어져 있는 두 점을 구분하여 볼 수 있는 능력으로, 빛의 파장이 짧을수록 분해능이 우수하다.

(2) 전자 현미경 : 빛 대신 전자의 물질파를 이용하는 현미경으로, 전자의 물질파 파장이 가시광선의 수천분의 일 정도로 짧기 때문에 분해능이 우수하고, 광학 현미경의 최대 배율보다 큰 배율을 가진다.

(3) 전자 현미경의 종류 : 투과 전자 현미경(TEM), 주사 전자 현미경(SEM)

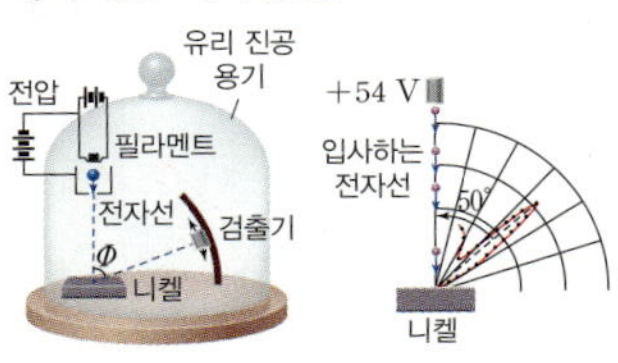
데이비슨·거머 실험

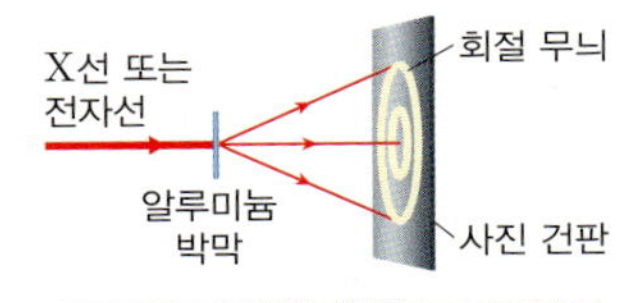
톰슨의 전자 회절 실험

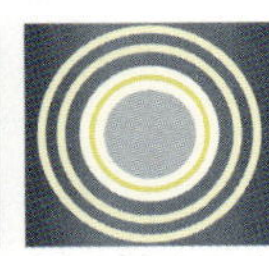

자기렌즈
코일이 감긴 원통형의 전자석으로, 전자 현미경에서 입사하는 전자선의 경로를 휘게 만들어 한 점에 전자선을 모아 주는 역할을 한다.

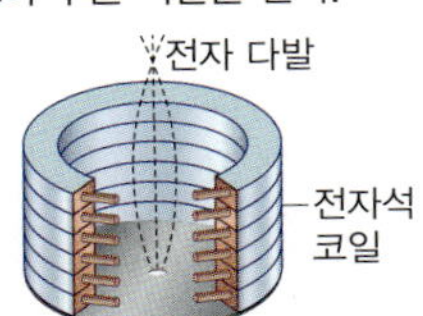

표는 서로 다른 금속판 A, B에 각각 f_X, f_Y인 X, Y 중 하나를 비추었을 때 방출되는 광전자의 최대 운동 에너지를 나타낸 것이다.

금속판	광전자의 최대 운동 에너지	
	X를 비춘 경우	Y를 비춘 경우
A	E_0	광전자가 방출되지 않음
B	$3E_0$	E_0

자료 체크 리스트
- [ ] 금속판 B에 X, Y를 비추었을 때 광전자의 최대 운동 에너지 비교
- [ ] 빛의 세기와 광전자의 수의 관계
- [ ] 금속판 A에 X, Y를 비추었을 때 광전자의 최대 운동 에너지

step 1 금속판 B에 X, Y를 비추었을 때 광전자의 최대 운동 에너지 비교하기
X를 비출 때 광전자의 최대 운동 에너지가 더 크다.
$E_k = \frac{1}{2}mv^2 = hf - W$인데 $E_X > E_Y$이므로 $f_X > f_Y$이다.

step 2 빛의 세기와 광전자의 수 관계 파악하기
광자의 진동수가 작으면 광자 하나의 에너지가 충분하지 않아 광전 효과가 일어나지 않지만 광자의 진동수가 크면 빛의 세기가 셀수록 광자의 수가 많아 광전자가 많이 튀어나와 광전류의 세기가 커진다.

step 3 금속판 A에 X, Y를 비출 때 광전자의 최대 운동 에너지 분석하기
· 금속판 A, B의 일함수를 W_A, W_B라 하면 금속판 A에 Y를 비출 때 광전자가 방출되지 않으므로 $hf_Y - W_A < 0$이므로 $W_A > hf_Y$이다.
· 금속판 A에 X를 비출 때 최대 운동 에너지 $E_0 = hf_X - W_A$이므로 $E_0 < hf_X$이다.

교육청 기출 변형

01 그림과 같이 일정한 세기의 단색광 X가 매질 A와 B의 경계면의 점 O에 입사각 θ로 입사하여 진행하는 경로를 나타낸 것이다. 표는 X의 입사각이 θ, 2θ일 때 금속판 P, Q에서 각각 광전자의 방출 여부를 나타낸 것이다.

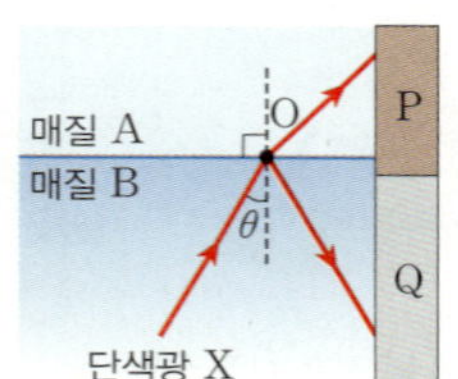

X의 입사각	광전자 방출 여부	
	P	Q
θ	방출됨	방출됨
2θ	방출 안 됨	방출됨

이에 대한 설명으로 옳은 것만을 〈보기〉에서 있는 대로 고른 것은?

┌ 보기 ┐
ㄱ. 임계각 α는 $\theta < \alpha < 2\theta$이다.
ㄴ. 입사각이 θ일 때 굴절각은 반사각보다 작다.
ㄷ. Q에서 방출되는 광전자의 수는 입사각이 θ일 때보다 2θ일 때 더 많다.

① ㄱ   ② ㄴ   ③ ㄱ, ㄴ
④ ㄱ, ㄷ   ⑤ ㄴ, ㄷ

평가원 기출 변형

02 표는 서로 다른 금속판 X, Y에 진동수가 각각 f, $3f$인 빛 A, B를 비추었을 때 방출되는 광전자의 최대 운동 에너지를 나타낸 것이다.

빛	진동수	광전자의 최대 운동 에너지	
		X	Y
A	f	E_0	$2E_0$
B	$3f$	$7E_0$	㉠

이에 대한 설명으로 옳은 것만을 〈보기〉에서 있는 대로 고른 것은?

┌ 보기 ┐
ㄱ. ㉠은 $8E_0$이다.
ㄴ. 광전 효과가 일어나는 빛의 최소 진동수는 Y가 X보다 크다.
ㄷ. 빛 A의 세기를 3배로 높이면 빛 B를 비추었을 때와 같은 결과가 나온다.

① ㄱ   ② ㄴ   ③ ㄴ, ㄷ
④ ㄱ, ㄷ   ⑤ ㄴ, ㄷ

수능 기출 변형

03 그림 (가)는 금속판 P에 빛을 비추었을 때 광전자가 방출되는 모습을 나타낸 것이고, (나)는 (가)에서 방출되는 광전자의 최대 운동 에너지를 빛의 진동수에 따라 나타낸 것이다. 빛의 세기가 I로 일정하게 하고 진동수가 $\frac{1}{2}f$일 때 광전자가 방출되기 시작하여 진동수가 f일 때, 방출되는 광전자의 최대 운동 에너지는 E이다.

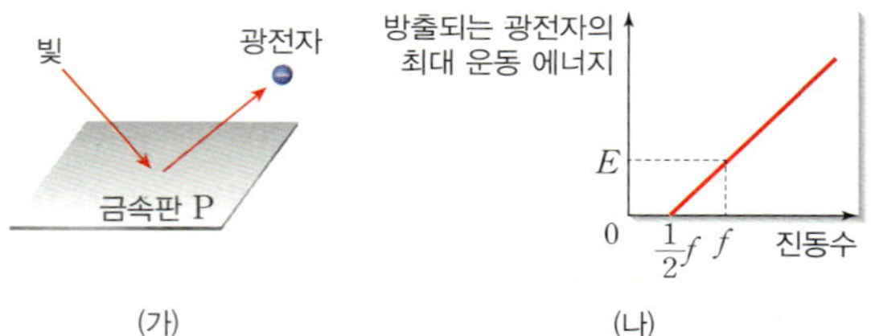

이에 대한 설명으로 옳은 것만을 〈보기〉에서 있는 대로 고른 것은?

┌ 보기 ┐
ㄱ. 빛의 세기가 $2I$이고 진동수가 $\frac{1}{2}f$인 빛을 P에 비추면 광전자의 최대 운동 에너지는 E이다.
ㄴ. 빛의 세기가 $2I$이고 진동수가 f인 빛을 P에 비추면 광전자의 최대 운동 에너지는 E이다.
ㄷ. 빛의 세기가 $\frac{1}{2}I$이고, 진동수가 $2f$인 빛을 P에 비추면 광전자의 최대 운동 에너지는 $2E$이다.

① ㄱ   ② ㄴ   ③ ㄷ
④ ㄱ, ㄴ   ⑤ ㄴ, ㄷ

교육청 기출 변형

04 그림과 같이 단색광 P, Q, R을 금속판 A에 비추었다. 단색광 P를 비추었을 때 방출하는 광전자의 개수가 n, 단색광 Q를 비추었을 때 방출하는 광전자의 개수가 $2n$, 단색광 R를 비추었을 때 방출하는 광전자의 개수가 0이다.

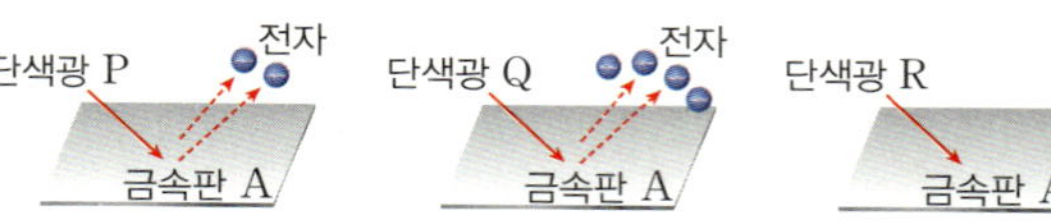

이에 대한 설명으로 옳은 것만을 〈보기〉에서 있는 대로 고른 것은?

┌ 보기 ┐
ㄱ. P의 빛의 세기보다 Q의 빛의 세기가 2배이다.
ㄴ. R의 진동수는 A의 문턱 진동수보다 크다.
ㄷ. 진동수는 P가 R보다 작다.

① ㄱ   ② ㄴ   ③ ㄷ
④ ㄱ, ㄷ   ⑤ ㄴ, ㄷ

05 그림은 단색광 A, B, C를 광전관의 금속판에 비추는 모습을 나타낸 것이고, 표는 A, B, C를 켜거나(ON) 끄면서(OFF) 광전 효과에 의한 광전자 방출 여부와 광전자의 최대 운동 에너지 E_{MAX}의 측정 결과를 나타낸 것이다.

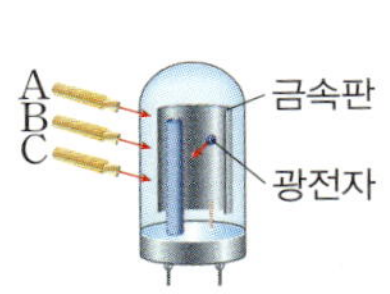

실험	A	B	C	광전자 방출	E_{MAX}
I	ON	OFF	OFF	×	−
II	ON	ON	OFF	○	E_0
III	ON	OFF	ON	㉠	㉡
IV	OFF	ON	ON	○	$2E_0$

이에 대한 설명으로 옳은 것단을 〈보기〉에서 있는 대로 고른 것은?

보기
ㄱ. ㉠은 ○, ㉡은 $2E_0$이다.
ㄴ. 단색광의 진동수의 크기는 A<B<C이다.
ㄷ. A, B, C를 모두 켤 때 광전자의 최대 운동 에너지는 $3E_0$이다.

① ㄱ ② ㄷ ③ ㄱ, ㄴ
④ ㄴ, ㄷ ⑤ ㄱ, ㄴ, ㄷ

06 그림은 두 광전관의 금속판 P, Q에 빛의 삼원색에 해당하는 단색광 A, B, C를 하나씩 비추는 모습을 나타낸 것이다. A, B, C를 금속판 P, Q에 비추었을 때 광전자의 방출 여부는 표와 같다.

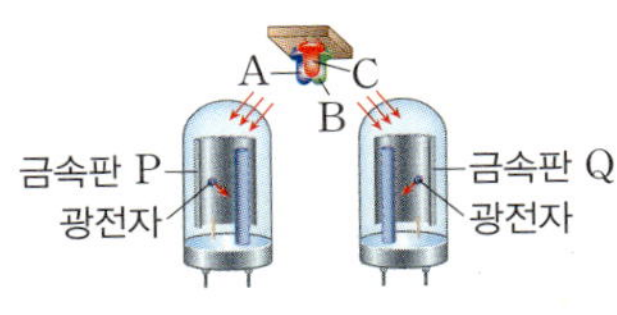

단색광	광전자 방출 여부	
	P	Q
A	○	○
B	○	×
C	×	×

이에 대한 설명으로 옳은 것만을 〈보기〉에서 있는 대로 고른 것은?

보기
ㄱ. 금속판 P의 일함수가 Q보다 크다.
ㄴ. X선을 금속판 Q에 비추면 광전자가 방출된다.
ㄷ. B와 C를 Q에 동시에 비출 때 광전자가 방출된다.

① ㄴ ② ㄷ ③ ㄱ, ㄴ
④ ㄱ, ㄷ ⑤ ㄴ, ㄷ

07 그림과 같이 두 금속판 A와 B에 빛을 비추었을 때 방출되는 광전자의 드브로이 파장의 최솟값 λ_{min}를 나타낸 표이다.

빛의 진동수	광전자의 드브로이 파장 최솟값	
	A	B
f_0	∞	방출 안 됨
$2f_0$	λ_1	∞
f	λ_2	λ_1

이에 대한 설명으로 옳은 것만을 〈보기〉에서 있는 대로 고른 것은?

보기
ㄱ. 금속판 A의 문턱 진동수는 f_0이다.
ㄴ. $f=3f_0$이다.
ㄷ. $\lambda_1 : \lambda_2 = \sqrt{2} : 1$이다.

① ㄱ ② ㄴ ③ ㄱ, ㄴ
④ ㄴ, ㄷ ⑤ ㄱ, ㄴ, ㄷ

08 그림은 각각 질량이 m_A, m_B인 입자 A, B의 드브로이 파장을 운동 에너지에 따라 나타낸 것이다.

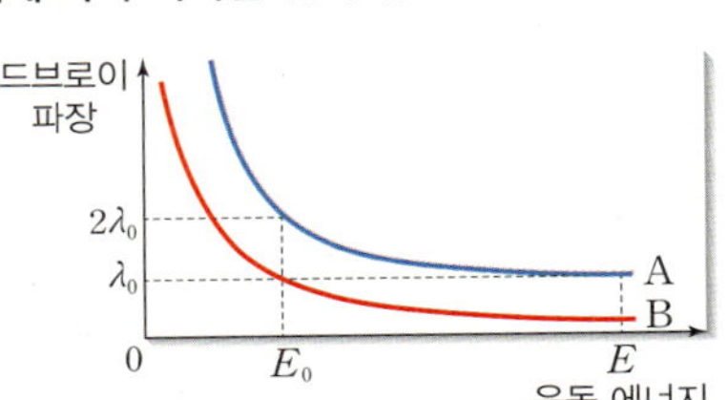

이에 대한 설명으로 옳은 것만을 〈보기〉에서 있는 대로 고른 것은?

보기
ㄱ. $m_A : m_B = 1 : 4$이다.
ㄴ. $E = 2E_0$이다.
ㄷ. B의 운동 에너지가 $\frac{1}{2}E_0$일 때 드브로이 파장은 $2\lambda_0$이다.

① ㄱ ② ㄷ ③ ㄱ, ㄴ
④ ㄱ, ㄷ ⑤ ㄴ, ㄷ

기본 개념 확인

01 어떤 금속에서 광전자를 방출시킬 수 있는 최소 진동수가 [ ]이다.

01 그림 (가)는 광전관의 금속판에 단색광을 비추며 전압에 따른 광전류를 측정하는 실험 장치를 나타낸 것이고, (나)는 두 금속판 A, B에 동일한 파장의 단색광의 세기를 다르게 하여 비출 때 전원 장치의 전압에 따른 전류의 세기를 나타낸 것이다.

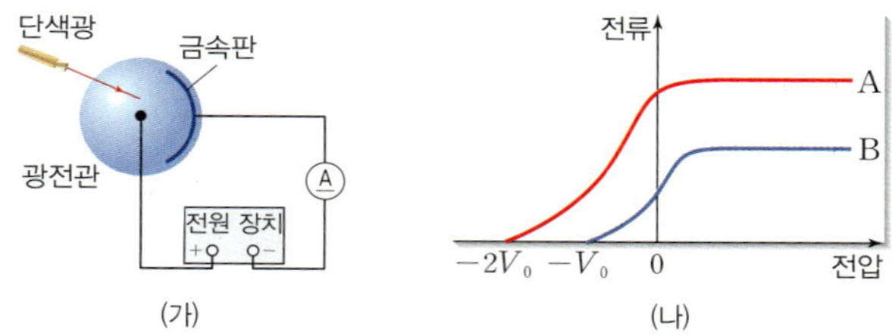

이에 대한 설명으로 옳은 것만을 〈보기〉에서 있는 대로 고른 것은?

| 보기 |

ㄱ. 금속판 A에 비춘 빛보다 B에 비춘 빛의 세기가 더 세다.
ㄴ. 금속판 A의 문턱 진동수보다 B의 문턱 진동수가 더 크다.
ㄷ. 금속판 A, B에 더 큰 진동수의 빛을 비추면 전류가 세진다.

① ㄱ 　② ㄴ 　③ ㄱ, ㄴ 　④ ㄴ, ㄷ 　⑤ ㄱ, ㄴ, ㄷ

02 빛은 입자성과 [ ]을 모두 가지고 있다.

02 그림은 금속판 A, B에 도달하는 광자의 에너지와 이때 방출되는 광전자의 파장을 그래프로 나타낸 것이다.

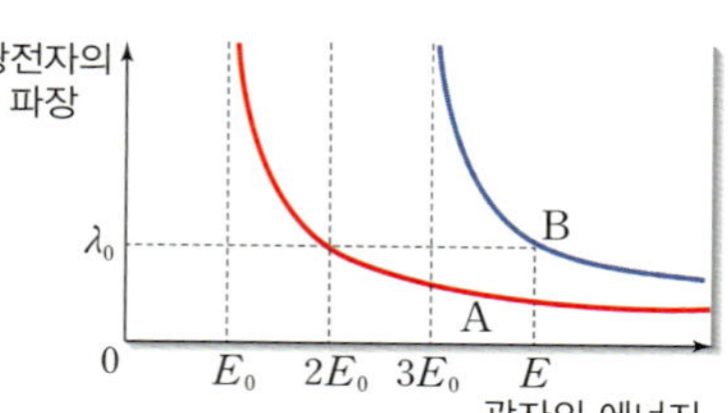

금속판 A에 도달하는 광자의 에너지가 E일 때 방출되는 광전자의 드브로이 파장은?

① $\dfrac{1}{\sqrt{2}}\lambda_0$ 　② $\dfrac{1}{\sqrt{3}}\lambda_0$ 　③ $\dfrac{1}{2}\lambda_0$ 　④ $\dfrac{1}{3}\lambda_0$ 　⑤ $\dfrac{1}{4}\lambda_0$

03 그림은 움직이는 두 입자 A, B의 속력을 변화시켰을 때 드브로이 파장을 나타낸 것이다.

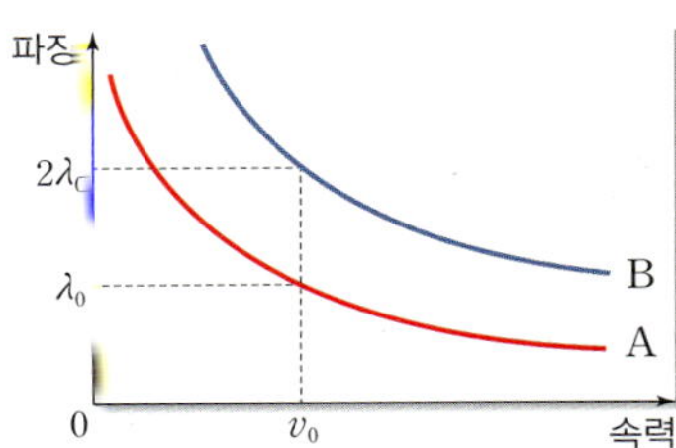

이에 대한 설명으로 옳은 것만을 〈보기〉에서 있는 대로 고른 것은?

보기
ㄱ. A의 질량은 B의 2배이다
ㄴ. B의 속력이 $2v_0$일 때 드브로이 파장은 λ_0이다.
ㄷ. B의 드브로이 파장이 $\sqrt{2}\lambda_0$일 때 운동 에너지는 A의 속력이 v_0일 때와 같다.

① ㄱ   ② ㄷ   ③ ㄱ, ㄴ   ④ ㄴ, ㄷ   ⑤ ㄱ, ㄴ, ㄷ

03 입자의 드브로이 파장은 입자의 운동량과 [　　　　] 관계이다.

04 그림은 빛의 삼원색에 해당하는 같은 세기의 단색광을 금속판에 비춘 영역을 나타낸 것이다. 빛을 비춘 모든 영역에서 광전자가 방출되었다.

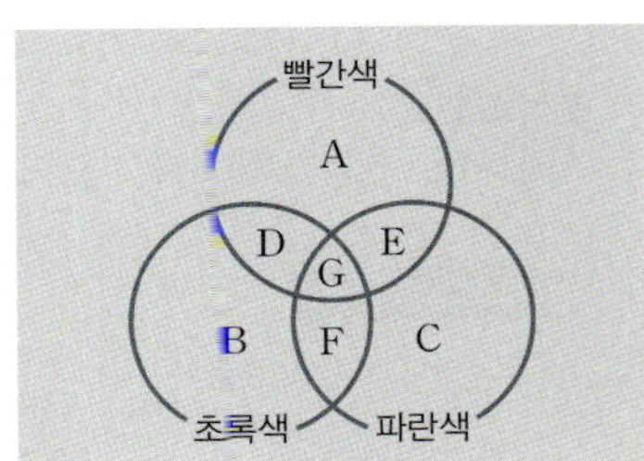

각 영역에서 방출되는 광전자에 대한 설명으로 옳은 것만을 〈보기〉에서 있는 대로 고른 것은?

보기
ㄱ. 단위 면적당 방출되는 광전자의 수는 G에서 가장 많다.
ㄴ. 방출되는 광전자의 최대 운동 에너지는 D보다 C에서 더 크다.
ㄷ. 방출되는 광전자의 드브로이 파장의 최솟값은 F보다 C가 더 크다.

① ㄱ   ② ㄴ   ③ ㄱ, ㄴ   ④ ㄴ, ㄷ   ⑤ ㄱ, ㄴ, ㄷ

04 광전 효과에서 광전자의 발생 여부는 빛의 [　　　　]에 따라서만 결정되며 빛의 [　　　　]와는 관계 없다.

대단원 예상 적중 자료 정리

① 파동의 그래프　　11강_ 88쪽 01번

그림은 오른쪽으로 진행하는 진동수가 0.5 Hz인 파동의 어느 순간의 변위를 위치 x에 따라 나타낸 것이다.

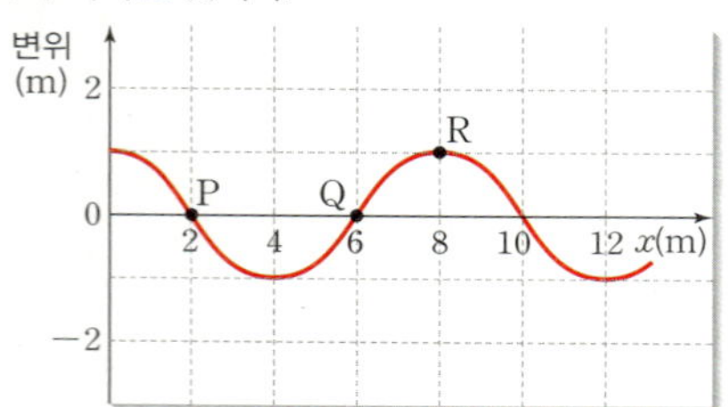

분석 포인트 ▶▶▶
파동이 한 파장만큼 진행하는 데 걸리는 시간은 주기이다.

자료 집중 분석

- 주기 $=\dfrac{1}{진동수}$ 이므로 이 파동의 주기는 ①⬚ 이다.
- 파동의 속력 $=\dfrac{파장}{주기}$ 이므로 속력은 ②⬚ 이다.
- P점 : 파동이 오른쪽으로 진행하므로 P점의 매질은 ③⬚ 방향으로 이동하고 있다.
- Q점 : 파동이 오른쪽으로 진행하므로 Q점의 변위는 ④⬚ 방향으로 이동하고 있다.

② 빛의 굴절　　11강_ 89쪽 03번

그림과 같이 진동수가 같은 두 빛 A, B가 매질 Ⅱ에서 나란하게 진행한다. 빛 A의 경로가 그림과 같고, 빛 B는 매질 Ⅱ에서 매질 Ⅲ을 지나 매질 Ⅱ를 거쳐 매질 Ⅰ로 진행한다. 빛 B의 매질 Ⅱ에서 굴절각은 θ_2, 매질 Ⅰ에서 굴절각은 θ_1이고, 세 매질의 굴절률은 n_1, n_2, n_3이다.

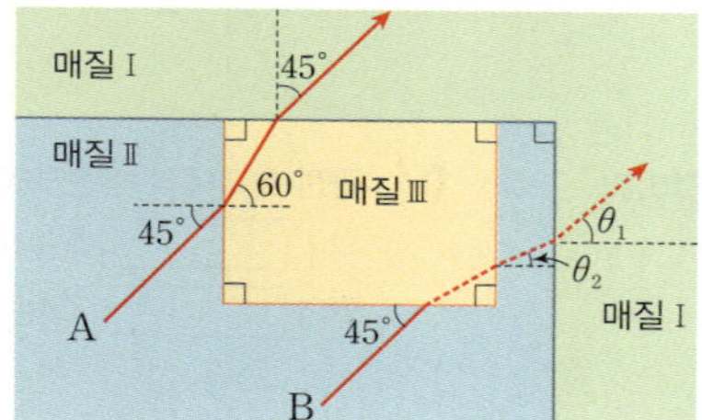

분석 포인트 ▶▶▶

굴절률 n_1인 매질 Ⅰ에서 굴절률 n_2인 매질 Ⅱ로 빛이 진행할 때 $\dfrac{\sin\theta_{\mathrm{I}}}{\sin\theta_{\mathrm{II}}}=\dfrac{v_{\mathrm{I}}}{v_{\mathrm{II}}}=\dfrac{n_{\mathrm{II}}}{n_{\mathrm{I}}}$ 의 관계가 있다.

자료 집중 분석

- A의 경로에서 $\dfrac{\sin 60°}{\sin 45°}=\dfrac{n_2}{n_3}=\dfrac{\sqrt{3}}{\sqrt{2}}$, $\dfrac{\sin 30°}{\sin 45°}=\dfrac{n_1}{n_3}=\dfrac{1}{\sqrt{2}}$ 이므로 굴절률은 큰 순서대로 ⑤⬚ 이다.
- B : Ⅱ → Ⅲ에서 굴절각은 ⑥⬚ , Ⅲ → Ⅱ에서 입사각은 30°이다. $\dfrac{\sin\theta_2}{\sin 30°}=\dfrac{n_3}{n_2}$ 이므로 $\sin\theta_2=$ ⑦⬚ 이다.
- $\dfrac{\sin\theta_1}{\sin\theta_2}=\dfrac{n_2}{n_1}$ 이므로 $\sin\theta_1=\dfrac{1}{\sqrt{2}}$ 이므로 $\theta_1=$ ⑧⬚ 이다.

③ 전반사　　12강_ 95쪽 03번

그림 (가)는 단색광 A가 입사각 i로 공기에서 매질 Ⅰ로 입사하여 매질 Ⅰ 내에서 전반사하며 진행하는 것을 나타낸 것이다. 그림 (나)는 (가)에서 매질 Ⅰ을 굴절률이 더 큰 매질 Ⅲ으로 바꾸어 단색광 A를 입사각 i로 입사시키는 모습을 나타낸 것이다. (가)에서 매질 Ⅰ, Ⅱ의 경계면 입사각은 θ이고, 세 매질의 굴절률은 n_1, n_{II}, n_{III}이다.

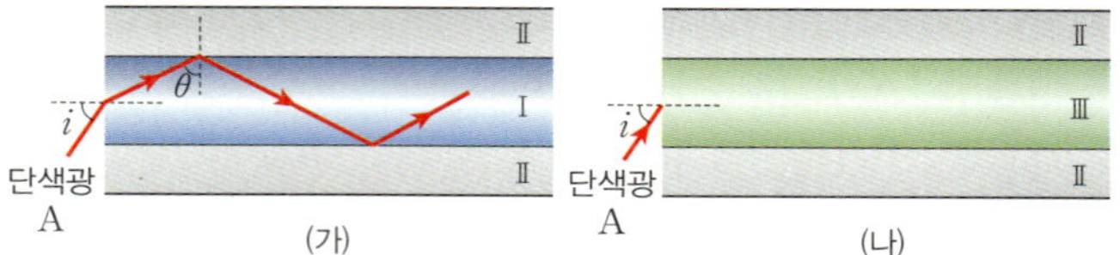

분석 포인트 ▶▶▶
입사각이 임계각보다 작으면 빛의 일부는 굴절하고 일부는 반사한다. 입사각이 임계각보다 크면 빛은 전반사한다.

자료 집중 분석

- 광섬유에서 코어는 굴절률이 더 ⑨⬚ 매질이다.
- 세 매질의 굴절률은 큰 순서대로 ⑩⬚ 이다.
- (가)에서 i보다 작은 각도로 단색광이 입사하면 매질 Ⅰ에서 Ⅱ로 진행할 때 입사각이 θ보다 ⑪⬚ .
- (나)에서 Ⅲ의 굴절률이 Ⅰ의 굴절률보다 크므로 Ⅲ에서 굴절각은 (가)보다 ⑫⬚ , Ⅲ과 Ⅱ 사이의 입사각은 θ보다 ⑬⬚ .

④ 전반사와 광통신　　12강_ 95쪽 04번

그림은 광섬유의 재료가 되는 물질인 A, B, C에 단색광이 진행하는 것을 나타낸 것이다. B는 중심이 점 O이고 반지름이 r인 원형 매질이며, A, C의 외부 경계는 직사각형을 이룬다. A와 C에서 단색광의 경로는 직사각형의 가로 경계와 나란하고 $r>d_1>d_2$이다.

분석 포인트 ▶▶▶
A에서 B로 진행할 때의 굴절각과 B에서 C로 진행할 때의 입사각이 같다.

자료 집중 분석

- $\theta_A<\theta_B<\theta_C$이므로 $\dfrac{n_A}{n_B}=\dfrac{\sin\theta_B}{\sin\theta_A}$, $\dfrac{n_B}{n_C}=\dfrac{\sin\theta_C}{\sin\theta_B}$ 에 의해 세 매질의 굴절률은 ⑭⬚ 이다.

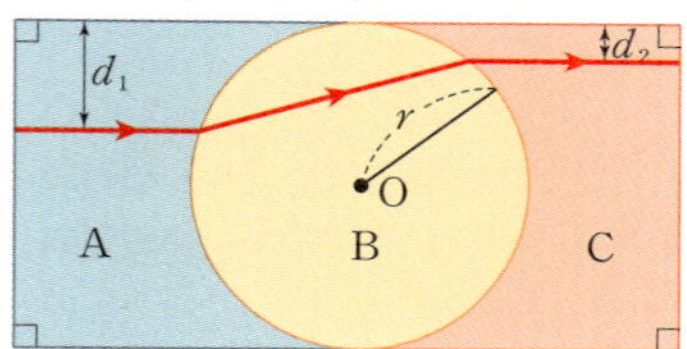

- 세 매질에서 빛의 진행 속력은 ⑮⬚ 이다.
- 광섬유는 굴절률이 큰 물질을 코어로, 굴절률이 작은 물질을 클래딩으로 사용한다.

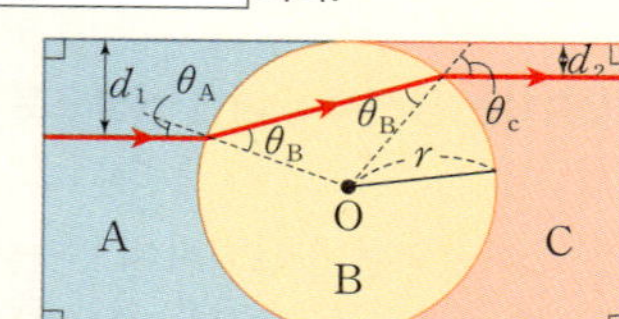

❺ 파동의 중첩

13강_ 102쪽 01번

그림 (가)는 $t=0$초일 때 진폭과 파장이 같은 두 파동 A, B가 줄을 따라 같은 속력으로 전파되는 순간의 모습을 나타낸 것이고, (나)는 A 위의 한 점 P의 변위를 시간에 따라 나타낸 그래프이다.

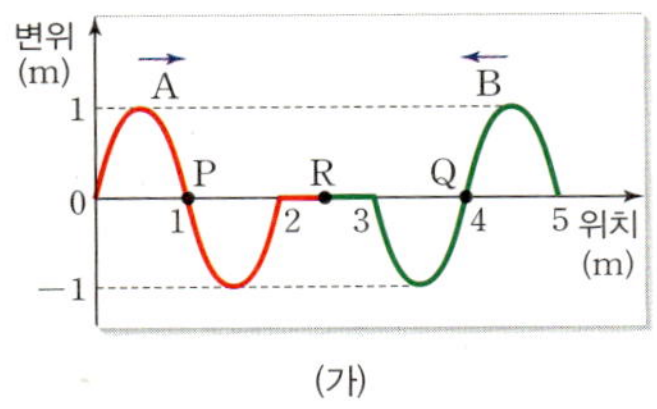
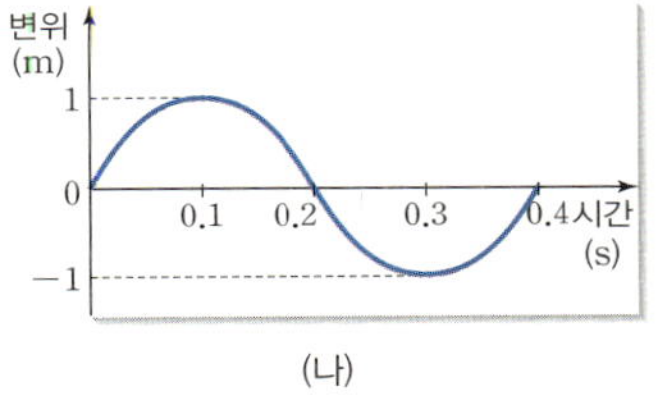

(가) (나)

분석 포인트▶▶▶
둘 이상의 파동이 만나 한 지점에서 겹칠 때 그 지점에서 합성파의 변위는 각 파동의 변위를 더한 것과 같다.

자료 집중 분석

- 두 파동의 파장은 2 m, 주기는 0.4초, 속력 $v=\dfrac{\lambda}{T}=$ ⑯ $\boxed{}$ 이다.
- 점 R에 A, B 두 파동이 도달하는 데 걸리는 시간이 ⑰ $\boxed{}$ 이고, 이후에 두 파동이 중첩되면 ⑱ $\boxed{}$ 간섭을 하므로 점 R의 변위를 시간에 따라 그래프로 나타내면 다음과 같다.

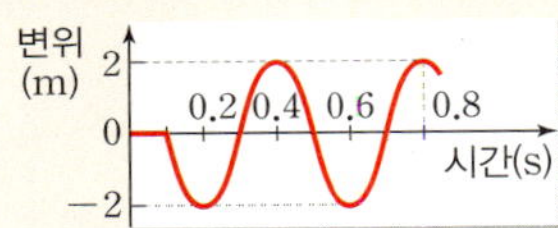

- 위치가 2 m인 지점에서는 0초~0.2초 동안 파동 A의 영향만 받다가 0.2초 이후 두 파동이 ⑲ $\boxed{}$ 간섭한다.

❻ 파동의 간섭

13강_ 102쪽 02번

그림은 스피커 A, B에서 진동수가 340 Hz인 소리가 동시에 발생하고 있고 사람이 소음 측정기를 들고 장축의 길이가 8 m, 단축의 길이가 4 m인 타원 궤도를 따라 이동하면서 소리의 세기가 작게 들리는 지점을 측정하고 있는 것을 나타낸 것이다. 두 스피커에서 발생하는 소리는 위상과 진폭이 같다.

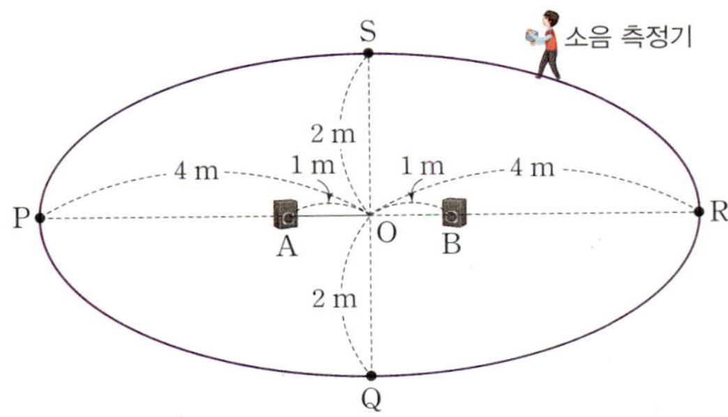

분석 포인트▶▶▶
상쇄 간섭이 일어나는 지점은 두 파원과의 경로차가 반파장의 홀수 배인 곳이다.

자료 집중 분석

- 경로차가 가장 작은 지점은 Q, S로 경로차가 $\dfrac{\lambda}{2}\times$ ⑳ $\boxed{}$ 이다.
- 경로차가 가장 큰 지점은 P, R로 경로차가 $\dfrac{\lambda}{2}\times$ ㉑ $\boxed{}$ 이다.
- 타원 궤도상에서 이웃한 보강 간섭이 일어나는 지점 사이에는 ㉒ $\boxed{}$ 간섭이 일어나는 지점이 하나씩 있다.

❼ 빛의 이중성

14강_ 108쪽 01번

그림 (가)는 광전관의 금속판에 단색광을 비추며 전압에 따른 광전류를 측정하는 실험 장치를 나타낸 것이고, (나)는 두 금속판 A, B에 동일한 파장의 단색광의 세기를 다르게 하여 비출 때 전원 장치의 전압에 따른 전류의 세기를 나타낸 것이다.

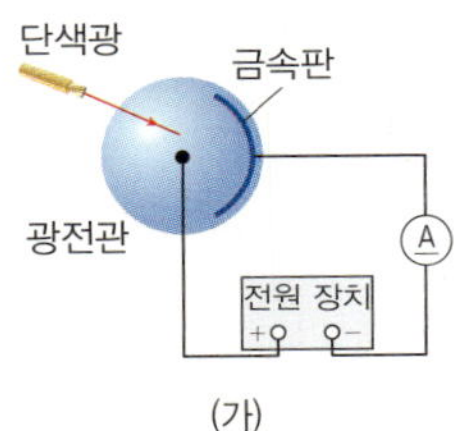

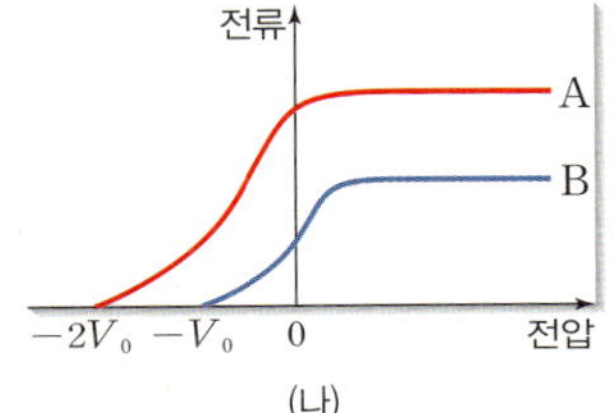

(가) (나)

분석 포인트▶▶▶
두 금속판의 문턱 진동수가 다르다.

자료 집중 분석

- 금속판 A를 사용한 경우 전압이 같을 때 전류의 크기가 더 크므로 방출되는 ㉓ $\boxed{}$ 의 수가 많아 A에 비춘 빛의 세기가 더 세다.
- A의 정지 전압이 B보다 크므로 A에서 방출된 광전자의 ㉔ $\boxed{}$ 가 더 크다. → 두 금속판에 비춘 빛의 진동수는 같으므로 $E=hf-W$에 의해 A의 일함수가 더 작다. → A의 문턱 진동수가 더 작다.
- 진동수가 더 큰 빛을 비추어도 방출되는 광전자의 수는 변화가 없다. → ㉕ $\boxed{}$ 의 세기는 변하지 않는다.
- 진동수가 더 큰 빛을 비추면 광전자의 최대 운동 에너지가 더 커진다. → ㉖ $\boxed{}$ 이 더 커진다.

❽ 빛과 물질의 이중성

14강_ 108쪽 02번

그림은 금속판 A, B에 도달하는 광자의 에너지와 이때 방출되는 광전자의 파장을 그래프로 나타낸 것이다.

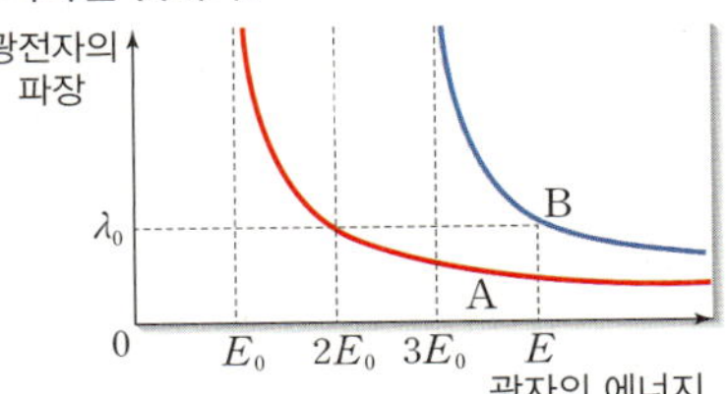

분석 포인트▶▶▶
광전자가 방출되는 광자의 최소 에너지가 일함수이다.

자료 집중 분석

- A의 일함수는 ㉗ $\boxed{}$, B의 일함수는 ㉘ $\boxed{}$ 이다.
- A에 에너지가 $2E_0$인 광자가 충돌할 때 방출되는 광전자의 에너지는 $2E_0-E_0$, 광자의 파장은 λ_0이다. → $\lambda_0=\dfrac{h}{\sqrt{2m_e(2E_0-E_0)}}$
- B에 에너지가 E인 광자가 충돌할 때 방출되는 광전자의 에너지는 $E-3E_0$이고, 이때 광자의 파장은 λ_0이다. → $\lambda_0=\dfrac{h}{\sqrt{2m_e(E-3E_0)}}$
- $E=$ ㉙ $\boxed{}$ 이다.
- A에 에너지가 E인 광자가 충돌하면 방출되는 광전자의 에너지는 $E-E_0$이다. → 방출되는 광전자의 드브로이 파장은 $\lambda=\dfrac{h}{\sqrt{2m_e(E-E_0)}}=\dfrac{1}{\sqrt{3}}\lambda_0$이다.

MEMO

이투스북

효과 빠른 약점 처방전

과탐 물리학 I S

이투스북

빠르게
S

531 PROJECT

효과 빠른 약점 처방전

과탐 물리학 I S

정답 및 해설

I. 역학과 에너지

01강 물체의 운동

기출 변형 문제

8~9쪽

01 ⑤ **02** ③ **03** ⑤ **04** ⑤ **05** ④ **06** ⑤ **07** ④
08 ③

01 위치 – 시간 그래프의 기울기는 속도이다.

ㄱ. 0초에서 2초까지 A의 평균 속력은 $\dfrac{4-2}{2}=1$ m/s이다.

ㄴ. 운동 방향이 일정한 운동이므로 0초에서 1초까지 B의 이동 거리는 변위의 크기와 같은 2 m이다.

ㄷ. 1초일 때 A와 B의 속력은 각각 $\dfrac{4-2}{2}=1$ m/s, $\dfrac{4-0}{2}=2$ m/s 이므로 1초일 때의 속력은 A가 B보다 작다.

02 속력 – 시간 그래프의 기울기는 가속도, 넓이는 변위이다.

ㄱ. 0초부터 6초까지 A의 이동 거리가 16 m이므로 평균 속력은 $\dfrac{16}{6}=\dfrac{8}{3}$ m/s이다.

ㄴ. 6초일 때 B의 가속도의 크기는 $\dfrac{6-0}{6}=1$ m/s^{2}이다.

오답 풀이 ㄷ. A와 B가 8초일 때 충돌하므로 4초일 때 A와 B 사이의 거리는 $4\times4+(2+6)\times4\times\dfrac{1}{2}=32$ m이다.

03 등가속도 운동하는 물체의 처음 속도를 v_0, 나중 속도를 v라고 할 때, 평균 속도는 $\dfrac{v_0+v}{2}$이다.

ㄱ. 이동 거리는 평균 속력×시간이므로 $30\times5=150$ m이다.

ㄴ. A에서 B까지 자동차의 평균 속력이 30 m/s이므로 B를 통과할 때의 속력을 v라고 하면 $\dfrac{40+v}{2}=30$ m/s, $v=20$ m/s이다.

ㄷ. 자동차의 속력이 느려지고 있으므로 가속도의 방향과 운동 방향은 반대이다.

04 등가속도 운동하는 물체의 가속도는 $\dfrac{\text{속도의 변화량}}{\text{시간}}$이다.

ㄱ. 0초부터 2초까지와 2초부터 4초까지의 비행기의 평균 속력이 각각 $\dfrac{195-0}{2}=97.5$ m/s, $\dfrac{380-195}{2}=92.5$ m/s이므로 가속도는 $\dfrac{92.5-97.5}{2}=-2.5$ m/s^{2}이고 가속도의 크기는 2.5 m/s^{2}이다.

ㄴ. 착륙하는 순간의 속력을 v라고 하면 $v-2.5\times1=97.5$ m/s이므로 $v=100$ m/s이다.

ㄷ. 처음 속력이 100 m/s, 나중 속력이 0 m/s, 가속도가 -2.5 m/s^2 이므로 이동 거리를 s라고 하면 $0-100^2=2\times(-2.5)\times s$, $s=2000$ m$=2$ km이다.

05 처음 속도 v_0, 가속도 a로 등가속도 운동하는 물체의 t초 일 때 속도 v는 $v=v_0+at$이다.

ㄴ. 두 자동차의 속력이 v로 같아질 때까지 걸린 시간을 t라고 하면 $20+at=2at$이고 $at=20$ m/s이므로 $v=40$ m/s이다.

ㄷ. 속도가 v로 같아질 때까지 A, B의 평균 속력은 각각 $\dfrac{20+40}{2}=30$ m/s, $\dfrac{0+40}{2}=20$ m/s이므로 각각 이동한 거리는 $30t$, $20t$이다. 따라서 $30t-20t=20$ m이고 $t=2$초이다.

오답 풀이 ㄱ. $a=\dfrac{40-20}{2}=10$ m/s^{2}이다.

06 가속도 – 시간 그래프와 시간축이 이루는 면적은 속도의 변화량 이다.

ㄴ. 2초와 6초일 때 자동차의 속도가 각각 $4-3\times2=-2$ m/s, $-2+6\times2=10$ m/s이므로 3초일 때 자동차의 속력은 2 m/s이다.

ㄷ. 0초부터 2초까지와 4초부터 6초까지 자동차의 평균 속도가 각각 $\dfrac{4+(-2)}{2}=1$ m/s, $\dfrac{-2+10}{2}=4$ m/s이므로 0초부터 6초까지 자동차의 변위는 $1\times2+(-2)\times2+4\times2=6$ m이고 0초부터 6초까지 평균 속력의 크기는 $\dfrac{6}{6}=1$ m/s이다.

오답 풀이 ㄱ. 6초 동안의 속도의 변화량이 6 m/s이므로 $-2a+4a=6$, $a=3$ m/s^{2}이다.

07 속도는 $\dfrac{\text{변위}}{\text{시간}}$이다.

ㄱ. 0~1초 동안 B가 이동한 거리는 $0.05\times20=1$ m이다. 따라서 0~1초 동안 평균 속력은 $\dfrac{1}{1}=1$ m/s이다.

ㄴ. 1~2초 동안 이동한 거리는 $0.15\times20=3$ m이다.

오답 풀이 ㄷ. 1~2초 동안의 평균 속력이 $\dfrac{3}{1}=3$ m/s이므로 0~2초 동안 가속도의 크기는 $\dfrac{3-1}{1}=2$ m/s^{2}이다.

08 등가속도 운동을 하는 물체의 일정한 시간 간격 동안의 변위는 일정하게 증가한다.

ㄱ. 평균 속력의 크기는 각각 0~0.1초 1 m/s, 0.1~0.2초 1.5 m/s, 0.2~0.3초 2 m/s이고, 0.3~0.4초 2.5 m/s이다. 따라서 ㉠은 70이다.

ㄴ. 수레의 가속도의 크기는 $\dfrac{1.5-1.0}{0.1}=5$ m/s^{2}이다.

오답 풀이 ㄷ. 0.05초인 순간 수레의 속력이 1 m/s이므로 P가 기준선을 통과하는 순간의 속력은 $1-5\times0.05=0.75$ m/s이다.

예상 적중 문제

10~11쪽

기본 개념 확인

01 크고, 크다. **02** $\dfrac{v_0+v}{2}$, $\dfrac{v-v_0}{t}$ **03** $v^2-v_0^2=2as$ **04** 속도의 변화량

01 ⑤ **02** ① **03** ③ **04** ③

01 포물선 운동하는 물체의 이동 거리는 변위의 크기보다 크다.

ㄱ, ㄴ. 포물선 운동하는 공의 이동 거리는 변위의 크기보다 크고 평균 속력은 평균 속도의 크기보다 크다.

ㄷ. 포물선 운동하는 공에 작용하는 알짜힘은 일정하다.

02 위치 – 시간 그래프의 기울기는 속도이다.

ㄱ. 2~5초 동안 B의 변위의 크기가 18 m이므로 평균 속력은 $\frac{18}{3}=6$ m/s이다. 5초일 때 B의 속력을 v라고 하면 $\frac{0+v}{2}=6$ m/s이므로 $v=12$ m/s이고 B의 가속도는 $\frac{12-0}{3}=4$ m/s²이다.

오답풀이 ㄴ. A, B의 1초일 때의 속력은 각각 $\frac{15}{3}=5$ m/s, $0+4\times1=4$ m/s이므로 A가 B의 $\frac{5}{4}$배이다.

ㄷ. 0초일 때 B의 속력은 $0+4\times2=8$ m/s이므로 0~2초 동안 B의 평균 속력은 $\frac{8+0}{2}=4$ m/s이고 0초일 때 B의 위치는 $18-8=10$ m이다. 따라서 0초일 때 A와 B 사이의 거리는 10 m이다.

03 등가속도 운동하는 물체의 처음 속도 v_0, 나중 속도 v, 가속도의 크기 a, 변위의 크기 s 사이에는 $v^2-v_0^2=2as$의 식이 성립한다.

ㄱ. 같은 시간 동안 이동한 거리가 A가 B의 $\frac{4}{3}$배이므로 B의 평균 속력은 $\frac{3}{4}v$이다. R를 지나는 순간의 속력을 v'라고 하면 $\frac{0+v'}{2}=\frac{3}{4}v$이므로 $v'=\frac{3}{2}v$이다.

ㄴ. 가속도를 a라고 하면 $\left(\frac{3}{2}v\right)^2-0=2a\times3L$이므로 $a=\frac{3v^2}{8L}$이다.

오답풀이 ㄷ. B의 속력이 v가 될 때까지 B가 이동한 거리를 s라고 하면 $v^2-0=2\times\frac{3v^2}{8L}s$이므로 $s=\frac{4}{3}L$이다.

04 가속도 – 시간 그래프와 시간축이 이루는 면적은 속도의 변화량이다.

ㄱ. 0~6초 동안 속도의 변화량이 $6-14=2a-6a=-4a$이므로 $a=2$ m/s²이다.

ㄴ. A의 2초일 때의 속력이 $14+2\times2=18$ m/s이므로 0~2초과 3~6초 동안의 평균 속력은 각각 $\frac{14+18}{2}=16$ m/s, $\frac{18+6}{2}=12$ m/s이다. 따라서 0~6초 동안의 이동 거리는 $16\times2+18\times1+12\times3=86$ m이다.

오답풀이 ㄷ. 0~6초 동안 A의 평균 속력은 $\frac{86}{6}=\frac{43}{3}$ m/s이다.

01 물체에 작용하는 알짜힘의 크기는 물체의 질량과 가속도를 곱한 값과 같다.

ㄱ. 속도 – 시간 그래프에서 그래프와 시간축이 이루는 면적이 이동 거리이므로 $\frac{1}{2}\times16\times4=32$ m이다.

ㄴ. 속도 – 시간 그래프의 기울기가 가속도이므로 가속도의 크기는 $\frac{16}{4}=4$ m/s²이다.

ㄷ. $8=m\times4$, $m=2$ kg이다.

02 물체에 작용하는 알짜힘의 크기는 물체의 질량과 가속도를 곱한 값과 같다.

ㄱ. A, B, C의 질량을 각각 m_A, m_B, m_C, (가)에서 A의 가속도의 크기를 a, (가)에서 실이 A를 당기는 힘의 크기를 T_1, (나)에서 실이 C를 당기는 힘의 크기를 T_2라고 하면, (가)에서 $T_1=m_Aa$, $F-T_1=m_Ba$, (나)에서 $T_2=2m_Aa$, $F-T_2=2m_Ca$의 식이 각각 성립하고, $m_C=2m_A$이므로 $m_B=5m_A$이다.

ㄴ. C에 작용하는 알짜힘의 크기는 $2m_A\times2a=4m_Aa$이고 B에 작용하는 알짜힘의 크기는 $5m_Aa$이므로 C에 작용하는 알짜힘의 크기는 B에 작용하는 알짜힘의 크기의 $\frac{4}{5}$배이다.

오답풀이 ㄷ. $T_1=m_Aa$, $T_2=2m_Aa$이므로 (나)에서 실이 C를 당기는 힘의 크기가 (가)에서 실이 A를 당기는 힘의 크기의 2배이다.

03 물체에 작용하는 알짜힘의 크기는 물체의 질량과 가속도를 곱한 값과 같다.

물체에 작용하는 중력의 크기가 $1\times10=10$ N이므로 연직 위 방향을 $(+)$로 할 때 물체에 작용하는 알짜힘은 0~2초 동안 $+5$ N, 2~4초 동안 0, 4~6초 동안 -10 N이고 물체의 가속도는 0~2초 동안 $+5$ m/s², 4~6초 동안 -10 m/s²이며 물체의 2초와 6초일 때의 속도는 각각 $5\times2=10$ m/s, $10-10\times2=-10$ m/s이다. 따라서 0~6초 동안 물체의 이동 거리는 $\frac{0+10}{2}\times2+10\times2+\frac{1}{2}\times10\times1+\frac{1}{2}\times10\times1=40$ m이다.

04 물체에 작용하는 알짜힘의 크기는 물체의 질량과 가속도를 곱한 값과 같다.

(가), (나)에서 p가 A를 당기는 힘의 크기를 각각 T_1, T_2, C의 질량을 M이라고 하면 (가)에서 $F-mg-T_1=0$, $T_1-mg=0$의 식이 성립하므로 $F=2mg$, $T_1=mg$이고 (나)에서는 $F-T_2-mg=\frac{1}{2}mg$, $T_2-Mg=\frac{1}{2}Mg$의 식이 성립하므로 $F=\frac{3}{2}mg+\frac{3}{2}Mg$, $T_2=\frac{3}{2}Mg$이다.

ㄱ. (가)에서 F의 크기($2mg$)는 A에 작용하는 중력의 크기(mg)보다 크다.

ㄴ. $\frac{1}{2}mg = \frac{3}{2}Mg$이므로 C의 질량은 $\frac{1}{3}m$이다.

오답 풀이 ㄷ. p가 A를 당기는 힘의 크기는 (가)와 (나)에서 각각 mg, $\frac{1}{2}mg$이므로 (가)에서가 (나)에서보다 크다.

05 A가 B에 작용하는 힘과 B가 A에 작용하는 힘은 크기는 같고 방향은 반대이다.

ㄱ. A가 컵을 누르는 힘과 컵이 A에 작용하는 힘은 크기가 같고 방향이 반대이며 각각 A와 컵에 작용하는 힘이므로 작용과 반작용의 관계이다.

ㄷ. A가 정지해 있으므로 컵이 A에 작용하는 힘과 B가 A에 작용하는 자기력, A에 작용하는 중력은 힘의 평형을 이룬다.

오답 풀이 ㄴ. A가 B에 작용하는 자기력의 크기가 B에 작용하는 중력의 크기보다 작으면 B가 중력 방향으로 가속도 운동을 하므로 A가 B에 작용하는 자기력의 크기와 B가 A에 작용하는 자기력의 크기는 B에 작용하는 중력의 크기보다 크거나 같다.

06 물체에 작용하는 알짜힘의 크기는 물체의 질량과 가속도를 곱한 값과 같다.

연직 위 방향을 $(+)$로 하면 $t=0$부터 $t=T$까지는 알짜힘이 $4mg - mg = 3mg$이므로 가속도는 $3g$이며 $t=T$부터 $t=5T$까지는 알짜힘은 $-mg$이고, 가속도는 $-g$이므로 $t=4T$인 순간과 $t=5T$인 순간의 놀이기구의 속도는 각각 0, $-gT$이고 $t=0$부터 $t=4T$까지와 $t=4T$부터 $t=5T$까지의 놀이기구의 변위는 각각 $\frac{1}{2} \times 3gT \times 4T = 6gT^2$, $\frac{1}{2} \times (-gT) \times T = -\frac{1}{2}gT^2$이다. $t=5T$부터 놀이 기구가 바닥에 도달할 때까지의 변위는 $-\frac{11}{2}gT^2$이고, $t=5T$인 순간의 속도는 $-gT$이므로 $t=5T$부터 지면에 도달할 때까지 놀이 기구의 가속도를 a라고 하면 $0 - (-gT)^2 = 2a\left(-\frac{11}{2}gT^2\right)$, $a = \frac{1}{11}g$이고 $F - mg = \frac{1}{11}mg$이므로 $F = \frac{12}{11}mg$이다.

07 속력 - 시간 그래프의 기울기는 가속도의 크기이다.

ㄱ. 2초 후부터 A가 등속도 운동을 하므로 질량은 A와 B가 같고 F는 C에 작용하는 중력의 크기인 20 N이다.

ㄴ. A, B의 질량을 m, $0 \sim 2$초 동안 p, q가 물체에 작용하는 힘을 각각 T_1, T_2라고 하면 A, B, C의 가속도의 크기는 $\frac{4-0}{2} = 2 \text{ m/s}^2$이므로 $T_1 - 10m = 2m$, $T_2 + 10m - T_1 = 2m$, $20 - T_2 = 4$의 식이 성립하고 $m = 4$ kg이다.

오답 풀이 ㄷ. $T_1 = 48$ N, $T_2 = 16$ N이다. 따라서 1초일 때 p가 B를 당기는 힘의 크기는 q가 B를 당기는 힘의 크기보다 크다.

08 속력 - 시간 그래프의 기울기는 가속도의 크기이다.

(가)에서 정지해 있을 때 중력에 의해 B에 빗면 아래 방향으로 작용하는 힘의 크기와 C에 작용하는 중력의 크기는 $2g$로 같다. A의 질량을 m, p가 끊어진 경우 q가 물체에 작용하는 힘을 T_1, A의 가속도의 크기를 a

라고 하면 $2g - T_1 = 2a$, $T_1 = ma$의 식이 성립하며 q가 끊어진 경우 p가 물체에 작용하는 힘을 T_2라고 하면 $2g - T_2 = 2m \times \frac{2}{3}a$, $T_2 = \frac{2}{3}ma$의 식이 성립한다. 따라서 $m = 2$ kg이다.

예상 적중 문제

16~19쪽

기본 개념 확인

01 가속도, 변위　**02** 알짜힘　**03** B가 A에 작용하는 힘　**04** $2v$

05 $\dfrac{m}{M+m}g$　**06** 차　**07** 같다　**08** $\dfrac{1}{2}at_0^2$, at_0

01 ⑤　**02** ③　**03** ①　**04** ⑤　**05** ②　**06** ③　**07** ④

08 ⑤

01 물체에 작용하는 알짜힘의 크기는 물체의 질량과 가속도를 곱한 값과 같다.

ㄱ. 1초일 때 B의 가속도의 크기는 $\frac{4-0}{2} = 2 \text{ m/s}^2$이므로 1초일 때 B에 작용하는 알짜힘의 크기는 2 N이다.

ㄴ. 1초일 때 B가 A에 작용하는 힘의 크기를 F'라고 하면 F'는 B에 작용하는 알짜힘의 크기와 같으므로 2 N이다.

ㄷ. $0 \sim 3$초 동안 A가 이동한 거리는 속도 - 시간 그래프와 시간축이 이루는 면적이므로 8 m이다.

02 물체에 작용하는 알짜힘의 크기는 물체의 질량과 가속도를 곱한 값과 같다.

ㄱ. B의 가속도의 크기가 (가)에서가 (나)에서의 $\frac{3}{2}$배이므로 A의 가속도의 크기도 (가)에서가 (나)에서의 $\frac{3}{2}$배이고, 알짜힘＝질량×가속도이므로 A에 작용하는 알짜힘의 크기는 (가)에서가 (나)에서의 $\frac{3}{2}$배이다.

ㄴ. B의 질량을 M, (가)에서 A, B, C의 가속도를 a, 실이 A와 C에 작용하는 힘의 크기를 각각 T_1, T_2라고 하면 $T_1 = ma$, $T_2 - T_1 = Ma$, $3mg - T_2 = 3ma$의 식이 성립한다. 또한 (나)에서 A, B, C의 가속도를 $\frac{2}{3}a$, 실이 A와 C에 작용하는 힘을 각각 T_1', T_2'라고 하면 $mg - T_1' = \frac{2}{3}ma$, $T_1' + Mg - T_2' = \frac{2}{3}Ma$, $T_2' - 3mg = 2ma$의 식이 성립하며 이 식을 정리하면 $M = 4m$이다.

오답 풀이 ㄷ. $a = \frac{3}{8}g$이므로 $T_1' - T_2' = \frac{2}{3}Ma - Mg = -\frac{3}{4}Mg$이다. 따라서 (나)에서 실이 A에 작용하는 힘 T_1'의 크기는 C에 작용하는 힘 T_2'의 크기보다 작다.

03 속력 - 시간 그래프의 기울기는 가속도의 크기이다.

ㄱ. $t_0 \sim 2t_0$ 동안 A, B의 가속도는 각각 $\frac{3v_0 - v_0}{t_0} = \frac{2v_0}{t_0}$, $\frac{0 - v_0}{t_0} = -\frac{v_0}{t_0}$이므로 크기는 A가 B의 2배이다.

 ㄴ. $0 \sim t_0$ 동안 실이 물체에 작용하는 힘의 크기를 T, B의 중력에 의해 빗면 아래 방향으로 작용하는 힘의 크기를 F', A, B의 질량을 각각 M, m이라고 하면 $F - T = M \dfrac{v_0}{t_0}$, $T - F' = m \dfrac{v_0}{t_0}$의 식이 성립하고 $t_0 \sim 2t_0$ 동안은 $F = M \dfrac{2v_0}{t_0}$, $F' = m \dfrac{v_0}{t_0}$의 식이 성립한다. 따라서 $M = 2m$이다.

ㄷ. $F = 4m \dfrac{v_0}{t_0}$, $T = 2m \dfrac{v_0}{t_0}$이고 실이 B에 작용하는 힘과 B가 실에 작용하는 힘의 크기가 같으므로 $0 \sim t_0$ 동안 B가 실에 작용하는 힘의 크기는 $\dfrac{1}{2}F$이다.

04 이동 거리 – 시간 그래프의 기울기는 속력이다.

ㄱ. $0 \sim 2$초 동안 물체의 평균 속력은 $\dfrac{4}{2} = 2 \ \text{m/s}$이다.

ㄴ. 처음 속력이 0, 평균 속력이 $2 \ \text{m/s}$이므로 2초일 때 물체의 속력을 v라고 하면 $\dfrac{0+v}{2} = 2 \ \text{m/s}$, $v = 4 \ \text{m/s}$이다.

ㄷ. 물체의 가속도의 크기가 $\dfrac{4-0}{2} = 2 \ \text{m/s}^2$이므로 $F = 3 \times 2 = 6 \ \text{N}$이다.

05 물체에 작용하는 알짜힘의 크기는 물체의 질량과 가속도를 곱한 값과 같다.

ㄴ. ㉠은 $\dfrac{2m}{5m}g = \dfrac{6}{5}a$이다.

 ㄱ. 추와 수레의 질량을 각각 m, M이라고 하면 $a = \dfrac{m}{M+2m}g$, $\dfrac{3}{2}a = \dfrac{2m}{M+3m}g$이므로 $M = m$이다.

ㄷ. 실이 수레에 작용하는 힘이 수레의 알짜힘이므로 Ⅱ에서는 $2m \times \dfrac{3}{2}a = 3ma$이고 Ⅲ에서는 $3m \times \dfrac{6}{5}a = \dfrac{18}{5}ma$이므로 Ⅱ에서가 Ⅲ에서의 $\dfrac{5}{6}$배이다.

06 물체에 작용하는 알짜힘의 크기는 물체의 질량과 가속도를 곱한 값과 같다.

(가)에서 A, B가 정지해 있으므로 실이 B에 작용하는 힘을 T라고 하면 $mg - T = 0$, $T = mg$이다. (나)에서 실이 B에 작용하는 힘이 (가)에서의 2배이므로 $Mg - 2T = Mg - 2mg = \dfrac{1}{2}Mg$의 식이 성립한다. 따라서 $M = 4m$이고 $\dfrac{M}{m} = 4$이다.

07 속력 – 시간 그래프의 기울기는 가속도의 크기이다.

ㄱ. $0 \sim 3$초 동안과 $3 \sim 6$초 동안 A, B, C의 가속도가 각각 $\dfrac{10-0}{3} = \dfrac{10}{3} \ \text{m/s}^2$, $\dfrac{0-10}{3} = -\dfrac{10}{3} \ \text{m/s}^2$이므로 C의 질량을 m이라고 하면 $(m-1) \times 10 = (m+2+1) \times \dfrac{10}{3}$, $m = 3 \ \text{kg}$이다.

ㄷ. 4초일 때 B의 가속도의 크기가 $\dfrac{10}{3} \ \text{m/s}^2$이므로 B에 작용하는 알짜힘의 크기는 $2 \times \dfrac{10}{3} = \dfrac{20}{3} \ \text{N}$이다.

 ㄴ. 2초일 때 실이 C에 작용하는 힘의 크기를 T라고 하면 $3 \times 10 - T = 3 \times \dfrac{10}{3}$, $T = 20 \ \text{N}$이다.

08 물체에 작용하는 알짜힘의 크기는 물체의 질량과 가속도를 곱한 값과 같다.

ㄱ. A, B, C의 가속도를 a라 하면 $2mg - mg = 6ma$, $a = \dfrac{1}{6}g$이므로 t_0초 동안 C의 이동 거리는 $\dfrac{1}{2} \times \dfrac{1}{6}gt_0^2 = \dfrac{1}{12}gt_0^2$이다.

ㄴ. t_0초일 때 A의 속력은 $\dfrac{1}{6}g \times t_0 = \dfrac{1}{6}gt_0$이다.

ㄷ. C에 연결된 실이 B에 작용하는 힘의 크기를 T라고 하면 C에 작용하는 힘의 크기도 T이므로 $2mg - T = 2m \times \dfrac{1}{6}g$, $T = \dfrac{5}{3}mg$이다.

03강 운동량과 충격량

기출 변형 문제

22~23쪽

01 ⑤　**02** ②　**03** ③　**04** ③　**05** ④　**06** ③　**07** ④
08 ④

01 외력이 작용하지 않으면 운동량의 총합은 보존된다.
ㄱ. 분리 전후 A, B의 운동량의 합은 보존되므로 A, B의 운동량의 합은 항상 0이다.
ㄴ. 운동량의 합이 0이므로 속도의 크기와 질량은 반비례한다. 따라서 A, B의 속도의 크기의 비는 $m : M$이다.
ㄷ. A가 B에 작용하는 힘과 B가 A에 작용하는 힘이 작용 반작용 관계이므로 크기가 같고 서로 미는 시간이 동일하므로 A가 B로부터 받은 충격량의 크기는 B가 A로부터 받은 충격량의 크기와 같다.

02 A와 B가 충돌할 때 B가 받은 충격량의 크기는 A의 운동량의 변화량의 크기와 같다.
ㄷ. B가 A, C와 충돌하는 동안 받은 평균 힘은 각각 $\dfrac{3p_0}{2T}$, $\dfrac{2p_0}{T}$이므로 A와 충돌하는 동안이 C와 충돌하는 동안보다 작다.
오답 풀이 ㄱ. B의 운동량의 부호가 충돌 전후 동일하므로 B의 운동 방향도 동일하다.
ㄴ. B, C의 질량을 각각 m, $\dfrac{3}{2}m$이라고 하면 B와 C가 충돌한 후 B, C의 속력은 각각 $\dfrac{p_0}{m}$, $\dfrac{4p_0}{3m}$이므로 C의 속력이 B의 속력의 $\dfrac{4}{3}$배이다.

03 물체가 벽과 충돌하는 동안 벽이 물체에 작용한 충격량의 크기는 물체의 운동량 변화량의 크기와 같다.
ㄱ. 벽이 A, B에 작용하는 충격량의 크기=A, B의 운동량의 변화량의 크기이다. A, B의 질량을 m이라고 할 때 벽이 A, B에 작용하는 충격량의 크기는 각각 $2mv$, $3mv$이므로 B의 경우가 A의 경우의 $\dfrac{3}{2}$배이다.
ㄷ. 벽에 작용하는 평균 힘의 크기는 $\dfrac{\text{충격량}}{\text{충돌 시간}}$인데 B가 충격량의 크기는 크고 충돌 시간은 짧으므로 평균 힘도 크다.
오답 풀이 ㄴ. 충돌 전후 A, B의 운동량의 변화량의 크기는 각각 $2mv$, $3mv$이므로 A가 B보다 작다.

04 속도-시간 그래프와 시간 축이 이루는 면적은 변위이다.
ㄱ. 속도-시간 그래프와 시간 축이 이루는 면적이 변위이므로 P에서 Q까지의 거리는 $4vt$이다.
ㄷ. 벽으로부터 물체가 받은 힘의 방향은 충격량의 방향과 같으므로 충돌 전 물체의 운동 방향과 반대 방향이다.
오답 풀이 ㄴ. 충돌하는 동안 벽이 물체로부터 받은 충격량의 크기는 물체의 운동량의 변화량의 크기와 같다. 물체의 운동량의 변화량은 $-mv-2mv=-3mv$이므로 벽이 물체로부터 받은 충격량의 크기는 $3mv$이다.

05 운동량-시간 그래프의 기울기는 알짜힘이다.
ㄴ. 물체의 질량은 $\dfrac{\text{알짜힘}}{\text{가속도}}$이므로 $\dfrac{b}{a}$이다.
ㄷ. 물체에 작용하는 알짜힘의 크기는 b로 일정하다.
오답 풀이 ㄱ. 물체의 가속도의 크기는 a로 시간에 관계없이 일정하다.

06 A와 B 사이의 거리-시간 그래프의 기울기는 A에 대한 B의 속도의 크기이다.
ㄱ. 충돌 전 B의 속력을 v라고 하면 $(4+v)\times 1=6$ m이므로 $v=2$ m/s이고 충돌 전 B의 운동량의 크기는 6 kg·m/s이다.
ㄴ. 충돌 후 A, B의 속력을 각각 v, v'라고 하면 $(v+v')\times 2=6$, $v+v'=3$ m/s이고 운동량의 총합이 보존되므로
$3\times 4-3\times 2=-3v+3v'$, $-v+v'=2$ m/s의 식이 성립하고
$v=\dfrac{1}{2}$ m/s, $v'=\dfrac{5}{2}$ m/s이므로 충돌 후 운동량의 크기는 B가 A의 5배이다.
오답 풀이 ㄷ. 충돌하는 동안 B가 A로부터 받은 충격량의 크기는
$3\times\left(\dfrac{5}{2}-(-2)\right)=\dfrac{27}{2}$ N·s이다.

07 힘의 크기-시간 그래프와 시간 축이 이루는 면적은 물체에 작용한 충격량이다.
ㄱ. (나)에서 그래프와 시간 축이 만드는 넓이 S가 A, B의 운동량의 변화량의 크기이므로 $S=|3\times 2-3\times 4|=6$ N·s이다.
ㄴ. 충돌 후 B의 속력을 v라고 하면, B의 운동량의 변화량의 크기가 6 N·s이므로 $v=6v-12=6$, $v=3$ m/s이다.
오답 풀이 ㄷ. 충돌 과정에서 A가 B에 작용하는 힘과 B가 A에 작용하는 힘은 작용 반작용 관계이므로 크기가 같다.

08 힘-시간 그래프와 시간 축이 이루는 면적은 물체에 작용한 충격량이다.
ㄴ. 힘-시간 그래프와 시간 축이 만드는 면적 $5mv$가 A, B가 받은 충격량이며 운동량의 변화량이다.
ㄷ. 충돌하는 동안 A가 B에 작용한 평균 힘과 B가 A에 작용한 평균 힘은 작용 반작용 관계이므로 크기가 같다.
오답 풀이 ㄱ. A의 운동량이 충돌 과정에서 처음 운동 방향과 반대 방향으로 $5mv$만큼 변하므로 충돌 직후 A의 속력은
$\left|\dfrac{4mv-5mv}{4m}\right|=\dfrac{1}{4}v$이다.

예상 적중 문제

24~25쪽

기본 개념 확인

01 작용 반작용, 같다　**02** 속도, 운동 방향　**03** 충돌 시간
04 같고, 반대

01 ⑤　**02** ②　**03** ⑤　**04** ③

01 운동량의 변화량의 크기가 일정할 때 충돌 시간을 길게 하면 평균 힘의 크기가 작아진다.

ㄱ. 공이 손에 작용하는 힘의 크기와 손이 공에 작용하는 힘의 크기는 작용 반작용 관계이므로 항상 같다.

ㄴ. 손이 공에 작용하는 힘의 크기와 손이 공으로부터 받는 힘의 크기가 항상 같고 충돌 시간이 같으므로 공이 손으로부터 받은 충격량의 크기는 손이 공으로부터 받은 충격량의 크기와 같다.

ㄷ. 손이 공으로부터 받은 충격량의 크기는 일정하므로 시간을 길게 하면 평균힘의 크기는 작아진다.

02 위치 – 시간 그래프의 기울기는 속도이다.

ㄴ. $0{\sim}1$초 동안과 $1{\sim}5$초 동안 A의 속도는 처음 운동 방향을 $(+)$라 하면 각각 $\dfrac{4-0}{1}=4$ m/s, $\dfrac{0-4}{4}=-1$ m/s이다. 충돌 후 B의 속력을 v라고 하면 운동량 보존 법칙에 의해 $1\times4=1\times(-1)+5\times v$, $v=1$ m/s이다.

오답풀이 ㄱ. 충돌 과정에서 외력이 작용하지 않아 운동량의 총합은 보존되므로 충돌 후 A와 B의 운동량의 합은 충돌 전 A의 운동량의 크기인 $1\times4=4$ kg·m/s이다.

ㄷ. 충돌하는 동안 A가 받은 충격량의 크기는 A의 운동량의 변화량의 크기와 같으므로 $|1\times(-1)-1\times4|=5$ kg·m/s이다.

03 물체가 충돌 과정에서 받은 평균 힘의 크기는 $\dfrac{운동량의\ 변화량}{충돌\ 시간}$ 이다.

ㄱ. 충돌 전후 A와 B의 운동량의 합이 보존되므로 A와 B가 충돌한 후 A의 속도를 v_1이라고 하면 $2mv+3mv=mv_1+6mv$, $v_1=-v$이므로 충돌한 후 A의 속력은 v이다.

ㄴ. 충돌 전후 B와 C의 운동량의 합도 보존되므로 B와 C가 충돌한 후 C의 속도를 v_2라고 하면 $6mv=3mv+2mv_2$, $v_2=\dfrac{3}{2}v$이므로 C의 속력은 $\dfrac{3}{2}v$이다.

ㄷ. B가 A와 C로부터 받은 평균 힘은 각각 $\dfrac{3m(2v-v)}{\Delta t_0}=\dfrac{3mv}{\Delta t_0}$, $\dfrac{3m(v-2v)}{2\Delta t_0}=-\dfrac{3mv}{2\Delta t_0}$이므로 B가 A로부터 받은 평균 힘의 크기는 C로부터 받은 평균 힘의 크기의 2배이다.

04 물체에 외력이 작용하지 않는 경우 운동량의 총합은 보존된다.

ㄱ. A가 용수철에 작용하는 힘과 용수철이 A에 작용하는 힘이 작용 반작용 관계이므로 크기가 같고 B가 용수철에 작용하는 힘과 용수철이 B에 작용하는 힘도 작용 반작용 관계이므로 크기가 같으므로 수레가 분리되는 동안 용수철이 A, B에 작용하는 힘의 크기는 동일하다.

ㄴ. 수레가 분리되기 전 A와 B의 운동량의 합이 0이었으므로 운동량 보존 법칙에 의해 수레가 분리되는 동안 A와 B의 운동량의 크기는 같고 방향은 반대이다.

오답풀이 ㄷ. 운동량의 크기가 같으므로 수레가 분리되는 순간 A, B의 속력을 v_A, v_B라고 하면 $mv_A=Mv_B$이고 동시에 수레 멈춤대에 도달하므로 $mx_A=Mx_B$이다.

기출 변형 문제   28~29쪽
01 ②   02 ⑤   03 ④   04 ④   05 ③   06 ④   07 ⑤
08 ②

01 물체에 중력과 탄성력만 작용하는 경우 물체의 역학적 에너지는 보존된다.

A가 미끄러져 내려오는 동안 중력 퍼텐셜 에너지가 운동 에너지로 전환된다. 따라서 A가 B와 충돌하기 직전 A의 속력을 v라고 하면 $mgh=\dfrac{1}{2}mv^2$, $v=\sqrt{2gh}$이다. A와 B가 충돌하는 과정에서 A, B의 운동량의 총합은 보존되므로 한 덩어리가 된 A, B의 속력을 v'라고 하면 $m\sqrt{2gh}=3mv'$, $v'=\dfrac{\sqrt{2gh}}{3}$이고 한 덩어리가 된 A, B의 운동 에너지는 $\dfrac{1}{2}\times3m\times\dfrac{2gh}{9}=\dfrac{1}{3}mgh$이다. 용수철이 압축되는 과정에서 A, B의 운동 에너지가 탄성 퍼텐셜 에너지로 전환되므로 $\dfrac{1}{3}mgh=\dfrac{1}{2}kx^2$, $h=\dfrac{3kx^2}{2mg}$이다.

02 물체에 중력만 작용하는 경우 물체의 역학적 에너지의 합은 보존된다.

ㄱ. A의 가속도의 크기는 g이고, B의 가속도의 크기는 $\dfrac{mg}{4m}=\dfrac{1}{4}g$이므로 A가 B의 4배이다.

ㄴ. B가 점 P에서 Q까지 이동하는 동안 B, C의 역학적 에너지의 합은 보존되므로 B, C의 운동 에너지 감소량의 합이 C의 중력에 의한 퍼텐셜 에너지 증가량과 같다. 그러므로 C의 역학적 에너지는 B의 운동 에너지 감소량만큼 증가한다.

ㄷ. C의 역학적 에너지가 B의 운동 에너지 감소량만큼 증가하므로 C의 중력에 의한 퍼텐셜 에너지 증가량은 B의 운동 에너지 감소량보다 크다.

03 물체에 중력만 작용하는 경우 물체의 역학적 에너지는 보존된다. 일정한 크기의 힘 F를 시간 t 동안 받은 후 물체의 속력을 V라고 하면 $Ft=mV$, $V=\dfrac{Ft}{m}$이다. 수레가 운동하는 동안 역학적 에너지는 보존되므로 $\dfrac{1}{2}m\left(\dfrac{Ft}{m}\right)^2=3mgh+\dfrac{1}{2}m(3v)^2=2mgh+\dfrac{1}{2}m(5v)^2$이고 $F=\dfrac{\sqrt{57}\,mv}{t}$이다.

04 물체에 작용하는 알짜힘이 한 일은 물체의 운동 에너지 변화량과 같다.

ㄴ. p에서 q까지의 거리를 L이라고 하면 A가 p에서 q까지 이동하는 동안 B의 중력 퍼텐셜 에너지 감소량은 mgL이고, A의 중력 퍼텐셜 에너지감소량은 mgL보다 작다. 운동 에너지는 증가량은 A와 B가 동일

하므로 B의 역학적 에너지는 감소한다.

ㄷ. A와 B의 운동 에너지 증가량은 A, B의 중력 퍼텐셜 에너지 감소량의 합과 같으므로 A와 B의 운동 에너지 증가량의 합은 B의 중력 퍼텐셜 에너지 감소량보다 크다.

오답풀이 ㄱ. A, B에 각각 작용하는 알짜힘이 해 준 일은 A, B의 운동 에너지 변화량과 같다. A, B의 질량과 속력은 동일하므로 A에 작용하는 알짜힘이 A에 해 준 일은 B에 작용하는 알짜힘이 B에 해 준 일과 같다.

05 물체에 작용한 충격량의 크기는 물체의 운동량의 변화량의 크기와 같다.

구간 A에 진입하는 순간과 구간 B를 벗어나는 순간 물체의 속력을 v라고 하면 $v=\sqrt{2gh}$ 이다. 구간 A를 벗어나는 순간의 속력과 구간 B에 진입하는 순간의 속력을 각각 v_1, v_2라고 하면, 구간 A, B를 지나는 동안 물체가 힘을 받은 시간이 각각 $2t$, t이므로 역학적 에너지 보존에 의해 $\frac{1}{2}mv_1^2=\frac{1}{2}mv_2^2+mgh$, 운동량과 충격량의 관계에 의해 $2Ft=mv_1-mv$, $-Ft=mv-mv_2$, $v_1=\frac{5}{3}\sqrt{2gh}$, $v_2=\frac{4}{3}\sqrt{2gh}$ 이다. $W_A=\frac{1}{2}m(v_1^2-v^2)=\frac{16}{9}mgh$, $W_B=\frac{1}{2}m(v_2^2-v^2)=\frac{7}{9}mgh$ 이므로 $\frac{W_A}{W_B}=\frac{16}{7}$ 이다.

06 물체에 중력만 작용하는 경우 물체의 역학적 에너지의 합은 보존된다.

Q, R를 지나는 순간 A의 운동 에너지는 각각 $\frac{12}{7}\times 2m_Bg L=\frac{24}{7}m_Bg L$, $\frac{45}{7}m_Bg L$이고 운동 에너지 변화량은 알짜힘이 한 일과 같으므로 P에서 Q까지와 Q에서 R까지 A에 작용하는 알짜힘의 크기는 각각 $\frac{12}{7}m_Bg$, $3m_Bg$이다. A가 P에서 Q까지 이동하는 동안 실이 작용하는 힘의 크기를 T라고 하면 A, B의 가속도의 크기는 $\frac{12m_Bg}{7m_A}$이므로 $3m_Bg-T=\frac{12}{7}m_Bg$, $T-m_Bg=\frac{12}{7}\frac{(m_B)^2g}{m_A}$에서 $\frac{m_A}{m_B}=6$이다.

07 물체에 중력만 작용하는 경우 물체의 역학적 에너지의 합은 보존된다.

ㄴ, ㄷ. $mgh=\frac{3}{2}mv^2=\frac{1}{2}(M+m)v^2$이므로 $h=\frac{3v^2}{2g}$이고 $M=2m$이다.

오답풀이 ㄱ. 역학적 에너지가 보존되므로 B의 높이가 h만큼 줄어드는 동안 B의 중력 퍼텐셜 에너지 감소량과 A, B의 운동 에너지 증가량의 합은 같다. 그러므로 A의 운동 에너지 증가량은 B의 중력 퍼텐셜 에너지 감소량보다 작다.

08 물체에 중력과 탄성력만 작용하는 경우 물체의 역학적 에너지는 보존된다.

A를 지나는 동안 감소한 역학적 에너지와 용수철이 x만큼 압축되었을 때의 탄성 퍼텐셜 에너지의 합은 높이 h인 지점에서 물체의 중력 퍼텐셜 에너지와 같다. 물체의 질량을 m, 물체가 A를 지나는 동안 감소한 역학적 에너지를 E라고 하면 $\frac{1}{2}kx^2+E=mgh$의 관계가 성립하고 $4+E=m$, $16+E=2m$이므로 $E=8$ J이다.

예상 적중 문제

기본 개념 확인

01 보존된다 **02** 연직 위 **03** 운동 에너지 변화량 **04** $2E$ **05** $\frac{F_1}{F_2}$

06 $\frac{3}{2}Fh$ **07** 같다 **08** 보존된다

01 ②	**02** ④	**03** ④	**04** ⑤	**05** ⑤	**06** ②	**07** ③
08 ②						

01 물체에 중력만 작용하는 경우 물체의 역학적 에너지는 보존된다. 물체의 역학적 에너지가 보존되므로 물체의 질량을 m이라 하면 $\frac{1}{2}mv^2+4mgh=\frac{1}{2}mv_B^2=\frac{1}{2}m(3v)^2+3mgh$의 식이 성립한다. 따라서 $mgh=4mv^2$이고 $v_B=\sqrt{33}v$이다.

02 물체에 중력과 탄성력만 작용하는 경우 물체의 역학적 에너지는 보존된다.

ㄱ. 용수철이 원래 길이보다 x_0만큼 늘어나는 동안 역학적 에너지는 보존되므로 $mgx_0=\frac{1}{2}kx_0^2$의 식이 성립한다. 따라서 $k=\frac{2mg}{x_0}$이다.

ㄷ. 물체를 가만히 놓은 순간부터 용수철이 원래 길이부터 $\frac{x_0}{2}$만큼 늘어나는 순간까지 알짜힘이 물체에 한 일은 물체의 운동 에너지 변화량이다. 물체의 역학적 에너지는 보존되므로 물체의 운동 에너지를 E_k라고 하면 $mgx_0=\frac{1}{2}k\left(\frac{x_0}{2}\right)^2+E_k+mg\frac{x_0}{2}=\frac{1}{4}mgx_0+E_k+\frac{1}{2}mgx_0$의 식이 성립하고 $E_k=\frac{1}{4}mgx_0$이다.

오답풀이 ㄴ. 용수철이 원래 길이보다 x_0만큼 늘어나 물체의 속력이 0이 된 다음 순간 물체는 연직 위쪽 방향으로 운동한다. 그러므로 물체에 작용하는 알짜힘의 크기는 0이 아니며, (탄성력 $-$ 중력)이다.

03 물체에 중력만 작용하는 경우 물체의 역학적 에너지의 합은 보존된다.

ㄱ. A가 P에서 Q까지 운동하는 동안 A, B, C의 역학적 에너지는 보존되므로 A가 Q를 지나는 순간 B, C의 운동 에너지를 각각 E_k, $2E_k$라고 하면 $\frac{1}{8}\times 2mgs+E_k+2E_k+mgs-2mgs=0$의 식이 성립하여 $E_k=\frac{1}{4}mgs$이다. A가 P에서 Q까지 운동하는 동안 A, B의 운동 에너지 증가량이 동일하므로 A의 질량은 m이다.

ㄷ. C에 작용하는 알짜힘이 한 일은 C의 운동 에너지 변화량과 같다. 따

라서 C에 작용하는 알짜힘을 F라고 하면 $Fs=2E_k=\dfrac{1}{2}mgs$이므로 $F=\dfrac{1}{2}mg$이다.

오답 풀이 ㄴ. B의 중력 퍼텐셜 에너지 증가량은 mgs, 운동 에너지 증가량은 $\dfrac{1}{4}mgs$이므로 역학적 에너지 증가량은 $\dfrac{5}{4}mgs$이다.

04 중력과 탄성력을 제외한 물체에 작용하는 힘이 한 일은 물체의 역학적 에너지 변화량과 같다.

ㄱ. A가 q를 통과하는 순간 질량이 m인 A의 운동 에너지가 E이므로 질량이 $2m$인 B의 운동 에너지는 $2E$이다. A, B의 역학적 에너지는 보존되므로 A가 p에서 q까지 운동하는 동안 B의 중력 퍼텐셜 에너지 변화량을 E'라고 하면 $-mgh+E+E'+2E=0$의 식이 성립하고 $E'=mgh-3E$이다. 실이 B를 당기는 힘이 한 일은 B의 역학적 에너지 변화량과 같으므로 $mgh-3E+2E=mgh-E$이다.

ㄴ. A에 작용하는 알짜힘이 한 일은 A의 운동 에너지 변화량과 같으므로 A의 가속도의 크기를 a라고 하면 $mas=E$이다. 따라서 $a=\dfrac{E}{ms}$이다.

ㄷ. 실이 A, B를 당기는 힘이 한 일은 각각 A, B의 역학적 에너지 변화량과 같은데 A, B의 역학적 에너지의 합은 보존되므로 실이 A를 당기는 힘이 한 일과 실이 B를 당기는 힘이 한 일의 합은 0이다.

05 물체에 작용하는 알짜힘이 한 일은 물체의 운동 에너지 변화량과 같다.

ㄴ. A, B를 지나는 데 걸린 시간을 t라고 하면 $-F_1t=6mv-9mv$, $-F_2t=mv-6mv$의 식이 각각 성립하므로 $\dfrac{F_1}{F_2}=\dfrac{3}{5}$이다.

ㄷ. 알짜힘이 물체에 한 일은 물체의 운동 에너지 변화량이므로 A, B에서 각각 알짜힘이 물체에 한 일의 크기의 비는 9:7이다.

오답 풀이 ㄱ. 운동 에너지가 p에서가 q에서의 36배이므로 p에서 물체의 속력을 $6v$라고 하면 q에서 물체의 속력은 v이다. 물체의 질량을 m이라고 하면 B에서 감소한 운동 에너지는 $\dfrac{1}{2}m(6v)^2-\dfrac{1}{2}mv^2=\dfrac{35}{2}mv^2$이므로 A에서 감소한 운동 에너지는 $\dfrac{45}{2}mv^2$이고 A에 진입하는 순간의 속력을 v'라고 하면 $\dfrac{1}{2}mv'^2-\dfrac{1}{2}m(6v)^2=\dfrac{45}{2}mv^2$, $v'=9v$이다. A, B를 지나는 동안 물체의 평균 속력은 $\dfrac{9v+6v}{2}=\dfrac{15}{2}v$, $\dfrac{6v+v}{2}=\dfrac{7}{2}v$이므로 구간의 길이는 A가 B의 $\dfrac{15}{7}$배이다.

06 중력과 탄성력을 제외한 물체에 작용하는 힘이 한 일은 물체의 역학적 에너지 변화량과 같다.

A, B의 질량을 각각 m, M이라고 하면 $F+mg=Mg$의 식이 성립하고 A가 q를 지나는 순간 A, B의 속력을 v라고 하면 $\dfrac{1}{2}Mgh=E_0$, $\dfrac{1}{2}Mv^2=\dfrac{2}{3}E_0$이므로 $v^2=\dfrac{2}{3}gh$이다. $3F$가 A, B에 한 일은 A, B의 역학적 에너지 증가량과 같으므로

$3F\times\dfrac{1}{2}h=-\dfrac{1}{2}mgh+\dfrac{1}{2}mv^2+\dfrac{1}{2}Mgh+\dfrac{1}{2}Mv^2=-\dfrac{1}{6}mgh+\dfrac{5}{6}Mgh$

이고 $F=Mg-mg$이므로 이 식들을 정리하면 $M=2m$이다. A와 B가 같은 높이를 지나는 순간 A는 r로부터 높이 $2h$인 곳을 지나는 순간이다. 이때 A의 속력을 v'라고 하면 역학적 에너지가 보존되므로 $\dfrac{1}{2}mv'^2+2mgh+\dfrac{1}{2}Mv'^2-2Mgh=0$, $mv'^2=\dfrac{4}{3}mgh$이고 A의 운동 에너지는 $\dfrac{1}{2}mv'^2=\dfrac{2}{3}mgh=\dfrac{2}{3}E_0$이다.

07 물체에 중력만 작용하는 경우 물체의 역학적 에너지의 합은 보존된다.

ㄱ. P, Q를 지나는 순간 A, B, C의 속력을 각각 v, $2v$라고 하면 $m_Cgd=\dfrac{5}{2}\left(\dfrac{1}{2}m_C(2v)^2-\dfrac{1}{2}m_Cv^2\right)=\dfrac{15}{4}m_Cv^2$이므로 $v^2=\dfrac{4}{15}gd$이다. B가 P에서 Q까지 이동하는 동안 A, B, C의 역학적 에너지가 보존되므로 $mgd-m_Cgd+\dfrac{3}{2}mv^2+\dfrac{3}{2}mv^2+\dfrac{3}{2}m_Cv^2=0$이고 이 식을 정리하면 $m_C=3m$이다.

ㄴ. B의 가속도의 크기를 a라고 하면 $(2v)^2-v^2=\dfrac{4}{5}gd=2ad$이므로 $a=\dfrac{2}{5}g$이다.

오답 풀이 ㄷ. 실이 A, C에 작용하는 힘을 각각 T_1, T_2라고 하면 $T_1-mg=\dfrac{2}{5}mg$, $T_1=\dfrac{7}{5}mg$이고 $m_Cg-T_2=\dfrac{2}{5}m_Cg$, $T_2=\dfrac{3}{5}m_Cg=\dfrac{9}{5}mg$이다. 따라서 실이 C에 작용하는 힘의 크기는 A에 작용하는 힘의 크기의 $\dfrac{9}{7}$배이다.

08 물체에 중력과 탄성력만 작용하는 경우 물체의 역학적 에너지는 보존된다.

A, B의 용수철 상수를 각각 $2k$, k라고 하면 탄성 퍼텐셜 에너지를 포함한 역학적 에너지가 보존되므로 $\dfrac{1}{2}\times2kd^2=4mgd+\dfrac{1}{2}kd^2$의 식이 성립하고 $k=\dfrac{8mg}{d}$이다. B가 원래 길이로부터 $\dfrac{1}{2}d$만큼 압축된 순간 물체의 처음 위치를 기준으로 한 물체의 높이는 $\dfrac{15}{4}d$이다. 물체의 속력을 v라고 하면 역학적 에너지가 보존되므로 $\dfrac{1}{2}\times2kd^2=\dfrac{1}{2}k\left(\dfrac{d}{2}\right)^2+\dfrac{15}{4}mgd+\dfrac{1}{2}mv^2$의 식이 성립하고 $v=\sqrt{\dfrac{13}{2}gd}$이다.

05강 열역학 법칙

01 압력이 일정할 때 기체의 온도와 부피는 비례한다.
ㄴ. (가)에서 기체가 한 일이 0이므로 Q는 기체의 내부 에너지 증가량과 같다.
오답 풀이 ㄱ. 가열 전과 후 (나)에서 기체의 압력은 동일하고 부피는 가열 후가 가열 전의 2배이므로 절대 온도도 가열 후가 가열 전의 2배인 $2T$이다.
ㄷ. (나)에서는 기체가 외부에 일을 하므로 기체가 외부에 한 일을 W라고 하면 기체의 내부 에너지는 $Q-W$만큼 증가한다. 따라서 기체의 내부 에너지 증가량은 (가)에서가 (나)에서보다 크다. 그러므로 기체 분자의 평균 속력은 (가)에서가 (나)에서보다 크다.

02 등적 과정에서 기체가 받은 일은 기체의 내부 에너지 변화량과 같다.
ㄱ. 피스톤이 이동하는 동안 B는 단열 압축되므로 B의 온도는 높아지고 B의 내부 에너지는 증가한다.
ㄷ. A, B를 한 덩어리로 생각하면 (가) → (나) 과정은 부피가 일정한 등적 변화이므로 A, B에 공급한 열 Q는 A, B의 내부 에너지의 합의 증가량과 같다.
오답 풀이 ㄴ. 피스톤이 정지해 있으므로 피스톤에 작용하는 알짜힘은 0이다. 피스톤의 단면적 또한 동일하므로 (나)에서 기체의 압력은 A와 B가 같다.

03 압력 – 부피 그래프 아래의 면적은 기체가 한(받은) 일이다.
ㄱ. 기체가 한 일은 압력 – 부피 그래프 아래의 면적이므로 A → B 과정에서가 B → C 과정에서보다 작다.
ㄴ. 기체의 온도는 기체의 압력과 부피의 곱에 비례하므로 C에서가 B에서보다 높다.
ㄷ. A → B 과정에서 기체에 공급한 열량은 Q, 기체가 외부에 한 일은 $P(2V-V)=PV$이므로 기체의 내부 에너지 증가량은 $Q-PV$이다.

04 기체가 단열 압축되면 기체의 온도는 높아진다.
ㄴ. (나)에서 기체는 단열 압축되므로 기체가 받은 일 W_0은 (나)의 온도가 T_1에서 T_2로 변하는 동안 기체의 내부 에너지 증가량과 같다.
오답 풀이 ㄱ. (나)에서 기체는 단열 압축되므로 온도가 높아진다. 따라서 $T_2>T_1$이다.
ㄷ. (가)의 기체의 온도가 T_1에서 T_2로 변하는 동안 내부 에너지 변화량은 (나)에서와 동일한 W_0이다. 따라서 열역학 제1법칙에 의해 (가)의 기체가 Q_0을 흡수하는 동안 외부에 한 일은 Q_0-W_0이다.

05 고열원으로부터 Q_1의 열을 흡수하여 W의 일을 하고 저열원으로 Q_2의 열을 방출하는 열기관의 열효율은 $\dfrac{Q_1-Q_2}{Q_1}$이다.
ㄱ. 열효율이 0.4$=\dfrac{W}{Q_1}$이므로 $Q_1=\dfrac{5}{2}W$, $Q_2=Q_1-W=\dfrac{3}{2}W$이다.
오답 풀이 ㄴ. A → B 과정은 등적 변화이고 압력이 증가하므로 기체의 온도와 내부 에너지는 증가한다.
ㄷ. B → C 과정은 단열 팽창 과정이므로 기체가 한 일은 기체의 내부 에너지 감소량과 같다.

06 기체가 단열 압축되면 압력이 증가하고 온도가 높아진다.
ㄱ. A → B 과정은 단열 압축 과정으로 기체가 받은 일만큼 기체의 내부 에너지가 증가하고, 기체의 온도는 높아진다.
ㄴ. A → B 과정에서 기체를 압축하기 위해 모래의 양을 증가시킨다.
ㄷ. B → C 과정은 등압 과정이므로 $Q=\Delta U+W$에 의해 기체가 흡수한 열은 기체가 외부에 한 일과 기체의 내부 에너지 증가량의 합과 같다.

07 기체가 받은 열량 Q, 기체가 외부에 한 일 W, 기체의 내부 에너지 변화량 ΔU 사이에는 $Q=\Delta U+W$의 관계가 성립한다.
ㄴ. (나) → (다) 과정에서 기체의 부피는 감소하고 온도는 높아졌으므로 A의 압력은 증가한다.
ㄷ. (가) → (나), (나) → (다) 과정에서 A의 부피 변화량은 동일하지만 압력이 (나) → (다) 과정이 (가) → (나) 과정보다 크므로 (가) → (나) 과정에서 기체가 한 일은 (나) → (다) 과정에서 A의 내부 에너지 변화량과 같은 기체가 받은 일보다 작다.
오답 풀이 ㄱ. (나) → (다) 과정에서 A는 단열 압축되므로 A의 온도는 (나)에서가 (다)에서보다 낮다.

08 기체가 단열 압축될 때 기체가 받은 일과 기체의 내부 에너지 변화량은 같다.
ㄱ. Ⅰ → Ⅱ 과정은 기체가 등압 팽창하는 과정이므로 기체의 압력은 일정하고 부피가 증가하는 C → B 과정에 해당한다.
ㄴ. Ⅰ, Ⅱ에서 기체의 압력은 같고 부피는 Ⅱ에서가 Ⅰ에서보다 크므로 기체의 온도는 Ⅱ에서가 Ⅰ에서보다 높다.
ㄷ. Ⅱ → Ⅲ 과정은 단열 압축 과정이므로 Ⅱ → Ⅲ 과정에서 기체가 외부로부터 받은 일은 기체의 내부 에너지 증가량과 같다.

01 등적 과정에서 기체가 받은 열량은 기체의 내부 에너지 변화량과 같다.
ㄱ. (나)에서 B는 단열 압축되므로 온도가 높아진다. 온도는 (나)에서가

(가)에서보다 높고 부피는 (나)에서가 (가)에서보다 작으므로 압력은 (나)에서가 (가)에서보다 크다.

ㄴ. (나)에서 A와 B의 압력은 같고 부피는 A가 B보다 크므로 온도와 내부 에너지는 A가 B보다 크다.

오답풀이 ㄷ. (나)에서 A의 내부 에너지 변화량이 B의 내부 에너지 변화량보다 크고 (나)에서 B는 단열 압축되므로 $0 = \Delta U + W$에 의해 A가 B에 한 일은 B의 내부 에너지 증가량과 같다. 따라서 (나)에서 A가 B에 한 일은 A의 내부 에너지 증가량보다 작다.

02 온도가 일정할 때 기체의 부피는 압력에 반비례하며, 압력이 일정할 때 기체의 부피는 온도에 비례한다.

ㄱ. B와 C에서 온도는 동일하고 부피는 B에서가 C에서보다 작으므로 압력은 B에서가 C에서보다 크다.

오답풀이 ㄴ. A → B 과정과 A → C 과정의 온도 변화가 동일하므로 내부 에너지 변화량 또한 동일하다. A에서 기체의 압력을 P_0라고 하면 A → B 과정에서는 부피가 일정하므로 기체가 한 일이 0이고, A → C 과정에서는 기체가 한 일이 $P_0(2V_0 - V_0) = P_0 V_0$이다. 따라서 기체가 흡수한 열량은 A → B 과정에서가 A → C 과정에서보다 작다.

ㄷ. A → C 과정에서는 기체의 압력이 P_0으로 일정하고 B와 C에서의 기체의 압력은 각각 $2P_0$, P_0이며 부피 변화량은 A → C 과정과 B → C 과정 모두에서 V_0으로 동일하므로 기체가 외부에 한 일은 A → C 과정에서가 B → C 과정에서보다 작다.

03 (가), (나), (다)에서 A와 B의 온도는 각각 동일하다.

ㄱ. (나)에서 열을 흡수하고, (다)에서 A가 단열 압축되면서 온도가 상승하여 열이 A에서 B로 이동하므로 B의 온도와 내부 에너지는 (가)에서가 (다)에서보다 작다.

ㄴ. (나)에서 A와 B의 온도 변화는 동일하다. A가 외부에 한 일을 W, A, B의 내부 에너지 증가량을 ΔU라고 하면 $Q = 2\Delta U + W$이므로 (나)에서 피스톤이 이동하는 동안 A의 내부 에너지 변화량은 $\dfrac{Q}{2}$보다 작다.

오답풀이 ㄷ. (다)에서가 (나)에서보다 A의 온도가 높으므로 A의 압력도 (다)에서가 (나)에서보다 크다. A의 부피 변화량은 (나)와 (다)에서 동일하므로 (나)에서 A가 한 일은 (다)에서 A가 받은 일보다 작다.

04 절대 온도 T_1인 고열원으로부터 Q_1의 열을 흡수하여 W의 일을 하고 절대 온도 T_2인 저열원으로 Q_2의 열을 방출하는 카르노 기관의 열효율은 $\dfrac{T_1 - T_2}{T_1}$이다.

ㄱ. 압력 – 부피 그래프의 면적은 기체가 한 일과 같다. 따라서 $W = S$이다.

ㄷ. 열역학 제 2법칙에 의하면 열은 항상 고온에서 저온으로 이동하여야 하므로 $Q_2 = 0$인 열기관은 제작할 수 없다.

오답풀이 ㄴ. 카르노 기관은 효율이 최대인 기관으로 최대 효율은 $\dfrac{T_1 - T_2}{T_1}$이다. 그러므로 $\dfrac{W}{Q_1} = \dfrac{T_1 - T_2}{T_1}$이다.

기출 변형 문제

42~44쪽

01 ⑤	**02** ②	**03** ③	**04** ⑤	**05** ⑤	**06** ①	**07** ②
08 ①	**09** ③	**10** ⑤	**11** ④	**12** ①		

01 관찰자에 대해 운동하는 물체의 시간은 관찰자의 시간보다 느리게 간다.

ㄱ. 영희가 측정할 때 철수의 시간은 시간 팽창이 일어나므로 영희의 시간보다 느리게 간다.

ㄴ, ㄷ. 영희가 측정할 때 오른쪽으로 운동한 A, B에 빛이 동시에 도달하였으므로 영희가 측정할 때 A와 P 사이의 거리가 P와 B 사이의 거리보다 크고, 철수가 측정할 때 P에서 발생한 빛은 A보다 B에 먼저 도달한다.

02 철수가 측정할 때 영희와 P, Q, R는 모두 왼쪽으로 운동한다.

ㄴ. 철수가 측정할 때, Q, R는 모두 왼쪽으로 운동하므로 Q와 R로 빛이 이동한 경로는 Q의 경우 L보다 크고 R의 경우 L보다 작다. 그러므로 Q보다 R에 먼저 도달한다.

오답풀이 ㄱ. 철수가 측정할 때, P와 R 사이의 길이는 수축되므로 $2L$보다 작다.

ㄷ. 철수가 측정할 때, 영희의 시간은 팽창되므로 빛이 O와 Q 사이를 한 번 왕복하는 데 걸린 시간은 $\dfrac{2L}{c}$보다 크다.

03 B와 같은 속도로 움직이는 좌표계에서 관측할 때, p와 검출기 사이의 거리는 길이 수축된다.

ㄱ. B와 같은 속도로 움직이는 좌표계에서 관측할 때, p와 검출기 사이의 거리가 길이 수축되므로 4광년보다 작다.

ㄴ. B와 같은 속도로 움직이는 좌표계에서 관측할 때, 검출기의 속도는 $0.8c$이고, p와 검출기 사이의 거리는 4광년보다 작으므로 p가 B를 지나는 순간부터 검출기가 B에 도달할 때까지 걸리는 시간은 $\dfrac{4광년}{0.8c} = 5$년보다 작다.

오답풀이 ㄷ. 검출기에 대해 정지한 좌표계에서 관측할 때, A, B가 p에서 검출기까지 이동하는 데 걸리는 시간은 각각 4년, 5년이다. 따라서 $v = 0.8c$이고 B와 같은 속도로 움직이는 좌표계에서 관측할 때 검출기의 속력은 $0.8c$이다.

04 관찰자가 측정할 때, 관찰자에 대해 운동하고 있는 A, B의 시간은 관찰자의 시간보다 느리게 간다.

ㄱ. 관찰자가 측정할 때, A의 시간이 팽창되므로 A가 생성된 순간부터 붕괴하는 순간까지 걸리는 시간은 t_0보다 크다.

ㄴ. 관찰자에 대한 속도가 클수록 시간 팽창 효과가 커지므로 지표면에 도달하기 전에 붕괴하는 뮤온은 A이다.

ㄷ. 관찰자가 측정할 때 B의 시간이 팽창되므로 B가 생성된 순간부터 붕괴하는 순간까지 걸리는 시간은 t_0보다 크다. 따라서 h는 $0.99ct_0$보다 크다.

05 A가 측정할 때, P와 Q 사이의 거리는 길이 수축된다.

ㄱ. A가 측정할 때, 광원에서 발생한 빛이 P, Q, R에 도달할 때까지 P, Q, R는 오른쪽으로 운동하므로 빛이 도달하는 순간 P, Q, R의 위치를 각각 P′, Q′, R′라고 하면 광원에서 P′, Q′, R′까지의 거리가 같다. 따라서 B가 측정할 때, L_Q는 L_R보다 작다.

ㄴ. A가 측정할 때, 우주선의 운동 방향으로 길이 수축이 일어나므로 광원과 Q 사이의 거리는 L_Q보다 작다.

ㄷ. A가 측정할 때, B의 시간은 시간 팽창이 일어나므로 A의 시간보다 느리게 간다.

06 A가 측정할 때, 지구와 행성 사이의 거리는 길이 수축된다.

ㄴ. A가 측정할 때, B가 A에게서 멀어지고 있으므로 A가 B의 신호를 수신하는 시간 간격은 1년보다 길다.

오답풀이 ㄱ. A가 측정할 때, B의 시간은 시간 팽창이 일어나므로 A의 시간보다 느리게 간다

ㄷ. A가 측정할 때, B와 행성 사이의 거리는 길이 수축에 의해 7광년보다 짧다. 따라서 B가 A를 지나는 순간부터 행성이 A를 지나는 순간까지 걸리는 시간은 $\dfrac{7광년}{0.7c}$인 10년보다 짧다.

07 A가 측정할 때, P와 Q 사이의 거리는 길이 수축된다.

ㄴ. A에서 관측할 때, P와 Q 사이의 거리가 8광년 보다 짧으므로 P가 지나는 순간부터 Q가 지나는 순간까지 걸리는 시간은 $\dfrac{8광년}{0.8c}$인 10년보다 짧다.

오답풀이 ㄱ. A에서 관측할 때, P와 Q 사이의 거리는 길이 수축 효과에 의해 8광년보다 짧다.

ㄷ. P에서 관측할 때, A가 P에서 Q까지 이동하는 데 걸리는 시간은 $\dfrac{8광년}{0.8c}=10$년이다. 또한 Q의 빛 신호가 P에 도달하기까지 걸리는 시간은 $\dfrac{8광년}{c}=8$년이므로 A가 P를 지나는 순간부터 Q의 빛 신호가 P에 도달하기까지 걸리는 시간은 18년이다.

08 관찰자가 측정할 때, 관찰자에 대한 상대 속력이 큰 우주선의 시간이 더 느리게 간다.

ㄱ. 빛의 속력은 관찰자와 광원의 운동에 관계없이 c로 동일하다. 따라서 A에서 측정할 때, B에서 방출된 빛의 속력은 c이다.

오답풀이 ㄴ. 관찰자에 대한 상대 속도가 빠를수록 시간 팽창 효과 또한 커진다. 따라서 관찰자가 측정할 때, A의 시간은 B의 시간보다 빠르게 간다.

ㄷ. 관찰자가 측정할 때, A, B의 검출기는 모두 오른쪽으로 이동하므로 속력이 빠른 B의 검출기가 같은 시간에 오른쪽으로 더 많이 이동한다. 또한 관찰자에 대한 상대 속도가 빠른 B에서 광원과 검출기 사이의 길이 수축 효과도 크다. 따라서 관찰자가 측정할 때, 광원에서 방출된 빛이 검출기에 도달하는 데 걸리는 시간은 A에서가 B에서보다 크다.

09 핵반응이 일어날 때, 전하량과 질량수는 보존되며 결손된 질량이 질량·에너지 등가 원리에 의해 에너지로 전환된다.

ㄱ. 핵반응 과정에서 질량 결손에 의해 에너지가 발생된다.

ㄷ. 전하량 보존 법칙과 질량수 보존 법칙에 의해 β는 $_{-1}^{0}e$이므로 β의 전하량은 $-e$이다.

오답풀이 ㄴ. $_{36}^{92}\text{Kr}$의 중성자수는 $92-36=56$이다.

10 핵반응이 일어날 때 전하량과 질량수는 보존되며 결손된 질량이 질량·에너지 등가 원리에 의해 에너지로 전환된다.

ㄴ. 핵반응 과정에서 전하량은 보존되므로 핵반응 전후 전하량의 합은 같다.

ㄷ. (나)는 질량이 큰 원자핵이 질량이 작은 원자핵으로 나누어지는 핵분열이다.

오답풀이 ㄱ. 핵반응 과정에서 질량수는 보존되므로 (가)에서 반응 전의 질량수의 합은 반응 후의 질량수의 합과 같다.

11 핵반응이 일어날 때 전하량과 질량수는 보존되며 결손된 질량이 질량·에너지 등가 원리에 의해 에너지로 전환된다.

ㄱ. 전하량 보존 법칙과 질량수 보존 법칙에 의해 X는 $_2^4\text{He}$이다.

ㄴ. (나)에서 핵반응 전후 전하량은 보존되므로 전하량의 합은 같다.

오답풀이 ㄷ. 핵반응 과정에서 결손된 질량이 질량·에너지 등가 원리에 의해 에너지로 전환되므로 결손된 질량은 (가)에서가 (나)에서보다 크다.

12 핵반응이 일어날 때 전하량과 질량수는 보존되며 결손된 질량이 질량·에너지 등가 원리에 의해 에너지로 전환된다.

ㄱ. 전하량 보존 법칙과 질량수 보존 법칙에 의해 ㉠은 수소 원자핵($_1^1\text{H}$)이다.

오답풀이 ㄴ. 전하량 보존 법칙과 질량수 보존 법칙에 의해 ㉡은 삼중수소 원자핵($_1^3\text{H}$)이므로 질량수는 3이다.

ㄷ. E_1, E_2의 에너지가 방출되는 핵반응의 질량 결손은 각각 $2.014\times2-(3.016+1.007)=0.005\text{u}$, $(2.014+3.016)-(4.003+1.009)=0.018\text{u}$이다. 질량 결손이 클수록 방출되는 에너지가 크므로 $E_1<E_2$이다.

예상 적중 문제

45~48쪽

기본 개념 확인

01 v_B-v_A **02** 느리게, 느리게 **03** 짧게 **04** 크게 **05** $0.3c$ **06** 길다 **07** 질량·에너지 동등성 **08** 전하량, 질량수

01 ⑤ **02** ② **03** ③ **04** ① **05** ④ **06** ① **07** ⑤ **08** ④

01 A, B의 속도가 각각 v_A, v_B일 때, A에 대한 B의 상대 속도는 v_B-v_A이다.

ㄱ. A에 대한 B의 속도가 $-40\ \text{m/s}$이므로 A가 관찰할 때, B는 왼쪽 방향으로 1초에 $40\ \text{m}$씩 이동한다.

ㄴ. B, C의 속도를 각각 v_B, v_C라고 하면 $v_B-30=-40$에서 $v_B=-10$ m/s, $v_C-30=-10$에서 $v_C=+20$ m/s이므로, B에 대한 C의 속도는 $20-(-10)=30$ m/s이다.

ㄷ. $v_A=+30$ m/s, $v_B=-10$ m/s, $v_C=+20$ m/s이므로 속도의 크기는 B가 가장 작다.

02 A와 B가 각각 측정할 때, 상대방의 시간은 자신의 시간보다 느리게 간다.

ㄴ. B가 측정할 때, P, Q는 오른쪽으로 운동하므로 빛은 Q에 먼저 도달한다.

오답풀이 ㄱ. A가 측정할 때, B의 시간은 시간 팽창이 일어나므로 A의 시간보다 느리게 간다.

ㄷ. A가 측정할 때, 빛이 P, Q에 동시에 도달하므로 광원과 P 사이의 거리는 광원과 Q 사이의 거리와 같다. B가 측정할 때에도 길이 수축은 일어나지만 광원과 P 사이의 거리와 광원과 Q 사이의 거리는 서로 같다.

03 C가 측정할 때 C에 대한 상대 속력이 큰 우주선의 길이가 더 짧게 측정된다.

ㄱ. C가 측정한 Ⅰ의 속력은 v_1이고, B가 측정한 Ⅰ의 속력은 v_1보다 크므로 Ⅰ의 속력은 B가 측정했을 때가 C가 측정했을 때보다 빠르다.

ㄴ. 관찰자에 대한 상대 속력이 클수록 시간 팽창 효과가 커지므로 B의 시간은 A가 측정했을 때가 C가 측정했을 때보다 느리게 간다.

오답풀이 ㄷ. 동일한 우주선의 길이가 C가 측정할 때, Ⅰ이 Ⅱ보다 크므로 $v_1<v_2$이다. C가 측정할 때, 길이는 Ⅱ가 Ⅰ보다 짧고 속력은 Ⅱ가 Ⅰ보다 빠르므로 Ⅰ이 C를 통과하는 데 걸리는 시간이 Ⅱ가 C를 통과하는 데 걸리는 시간보다 길다.

04 상자에 대한 우주선의 상대 속력이 클수록 우주선에서 측정하는 상자의 질량은 커진다.

ㄱ. 정육면체 상자에 대한 상대 속력이 빠를수록 운동 방향의 상자 길이 수축 효과가 크므로 D를 기준으로 한 A, B, C의 속력을 각각 v_A, v_B, v_C라고 하면 $v_B>v_C>v_A$의 관계가 성립한다. 상자에 대한 상대 속력이 빠른 관찰자일수록 상자의 질량을 크게 측정하므로 상자의 질량은 B가 측정할 때가 가장 크다.

오답풀이 ㄴ. D에 대한 속력이 빠를수록 D가 측정할 때 시간 팽창 효과가 크므로 D가 측정할 때, B의 시간이 가장 느리게 간다.

ㄷ. D가 측정할 때, D에 대한 상대 속력이 빠를수록 운동 방향의 길이 수축 효과가 커진다. 따라서 D가 측정할 때, 운동 방향 우주선의 길이는 D에 대한 속력이 가장 느린 A가 탄 우주선이 가장 길다.

05 광원에서 방출된 빛의 거울에 대한 상대 속도의 크기는 $0.3c$이다.

ㄴ. B가 측정할 때, 광원에서 방출된 빛의 거울에 대한 상대 속도의 크기는 $c-0.7c=0.3c$이다. B가 측정할 때, 광원과 거울 사이의 거리는 길이 수축 효과에 의해 L보다 작으므로 광원에서 방출된 빛이 거울까지 도달하는 데 걸린 시간은 $\dfrac{L}{0.3c}=\dfrac{10L}{3c}$보다 작다.

ㄷ. A가 측정할 때, 빛이 거울에서 광원까지 이동하는 데 걸리는 시간은 $\dfrac{L}{c}$이다. B가 측정할 때는 빛이 거울에서 광원까지 이동하는 동안 광원이 오른쪽으로 운동하고, 길이 수축 효과에 의해 광원과 거울 사이의 거리 또한 L보다 작으므로 빛이 거울에서 광원까지 이동하는 데 걸리는 시간은 $\dfrac{L}{c}$보다 짧다.

오답풀이 ㄱ. 빛의 속력은 광원과 관찰자의 운동에 관계없이 항상 c로 일정하다.

06 P와 Q 사이의 거리는 A가 측정할 때 L_0보다 크고, 뮤온과 같은 속도로 움직이는 좌표계에서 측정할 때 L_0보다 작다.

ㄱ. A에 대한 뮤온의 속력이 B의 속력보다 빠르므로 뮤온이 측정할 때 P와 Q 사이의 거리는 L_0보다 작다. 따라서 뮤온과 같은 속도로 움직이는 좌표계에서 관측할 때, 뮤온이 P에서 Q까지 이동하는 데 걸리는 시간은 $\dfrac{L_0}{0.9c}=\dfrac{10L_0}{9c}$보다 작다. A가 관측할 때 뮤온의 시간은 A의 시간보다 느리게 가므로 A가 측정할 때 뮤온이 P에서 Q까지 이동하는 데 걸리는 시간은 $\dfrac{10L_0}{9c}$보다 작다.

오답풀이 ㄴ. B에 대한 상대 속력이 빠를수록 B의 시간 팽창 효과가 커지므로 B의 시간은 A가 측정할 때가 뮤온이 측정할 때보다 느리게 간다.

ㄷ. A가 측정할 때 뮤온에 대한 B의 상대 속력은 $0.9c-0.8c=0.1c$이고, P와 Q 사이의 거리는 L_0보다 크다. 따라서 A가 관측할 때, 뮤온이 Q를 지나는 순간부터 B가 Q를 지나는 순간까지 걸리는 시간은 $\dfrac{L_0}{0.1c}=\dfrac{10L_0}{c}$보다 크다.

07 핵반응이 일어날 때 전하량과 질량수는 보존되며 결손된 질량이 질량·에너지 등가 원리에 의해 에너지로 전환된다.

ㄱ. 반응 전후 전하량과 질량수가 보존되므로 ㉠은 $^4_2$He이고, 중성자수는 $4-2=2$이다.

ㄴ. 반응 전후 전하량과 질량수가 보존되므로 ㉡은 $^3_2$He이고, ㉠과 양성자수가 같으므로 동위 원소이다.

ㄷ. 핵반응이 일어날 때, 반응 과정에서 발생된 에너지는 결손된 질량이 에너지로 전환되는 것으로 질량·에너지 동등성으로 설명할 수 있다.

08 핵반응이 일어날 때, 전하량과 질량수는 보존되며 결손된 질량이 질량·에너지 등가 원리에 의해 에너지로 전환된다.

ㄱ. 반응 전후 질량수가 보존되므로 ㉠의 질량수는 4이다.

ㄷ. 반응 전과 후의 질량 차가 에너지로 전환되므로 반응 전과 후의 질량 차는 에너지가 많이 발생한 (나)에서가 (가)에서보다 크다.

오답풀이 ㄴ. 반응 전후 질량수와 전하량이 보존되므로 ㉡은 $^{141}_{56}$Ba이고, 중성자수는 $141-56=85$이다.

대단원 예상 적중 자료 정리

49~52쪽

① 6 m/s ② 12 m/s ③ 4 m/s^2 ④ 8 m/s ⑤ 4 m/s ⑥ 10 m
⑦ $\frac{3}{4}v$ ⑧ $\frac{3}{2}v$ ⑨ $\frac{3v^2}{8L}$ ⑩ $\frac{4}{3}L$ ⑪ $-4a=-8$ m/s ⑫ 2 m/s^2
⑬ 18 m/s ⑭ 16 m/s ⑮ 32 m ⑯ 12 m/s ⑰ 36 m
⑱ $\frac{43}{3}$ m/s ⑲ $\frac{3mg}{4m+M}$ ⑳ $\frac{(M-2m)g}{4m+M}$ ㉑ $4m$
㉒ $mg-T_1=m\times\frac{1}{4}g$ ㉓ $T_2-3mg=3m\times\frac{1}{4}g$ ㉔ $\frac{3}{4}mg$
㉕ $\frac{15}{4}mg$ ㉖ $\frac{10}{3}$ m/s^2 ㉗ $\frac{10}{3}$ m/s^2 ㉘ $\frac{(M-1)g}{M+3}$
㉙ $10M-T=M\times\frac{10}{3}$ ㉚ $\frac{20}{3}$N ㉛ $\frac{1}{6}g$ ㉜ $\frac{1}{12}gt_0^2$
㉝ $\frac{1}{6}gt_0$ ㉞ $2mg-T=\frac{1}{3}mg$ ㉟ $\frac{5}{3}mg$ ㊱ 4 m/s ㊲ 1 m/s
㊳ 4 kg·m/s ㊴ 4 kg·m/s ㊵ 1 m/s ㊶ 운동량의 변화량
㊷ 5 kg·m/s ㊸ mgx_0 ㊹ $\frac{1}{2}kx_0^2$ ㊺ 연직 위쪽 ㊻ $\frac{mgx_0}{2}$
㊼ $\frac{kx_0^2}{8}$ ㊽ $\frac{mgx_0}{2}-\frac{kx_0^2}{8}=\frac{mgx_0}{4}$ ㊾ $\frac{1}{4}mgx_0$ ㊿ $\frac{1}{4}mgs$
(51) $-mgs$ (52) $\frac{3}{4}mgs$ (53) 1 : 2 (54) $\frac{1}{4}mgs$ (55) $\frac{1}{2}mgs$
(56) $-mgh+E$ (57) $mgh-E$ (58) $\frac{E}{s}$ (59) $(M-m)g$ (60) $\frac{4}{3}gh$
(61) $2Fh=2(M-m)gh=\frac{1}{2}mv^2+\frac{1}{2}Mv^2-mgh+Mgh$ (62) $4h$
(63) $\frac{16mg}{d}$ (64) $\frac{8mg}{d}$ (65) mgd (66) $\frac{15}{4}mgd$ (67) 온도 (68) 부피
(69) 0 (70) 클수록 (71) 증가한다 (72) 같다 (73) 내부 에너지 증가량
(74) (다) (75) (나) (76) B (77) A (78) A (79) A (80) A (81) ${}^4_2$He (82) 141
(83) 56 (84) 85 (85) 크다

Ⅱ. 물질과 전자기장

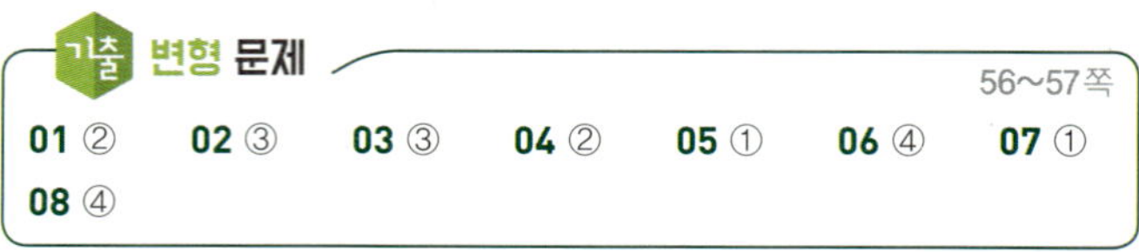

07강 전자의 에너지 준위

기출 변형 문제

56~57쪽

01 ② 02 ③ 03 ③ 04 ② 05 ① 06 ④ 07 ①
08 ④

01 같은 종류의 전하 사이에는 밀어내는 전기력이 작용하고 다른 종류의 전하 사이에는 당기는 전기력이 작용한다.
ㄴ. C가 p에서는 $-x$ 방향으로 전기력을 받고 q에서는 $+x$ 방향으로 전기력을 받으므로 A, B는 모두 음$(-)$전하이다. 따라서 A와 B 사이에는 서로 밀어내는 전기력이 작용한다.
오답 풀이 ㄱ. C가 A에 가까운 p에서 A쪽으로 전기력을 받으므로 A는 음$(-)$전하이다.
ㄷ. A, B가 모두 음$(-)$전하이므로 r에 C를 놓으면 C는 $-x$ 방향으로 전기력을 받는다.

02 보어의 수소 원자 모형에서 전자가 전이할 때 에너지 준위 차에 해당하는 에너지를 갖는 빛을 흡수하거나 방출한다.
ㄱ. a는 에너지 준위가 감소하므로 전이하는 에너지 준위 차(E_3-E_1)만큼의 에너지를 갖는 빛을 방출한다.
ㄴ. a에서 방출한 에너지와 b, c에서 흡수한 에너지의 합이 같으므로 $hf_a=hf_b+hf_c$에서 $f_a=f_b+f_c$이다.
오답 풀이 ㄷ. $E=hf$에서 $hf_a=E_3-E_1$, $hf_b=E_2-E_1$이므로 $\frac{f_a}{f_b}=\frac{E_3-E_1}{E_2-E_1}$이다.

03 빛의 에너지는 진동수에 비례하고 파장에 반비례한다.
ㄱ. 파장이 λ_1인 빛이 흡수되는 전이 과정은 에너지 준위가 E_1에서 E_2로 전이할 때이다. 따라서 $\frac{hc}{\lambda_1}=E_2-E_1$이다. $\lambda_2>\lambda_3$이므로 $\frac{hc}{\lambda_3}=E_3-E_1$이다. 따라서 $\frac{1}{\lambda_1}<\frac{1}{\lambda_3}$이므로 $\lambda_1>\lambda_3$이다.
ㄷ. 수소 원자의 에너지 준위는 특정한 값만을 가지므로 불연속적이다.
오답 풀이 ㄴ. $\frac{hc}{\lambda_2}=E_3-E_2$이므로 $\frac{1}{\lambda_3}=\frac{1}{\lambda_1}+\frac{1}{\lambda_2}$이다. 따라서 $\lambda_3=\frac{\lambda_1\lambda_2}{\lambda_1+\lambda_2}$이다.

04 보어의 수소 원자 모형에서 가시광선은 전자가 양자수 $n\geq3$인 상태에서 $n=2$인 상태로 전이할 때 방출하는 발머 계열의 빛이다.

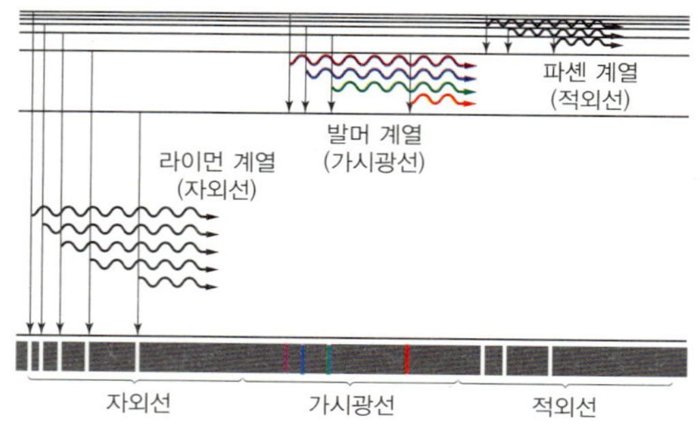

ㄴ. 빛의 에너지는 $E=hf$이고 $f_1<f_2$이므로 광자 1개의 에너지는 진동수가 f_2인 빛이 f_1인 빛보다 크다.

오답 풀이 ㄱ. 수소 원자의 바닥상태에서 진동수가 f_0인 빛을 흡수하여 들뜬상태가 되었다가 가시광선을 방출하므로 $f_0>f_1$이다. 따라서 진동수가 f_0인 빛은 자외선이다.

ㄷ. 수소 원자는 에너지 준위 차에 해당하는 특정한 에너지를 갖는 빛만 흡수할 수 있다. 보어의 수소 원자 모형에서 가시광선은 전자가 $n=2$인 상태로 전이할 때 방출하는 발머 계열의 빛이므로 바닥상태의 수소 원자는 가시광선을 흡수할 수 없다.

05 전이 과정에서 에너지 준위 차가 클수록 광자 1개의 에너지가 크다.

ㄴ. $\dfrac{hc}{\lambda_a}=E_3-E_1$, $\dfrac{hc}{\lambda_b}=E_3-E_2$, $\dfrac{hc}{\lambda_c}=E_2-E_1$이므로

$\dfrac{hc}{\lambda_a}=\dfrac{hc}{\lambda_b}+\dfrac{hc}{\lambda_c}$이다.

오답 풀이 ㄱ. $E_a=E_3-E_1$, $E_c=E_2-E_1$이므로 $E_a>E_c$이다.

ㄷ. $n=3$인 상태에 있는 전자는 a 또는 b 과정의 전이가 가능하다. 따라서 $n=3$인 상태에 있는 전자가 방출할 수 있는 빛의 파장은 λ_a 또는 λ_b이다.

06 전자가 $n=N$인 상태에 있을 때 전이할 수 있는 경우의 수 S는 $S=N(N-1)+\cdots+3+2+1=\dfrac{N(N-1)}{2}$이다.

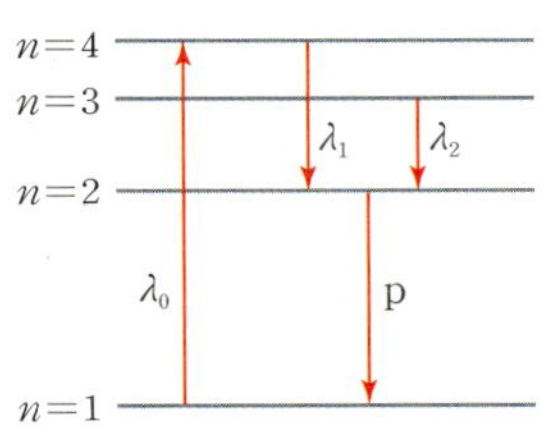

ㄴ. 파장이 λ_0인 빛을 흡수하면 전자가 $n=1$인 상태에서 $n=4$인 상태로 전이하므로 $\dfrac{1}{\lambda_0}>\dfrac{1}{\lambda_1}$, $\dfrac{1}{\lambda_0}>\dfrac{1}{\lambda_2}$이다. 따라서 $\dfrac{2}{\lambda_0}>\dfrac{1}{\lambda_1}+\dfrac{1}{\lambda_2}$이다.

ㄷ. p는 전자가 $n=1$인 상태로 전이할 때 에너지가 가장 작은 빛에 해당하므로 $n=2$인 상태에서 $n=1$인 상태로 전이하는 경우이다. 따라서 p에 해당하는 빛의 광자 1개의 에너지는

$E_2-E_1=(E_4-E_1)-(E_4-E_2)$이므로 $E_p=hc\left(\dfrac{1}{\lambda_0}-\dfrac{1}{\lambda_1}\right)$이다.

오답 풀이 ㄱ. $\dfrac{N(N-1)}{2}=6$이므로 $N=4$이다.

07 빛의 파장이 작을수록 에너지가 크다.

ㄱ. a의 파장이 가장 작으므로 a는 전자가 $n=5$인 상태에서 $n=2$인 상태로 전이할 때 방출하는 빛이다. 따라서 a의 광자 1개의 에너지는 E_5-E_2이다.

오답 풀이 ㄴ. $E_a=E_5-E_2$, $E_b=E_4-E_2$, $E_c=E_3-E_2$이므로 $E_a-E_b=E_5-E_4$, $E_b-E_c=E_4-E_3$이다.

따라서 $E_a-E_b<E_b-E_c$이다.

ㄷ. 전자는 에너지 준위 차에 해당하는 에너지를 갖는 빛을 흡수하거나

방출할 수 있으므로 $n=2$인 상태에 있는 전자는 에너지가 E_3-E_2인 빛을 흡수할 수 있다.

08 전자가 전이할 때 양자수 차가 클수록 방출하는 빛의 진동수가 크고 파장이 작다.

ㄱ. ㉠은 파장이 가장 크므로 전자가 전이하는 양자수 차가 가장 작은 c에 해당한다. 따라서 ㉠의 진동수는 f_c이다.

ㄷ. $n=4$인 상태에 있는 전자는 진동수가 f_b-f_c인 빛을 방출하여 $n=3$인 상태로 전이할 수 있다.

오답 풀이 ㄴ. 빛의 진동수가 클수록 파장이 작아지므로 방출되는 빛의 파장은 a에서가 b에서보다 작다.

기본 개념 확인

01 전하량, 제곱 **02** 증가, 감소 **03** $n=2$ **04** 방출, 흡수

01 ③ **02** ① **03** ④ **04** ⑤

01 두 점전하 사이에 작용하는 전기력의 크기는 전하량의 곱에 비례하고 전하 사이의 거리의 제곱에 반비례한다.

ㄱ. A와 B 사이의 점 p에서 $+1$ C의 점전하가 받는 전기력이 0이므로 A와 B는 같은 종류의 점전하이다.

ㄷ. (나)의 p에서 B가 $+1$ C의 점전하에 작용하는 전기력의 크기는 A가 $+1$ C의 점전하에 작용하는 전기력의 크기보다 크다. $+1$ C의 점전하가 $-x$ 방향으로 움직였으므로 B는 음($-$) 전하이다. B가 A보다 전하량의 크므로 (나)의 O에 -1 C의 점전하를 가만히 놓았을 때 점전하는 $+x$ 방향으로 움직인다.

오답 풀이 ㄴ. (가)에서 B보다 A에 더 가까운 p에서 전기력이 0이 되므로 전하량의 크기는 B가 A보다 크다.

02 전자가 에너지를 흡수하면 양자수가 증가하고, 에너지를 방출하면 양자수가 감소한다.

ㄱ. A에서 빛을 흡수하여 B로 변하므로 양자수는 A일 때가 B일 때보다 작다.

오답 풀이 ㄴ. 파장이 클수록 빛의 에너지가 작으므로 양자수는 B일 때가 가장 크고 A일 때가 가장 작다. A → B 과정에서 흡수하는 빛의 에너지는 $\dfrac{hc}{4\lambda_0}$이고, B → C 과정에서 방출하는 빛의 에너지는 $\dfrac{hc}{9\lambda_0}$이므로 C → A 과정에서 방출하는 빛의 에너지는 $\dfrac{hc}{4\lambda_0}-\dfrac{hc}{9\lambda_0}=\dfrac{5hc}{36\lambda_0}$이다. 따라서 C → A 과정에서 방출하는 빛의 파장은 $\dfrac{36\lambda_0}{5}$이다.

ㄷ. A와 B의 에너지 준위 차는 $\dfrac{hc}{4\lambda_0}$이고 B와 C의 에너지 준위 차는 $\dfrac{hc}{9\lambda_0}$이므로 B와 C의 에너지 준위 차는 A와 B의 에너지 준위 차의 $\dfrac{4}{9}$배이다.

03 보어의 수소 원자 모형에서 가시광선 영역의 선 스펙트럼은 전자가 $n=2$인 상태로 전이할 때 방출하는 빛이다.

ㄱ. 빛의 에너지는 빨간색이 보라색보다 작고 빛의 에너지는 파장에 반비례하므로 $\lambda_A > \lambda_B$이다.

ㄷ. B는 가시광선 중 파장이 두 번째로 큰 빛이므로 전자가 $n=4$인 상태에서 $n=2$인 상태로 전이할 때 방출하는 빛이다.

오답풀이 ㄴ. A는 가시광선 중 파장이 가장 긴 빛이므로 전자가 $n=3$인 상태에서 $n=2$인 상태로 전이할 때 방출하는 빛이다. 따라서 A의 광자 1개의 에너지는 $E_3 - E_2 = 1.89 \text{ eV}$이다.

04 양자수가 감소할 때는 에너지 준위 차에 해당하는 에너지를 갖는 빛을 방출하고, 양자수가 증가할 때는 에너지 준위 차에 해당하는 에너지를 갖는 빛을 흡수한다.

ㄱ. a는 전자가 $n=3$인 상태에서 $n=1$인 상태로 전이하는 과정이므로 $hf_a = E_3 - E_1$이다.

ㄴ. b는 양자수가 증가하는 과정이므로 진동수가 f_b인 빛을 흡수한다.

ㄷ. $hf_b = E_2 - E_1$, $hf_c = E_4 - E_2$이므로 $f_b > f_c$이다.

08강 에너지띠와 반도체

기출 변형 문제

62~63쪽

01 ③ **02** ① **03** ⑤ **04** ⑤ **05** ② **06** ① **07** ③
08 ④

01 고체 원자는 이웃한 원자의 영향으로 미세하게 나뉜 에너지 준위가 겹쳐 부분적으로 연속적인 에너지띠를 이룬다.

ㄱ. 원자의 에너지 준위는 불연속적인 특정한 값만 가질 수 있다.

ㄴ. 고체를 이루는 원자는 미세하게 나뉜 에너지 준위가 겹쳐 에너지띠를 이룬다.

오답풀이 ㄷ. 고체의 에너지띠 구조에서 띠 간격에는 전자가 존재할 수 없다.

02 고체는 전기 전도성에 따라 도체, 절연체, 반도체로 나뉜다. 원자가 띠와 전도띠가 일부 겹친 (가)는 도체이고, 띠 간격이 큰 (나)는 절연체, 띠 간격이 작은 (다)는 반도체이다.

ㄱ. (가)는 도체이므로 전기 전도성이 절연체인 (나)보다 좋다.

오답풀이 ㄴ. (나)는 (다)보다 띠 간격이 크므로 원자가 띠의 전자가 전도띠로 전이하기 어렵다.

ㄷ. (나)는 절연체의 에너지띠 구조이다.

03 띠 간격이 작은 A는 반도체이고, 띠 간격이 큰 B는 절연체이다.

ㄱ. 띠 간격이 A가 B보다 작으므로 A가 반도체이다.

ㄴ. 띠 간격이 작을수록 전기 전도성이 좋으므로 전기 전도성은 A가 B보다 좋다.

ㄷ. 띠 간격이 작을수록 원자가 띠의 전자가 전도띠로 전이하기 쉽다.

04 순수한 반도체에 원자가 전자가 5개인 원소를 도핑하면 n형 반도체가 된다.

ㄱ. 비소(As)를 도핑했을 때 비소 주위에 공유 결합에 참여하지 못하고 남은 전자가 1개 있으므로 비소(As)의 원자가 전자는 5개이다.

ㄴ. Y는 n형 반도체이다. n형 반도체는 주로 전자가 전하를 운반한다.

ㄷ. 순수한 반도체에 불순물 원소를 도핑하면 전하를 운반할 수 있는 전자나 양공이 발생하여 전기 전도성이 좋아진다.

05 p형 반도체는 주로 양공이 전하를 운반하고, n형 반도체는 주로 전자가 전하를 운반한다.

ㄷ. 규소(Si)에 갈륨(Ga)이 첨가된 반도체가 p형 반도체이고 X가 첨가된 반도체가 n형 반도체이다. p형 반도체 쪽에 전원의 ($+$)극을 연결하고 n형 반도체 쪽에 전원의 ($-$)극을 연결하면 p$-$n 접합 다이오드에 순방향 전압이 걸린다.

오답풀이 ㄱ. X 주위에 공유 결합에 참여하지 못하고 남는 전자가 있으므로 X를 첨가한 반도체는 n형 반도체이다.

ㄴ. (나)에서 갈륨을 첨가한 반도체는 p형 반도체이다. p형 반도체의 원자가 띠에는 전자의 빈자리인 양공이 존재한다.

06 p−n 접합 다이오드에 순방향 전압이 걸릴 때만 전류가 흐른다.
ㄱ. A와 B에 흐르는 전류의 세기가 같으므로 X에는 전류가 흐르고 Y에는 전류가 흐르지 않는다. 따라서 X는 p형 반도체이고 Y는 n형 반도체이다.

 ㄴ. Y가 포함된 다이오드에는 역방향 전압이 걸리므로 n형 반도체의 전자가 p−n 접합면에서 멀어지는 쪽으로 이동한다.
ㄷ. 전지의 극을 반대로 연결하면 Y가 포함된 다이오드에 순방향 전압이 걸리고 X가 포함된 다이오드에 역방향 전압이 걸리므로 B에는 전류가 흐르고 A에는 전류가 흐르지 않는다.

07 비소(As) 주위에 공유 결합에 참여하지 않는 여분의 전자가 있는 A는 n형 반도체이고, 인듐(In) 주위에 양공이 있는 B는 p형 반도체이다.
ㄱ. A는 비소(As) 주위에 여분의 전자가 있으므로 n형 반도체이다.
ㄴ. 인듐(In) 주위에 양공이 1개 있으므로 인듐(In)의 원자가 전자는 3개이다.

 ㄷ. A가 n형 반도체이고 B가 p형 반도체이므로 (나)의 다이오드에는 역방향 전압이 걸린다. 따라서 B의 양공은 p−n 접합면에서 멀어지는 쪽으로 이동한다.

08 p−n 접합 다이오드에 순방향 전압이 걸릴 때만 전류가 흐른다.
ㄴ. 집게를 a에 연결했을 때 B에서 빛이 방출되므로 C에 전류가 흐른다. 따라서 집게를 a에 연결했을 때 C에는 순방향 전압이 걸린다.
ㄷ. 집게를 b에 연결하면 C에 역방향 전압이 걸린다. 따라서 A에서는 빛이 방출되지 않고 B에서만 빛이 방출된다.

 ㄱ. 집게를 a에 연결했을 때 A, B에서 모두 빛이 방출되었으므로 A, B, C에 순방향 전압이 걸린다. 전원 장치의 단자 ㉠은 B의 n형 반도체에 연결되므로 (−)극이다.

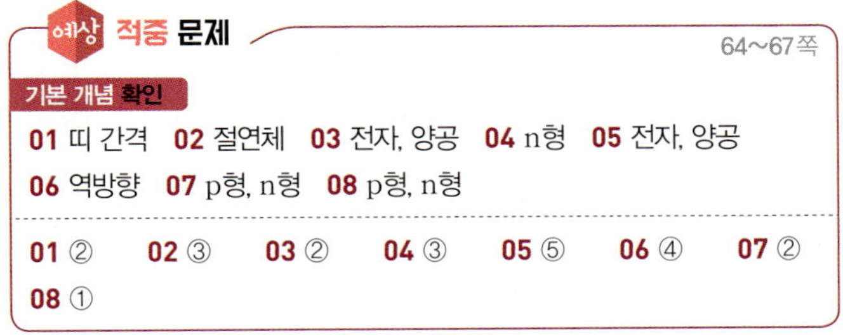

예상 적중 문제

64~67쪽

기본 개념 확인

01 띠 간격　　**02** 절연체　　**03** 전자, 양공　　**04** n형　　**05** 전자, 양공
06 역방향　　**07** p형, n형　　**08** p형, n형

---

01 ②　　**02** ③　　**03** ②　　**04** ③　　**05** ⑤　　**06** ④　　**07** ②
08 ①

01 도체는 A처럼 원자가 띠와 전도띠의 일부가 겹쳐 있고, 절연체의 띠 간격은 반도체의 띠 간격보다 크다. 따라서 B는 절연체, C는 반도체의 에너지띠 구조이다.
ㄷ. 고체의 에너지띠 구조에서 띠 간격에는 전자가 존재할 수 없다.

 ㄱ. A는 도체의 에너지띠 구조이다.
ㄴ. 띠 간격이 작을수록 전기 전도성이 좋으므로 전기 전도성은 C가 B보다 좋다.

02 S를 열었을 때는 LED에서 빛이 방출되지 않으므로 B는 절연체이고 A는 도체이다.

ㄱ. 전기 전도성은 도체인 A가 절연체인 B보다 좋다.
ㄴ. S를 닫았을 때 LED에서 빛이 방출되므로 LED에는 순방향 전압이 걸린다.

 ㄷ. B는 절연체이므로 원자가 띠와 전도띠 사이의 띠 간격이 반도체인 규소보다 크다.

03 원자가 띠에 있던 전자가 전도띠로 전이하면 원자가 띠에는 빈자리인 양공이 생긴다.
ㄷ. 원자가 띠와 전도띠 사이의 띠 간격이 E이므로 전자가 원자가 띠에서 전도띠로 전이하는 데 필요한 에너지의 최솟값은 E이다.

 ㄱ. 0 K일 때 원자가 띠가 전자로 모두 채워져 있고 전도띠는 비어 있으므로 X는 절연체 또는 반도체 중 하나이다.
ㄴ. p형 반도체는 순수한 반도체에 원자가 전자가 3개인 원소를 첨가하므로 원자가 띠의 양공 B가 전도띠의 전자 A보다 많다. P형 반도체는 B가 주로 전하를 운반한다.

04 순수한 반도체에 원자가 전자가 5개인 원소를 도핑하면 n형 반도체가 되고, 원자가 전자가 3개인 원소를 도핑하면 p형 반도체가 된다.
ㄱ. (가)에서 양공은 원자가 띠에 있던 전자가 전도띠로 전이했을 때 원자가 띠에 형성된 전자의 빈자리이다. 전자가 원자가 띠에서 전도띠로 전이하려면 띠 간격보다 큰 에너지를 흡수하여야 한다.
ㄴ. (나)의 X 주위에 공유 결합에 참여하지 않는 여분의 전자가 1개 있으므로 X의 원자가 전자는 5개이다.

 ㄷ. (나)는 원자가 전자가 5개인 X를 첨가하였으므로 전도띠의 전자의 개수가 원자가 띠의 양공의 개수보다 많다.

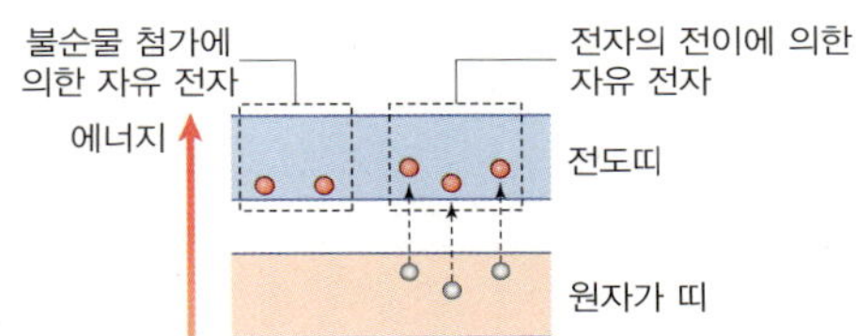

05 A는 전도띠 바로 아래에 여분의 전자에 의한 에너지 준위가 형성되었으므로 n형 반도체이다. B는 원자가 띠 바로 위에 양공에 의한 에너지 준위가 형성되었으므로 p형 반도체이다.
ㄱ. A는 n형 반도체이므로 전자가 주로 전하를 운반한다.
ㄴ. LED에서 빛이 방출되므로 순방향 전압이 걸린다.
ㄷ. LED에 순방향 전압이 걸리므로 X는 p형 반도체인 B이다.

06 A는 비소(As) 주위에 여분의 전자가 있으므로 n형 반도체이고 B는 인듐(In) 주위에 양공이 있으므로 p형 반도체이다.
ㄱ. A는 n형 반도체이므로 전도띠의 전자가 원자가 띠의 양공보다 많다.
ㄴ. A가 n형 반도체이고 B가 p형 반도체이므로 스위치를 a에 연결하면 다이오드에 순방향 전압이 걸린다. B의 양공은 p−n 접합면 쪽으로 이동하여 n형 반도체의 전자와 결합한다.

 ㄷ. 스위치를 b에 연결하면 다이오드에 역방향 전압이 걸리므로 저항에 전류가 흐르지 않는다.

07 LED에 순방향 전압이 걸리면 띠 간격에 해당하는 에너지를 갖는 빛을 방출한다.

ㄷ. LED에서 방출하는 빛의 파장이 A가 B보다 크므로 원자가 띠와 전도띠 사이의 띠 간격은 A가 B보다 작다.

오답풀이 ㄱ. A에서 빛이 방출될 때 A에 순방향 전압이 걸려야 하므로 전류는 ⓑ 방향으로 흐른다.

ㄴ. 저항에 전류가 ⓑ 방향으로 흐를 때 B에는 역방향 전압이 걸린다. 이때 p형 반도체의 양공과 n형 반도체의 전자는 p−n 접합면에서 멀어진다.

08 정류 회로는 교류 전류를 직류 전류로 바꾸는 회로이다.

ㄱ. 교류 전원에서 전류가 왼쪽으로 흐를 때는 ㉠ → 전자 제품 → ㉣로 전류가 흐르고, 교류 전원에서 전류가 오른쪽으로 흐를 때는 ㉡ → 전자 제품 → ㉢으로 전류가 흐르므로 a는 n형 반도체이다.

오답풀이 ㄴ. ㉠에 순방향 전압이 걸릴 때 ㉡과 ㉢에는 역방향 전압이 걸리고 ㉣에는 순방향 전압이 걸린다.

ㄷ. ㉡에 순방향 전압이 걸릴 때 ㉣에는 역방향 전압이 걸리므로 양공과 전자가 c와 d의 접합면에서 멀어진다.

09강 자기장과 물질의 자성

기출 변형 문제

70~71쪽

01 ③ **02** ① **03** ④ **04** ⑤ **05** ① **06** ① **07** ③
08 ③

01 직선 도선에 흐르는 전류에 의한 자기장의 세기는 전류의 세기에 비례하고 거리에 반비례한다.

p에서 A, B, C에 흐르는 전류에 의한 자기장이 0이다. 또, p에서 C에 흐르는 전류에 의한 자기장은 xy 평면에서 수직으로 나오는 방향이고 세기가 B_0이므로, p에서 A, B에 흐르는 전류에 의한 자기장은 xy 평면에 수직으로 들어가는 방향이고 세기는 B_0이다. p와 q는 A, B로부터 거리가 같은 점이므로 q에서 A, B에 흐르는 전류에 의한 자기장도 xy 평면에 수직으로 들어가는 방향이고 세기는 B_0이다. 또 q에서 C에 흐르는 전류에 의한 자기장은 xy 평면에 수직으로 들어가는 방향이고 세기는 $\dfrac{B_0}{2}$이다. 따라서 q에서 A, B, C에 흐르는 전류에 의한 자기장은 xy 평면에 수직으로 들어가는 방향이고 세기는 $\dfrac{3B_0}{2}$이다.

02 평행한 두 직선 도선에 흐르는 전류의 방향이 같을 때 두 도선 사이에서 자기장이 0인 지점이 있다.

ㄱ. (가)의 P에서 나침반의 자침이 북쪽을 가리키고 있으므로 A와 B에 흐르는 전류에 의한 자기장이 0이다. 따라서 B에 흐르는 전류의 방향은 종이면에서 수직으로 나오는 방향이다.

오답풀이 ㄴ. (가)의 P에서 A, B에 흐르는 전류에 의한 자기장이 0이므로 A, B에는 세기가 같은 전류가 흐른다. (나)의 Q에서 A, B, C에 흐르는 전류에 의한 자기장이 0이므로 A, B에 흐르는 전류에 의한 자기장의 세기와 C에 흐르는 전류에 의한 자기장의 세기가 같다. 따라서 C에 흐르는 전류의 세기는 B에 흐르는 전류의 세기보다 크다.

ㄷ. (나)의 Q에서 A, B, C에 흐르는 전류에 의한 자기장이 0이므로 C에 흐르는 전류의 방향은 종이면에서 수직으로 나오는 방향이다. P에서 A, B에 흐르는 전류에 의한 자기장이 0이므로 (나)의 P에서 A, B, C에 흐르는 전류에 의한 자기장은 C에 흐르는 전류에 의한 자기장과 같다. 따라서 나침반의 자침은 북동쪽을 가리킨다.

03 나침반의 자침은 지구 자기장과 직선 도선에 흐르는 전류에 의한 자기장이 합성된 방향을 가리킨다.

직선 도선에 흐르는 전류에 의한 자기장의 세기는 전류의 세기에 비례하므로 (다)에서 전류의 세기를 $\dfrac{1}{2}$배가 되도록 하면 나침반 자침의 회전각이 감소한다. 또 전류의 방향을 반대로 바꾸면 나침반 자침의 회전 방향이 반대로 바뀐다. (나)에서 나침반 자침이 북서쪽을 가리키고 있으므로 (다)에서 나침반 자침은 북동쪽을 가리키고 회전각은 (다)에서가 (나)에서보다 작다.

04 평행한 두 직선 도선에 같은 방향으로 전류가 흐를 때 중앙점의 자기장은 0이다.

ㄱ. t_1일 때 A, B에 흐르는 전류의 세기가 같고, 자기장의 세기가 p에서 가 q에서보다 작으므로 q에서는 A, B에 흐르는 전류에 의한 자기장의 방향이 같다. 따라서 A, B에 흐르는 전류의 방향은 서로 반대 방향이다.

ㄴ. A, B에 흐르는 전류의 방향은 서로 반대 방향이므로 p에서 A, B에 흐르는 전류에 의한 자기장은 서로 반대 방향이다. t_1일 때 A, B에 흐르는 전류의 세기는 같고 p에서 도선까지의 거리는 B가 A의 3배이므로 p에서 자기장의 세기는 A가 B의 3배이다. 따라서 t_1일 때 p에서 자기장의 방향은 A에 흐르는 전류에 의한 자기장의 방향과 같다.

t_2일 때 A에 흐르는 전류의 세기가 B에 흐르는 전류의 세기의 2배이고 p와 도선 사이의 거리는 B가 A의 3배이므로 p에서 자기장의 세기는 A가 B의 6배이다. 따라서 t_2일 때 p에서 자기장의 방향은 A에 흐르는 전류에 의한 자기장의 방향과 같다. 결국 t_1일 때와 t_2일 때 p에서 자기장의 방향은 같다.

ㄷ. r에서 A에 흐르는 전류에 의한 자기장을 양($+$)으로 하면 B에 흐르는 전류에 의한 자기장은 음($-$)이다. 따라서 t_1일 때 r에서의 자기장의 세기는 $\frac{kI}{3d} - \frac{kI}{d} = -\frac{2kI}{3d}$이고, t_2일 때 r에서의 자기장의 세기는 $\frac{2kI}{3d} - \frac{kI}{d} = -\frac{kI}{3d}$이다. 그러므로 r에서 자기장의 세기는 t_1일 때가 t_2일 때보다 크다.

05 세기가 I로 일정한 전류가 시계 방향으로 흐르는 원형 도선의 중심 A에서 자기장의 방향은 xy 평면에 수직으로 들어가는 방향이다.

ㄱ. A에서 자기장이 0이므로 P에 흐르는 전류에 의한 자기장은 xy 평면에서 수직으로 나오는 방향이어야 한다. 따라서 P에 흐르는 전류의 방향은 $-y$ 방향이다.

오답풀이 ㄴ. A에서 xy 평면에 수직으로 들어가는 방향의 자기장을 양($+$)으로 하자. A에서 Q에 흐르는 전류에 의한 자기장의 세기를 B'라고 하면 Ⅰ에서 A에서 자기장이 0이므로, P에 세기가 I_0인 전류가 흐를 때 A에서 P에 의한 자기장은 $-B'$이다. Ⅱ에서 P에 $+y$ 방향으로 전류가 흐르면 A에서 P에 흐르는 전류에 의한 자기장의 방향은 xy 평면에 수직으로 들어가는 방향이다. A에서 자기장의 세기는 P에 흐르는 전류에 의한 자기장과 Q에 흐르는 전류에 의한 자기장의 합이므로 $2B'=B_0$에서 $B'=\frac{B_0}{2}$이다. Ⅲ에서 P에 흐르는 전류의 세기가 $2I_0$이고 $-y$ 방향으로 흐르므로 A에서 P에 흐르는 전류에 의한 자기장은 $-2B'=-B_0$이다. 따라서 ⓒ은 $-B_0+\frac{B_0}{2}=-\frac{B_0}{2}$이다.

ㄷ. Ⅱ일 때 A에서 자기장의 방향은 xy 평면에 수직으로 들어가는 방향이고, Ⅲ일 때 A에서 자기장의 방향은 xy 평면에서 수직으로 나오는 방향이다.

06 솔레노이드에 흐르는 전류에 의한 자기장의 방향은 오른손 네 손가락을 전류의 방향으로 감아쥐었을 때 엄지손가락이 가리키는 방향이다.

ㄱ. 전지 → 저항 → 솔레노이드 방향으로 전류가 흐르므로 솔레노이드 내부에서 솔레노이드에 흐르는 전류에 의한 자기장은 위쪽이 N극이 된다.

오답풀이 ㄴ. (가)에서 A는 상자성체이므로 아래쪽으로 자기력을 받는다. 이때 실이 A에 작용하는 힘의 크기는 A의 무게와 A가 받는 자기력의 합이다. (나)에서 B는 반자성체이므로 위쪽으로 자기력을 받는다. 이때 실이 B에 작용하는 힘의 크기는 B의 무게에서 자기력을 뺀 값이다. 따라서 (가)에서 실이 A에 작용하는 힘의 크기는 (나)에서 실이 B에 작용하는 힘의 크기보다 크다.

ㄷ. (나)에서 솔레노이드에 흐르는 전류의 방향을 바꾸면 솔레노이드에 흐르는 전류에 의한 자기장의 방향이 바뀐다. 그러나 반자성체 B는 여전히 위쪽으로 자기력을 받으므로 실이 B에 작용하는 힘의 크기는 변하지 않는다.

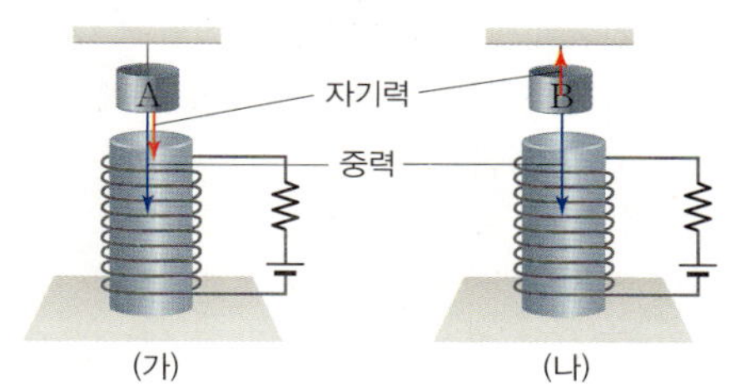

07 원형 도선에 흐르는 전류에 의한 자기장은 원형 도선을 작은 직선 도선으로 나누어 각 직선 도선에 흐르는 전류에 의한 자기장을 합성하여 구할 수 있다.

ㄱ. 철가루는 외부 자기장 방향으로 자기화되는 강자성체이다.

ㄷ. 원형 도선의 중심 O에서 자기장의 세기는 전류의 세기에 비례한다.

오답풀이 ㄴ. O에서 자기장 방향은 $+x$ 방향이고 P에서 자기장 방향은 $-x$ 방향이다.

08 강자성체는 외부 자기장이 사라져도 자기화된 상태를 유지하고, 상자성체와 반자성체는 외부 자기장이 사라지면 즉시 자기화된 상태가 사라진다.

(나)에서 B를 통과시킬 때 도선에 전류가 흘렀으므로 B는 강자성체이다. (다)에서 B와 C 사이에 척력이 작용하므로 C는 반자성체이다. 또 A와 C 사이에는 자기력이 작용하지 않으므로 A는 상자성체이다.

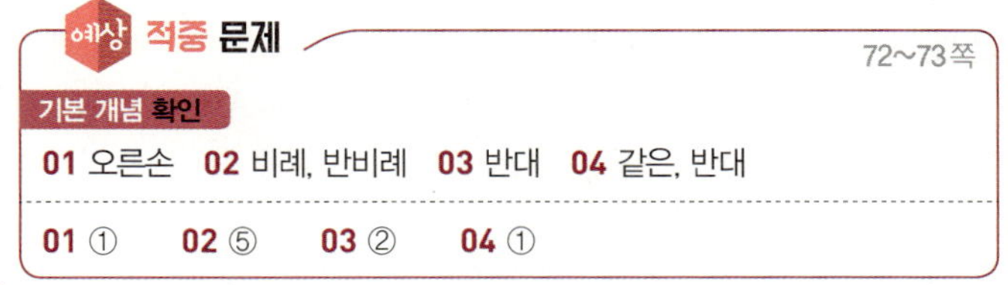

예상 적중 문제

72~73쪽

기본 개념 확인

01 오른손 **02** 비례, 반비례 **03** 반대 **04** 같은, 반대

01 ① **02** ⑤ **03** ② **04** ①

01 도선에 흐르는 전류에 의한 자기장의 방향은 오른손을 이용해 찾는다.

ㄴ. (나)에서 가장 왼쪽 나침반의 자침이 가리키는 방향이 남쪽으로 바뀌었으므로 B에 흐르는 전류에 의한 자기장의 방향이 남쪽임을 알 수 있다. 따라서 B에는 수평면에서 수직으로 나오는 방향으로 전류가 흐른다.

오답풀이 ㄱ. (가)에서 A에 가까운 나침반의 자침이 가리키는 방향을 보면 A에는 수평면에 수직으로 들어가는 방향으로 전류가 흐른다. P에서 A에 흐르는 전류에 의한 자기장의 방향은 남쪽이지만 나침반의 자침이 북쪽을 가리키고 있으므로 P에서 A에 흐르는 전류에 의한 자기장의 세기는 지구 자기장의 세기보다 작다.

ㄷ. (나)에서 가장 왼쪽 나침반이 있는 지점에서 A에 흐르는 전류에 의한 자기장의 세기보다 B에 흐르는 전류에 의한 자기장의 세기가 더 크고, 도선까지의 거리도 B가 A보다 크므로 도선에 흐르는 전류의 세기는 B가 A보다 크다.

02 직선 도선에 흐르는 전류에 의한 자기장의 세기는 전류의 세기에 비례하고, 거리에 반비례한다.

ㄱ. P와 Q에서 자기장의 세기와 방향이 같으려면 P, Q에서 A, B에 흐르는 전류에 의한 자기장이 0이 되어야 한다. A, B에서 P, Q까지의 거리가 같으므로 A, B에 흐르는 전류의 세기는 같다.

ㄴ. P에서 A, B에 흐르는 전류에 의한 자기장이 0이므로 P에서 A, B에 흐르는 전류에 의한 자기장의 방향은 서로 반대이다.

ㄷ. P, Q에서 자기장의 방향이 xy 평면에 수직으로 들어가는 방향이므로 원형 도선에는 시계 방향으로 전류가 흐른다.

03 두 평행 도선에 같은 방향으로 전류가 흐를 때 한 점에서 자기장은 각 직선 도선에 흐르는 전류에 의한 자기장의 방향과 세기를 고려하여 합성한다.

a에서 P에 흐르는 전류에 의한 자기장은 항상 종이면에 수직으로 들어가는 방향이고, Q에 흐르는 전류에 의한 자기장의 세기도 일정하다. 0부터 t까지 합성 자기장의 세기가 t 이후의 합성 자기장의 세기보다 작으므로 0부터 t까지 P, Q에 흐르는 전류에 의한 자기장의 방향은 서로 반대이고 t 이후에는 P, Q에 흐르는 전류에 의한 자기장의 방향이 같다. 또 a에서 P, Q에 흐르는 전류에 의한 합성 자기장의 방향이 t 전후에 변하므로 Q에 흐르는 전류의 세기가 P에 흐르는 전류의 세기보다 크다. 즉, $B_1 - B_2 = -B$, $B_1 + B_2 = 2B$이다. 여기서 $B_1 = \dfrac{B}{2}$, $B_2 = \dfrac{3B}{2}$이므로 $B_1 : B_2 = 1 : 3$이다.

04 B가 P쪽으로 끌려와 정지해 있으므로 B와 P 사이에는 당기는 자기력이 작용한다. 따라서 B는 강자성체이다.

ㄱ. B가 강자성체이므로 A는 반자성체이다.

오답 풀이 ㄴ. A는 반자성체이므로 P가 A에 작용하는 자기력의 방향은 연직 위쪽이다. P가 A에 작용하는 자기력과 실이 A에 작용하는 힘의 합력의 크기가 A의 무게와 같다. 따라서 P가 A에 작용하는 자기력의 크기는 A의 무게보다 작거나 같다.

ㄷ. 실이 B에 작용하는 힘과 B에 작용하는 중력의 합력의 크기가 P가 B에 작용하는 자기력의 크기와 같다. 따라서 실이 B에 작용하는 힘의 크기는 P가 B에 작용하는 자기력의 크기보다 작다.

10강 전자기 유도

01 원형 도선의 단면적이 일정할 때 원형 도선에 흐르는 유도 전류의 세기는 자기장의 시간당 변화율에 비례한다.

ㄴ. t_3일 때는 자기장의 세기가 일정하므로 원형 도선에 유도 전류가 흐르지 않는다.

ㄷ. (나)에서 t_4일 때가 t_1일 때보다 그래프의 기울기가 크므로 자기장의 시간당 변화율이 크다. 따라서 유도 전류의 세기는 t_4일 때가 t_1일 때보다 크다.

오답 풀이 ㄱ. t_2일 때 종이면에서 수직으로 나오는 방향의 자기장의 세기가 감소하므로 원형 도선에는 종이면에서 수직으로 나오는 방향으로 자기장을 만들도록 유도 전류가 흐른다. 즉, t_2일 때 유도 전류는 반시계 방향으로 흐른다.

02 유도 전류에 의한 자기장의 방향이 왼쪽이므로 자석의 오른쪽이 N극이다.

ㄱ. 유도 전류에 의한 자기장의 방향이 왼쪽이므로 A → 검류계 → B 방향으로 유도 전류가 흐른다.

ㄷ. 막대자석이 접근하므로 솔레노이드 내부에서 막대자석에 의한 자기장의 세기는 증가한다.

오답 풀이 ㄴ. 막대자석이 접근할 때 솔레노이드에는 막대자석의 운동을 방해하는 방향으로 유도 전류가 흐른다. 따라서 막대자석에는 왼쪽 방향으로 자기력이 작용한다.

03 자기 선속은 자기장과 단면적의 곱이고, 유도 전류의 세기는 자기 선속의 시간당 변화율에 비례한다.

ㄴ. 1초일 때는 자기 선속이 증가하고, 3초일 때는 자기 선속이 감소하므로 1초일 때와 3초일 때 유도 전류의 방향은 서로 반대이다.

오답 풀이 ㄱ. 5초일 때 Ⅱ에서 도선이 이루는 면에 수직으로 들어가는 방향의 자기장의 세기가 증가하므로 도선에는 반시계 방향으로 유도 전류가 흐른다.

ㄷ. 1초일 때 자기 선속의 시간당 변화율은 $\dfrac{\varDelta \varPhi}{\varDelta t} = 2S \times \dfrac{3(\mathrm{mT})}{2(\mathrm{s})}$이고, 5초일 때 자기 선속의 시간당 변화율은 $\dfrac{\varDelta \varPhi}{\varDelta t} = S \times \dfrac{4(\mathrm{mT})}{2(\mathrm{s})}$이므로 자기 선속의 시간당 변화율은 1초일 때가 5초일 때보다 크다. 따라서 전류의 세기는 1초일 때가 5초일 때보다 크다.

04 금속 고리에 흐르는 유도 전류의 세기는 자기 선속의 시간당 변화율에 비례한다. P가 $x = 1.5d$에 있을 때 자기 선속의 시간당 변화율은 $\dfrac{\varDelta \varPhi}{\varDelta t} = \dfrac{B \times 2dvt}{t} = 2Bdv$이다.

ㄱ. P가 $x = 2.5d$에 있을 때 자기 선속의 시간당 변화율은 $(2B - B) \times d \times 2v = 2Bdv$이다.

 ㄴ. P가 $x=3.5d$에 있을 때 자기 선속의 시간당 변화율은 $(3B-2B)\times d\times v=Bdv$이다.

ㄷ. P가 $x=4.5d$에 있을 때 자기 선속의 시간당 변화율은 $(0-3B)\times d\times v=-3Bdv$이다.

05 강자성체는 외부 자기장이 사라져도 자기화된 상태를 유지하고 상자성체와 반자성체는 외부 자기장이 사라지면 자기화된 상태가 즉시 사라진다.

ㄴ. (나)에서 저항에 아래쪽으로 전류가 흐르므로 솔레노이드에서 유도 전류에 의한 자기장의 방향은 아래 방향이다. 따라서 A의 아랫면은 S극으로 자기화되었다.

ㄷ. (가)에서 A의 아랫면이 S극으로 자기화되려면 솔레노이드에 의한 자기장 방향이 위쪽이어야 한다. 따라서 ⓐ는 (＋)극이다.

 ㄱ. (나)에서 A가 솔레노이드에 접근할 때 저항에 전류가 흐르므로 A는 자기화된 상태를 유지한다. 따라서 A는 강자성체이다.

06 자기 선속은 자기장의 세기와 자기장에 수직인 도선의 면적의 곱이다. 자기장의 세기를 B, 도선의 면적을 S라고 할 때 자기 선속은 $\varPhi=BS\sin\theta=BS\sin\omega t$이다.

ㄴ. $\varPhi=BS\sin\theta$이므로 $\theta=30°$일 때가 $\theta=60°$일 때보다 작다.

 ㄱ. 자기 선속의 시간당 변화율은 $\dfrac{\Delta\varPhi}{\Delta t}=BS\omega\cos\omega t$이므로 $\theta=90°$일 때 0이다.

ㄷ. $\theta=0°$ 부근에서 $\theta<0$일 때는 자기장에 수직인 도선의 면적이 감소하므로 도선에는 a → b → c 방향으로 유도 전류가 흘러 외부 자기장과 같은 방향으로 자기장을 형성한다. $\theta>0$일 때는 자기장에 수직인 도선의 면적이 증가하므로 도선에는 a → b → c 방향으로 유도 전류가 흘러 외부 자기장과 반대 방향으로 자기장을 형성한다.

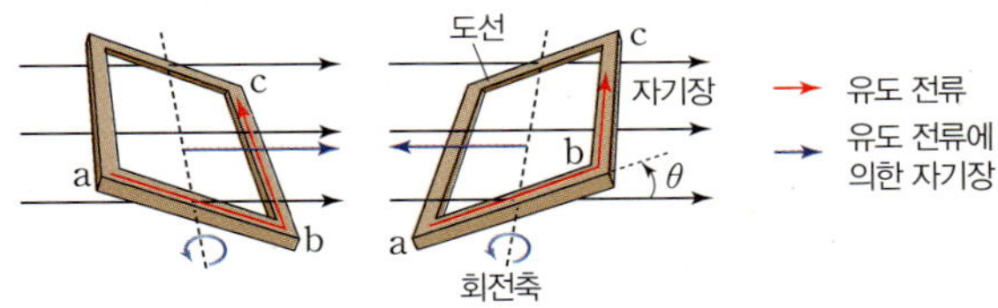

07 유도 전류는 코일을 통과하는 외부 자기장의 변화를 방해하는 방향으로 흐른다.

ㄴ. (나)에서 S극이 접근하므로 코일에는 오른쪽이 S극이 되도록 b → LED → a 방향으로 전류가 흐른다. 따라서 LED에 순방향 전압이 걸리므로 LED에 불이 켜진다.

 ㄱ. (가)에서 N극이 접근하므로 코일에는 왼쪽이 N극이 되도록 b → LED → a 방향으로 전류가 흐른다.

ㄷ. 코일이 자석에 작용하는 자기력의 방향은 자석의 운동을 방해하는 방향이다. (가)에서 코일이 자석에 작용하는 자기력의 방향은 왼쪽이고 (나)에서 코일이 자석에 작용하는 자기력의 방향은 오른쪽이다.

08 무선 충전기는 전자기 유도 현상을 이용해 휴대 전화에 전기 에너지를 전달한다.

ㄱ. 무선 충전기에서 휴대 전화 방향의 자기장 세기가 증가하므로 휴대 전화의 내부 코일에는 반대 방향의 자기장이 형성되도록 a 방향으로 유도 전류가 흐른다.

ㄷ. 휴대 전화의 무선 충전은 전자기 유도를 이용한다.

 ㄴ. 화살표 방향의 자기장이 감소할 때는 휴대 전화의 내부 코일에 b 방향으로 유도 전류가 흘러 화살표 방향의 자기장이 형성되도록 한다.

78~80쪽

기본 개념 확인

01 방해 **02** 강자성체 **03** 자기 선속 **04** 유도 전류 **05** 면적 **06** 전자기 유도

01 ④　　**02** ⑤　　**03** ②　　**04** ③　　**05** ①　　**06** ③

01 유도 전류는 자석의 운동에 의한 자기장의 변화를 방해하는 방향으로 흐른다.

ㄴ. (가)에서 자석에 작용하는 힘은 중력이고, (나)에서 자석에 작용하는 힘은 중력과 자기력의 합력이다. (나)에서 중력과 자기력의 합력이 같은 방향이므로 자석의 가속도의 크기는 (나)에서가 (가)에서보다 크다.

ㄷ. (나)에서 유도 전류는 자석의 운동을 방해하는 방향으로 흐른다. 자석이 원형 도선에 접근할 때 자석에 작용하는 자기력의 방향은 연직 아래 방향이고, 자석이 원형 도선에서 멀어질 때 자석에 작용하는 자기력의 방향도 연직 아래 방향이다.

 ㄱ. (나)에서 자석의 역학적 에너지의 일부가 전기 에너지로 전환되므로 $v_1<v_2$이다.

02 A는 자석 쪽으로 끌려오고 B는 자석에서 멀어지므로 A는 강자성체이고 B는 반자성체이다.

ㄱ. (가)에서 자석이 A, B에 작용하는 자기력의 방향은 모두 오른쪽이다.

ㄴ. (나)에서 A가 원형 도선에 접근할 때 A의 자기장과 반대 방향으로 자기장을 만들도록 유도 전류가 흐르고, A가 원형 도선에서 멀어질 때는 A의 자기장과 같은 방향으로 자기장을 만들도록 유도 전류가 흐른다. 따라서 A가 원형 도선을 통과하기 전과 후에 원형 도선에 흐르는 유도 전류의 방향은 서로 반대이다.

ㄷ. (나)에서 강자성체인 A가 원형 도선을 통과할 때 A의 역학적 에너지 중 일부가 전기 에너지로 전환된다. 반자성체인 B는 전자기 유도가 일어나지 않으므로 역학적 에너지가 보존된다.

03 $0.5t_0$일 때 Ⅱ의 자기장 세기가 감소하므로 금속 고리에는 반시계 방향으로 전류가 흐른다. 이때 LED에 순방향 전압이 걸린다.

ㄷ. $3.5t_0$일 때 Ⅰ의 자기장 세기가 증가하므로 금속 고리에는 반시계 방향으로 유도 기전력이 걸려 LED에서 빛이 방출된다. 금속 고리가 Ⅰ, Ⅱ에 걸친 면적이 같고, $1.5t_0$일 때와 $3.5t_0$일 때 자기장의 시간당 변화율이 같으므로 금속 고리에 흐르는 전류의 세기도 같다.

 ㄱ. $1.5t_0$일 때 Ⅱ의 자기장 세기가 증가하므로 금속 고리에는 시계 방향으로 유도 기전력이 걸리고 LED에 역방향 전압이 걸리므

로 유도 전류가 흐르지 않는다.

ㄴ. 2.5t_0일 때 Ⅰ, Ⅱ의 자기장의 세기가 일정하므로 유도 전류가 흐르지 않는다.

04 금속 고리가 자기장 영역을 통과할 때 금속 고리를 통과하는 자기 선속의 변화를 방해하는 방향으로 유도 전류가 흐른다.

ㄱ. 15초일 때 금속 고리가 영역 Ⅰ에 걸친 면적이 증가하고, 25초일 때 금속 고리가 영역 Ⅱ에 걸친 면적이 증가한다. 15초일 때와 25초일 때 유도 전류의 방향이 서로 반대이므로 Ⅰ의 자기장 방향은 종이면에 수직으로 들어가는 방향이다.

ㄷ. 35초일 때 금속 고리가 Ⅰ에 걸친 면적이 감소하므로 금속 고리에는 시계 방향으로 유도 전류가 흐른다. 45초일 때 금속 고리가 Ⅱ에 걸친 면적이 감소하므로 금속 고리에는 반시계 방향으로 유도 전류가 흐른다.

오답풀이 ㄴ. Ⅰ과 Ⅱ의 자기장 세기가 같으므로 15초일 때와 25초일 때 유도 전류의 세기는 같다.

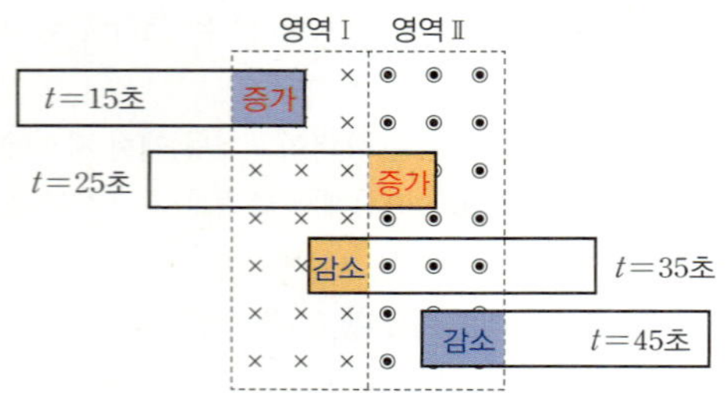

05 발전기에서 사각형 도선이 회전하면 자기장에 수직인 도선의 면적이 변하여 도선을 통과하는 자기 선속이 변한다.

ㄱ. 이 순간 자기장에 수직인 도선의 면적이 증가하므로 도선에는 시계 방향으로 유도 전류가 흐른다. LED에서 빛이 방출되므로 b는 p형 반도체이고 a는 n형 반도체이다.

오답풀이 ㄴ. LED에서 유도 전류는 b → a 방향으로 흐른다.

ㄷ. 도선이 회전할 때 LED에 역방향 전압이 걸리는 경우도 있으므로 빛이 방출되지 않는 경우도 있다.

06 교통 카드의 리더와 태그는 전자기 유도 현상을 이용해 에너지와 정보를 주고받는다.

ㄱ. 에너지 저장 장치가 없는 태그를 리더 가까이 가져가면 전자기 유도에 의해 리더에서 태그로 전기 에너지가 전달된다.

ㄷ. 태그에서 보낸 전자기파가 리더를 통과할 때 자기장이 시간에 따라 변하므로 리더에 전자기 유도에 의한 유도 전류가 흐른다.

오답풀이 ㄴ. 리더에서 발생되는 전자기파의 자기장이 $B=B_0\sin\omega t$의 형태로 시간에 따라 증가하다가 감소하므로 태그에 흐르는 유도 전류의 세기는 변한다.

🔷 대단원 예상 적중 자료 정리 　81~82쪽

① 같은 ② 작다 ③ 음(−) ④ 오른쪽 ⑤ 방출 ⑥ 흡수 ⑦ 진동수 ⑧ 1 ⑨ $f_a > f_b > f_c$ ⑩ 양공 ⑪ 많다 ⑫ 전자 ⑬ n형 ⑭ p형 ⑮ 순방향 ⑯ 반대 ⑰ 같다 ⑱ $B_1 + B_2 = 2B$ ⑲ S ⑳ 강자성체 ㉑ 밀어내는 ㉒ 반시계 ㉓ 역방향 ㉔ 반시계 ㉕ 반대 ㉖ 증가 ㉗ 시계 ㉘ 반시계

Ⅲ. 파동과 정보 통신

11강 파동의 성질

01 그래프의 세로축은 시간, 가로축은 진폭을 의미한다.

ㄱ. 그래프의 세로축은 시간, 가로축은 진폭을 의미하므로 소리의 진폭은 A가 B보다 크다.

오답풀이 ㄴ. 그래프에서 주기가 2 ms로 서로 같다.

ㄷ. 실험실의 온도가 일정하게 유지되므로 소리의 속력은 일정하다.

02 파동의 변위를 시간에 따라 나타낸 그래프에서 같은 모양이 반복되는 시간은 주기이다.

ㄴ. P의 주기가 Q의 3배이므로 P의 주기를 $3T$, Q의 주기를 T라 하면 파동의 속력 $v=\dfrac{\lambda}{T}$이므로 $\dfrac{\lambda_P}{3T}=\dfrac{\lambda_Q}{T}$이므로 $\lambda_P=3\lambda_Q$이다.

오답풀이 ㄱ. 파동의 진동 중심에서 최대 변위까지의 거리가 진폭이므로 Q의 진폭은 $\dfrac{A}{2}$이다.

ㄷ. 파동의 진동수 $f_P=\dfrac{1}{3T}$, $f_Q=\dfrac{1}{T}$이다.

03 파동의 속력은 파장과 진동수의 곱이다.

ㄱ. 4 m 동안 (가)는 한 파장, (나)는 세 파장이 진행한다.

ㄴ. 물결파의 진동수가 같고 파동의 속력 $v=\lambda f$이므로 (가)의 속력은 (나)의 3배이다.

ㄷ. 진동 중심에서 마루까지의 거리가 진폭이므로 (가)가 (나)의 2배이다.

04 평면파에서 파면 사이의 간격이 파장이다. 파면 사이의 간격이 클수록 속력이 크다.

ㄴ. $v_1=\lambda_1 f=2\text{ cm}\times\dfrac{1}{2}\text{ Hz}=1\text{ cm/s}$이다.

ㄷ. 매질 Ⅱ에서 파면 사이의 간격은 $\dfrac{\lambda_1}{\lambda_Ⅱ}=\dfrac{\sin 45°}{\sin 30°}$이므로 $\lambda_Ⅱ=\sqrt{2}\text{ cm}$이다.

오답풀이 ㄱ. $T=2$ s이므로 $f=\dfrac{1}{2}$ Hz이다.

05 굴절률이 n_1인 매질 1에서 굴절률이 n_2인 매질 2로 빛이 진행할 때 다음과 같은 관계가 있다.

$$\dfrac{\sin i}{\sin r}=\dfrac{v_1}{v_2}=\dfrac{n_2}{n_1}$$

ㄱ. 매질 Ⅱ에서 공기 중으로 진행할 때 입사각이 30°, 굴절각이 60°이므로 $n_2=\dfrac{\sin 60°}{\sin 30°}=\sqrt{3}$이다.

ㄴ. 공기에서 매질 Ⅰ로 진행할 때 굴절각이 $30°$이므로 $\dfrac{\sin\theta}{\sin30°}=\sqrt{2}$이다. 따라서 $\theta=45°$이다.

오답 풀이 ㄷ. $\dfrac{v_1}{v_2}=\dfrac{n_2}{n_1}$이므로 $v_1 : v_2 = \sqrt{3} : \sqrt{2}$이다.

06 (가)에서 $n_{\rm I}<n_{\rm I}$, (나)에서 $n_{\rm I}<n_{\rm II}$이다. $b<c$이므로 매질 Ⅱ와 굴절률 차이가 더 많이 나는 것은 매질 Ⅲ이다. 따라서 $n_{\rm I}<n_{\rm I}<n_{\rm II}$이다.

07 파동이 진행할 때 매질이 달라져도 파동의 진동수는 변하지 않는다.

ㄴ. 매질이 달라져도 파동의 진동수는 변하지 않는다.

ㄷ. $\dfrac{v_{\rm A}}{v_{\rm B}}=\dfrac{\sin\theta_{\rm A}}{\sin\theta_{\rm B}}$이므로 $\theta_{\rm A}<\theta_{\rm B}$이다.

오답 풀이 ㄱ. $v=\lambda f$이므로 B에서 속력이 더 빠르다.

08 철수, 영희 : 소리는 공기 중에서 속력이 느린(온도가 낮은) 쪽으로 굴절하므로, 소리의 속력은 지표면 근처에서가 지표면 상공에서보다 크다.

오답 풀이 민수 : 진동수는 파동을 발생시키는 파원에서 결정되고 매질이 달라져도 변하지 않는다.

로 $\sin\theta_2=\dfrac{1}{\sqrt{6}}$이다.

ㄷ. $\dfrac{\sin\theta_1}{\sin\theta_2}=\dfrac{n_2}{n_1}=\dfrac{\frac{n_2}{n_3}}{\frac{n_1}{n_3}}$이므로 $\sin\theta_1=\dfrac{1}{\sqrt{2}}$이다. 따라서 $\theta_1=45°$이다.

04 ㄴ. A에서가 B에서보다 파장이 크고 $v=\lambda f$이므로 A에서 속력이 크다.

ㄷ. 수심이 깊을수록 물결파의 속력이 크므로 A에서 수심이 깊다.

오답 풀이 ㄱ. 파동의 진동수는 매질이 달라져도 변하지 않는다.

ㄹ. $\dfrac{\sin60°}{\sin30°}=\dfrac{\lambda_{\rm A}}{\lambda_{\rm B}}$이므로 $\lambda_{\rm B}=\dfrac{1}{\sqrt{3}}$ m이다.

기본 개념 확인

01 주기 **02** 진동수 **03** $\dfrac{n_2}{n_1}$ **04** 크다

01 ⑤ **02** ③ **03** ⑤ **04** ③

01 ㄱ. $v=\lambda f=8\ {\rm m}\times0.5\ {\rm Hz}=4\ {\rm m/s}$이다.

ㄴ. P는 위 방향, Q는 아래 방향으로 운동하고 있다.

ㄷ. 주기 $=\dfrac{1}{0.5\ {\rm Hz}}=2$초이므로 1초 후 마루는 골이 된다.

02 ㄱ. $\dfrac{v_{\rm A}}{v_{\rm B}}=\dfrac{\sin30°}{\sin60°}=\dfrac{1}{\sqrt{3}}$이므로 A보다 B에서 속력이 빠르다.

ㄷ. B의 굴절률이 공기와 같으므로 경계면에서 경로가 바뀌지 않으므로 $\theta=30°$이다.

오답 풀이 ㄴ. $\dfrac{n_{\rm B}}{n_{\rm A}}=\dfrac{\sin30°}{\sin60°}$이므로 B의 굴절률은 1이다.

03 ㄱ. 빛 A의 경로에서 $\dfrac{\sin60°}{\sin45°}=\dfrac{n_2}{n_3}=\dfrac{\sqrt{3}}{\sqrt{2}}$,

$\dfrac{\sin30°}{\sin45°}=\dfrac{n_1}{n_3}=\dfrac{1}{\sqrt{2}}$이다.

ㄴ. 빛 B의 경로에서 매질 Ⅱ에서 매질 Ⅲ으로 갈 때 굴절각은 $60°$이므로 매질 Ⅲ에서 매질 Ⅱ로 갈 때 입사각은 $30°$이다. $\dfrac{\sin\theta_2}{\sin30°}=\dfrac{n_3}{n_2}$이므

12강 전반사와 광통신 및 전자기파

기출 변형 문제

92~93쪽

01 ④ **02** ③ **03** ③ **04** ② **05** ④ **06** ① **07** ⑤
08 ⑤

01 ㄴ. $\dfrac{\sin i}{\sin(90°-\theta_1)}=n_B$, $\dfrac{\sin i}{\sin(90°-\theta_2)}=n_C$이므로

$\dfrac{n_B}{n_C}=\dfrac{\sin(90-\theta_2)}{\sin(90-\theta_1)}=\dfrac{\cos\theta_2}{\cos\theta_1}$이다.

ㄷ. (나)보다 (다)에서 임계각이 작고 $\theta_1<\theta_2$이므로 전반사가 일어난다.

오답풀이 ㄱ. B보다 C의 굴절률이 크므로 공기에서 코어로 입사할 때 굴절각은 C가 더 작다. 따라서 $\theta_1<\theta_2$이다.

02 ㄱ. 광섬유에서 코어의 굴절률이 클래딩의 굴절률보다 더 크다.

ㄷ. 입사각과 반사각은 항상 같다.

오답풀이 ㄴ. A의 굴절률이 더 크므로 B로 굴절되는 광선의 굴절각이 더 크다.

03 ㄱ. 전반사는 굴절률이 큰 물질에서 굴절률이 작은 물질로 빛이 진행할 때 일어나는 현상이다.

ㄷ. 세 물질의 굴절률은 $n_B<n_C<n_A$이므로 C를 코어, B를 클래딩으로 하는 광섬유를 만들 수 있다.

오답풀이 ㄴ. A에서 C로 입사각 60°로 입사할 때 굴절이 일어나므로 A와 C 사이의 임계각은 $\theta>60°$이다.

04 ㄷ. i_m일 때 코어 내에서 입사각을 임계각 θ라 하면

$\dfrac{\sin\theta}{\sin90°}=\dfrac{n_B}{n_A}$, $\dfrac{\sin i_m}{\sin(90-\theta)}=\dfrac{n_A}{1}$이다. $\sin^2\theta+\cos^2\theta=1$이므로 $\sin i_m=\sqrt{n_A{}^2-n_B{}^2}$이다.

오답풀이 ㄱ. i가 작을수록 코어 내의 입사각이 커 전반사가 잘 일어난다.

ㄴ. 코어의 굴절률이 클래딩보다 커야 전반사가 일어난다.

05 전자기파의 속력은 매질에 따라 달라지며 진공에서 가장 속력이 빠르다.

06 ㄱ. A는 X선, B는 가시광선, C는 마이크로파이다.

오답풀이 ㄴ. A가 B보다 파장이 짧고 진동수가 크다.

ㄷ. 진공에서 속력은 모든 전자기파가 약 $3.0\times10^8\,\text{m/s}$로 같다.

07 전자기파의 파장의 길이는 라디오파 - 마이크로파 - 적외선 - 가시광선 - 자외선 - X선 - γ선의 순서로 짧아진다.

08 전자기파는 파장이 길수록 회절성이 크며 장애물 뒤까지 잘 전달된다. 파장이 긴 라디오파는 TV, 라디오 등에 이용된다.

예상 적중 문제

94~97쪽

기본 개념 확인

01 굴절률 **02** 큰 **03** 굴절, 전반사 **04** $\dfrac{n_A}{n_B}$ **05** 전반사
06 라디오파 **07** 적외선 **08** 감마(γ)선, 자외선, 라디오파

01 ⑤ **02** ③ **03** ② **04** ④ **05** ⑤ **06** ③ **07** ①
08 ④

01 ㄱ. $n_{12}=\dfrac{n_2}{n_1}=\dfrac{\sin\theta_1}{\sin\theta_2}=\dfrac{\frac{1}{\sqrt{2}}}{\frac{1}{\sqrt{10}}}=\sqrt{5}$

ㄴ. $\dfrac{\sin\theta}{\sin90°}=\dfrac{n_1}{n_2}=\dfrac{1}{\sqrt{5}}$

ㄷ. P, Q에서 입사할 때 입사각의 사인값이 임계각의 사인값보다 크므로 전반사가 일어난다.

02 ㄱ. 매질 A보다 B의 굴절률이 크므로 클래딩은 A, 코어는 B를 사용한다.

ㄷ. 빛은 굴절률이 큰 매질에서 속력이 느려지므로 속력은 B보다 A에서 더 빠르다.

오답풀이 ㄴ. $\theta=\theta_2$이면 전반사하지 않고 경계면에서 굴절한다.

03 ㄷ. (나)에서 매질 Ⅲ의 굴절률이 Ⅰ보다 크므로 매질 Ⅲ과 Ⅱ 사이의 입사각은 θ보다 크다.

오답풀이 ㄱ. $n_Ⅲ>n_Ⅰ>n_Ⅱ$이다.

ㄴ. (가)에서 i보다 작은 각도로 단색광이 입사하면 매질 Ⅰ에서 Ⅱ로 진행할 때 입사각이 θ보다 크므로 전반사가 일어난다.

04 ㄴ. 굴절률이 클수록 속력이 작아지므로 굴절률은 $n_C<n_B<n_A$이므로 속력은 $v_A<v_B<v_C$이다.

ㄷ. 굴절률이 큰 A를 코어로, 굴절률이 작은 C를 클래딩으로 하여 광섬유를 만들 수 있다.

오답풀이 ㄱ. A에서의 입사각을 θ_A, B에서의 굴절각을 θ_B, C에서의 굴절각을 θ_C라고 하면 $\theta_A<\theta_B<\theta_C$이므로 $\dfrac{n_A}{n_B}=\dfrac{\sin\theta_B}{\sin\theta_A}$, $\dfrac{n_B}{n_C}=\dfrac{\sin\theta_C}{\sin\theta_B}$에 의해 $n_C<n_B<n_A$이다.

05 ㄱ. $\dfrac{\sin45°}{\sin\theta_1}=\dfrac{\sqrt{2}}{1}$이므로 $\theta_1=30°$이다.

ㄴ. Q에서 입사각이 30°이므로 굴절각 $\theta_2=45°$이다.

ㄷ. 매질 내에서 입사각과 반사각이 30°이므로 매질 내 단색광의 경로는 정삼각형을 이룬다.

06 ㄱ. 인공지능 스피커의 마이크가 소리를 전기 신호로 전환한다.

ㄷ. 광섬유는 빛의 전반사 현상을 이용하여 신호를 전달한다.

오답풀이 ㄴ. 인공지능 스피커와 무선 공유기 사이의 통신에는 마이크로파를 사용한다.

07 ㄱ. 열화상 카메라는 적외선을 이용한 기계이며, 사람의 눈에 보이지 않는다. 적외선은 열을 가진 물체에서 방출되며, 강한 열작용을 하여 열선이라고도 한다. 온도계, 열화상 카메라, 리모컨, 물리 치료기 등에 이용된다.

[오답] 풀이 ㄴ. X선은 에너지가 비교적 크며 투과력이 크다. 따라서 진단 목적의 의료 영상, 비파괴 검사 등에 이용된다.

ㄷ. 자외선은 가시광선보다 에너지가 커 살균 작용, 화학 작용, 형광 물질에 흡수되어 형광 작용을 한다. 따라서 의료 기구 살균 소독, 식기 소독, 위조지폐 감별 등에 이용된다.

08 A는 감마(γ)선, B는 자외선, C는 라디오파이다.

ㄴ. 감마(γ)선의 진동수가 가장 크고 파장이 가장 짧다.

ㄷ. 감마(γ)선, 자외선은 가시광선보다 파장이 짧고, 라디오파는 가시광선보다 파장이 길다.

[오답] 풀이 ㄱ. 진공에서 전자기파의 속력은 파장에 관계없이 약 3×10^8 m/s로 같다.

13강 파동의 간섭

01 ㄱ. $x_A = x_B$일 때 보강 간섭이 일어나며, 파동의 진폭이 가장 크다.

[오답] 풀이 ㄴ. 상쇄 간섭은 경로차가 반파장의 홀수 배일 때 일어나므로 $x_A - x_B = \lambda$일 때는 보강 간섭이 일어난다.

ㄷ. 마이크의 위치가 달라지면 경로차가 달라지므로 위치에 따라 진폭이 달라져 소리의 크기가 다르게 측정된다.

02 ㄱ. 이웃한 마루(골)와 마루(골) 사이의 거리가 파장이므로 2 cm이다.

ㄴ. 파장이 2 m, 주기가 4 s이므로 $v = \dfrac{\lambda}{T} = 0.5$ m/s이다.

[오답] 풀이 ㄷ. 4초일 때 $x = 1$ m의 위치에서 마디가 되므로 변위의 크기는 0이다.

03 양쪽의 펄스가 4 m 지점까지 오는 데 0.5초 걸린다.

04 ㄴ. 경로차가 0이며 두 파동의 위상이 반대이므로 상쇄 간섭이 일어난다.

[오답] 풀이 ㄱ. P에서 경로차 : $\overline{BP} - \overline{AP} = 2$ cm $= \dfrac{\lambda}{2}$이므로 반파장의 홀수 배이다. 두 파동의 위상이 반대이므로 보강 간섭이 일어난다.

ㄷ. 두 파동의 위상이 반대이므로 보강 간섭이 일어나는 점은 경로차가 반파장의 홀수 배이므로 보강 간섭이 일어나는 점은 4개이다.

05 ㄱ. P에서 경로차는 4 cm $= \lambda \times 2$이므로 보강 간섭이 일어난다.

ㄷ. R은 양쪽 파원으로부터 거리가 같아 보강 간섭이 일어나므로 상쇄 간섭이 일어나는 Q에서보다 진폭이 크다.

[오답] 풀이 ㄴ. Q에서 경로차는 3 cm $= \lambda \times \dfrac{3}{2}$이므로 상쇄 간섭이 일어난다.

06 ㄱ. P에서 경로차는 0이므로 보강 간섭이, Q에서 경로차는 $\dfrac{1}{2}\lambda$이므로 상쇄 간섭이 일어난다. 따라서 P의 진폭이 크다.

ㄴ. $t = \dfrac{1}{2}T$일 때 P는 마루와 마루가 합성되어 높이가 최대이다.

ㄷ. 물결파의 속력 $v = f\lambda$이다. 두 물결파의 파장과 주기가 같으므로 속력도 같다.

07 ㄱ, ㄴ. S_1와 S_2로부터 같은 거리에 있는 점 P에서 밝은 무늬가 나타나므로 보강 간섭이 일어난다. 따라서 S_1와 S_2로부터 P에 도달한 빛의 위상은 같다.

ㄷ. Q는 가장 밝은 무늬에 이웃한 첫 번째 밝은 무늬이므로 S_1과 S_2로부터 Q까지 경로차는 λ이다.

08 ㄱ. 레이저 빛이 이중 슬릿을 통과하여 스크린에 밝고 어두운 무늬를 만드는 것은 간섭으로 설명할 수 있으며 빛이 파동성을 가짐을 알 수 있다.

오답 풀이 ㄴ. 그래프에서 빛의 세기가 거의 없는 것으로 보아 상쇄 간섭이 일어난 것이다.

ㄷ. 중앙($x=0$)은 경로차가 0인 곳이고, 첫 번째 보강 간섭인 $x=b$는 경로차가 λ인 지점이다.

예상 **적중 문제**

102~103쪽

기본 개념 확인

01 보강 간섭　**02** 홀수　**03** 보강, 상쇄　**04** 보강

01 ②　**02** ⑤　**03** ⑤　**04** ④

01 ㄴ. 0.2초 후에 두 파동은 $\frac{1}{2}$파장 진행하므로 A에 의한 R의 변위는 -1 m, B에 의한 R의 변위는 -1 m이다. 두 파동이 중첩되면 변위의 크기는 2 m이다.

오답 풀이 ㄱ. 파장은 2 m, 주기는 0.4초이므로 $v=\dfrac{\lambda}{T}=5$ m/s이다.

ㄷ. Q의 변위를 시간에 따라 그래프로 나타내면 P와 동일하다.

02 ㄱ. 소리의 속력이 340 m/s이고 진동수가 340 Hz이므로 파장은 1 m이다.

ㄴ. 타원과 장축이 만나는 지점에서 두 스피커까지의 경로차는 $2\ \text{m}=\dfrac{\lambda}{2}\times 4$이므로 보강 간섭이 일어난다.

ㄷ. 타원 궤도상에서 이웃한 보강 간섭이 일어나는 지점 사이에는 상쇄 간섭이 일어나는 지점이 하나씩 있으므로 타원 궤도상에서 상쇄 간섭이 일어나는 지점의 개수는 4의 배수이다.

03 ㄱ. (가)에서 비누막 위에서 반사한 빛과 비누막 아래에서 반사한 빛의 위상이 같으므로 보강 간섭한다.

ㄴ, ㄷ. (나)에서 비누막 위에서 반사한 빛과 비누막 아래에서 반사한 빛의 위상이 반대이므로 상쇄 간섭하며, 진폭이 매우 작아 단색광의 세기가 매우 약하다.

04 ㄴ. B는 어두운 무늬가 나타나므로 두 슬릿을 통과한 단색광의 반대 위상이 만나는 지점이다.

ㄷ. B에서는 어두운 무늬가 나타나므로 상쇄 간섭이 일어난다. 따라서 S_1과 S_2로부터 B까지의 경로차는 $\dfrac{\lambda}{2}$의 홀수 배이다.

오답 풀이 ㄱ. A에서는 보강 간섭이 일어나므로 두 슬릿을 통과한 단색광의 위상이 같다.

---

14 강 **빛과 물질의 이중성**

기출 **변형 문제**

106~107쪽

01 ④　**02** ①　**03** ②　**04** ①　**05** ③　**06** ①　**07** ⑤

08 ①

01 ㄱ. θ로 입사하면 굴절하고 2θ로 입사하면 전반사한다.

ㄷ. 입사각이 θ일 때 Q에 도달하는 광자는 처음보다 줄어들지만 입사각이 2θ일 때 Q에 도달하는 광자의 수는 처음과 같으므로 방출되는 광전자의 수도 θ일 때보다 많다.

오답 풀이 ㄴ. 입사각이 θ일 때 굴절각이 입사각보다 크므로 굴절각이 반사각보다 크다.

02 ㄱ. 빛 A를 X, Y에 비출 때 $E_0=hf-W_{\mathrm{X}}$, $7E_0=3hf-W_{\mathrm{X}}$이므로 $W_{\mathrm{X}}=2E_0$, $hf=3E_0$이다. Y에 빛 A를 비출 때 $2E_0=hf-W_{\mathrm{Y}}$이므로 $W_{\mathrm{Y}}=E_0$이다. 따라서 ㉠은 $8E_0$이다.

오답 풀이 ㄴ. 광전 효과가 일어나는 빛의 최소 진동수를 문턱 진동수라고 한다. 문턱 진동수는 일함수와 관계가 있고, 일함수는 X가 Y보다 크므로 광전 효과가 일어나는 빛의 최소 진동수는 X가 Y보다 크다.

ㄷ. 빛의 세기를 세게 하면 광자의 수가 늘어나지만 광자의 에너지는 커지지 않으므로 광전자의 최대 운동 에너지는 변함이 없다.

03 ㄴ. 진동수가 f일 때 최대 운동 에너지는 E이다.

오답 풀이 ㄱ. 빛의 세기는 광전자의 최대 운동 에너지에 영향을 주지 않으므로 진동수가 $\frac{1}{2}f$일 때 최대 운동 에너지는 0이다.

ㄷ. 금속판 P의 일함수 $W=\frac{1}{2}hf$이므로 $E=hf-W=\frac{1}{2}hf$이며, 진동수 $2f$인 빛을 비출 때 최대 운동 에너지는 $2hf-W=\frac{3}{2}hf=3E$이다.

04 ㄱ. 빛의 세기가 2배이면 광자의 수가 2배가 되어 방출되는 광전자의 수도 2배가 된다.

오답 풀이 ㄴ. 단색광 R를 비추었을 때 방출되는 광전자의 개수가 없으므로 R의 진동수는 A의 문턱 진동수보다 작다.

ㄷ. 단색광 P는 A의 문턱 진동수보다 크고, 단색광 R는 A의 문턱 진동수보다 작으므로 진동수는 P가 R보다 크다.

05 ㄱ, ㄴ. A의 진동수는 문턱 진동수보다 작으므로 실험 Ⅱ에서 광전자는 B에 의해 방출되며, 실험 Ⅲ에서 광전자는 C에 의해 방출된다. 실험 Ⅳ에서 최대 운동 에너지는 $2E_0$이므로 이는 C에 의해 방출된 광전자이다. 따라서 실험 Ⅲ에서 광전자의 최대 운동 에너지는 $2E_0$이고, 진동수의 크기는 A＜B＜C이다.

오답 풀이 ㄷ. A, B, C를 모두 켤 때 광전자의 최대 운동 에너지는 $2E_0$이다.

06 ㄴ. X선은 가시광선보다 진동수가 크므로 P, Q 모두 광전자가 방출된다.

 ㄱ. B를 비추었을 때 P에서는 광전자가 방출되고 Q에서는 광전자가 방출되지 않으므로 P의 일함수가 더 작다.

ㄷ. B, C의 진동수가 Q의 문턱 진동수보다 작으므로 광전자가 방출되지 않는다.

07 ㄱ. A의 문턱 진동수는 f_0, B의 문턱 진동수는 $2f_0$이다.

ㄴ. λ_1일 때 에너지를 E_1, λ_2일 때 에너지를 E_2라고 하면 $E_1 = hf - 2hf_0 = 2hf_0 - hf_0$, $E_2 = hf - hf_0$이므로 $f = 3f_0$이다.

ㄷ. $E_1 = hf_0$, $E_2 = 2hf_0$이고 $\lambda = \dfrac{h}{\sqrt{2mE_k}}$이므로 $\lambda_1 : \lambda_2 = \sqrt{2} : 1$이다.

08 ㄱ. $\lambda = \dfrac{h}{\sqrt{2mE_k}}$에서 운동 에너지가 같을 때 A의 파장이 2배이므로 $m_A : m_B = 1 : 4$이다.

 ㄴ. $2\lambda_0 = \dfrac{h}{\sqrt{2m_A E_0}}$, $\lambda_0 = \dfrac{h}{\sqrt{2m_A E}}$이므로 $E = 4E_0$이다.

ㄷ. $\lambda_0 = \dfrac{h}{\sqrt{2m_B E_0}}$이므로 $\dfrac{h}{\sqrt{2m_B \times \frac{1}{2}E_0}} = \sqrt{2}\lambda_0$이다.

04 ㄱ. G 영역에서 받는 빛의 세기가 가장 강하므로 광전자가 가장 많이 방출된다.

ㄴ. 파란색 빛의 진동수가 가장 크므로 C에서 방출되는 광전자의 최대 운동 에너지가 더 크다.

 ㄷ. 파란색 빛이 비추는 C, E, F, G 영역의 드브로이 파장 최솟값은 같다.

ㄷ. $\lambda = \dfrac{h}{\sqrt{2mE_k}}$이므로 두 입자의 운동 에너지가 같을 때 드브로이 파장은 질량의 제곱근에 반비례한다.

◆ 대단원 예상 적중 자료 정리

110~111쪽

① 2초 ② 4 m/s ③ + ④ − ⑤ $n_2 > n_3 > n_1$ ⑥ 60° ⑦ $\dfrac{1}{\sqrt{6}}$
⑧ 45° ⑨ 큰 ⑩ $n_{\text{III}} > n_{\text{I}} > n_{\text{II}}$ ⑪ 커진다 ⑫ 작고 ⑬ 크다
⑭ $n_C < n_B < n_A$ ⑮ $v_A < v_B < v_C$ ⑯ 5 m/s ⑰ 0.1초 ⑱ 보강
⑲ 상쇄 ⑳ 0 ㉑ 4 ㉒ 상쇄 ㉓ 광전자 ㉔ 최대 운동 에너지 ㉕ 전류 ㉖ 정지 전압 ㉗ E_0 ㉘ $3E_0$ ㉙ $4E_0$

◆ 예상 적중 문제

108~109쪽

기본 개념 확인

01 문턱 진동수 **02** 파동성 **03** 반비례 **04** 진동수, 세기

- -

01 ② **02** ② **03** ⑤ **04** ③

01 ㄴ. A의 정지 전압이 B보다 크므로 A에서 방출된 광전자의 최대 운동 에너지가 더 크다. 두 금속판에 같은 진동수의 빛을 비추었고 $E = hf - W$이므로 A의 일함수가 작다. 따라서 A의 문턱 진동수가 더 작다.

 ㄱ. 금속판 A에서 나온 광전자의 수가 더 많으므로 A에 비춘 빛의 세기가 더 세다.

ㄷ. 진동수가 큰 빛을 비추면 전류의 세기는 관계 없고 정지 전압이 더 커진다.

02 A의 일함수는 E_0, B의 일함수는 $3E_0$이다.

$\lambda_0 = \dfrac{h}{\sqrt{2m_e(2E_0 - E_0)}} = \dfrac{h}{\sqrt{2m_e(E - 3E_0)}}$이므로 $E = 4E_0$이다.

금속판 A에 도달하는 광자의 에너지가 E일 때 광전자의 드브로이 파장

$\lambda = \dfrac{h}{\sqrt{2m_e(E - E_0)}} = \dfrac{1}{\sqrt{3}}\lambda_0$이다.

03 ㄱ. $\lambda_0 = \dfrac{h}{m_A v_0}$, $2\lambda_0 = \dfrac{h}{m_B v_0}$이므로 $m_A = 2m_B$이다.

ㄴ. $\lambda = \dfrac{h}{mv}$이므로 속력이 2배가 되면 드브로이 파장은 $\dfrac{1}{2}$배가 된다.

MEMO

MEMO

MEMO

MEMO